U0816458

21世纪高等院校公共课精品教材

PERSONAL FINANCE

本书对各种理财方式作以全景式介绍，具体内容涵盖了个人经济生活涉及的各个主要方面。同时，本书与时俱进，归纳了近几年方兴未艾的互联网理财方式；详尽阐述了新个人所得税制下的纳税计算和专项附加扣除办法。本书内容翔实，栏目丰富，既可用作经济与金融专业教材，也可供普通大众学习理财知识之用。

个人理财

（第三版）

张晓东 黄祝华 主编

东北财经大学出版社
Dongbei University of Finance & Economics Press
大连

图书在版编目（CIP）数据

个人理财 / 张晓东，黄祝华主编．—3版．—大连：东北财经大学出版社，2022.1（2024.7重印）
（21世纪高等院校公共课精品教材）
ISBN 978-7-5654-4426-5

Ⅰ．个…　Ⅱ．①张…②黄…　Ⅲ．私人投资-高等学校-教材　Ⅳ．F830.59

中国版本图书馆CIP数据核字（2022）第001326号

东北财经大学出版社出版
（大连市黑石礁尖山街217号　邮政编码　116025）
网　　址：http://www.dufep.cn
读者信箱：dufep@dufe.edu.cn
大连图腾彩色印刷有限公司印刷　东北财经大学出版社发行
幅面尺寸：185mm×260mm　字数：415千字　印张：19.5　插页：1
2022年1月第3版　2024年7月第10次印刷
责任编辑：田玉海　责任校对：陈　阳
封面设计：冀贵收　版式设计：钟福建
定价：49.00元

教学支持　售后服务　联系电话：（0411）84710309

如有印装质量问题，请联系营销部：（0411）84710711

第三版前言

本书对各种理财方式作以全景式介绍。

党的二十大报告谋划了未来五年乃至更长时期党和国家事业发展的大政方针和目标任务，经济金融环境将发生深刻的变化，在此时代背景下，理财实践需要与时俱进。

第一、二版《个人理财》教材出版后，得到广大经管院校的信任和支持，被选作教材，在此表示衷心感谢！读者的关心和厚爱是我们不断前进的动力。

本书第二版出版以来，财经领域发生了一些新的变化，局部甚至是翻天覆地的变化。比如，曾经遍地开花的P2P公司，现在几乎销声匿迹，窥豹一斑，可知全貌，这给个人理财提供了新的鲜活案例和深远启示。

作为高等教育的教材，我们不仅要介绍和揭示经济运行的一般规律、传授经管专业技能，更要立德树人，为党育人、为国育才，培养担当中华民族复兴大任的时代新人。因此，本次修订，特别进行了思政建设，最突出的就是各章新增了思政课堂栏目，以帮助学生塑造正确的世界观、人生观和价值观，同时方便任课教师用本教材做好思政教育工作。

在第三版中，根据授课教师的反馈和经济实践的最新发展，较大篇幅的修订包括：删除了原第3章的第2节，重新撰写了第10章和附录第1节、第3节。

本书承继以往版本成熟的框架，分为11章，其中第1~2章主要介绍个人理财的基本内容以及基本的财务知识；第3~11章依次介绍了个人理财理念和技术在现金规划、储蓄规划、消费信贷规划、金融投资规划、房产投资规划、保险规划、纳税规划、子女教育金规划、退休规划和遗产规划中的应用。附录简要介绍了新兴的互联网理财方式。

为方便教学，本书配有电子课件，请登录东北财经大学出版社网站（www.dufep.cn）免费下载。课件中除教学要点外，还包含综合训练的答案要点和思政课堂的深入讲解。

本书由张晓东、黄祝华主编，第1、2章由博士生导师张晓东教授撰写，第3~8章由黄祝华撰写，第9~11章由汤晓航撰写，附录由田玉海撰写。张晓东主持了全书的修订。

希望本书能为您拓宽理财视野，提高理财能力！

本书参考了大量文献，在此对各位专家学者表示诚挚的谢意，并期待广大读者不吝赐教！囿于学识和精力，书中难免存在错漏之处，请读者批评指正。

编　者

2023年11月

第二版前言

本书对各种理财方式作以全景式介绍。

本书自出版以来，承蒙广大师生厚爱，被众多院校选用，多次加印，我们倍感欣慰。近几年来，世界经济走势不尽如人意，尤其是2018年各种资产全面下跌，为数十年所未见。普通百姓的经济生活面临的挑战加大，如何更好地理财，在理论知识上应当如何应对这种局面，这是我们集中思考的地方。

本次修订，主要体现在三个方面：

第一，也是最主要的工作是增加了思考性和反思性的内容，具体请扫描各章中的二维码阅读。传统上，对经济的研究都建立在理性的基础上，但2017年，塞勒以行为金融学的研究成果获得了诺贝尔奖，这不禁让人思索，也许世界不是按我们以前想象的样子运行，宏观到经济理论，具体到理财实践，我们的一些想法和做法也许还有待于进一步完善。

第二，个人所得税改革在2018年作出实质性推进，起征点由3 500元提高到5 000元，税率结构调整，工资薪金所得、劳务报酬所得、稿酬所得、特许权使用费所得合并为综合所得纳税，专项附加扣除政策自2019年1月1日开始实施。本书对相关内容进行了详细的解释和介绍。

第三，随着金融与互联网结合的加深，个人和家庭应用互联网的理财途径愈加增多，本书进一步丰富了互联网理财的内容。

本书延续了第一版成熟的框架，分为11章，其中第1~2章主要介绍个人理财的基本内容以及基本的财务知识；第3~11章依次介绍了个人理财理念和技术在现金规划、储蓄规划、消费信贷规划、金融投资规划、房产投资规划、保险规划、纳税规划、子女教育金规划、退休规划和遗产规划中的应用。附录简要介绍了新兴的互联网理财方式。

为方便教学，本书配有电子课件，请登录东北财经大学出版社网站（www.dufep.cn）免费下载。课件中除教学要点外，还包含综合训练的答案要点。

本书由张晓东、黄祝华主编，第1、2章由张晓东编写，第3~8章由黄祝华编写，第9、11章由汤晓航编写，第10章由李刚编写，田玉海为本书撰写了附录并提供了部分二维码内容的资料，张晓东主持了全书的修订。

希望本书能为您拓宽理财视野，更好地规避风险，提高收益能力！

本书参考了大量文献，在此对各位专家学者表示诚挚的谢意，并期待广大读者不吝赐教！囿于学识和精力，书中难免存在错漏之处，请读者批评指正。

编　者

2019年元月

第一版前言

本书对各种理财方式作以全景式介绍。

个人（家庭）作为和企业、政府并列的三大市场主体之一，其金融活动是市场中重要的内容。同时，个人理财作为与普罗大众息息相关的事情，当然也就受到大众的热切关注。

21世纪的现代人应通过财务策划来弥补生活现状与预期目标之间的差距，制定合理利用财务资源、实现个人人生目标的程序，有效运用自己的财富提升生活品质，丰富生活内涵。

“个人理财”作为一门新兴的课程已经进入大学课堂，本书是借鉴最权威的注册理财规划师考试教程的基本内容，结合国内实际情况，通过多次课堂教学实践的总结编写而成的，力求比较系统地介绍个人理财的知识体系，突出实用性。

本书分为11章，其中第1~2章主要介绍个人理财的基本内容以及基本的财务知识；第3~11章依次介绍了个人理财理念和技术在现金规划、储蓄规划、消费信贷规划、金融投资规划、房产投资规划、保险规划、纳税规划、子女教育金规划、退休规划和遗产规划中的应用。附录简要介绍了新兴理财方式。

本书的主要特点是实用性、知识性、新颖性和通俗性。每章前以引例引导本章内容，章末以本章小结、综合训练收拢，方便学生复习。为方便教学，本书配有电子课件，请登录东北财经大学出版社网站（www.dufep.cn）免费下载。课件中除教学要点外，还包含综合训练的答案要点。

本书由张晓东、黄祝华主编，第1、2章由张晓东编写，第3~8章由黄祝华编写，第9、11章由汤晓航编写，第10章由李刚编写，田玉海为本书撰写了附录。

期盼本书能为您带来全新的个人理财视野和理财技巧，帮助您成为财富的主人，实现财务自由！

本书参考了大量文献，在此对各位专家学者表示诚挚的谢意，并期待广大读者不吝赐教！囿于学识和精力，书中难免存在错漏之处，请读者批评指正。

编　者

2016年元月

目 录

第1章 导论

学习目标

理财是与每一位普通居民切身利益密切相关的事情。通过本章的学习，学生应了解个人理财的概念与内涵、所包含的内容，理解理财与投资的区别和联系，了解个人理财的产生和发展。

引例

年存1.4万元，李嘉诚告诉你40年后你有多少钱

李嘉诚常打一个比方：一个人从现在开始，每年存1.4万元，并且获得年均20%的投资回报率，40年后财富会增长到1亿零281万元。

如果我们细算账会发现，按这种方式操作，第10年仅能增长到36万元，在很多大城市还不够买一个卫生间。别着急吐槽，坚持下去，到了第20年，财富就增长到了261万元，如果能坚持40年，财富就会达到1亿零281万元的惊人数字——这就是神奇的复利投资。

是不是有人要抱怨40年时间太长？没办法，基数有限，只能靠更多时间去弥补，想要更早实现财富目标，你需要先完成一定的财富积累。

对于普通上班族来说，在积累财富的过程中，最重要的分水岭莫过于100万元。李嘉诚就说过，赚第二个1 000万元时要比赚第一个100万元容易得多。李嘉诚在不到30岁的时候，就完成了这个跨越。回顾一些知名富豪的经历，他们也大多在30岁左右就完成了这笔积累。

越早完成靠勤劳存钱的阶段，才能越早进入以钱赚钱的阶段。所以，你积累第一个100万元所用时间的长短，基本能够决定你一生的财富程度。

我们该如何快速积累100万元呢？除了在本职工作中努力拼搏、争取升职加薪，还可以考虑创业，开辟人生的新道路，更重要的则是不论钱多钱少，一定要尽早养成投资的习惯。每个理财致富的人，都养成了一般人不喜欢且无法做到的习惯，即投资理财的能力。

如今，那些令人困扰的贫富问题已经有了“基本标准”的答案：一个人一生能积累多少财富，并不取决于赚了多少，也非一味开源节流，而是取决于如何理财，这是致富的关键。

资料来源：佚名．年存1.4万元，李嘉诚告诉你40年后你有多少钱［EB/OL］．［2015-08-13］．http：//news.cnstock.com/news/sns_rdsm/201508/3529334.htm.

1.1 个人理财概述

1.1.1 个人理财的概念

“个人所得税起征点提高”“股市大涨”“汇率升高”……在经济大潮涌动的当代，这些信息都会触动人们的神经，财务生活是每个人密切关注的焦点。但是，究竟什么是理财呢？本章首先对其加以界定和厘清。

个人理财又称家庭理财，是指个人或家庭根据财务状况，建立合理的财务规划，进行资产组合与投资，以实现一定目标的金融活动。通俗地讲，就是当个人需要花钱的时候有足够的钱可花，理财不等于“发财”，合理安排家庭财务收支、做到收支平衡、保障家庭基本生活开支，是理财的根本。

目前，学者们对个人理财的定义有所差别。其中，美国理财师资格鉴定委员会的定义是：个人理财是指如何制定合理利用财务资源、实现个人人生目标的程序。而中国金融理财标准委员会将个人理财称为金融理财，认为个人理财是一种综合金融服务，是指理财专业人士通过收集客户家庭状况、财务状况和职业生涯目标等资料，与客户共同界定其理财目标及优先顺序，明确客户的风险属性，分析和评估客户的财务状况，为客户量身制订合适的理财方案并及时执行、监控和调整，最终满足客户人生不同阶段的财务需求的综合金融服务。概括来说，金融理财强调以下4点：

（1）金融理财是综合性金融服务，而不是金融产品推销。

（2）金融理财是由专业理财人士提供的金融服务，而不是客户自己理财。

（3）金融理财是针对客户一生的长期规划，而不是针对客户某个时间段的规划。

（4）金融理财是一个过程，而不是一个产品。

关于对理财的认识，人们普遍存在一些误区，在此加以厘清。

（1）误区一：理财是有钱人的事。事实是：穷人、富人都能理财，都需要养成良好的金融生活习惯。从某种意义上说，穷人更需要理财，因为穷人更需要财富。

（2）误区二：忙，没有时间理财。事实是：有时间看“朋友圈”，没时间理财。你忙，可谁又闲呢？说到底，还是认识问题，没有足够重视，不肯为理财付出时间。

（3）误区三：理财就是投资。事实是：所有的钱都拿去投资那近乎“赌博”，不是理财，理财需要对财富加以分配，进行筹划、设计、组合。

（4）误区四：钱少，理财没什么效果。事实是：理财的秘密是“爱惜钱，节省钱，钱生钱，坚持不懈”。

（5）误区五：我不懂理财。事实是：不懂可以学，理财并不难，任何时候开始学都不晚。

（6）误区六：理财就是发财。事实是：理财和发财没有关系。理财是未雨绸缪，使财富安全、稳健地增长，达到生活目标。

（7）误区七：我只存银行。事实是：这些人大部分没有理财观念和投资观念，要知道，长时间存入银行的钱是一种变相的贬值，你要做的是合理分配投资方向，选择一些安全性高、收益不错的理财方式进行投资，以增加收入，跑赢通货膨胀。

1.1.2 个人理财的内涵

1.个人理财的主体

主体的特性决定了经济活动的性质和形式。现代经济理论认为，经济活动中的三大主体分别为政府、企业和个人。这里，“个人”是个人和家庭的统称。

就财务与金融的范畴来看，个人理财与公司理财、公共理财相对应，分别是个人、企业、公共部门在金融范畴内进行的安排与活动。这一点从其英文能得到更清晰的理解，个人理财为“personal finance”，公司理财为“corporate finance”，公共理财为“public finance”。个人、企业公共部门三大主体在市场中进行的财务与金融活动各自成为独立的学科研究领域。

个人理财和公司理财的区别主要是：

（1）理财的目标不同。个人理财是以提高个人生活质量、规避个人财务风险、保障一生的生活为目标；公司理财通常是通过资金的筹措与合理使用，达到规避公司财务风险、实现企业价值最大化的目标。

（2）风险承担能力不同。个人的风险承担能力相对较弱，在进行风险、收益权衡时，安全性一般放在收益性前面考虑；公司理财则不一样，公司一般拥有相对雄厚的财力，为了追求较高的利润，能够承担较高的风险。

（3）关注的时间长短不同。个人理财是以个人的生命周期为时间基础的，关注的时间一直到其生命的终结；公司理财则往往有一个持续经营的假设，即公司在可以预计的将来不会停止营业。

（4）依据的法律法规不同。个人理财依据的主要是个人所得税法，以及社会保障及保险、金融、遗产等方面的法律法规；公司理财依据的是公司法、证券法，以及企业税收、会计等方面的法律法规。

（5）行业管理不同。成熟的个人理财市场往往会成立专门的行业组织、规定行业准则、负责职业培训、组织职业资格考试、颁发从业资格证书等，如1990年成立的国际注册财务规划师理事会；公司理财通常是企业内部行为。

（6）主要内容不同。个人理财包括现金规划、储蓄规划、投资规划、保险规划、纳税规划、退休规划以及遗产规划等内容；公司理财包括预算、筹资、投资、控制、分析等内容。而公共理财，也称财政。一般认为，传统财政学是国家理财之学，是政府收支管理学。 现代意义上的观点认为，公共财政学是公共经济学、公共部门经济学或政府经济学，是研究政府资源配置的经济学。传统财政学可称为狭义公共经济学，现代公共财政学可称为广义公共经济学，这显然与个人理财和公司理财有着显著的区别。

总之，个人理财、公司理财和公共理财这三个方面的研究属于各自独立的学科。

2.个人理财的客体

个人理财的客体包括现金、储蓄、消费、股票、投资、房产、保险、税务、养老、遗产等金融产品和事务。现代意义上的个人理财，不是单纯的储蓄或投资，它不仅包括财富的积累，还包括财富的保障和安排。财富保障的核心是对风险的管理和控制，也就是当个人的生命和健康出现了意外时，或个人所处的经济环境发生了重大不利变化时（如恶性通货膨胀、汇率大幅降低等），自己和家人的生活水平不至于受到严重的影响。

个人理财是指帮助个人设计一个将整个生命周期考虑在内的终身生活及财务计划，将未来的职业选择、子女及自身的教育、购房、保险、医疗和养老、遗产及事业继承以及生活中个人所面对的各方面事宜进行妥善安排，使个人在不断提高生活品质的同时，即使到年老体弱以及收入锐减的时候，也能保持自己所设定的生活水平，最终达到一生的财务安全、自主、自由和自在。生活理财的核心在于根据个人的消费性资源状况和消费偏好来实现个人的人生目标。

投资理财则是指在个人基本生活目标得到满足的基础上，将资金投资于各种投资工具，在保证安全性和流动性的前提下，追求投资的最优回报，加速个人或家庭资产的成长，提高生活水平和质量。投资理财的核心在于根据个人的投资性资源状况和风险偏好来实现个人的人生目标。

目前，国内主要的个人理财投资工具见表1–1。

表1–1 **国内主要的个人理财投资工具表**

投资工具	储蓄	保险	债券	基金	外汇	股票	期货	房产	金银	收藏
风险性	低	低	低	中	高	高	高	中	中	中
收益性	低	低	中	中	高	高	高	中	中	中
兑现性	高	低	中	中	高	高	高	低	低	低

专栏1–1

理财就是投资吗?

理财和投资的关系是：理财活动包括投资行为，投资是理财的一个组成部分。理财的内容要广泛得多。在理财规划中，不仅要考虑财富的积累，还要考虑财富的保障，即对风险的管理和控制。在人生的旅途中，我们会面临各种各样的风险和意外，在我们的经济生活中也会存在各种系统性风险。

根据经济学上的定义，投资是指牺牲或放弃现在可用于消费的价值，以获取未来更大价值的一种经济活动。投资活动的主体与范畴非常广泛，但一般意义上所描述的投资主要是家庭投资，也叫个人投资。我们举例来解释此句话：若你手上有1 000元闲钱，你可在周末带全家到饭店吃上一顿大餐，大家可以过一个愉快的周末。但你也可以将钱存入银行，一年后可获得利息收入；或者买入股票或基金，等待分红或涨升；或者从古玩市场买回字画，等待升值；或者参股朋友所开的小店，分得利润。前面一种情况就是花掉金钱（价值），获得享受。后面几种情况就是放弃现在的消费，在以后获得更多的金钱，这就是投资。再简单些说，使本金在未来能增值或可以获得收益的所有活动都可称为投资。消费与投资是一个相对的概念。消费是现在享受，放弃未来的收益；投资是放弃现在的享受，获得未来更大的收益。

投入的资本既可以是通过节俭的手段获得的，如从每个月的工资收入中除去日常消费等支出后的节余；也可以是通过负债的方式获得的，如借入贷款等；还可以采用保证金的交易方式，以小博大，放大自己的投资额度。从理论上来说，投资额度的放大是以风险的提高为代价的，其遵循“风险与收益平衡”的原则，即收益越高，投资风险也越大。所以说，任何投资都是有风险的，只是大小程度不同而已。

具体来说，家庭投资的主要对象包括在金融市场上买卖的各种资产，如存款、债券、股票、基金、外汇、期货等，以及在实物市场上买卖的资产，如房产、金银珠宝、邮票、古玩收藏等，或者实业投资，如个人店铺、小型企业等。

所以说，理财和投资的关系是：理财活动包括投资行为，投资是理财的一个组成部分。

资料来源：佚名．什么叫理财？到底什么才是理财？什么叫投资？[EB/OL]．[2015-07-13]．http：//www.mymoneymaster.com.

1.1.3 个人理财的作用

1.规避风险

对于个人来讲，个人财富面临的首要风险就是通货膨胀对财富的侵蚀。一个很直观的例子就是，40年前的10 000元和现在的10 000元价值差距巨大。改革开放之初，万元户是很多普通家庭的一大目标，现在，10 000元是很多工薪阶层一两个月的税后工资。另外，个人还要面临如疾病、伤残、失业、意外死亡等风险，这也需要我们对财富进行安排，以使得风险事件发生时自己的生活依然能够延续。各种风险都会给我们的财务安全带来不同程度的冲击。个人理财可以帮助人们事先采取有针对性的财务防范措施，以转移风险，应对突发事件造成的财富损失。

2.平衡当前和未来的收支

很多人都会面临购房、子女上大学等需要大额资金的事件，这就需要我们对当前与未来的收支情况进行安排与平衡。一方面，收支的时间可能不匹配，月初要花钱可月末才发薪的情况并不少见；另一方面，收支的数量可能不匹配。无论是短期的年度收支计划，还是长期的退休养老计划，如何实现收支平衡，正是个人理财要研究的问题。个人理财可以帮助人们合理安排和管理资金，以保证个人的正常支出。

3.提高生活水平

在个人财富保值增值、当前与未来相对平衡的基础上，每个人都希望改善和提高自己的生活水平，实现自己的个性化生活目标。个人理财可以帮助人们通过投资行为保值增值个人资产，积累充分的财富以供支配，满足人们追求更高生活品质的需要。

1.2 个人理财的内容

1.2.1 个人理财规划的基本内容

个人理财规划包括现金规划、储蓄规划、消费信贷规划、金融投资规划、房产投资规划、保险规划、纳税规划、子女教育金规划、退休规划、遗产规划等内容，如图1-1所示。其中，现金规划、储蓄规划和消费信贷规划属于资金管理规划的内容，金融投资规划和房产投资规划属于资金增值规划的内容，保险规划属于风险管理规划的内容，纳税规划属于成本规划的内容，子女教育金规划、退休规划和遗产规划则属于未来规划的内容，如图1-2所示。总体而言，这些理财规划的内容涵盖了我们一生的财务活动，贯穿着我们一辈子的生活，了解和掌握这些内容实质上就是帮助我们规划自己的一生。

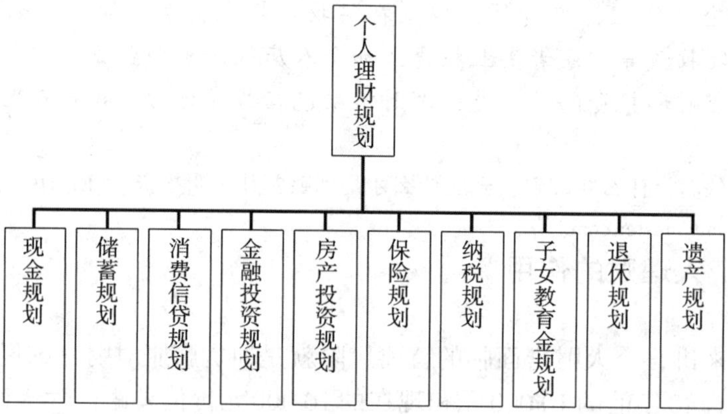

图1-1 个人理财规划的内容

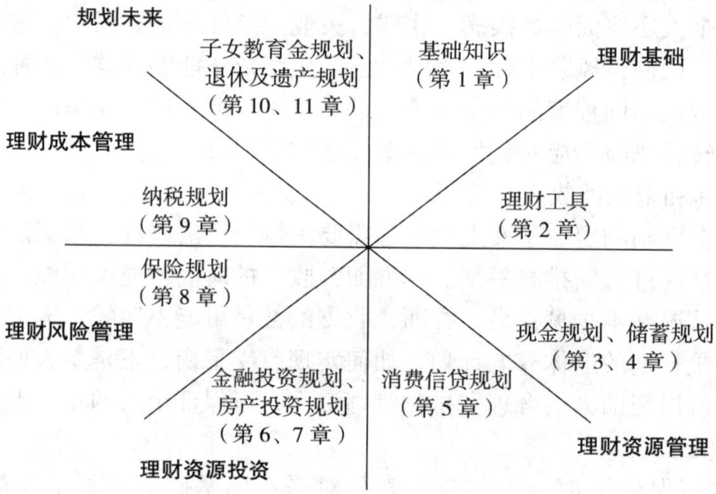

图1-2 个人理财规划的组成要素

1.现金规划

现金是理财工具中最具流动性的工具，我们的日常生活时刻都离不开它，特别是在当前，现金消费还是人们最常用的支付方式。持有足够的现金当然方便，但是现金并不具有收益性，因为货币具有时间价值，所以我们需要在现金的支付方便性和由此丧失的收益之间进行权衡，找到持有现金的最佳数量，使之既能满足我们的日常支付需要，又能在我们遇到紧急情况的时候提供及时的帮助，现金规划的意义正在于此。

2. 储蓄规划

储蓄是所有个人理财规划的源头，储蓄规划对于个人来说既有获利的目的，更有安全、方便、备用方面的需要。公民个人存款储蓄作为一种投资行为，对国家经济的发展有着重大意义：有利于调节市场货币流通；有利于人们培养科学合理的生活习惯、建立文明健康的生活方式。对现金管理而言，储蓄规划不仅要满足开支的需求，而且要建立一套有效的储蓄计划。因为储蓄规划不仅能缓冲财务危机，而且能为实现未来的财务目标提供积累资金的工具。

3. 消费信贷规划

负债在以前被认为是一件很不光彩的事情，常常与贫穷、困难之类的字眼联系在一起。但是随着观念的更新，大家认识到借债本身并不可怕，它意味着提前享受生活以及把未来的收入投资于当前的机会，只要能够在约定的期限之前归还就没有问题。于是通过贷款，大家能够把自己预期的未来收入提前在当期使用。但是问题也随之而来，有效利用信贷能帮助人们拥有更多的商品，得到更多的享受，而滥用信贷会导致欠款、破产乃至失去信用。消费信贷规划能够帮助人们在决策之前认清自己的还贷能力，选择适合自己的信贷方式，充分享受信贷给生活带来的乐趣。

4. 金融投资规划

投资是个人获取财富的主要手段，不同的金融投资工具有不同的特点。金融投资工具包括股票、债券、基金、期货、外汇以及黄金等。对于个人来说，单一品种的投资工具很难满足我们对资产流动性、回报率以及风险等方面的特定要求，而且我们往往也不具备从事金融投资的专业知识和信息优势。金融投资规划要求个人在充分了解自身风险偏好与投资回报率需求的基础上，通过合理的资产分配，使投资组合既能够满足流动性要求与风险承受能力，又能够获得充足的回报。

5. 房产投资规划

“衣、食、住、行”是人最基本的四大需要，其中“住”又是四大需要中时间最长、所需资金数额最大的一项。在个人理财中，与“住”相对应的是房产投资规划，对于一般的消费者来说，房产主要代表了自己的住所。事实上，投资者购买房产主要出于四种考虑，即自己居住、对外出租、投机获利和减免税收，而针对不同的投资目的，投资者在选择具体房产品种时也会有不同的考虑。在房产投资规划中，要重视两个方面的问题：一方面，应当对房产相关法律法规（包括交易规则、税率情况等）和影响房产价格的各种因素有比较深的了解；另一方面，由于房产单位价值高且多是终身投资，因此房产投资必然十分谨慎，在作出投资决策之前，必须详细了解自己的支付能力，以确定合理的房产购置计划。

6.保险规划

人生很可能会面对一些不期而至的风险，比如意外的人身伤害、疾病、火灾等。为了规避这些风险，在现实生活中，人们常常通过购买保险来满足自身的安全需要。保险除了具有基本的转移风险、减小损失的功能之外，还具有融资、投资功能。在个人理财中，经常用到的保险产品包括人寿保险、意外伤害保险、健康保险、财产保险、责任保险等。由于保险的品种多、条款复杂，因此普通投资者在选择时往往会感到力不从心。保险规划的目的即在于通过对个人经济状况和保险需求的深入分析，选择适合自己的保险产品，并确定合理的期限和金额。

7.纳税规划

依法纳税是每个人应尽的法定义务，国家通过制定各种税收法律法规来规范税收的征缴，任何违反税收法律法规的行为都将受到法律的制裁。然而，纳税人出于自身利益的考虑，往往希望将自己的税负合理地减到最小。因此，如何在合法的前提下尽量减少税负，就成为每个纳税人都十分关注的问题。纳税规划即在充分了解所在国税收制度的前提下，通过运用各种纳税规划策略，合法减少税负。在纳税规划中，比较常用的策略包括收入分解转移、收入延期、投资于资本利得、注意资产销售时机、杠杆投资、充分利用税负抵减等。与前面所述的几种规划相比，纳税规划要面对更多的风险，尤其是法律风险，这些风险包括反避税条款、法律法规变动风险及经济风险等。

8.子女教育金规划

教育投资是一种智力投资，它不仅可以提高人的文化水平与生活品位，还可以使受教育者增加人力资本。教育投资可以分为两类，即自身的教育投资和对子女的教育投资，本书讨论的是后者。对子女的教育投资可以分为基础教育投资和高等教育投资，对子女的高等教育投资通常是所有教育投资项目中花费最高的一项，但父母出于对子女未来的殷切期望，往往会在子女的高等教育投资上不惜血本。进行子女教育金规划时，首先要对个人的教育需求和子女的基本情况（如子女的年龄、预期的受教育程度等）进行分析，以确定当前和未来的教育投资资金需求；其次要分析个人的收入状况（当前的和未来预期的），并确定子女教育投资资金的来源（如教育资助、奖学金、贷款、勤工俭学收入等）；最后要分析教育投资资金的来源与需求之间的差距，并在此基础上通过运用各种投资工具（包括常用的投资工具和教育投资特有的投资工具）来弥补教育投资资金来源与需求之间的差额。需要特别注意的是，由于教育投资本身的特殊性，它与其他投资相比更加注重投资的安全性，因此在选择具体投资工具时要特别慎重。

9.退休规划

退休规划是指为了保证将来有一个有尊严、自立、保持水准的退休生活，而从现在开始制订实施关于如何筹措和管理退休以后的生活资金，以及如何安排退休后收支的一系列财务活动方案的过程。如何在退休后保持一定的生活水平是每个人迟早都要面对的现实问题，现实生活中普遍存在的通货膨胀问题在不断地侵蚀个人的财富，如果不及早计划，必然会导致退休后的生活水平急剧下降。退休规划是一个长期的过程，不是简单地通过在退休之前存一笔钱就能解决的，个人在退休之前的几十年就要开始确定目标，进行详细的规划，从而为将来退休做准备。在当前的中国，一对独生子女夫妇将来要照顾四个老人，其负担之重可想而知。所以，提早做好退休规划不仅可以使自己的退休生活更有保障，还可以减轻子女的负担。

10.遗产规划

遗产的继承是人生需要妥善安排的最后一个重要事项。遗产规划的目标是高效率地管理遗产，并将遗产顺利地转移到受益人的手中。这里的高效率包括两个方面的内容：一方面，遗产安排要花费一定的时间，应该在最短的时间内完成遗产规划；另一方面，处理遗产需要花费一定的成本，遗产规划得妥当，会使财富转移顺利，避免很多麻烦，同时降低费用。

1.2.2 个人理财的目标

个人理财所做的一切都是为了一个目标：保障生活。保障你的基本生活，保障你的教育、婚嫁、育子、养老、疾病预防等计划有足够的金钱支付，而不至于出现财务收支失衡。理财是人生大计，开始理财前一定要明白自己理财的目的是什么。很显然，不同财富状况的人、不同人生阶段的人，其理财目标不可能一样。在理财前，需要静下心来好好想一下，自己理财的目标是什么呢？目标想得越清楚明白，就越有利于理财计划的实施。

1.个人理财的基本目标

一般而言，个人理财的基本目标主要包括以下内容：

（1）现有资产保值增值。

现有资产，也就是自己名下的资产，是首要的管理对象，现有资产的保值增值是理财的第一个目标。俗话所说的“看兜里钱过日子”，就是这个意思。规避通货膨胀对资产和财富的侵蚀，跑赢通货膨胀，是理财的起始目标。资产增值则是理财者进一步的目标，理财就是将资产合理分配并努力使财富不断累积的过程。但是我们也应该明白，财富增值并不是最终的理财目标，而是我们实现人生目标的手段。理财分为财富的积累、财富的保障、财富的增值、财富的分配四个阶段。不同的年龄段有不同的理财需求，如刚刚毕业的年轻人处于财富积累阶段，他们最大的投资应该是自身投资，可以多参加一些培训，以拥有更多的本领，赚取更多的财富；对于一些经济实力和投资能力强的人来说，他们应对资产的增值确定一个具体的数目。

（2）保证生活所需。

每个人都有婚姻嫁娶、抚养子女、赡养老人以及生老病死等生活问题需要面对和处理，而这些都需要金钱来支持，只有有了充足的资金，这些事情才能处理得更加顺畅。过去10多年，房价问题是中国普通居民最大的生活问题，经常成为媒体热词，房产与生活中的很多方面都有关联。房产由于价值很高，常常令很多人费尽心思。此外，疾病和意外也是影响人们生活的重大因素，面对高发的疾病、高额的治疗费用，我们同样需要将疾病和意外纳入规划。随着老龄化社会的到来，人们收入的提高，社保养老金与退休前收入的差距将越来越大，如何保证自己晚年生活独立、富足，是现代人面临的共同问题。这些都是理财需要考虑的重要方面。

（3）保证资金安全。

资金安全包括两个方面的含义：一是保证资金数额完整；二是保证资金价值不减少，即保障资金不会因亏损和贬值而遭受损失。真正的理财和投资，要有一种节制的态度，不是简单地赚得越多越好，而是要清楚理财产品的风险和收益情况。例如，投资股票，好的时候可能有百分之几十的收益率，但坏的时候可能会赔掉百分之几十，盈亏上下限的空间很大。而像银行理财产品，收益率并不高，一般只有5%左右，但至少本金不会损失，盈亏上下限的空间很窄。但是，盈亏是有时间性的，可能一段时间内（比如一年）很多人都去买股票，就是人们普遍认为盈利的概率较高，也就是市场处于牛市之中。但一段时间之后，可能出现亏损的概率就比较高了。所以，我们不但要对概率的风险性有很好的把握，对概率的时间性也要有一定的认识和把握。没有只涨不跌的市场，也没有只跌不涨的市场。

2.个人理财目标的分类

（1）按时间的长短，个人理财目标可分为短期目标（1年左右）、中期目标（3～5年）、长期目标（5年以上）。短期目标通常预计在1年之内达成，如出国旅游、购置高档音响等；中期目标通常预计在3～5年完成，如买车、装修房子等；长期目标一般预计在5年以后完成，如筹措买房基金、退休等。常见的个人理财目标见表1-2。

表1-2 **常见的个人理财目标**

个人状况	短期目标（1年左右）	中期目标（3～5年）	长期目标（5年以上）
单身	添置衣物等生活用品	结婚	购买汽车
		储蓄、投资	购买住房
		攻读学位	出国旅游
已婚夫妇（无子女）	每年旅游	添置汽车	改善住房条件
		积攒生育费用	积累子女初期教育费
父母（有年轻子女）	增加人寿保险额度	提高投资额度	积累子女高等教育费
	增加储蓄	购买新车	购买更大面积住房

（2）按人生阶段的不同，个人理财目标可分为单身期（开始工作到结婚之前）目标、家庭组成期（结婚到生育子女之前）目标、家庭成长期（子女出生到子女上学之前）目标、子女教育期（子女上学到子女就业之前）目标、家庭成熟期（子女就业到父母退休之前）目标、退休生活期目标，见表1-3。理财是人的一生都要进行的活

动，由于不同生命阶段的生活重心和所重视的层面不同，因此设定的理财目标必须与人生各阶段的需求相匹配。

表1-3　人生不同阶段的理财目标表

人生阶段	阶段特征及理财内容
阶段一：单身期 开始工作到结婚之前：2~5年	该时期的特点：收入低，花销大 理财顺序：意外保险＞节财计划＞资本增值
阶段二：家庭组成期 结婚到生育子女之前：1~5年	该时期的特点：收入增加且稳定，为了提高生活质量往往要投入一大笔家庭建设开支，如购买高档生活用品、供房还贷等 理财顺序：购房供房＞家庭硬件＞健康意外保险
阶段三：家庭成长期 子女出生到子女上学之前：6年左右	该时期的特点：家庭成员不再增加，但年龄都在增加。家庭最大的开支是子女教育费、医疗费。同时，随着子女的自理能力增强，父母精力充沛，又积累了一定的工作经验和投资经验，投资能力大大增强 理财顺序：子女教育基金＞健康意外保险＞养老金＞资本增值＞特殊基金规划
阶段四：子女教育期 子女上学到子女就业之前：9~16年	该时期的特点：子女的教育费和生活费用猛增 理财顺序：子女教育基金＞债务规划＞资产增值规划＞应急基金
阶段五：家庭成熟期 子女就业到父母退休之前：约15年	该时期的特点：这一时期自身的工作能力、工作经验、经济状况都达到高峰状态，子女已经完全自立，债务已经逐渐减轻，理财的重点是增加养老规划和资产增值规划 理财顺序：养老规划＞资产增值规划＞特殊目标规划＞应急基金
阶段六：退休生活期	该时期的特点：主要内容是安度晚年，投资和花费通常比较保守 理财顺序：养老规划＞遗产规划＞避税规划＞其他特殊目标规划

个人理财目标的制定要注意符合自身的条件（所处的社会地位、经济状况、日常收入、家庭、子女等），要符合自己人生各个阶段的要求，要长、中、短期目标相结合。

1.2.3　个人理财的基本原则

1. 量入为出原则

量入为出原则要求在自己的经济承受能力之内进行消费，也就是既不滞后，又不超前，既不人为抑制消费，又不盲目攀比，做理性的消费者。不能把量入为出理解为手里有多少钱就花多少钱，量入为出是一种计划消费行为，包括在基本生活资料得到满足的情况下，通过理财有计划地安排生活。适度消费，提倡勤俭节约的精神，勤俭节约不能简单地理解为省着花钱，而是指与自己的实际需要和收入水平相当的合理消费。反对超前消费和适度消费原则上是一致的，但是判断消费行为是否超前，不能仅仅局限在现有收入上。有些人现有收入虽然高，但收入增长能力低，在消费上回旋余地不大；反之，尽管有些人现有收入低一些，但收入增长能力高，在消费上有较大的回旋余地。如果对自己收入能力的判断符合实际，能够按时还清贷款和分期付款，采用贷款消费形式就是一种合理消费而不是超前消费；如果过高地估计了自己的收入能力，或者明知自己无力消费却与别人进行盲目攀比，就是超前消费。

2.经济效益原则

在进行个人理财规划的时候，特别是在进行投资规划的时候，应当注意讲求经济效益，因为理财的目的总体来说就是实现资金的保值和增值。衡量经济效益可以从以下两个方面来看：一是绝对值，就是期望的利润额；二是相对值，就是期望的收益率。这两方面需要综合考虑，不能偏废。用100元能赚100元的投资，虽然利润率高达100%，但是绝对额低，不值得付出太多精力。而用100万元投资利润率为10%的项目，虽然利润率一般，但是盈利和本金的绝对数额都很高，需要认真考虑、仔细计算。

3.安全原则

收益总是伴随着风险的，我们不能只追求收益而忽视由此带来的风险。本原则要求进行个人理财时，应该注意寻求收益和风险的平衡，进行组合投资，分散风险，不要把全部鸡蛋放在同一个篮子里，也不要把全部担子挑在一个肩膀上。

4.变现原则

天有不测风云，人有旦夕祸福。个人财产的形式有很多，我们要关注的是其流动性，归根结底，我们的财产都是以现金来换算和衡量的。因此，在进行理财规划的时候，要注意财产变成现金的能力，避免出现周转困难、难以为继的情况，导致生活陷入困境。

5.个性化原则

个人财富状况不同、生活目标不同，理财目标也不会相同，因此理财是一件个性化的事情。前面说过，理财是研究人如何运用自己的钱财达到目标，因此个人自身的情况才是关键。不同的环境、个性、偏好、年龄、职业和经历等，都会导致个人对待事物的态度有所不同，面对同样的理财机会，采取的策略也会迥异，所以应该总结出适合自己的理财方式，而非生搬硬套别人的经验。

6.明确原则

个人理财的内容要非常清楚，即时间具体、数字明确。比如，结合自己的收入、所在地区的房价，什么时候攒够首付款、买多少价位的汽车、买多少平方米的房子，必须是一个明确的数字。

7.终身理财原则

个人理财目标制定好后不是一成不变的，而应根据实施的情况、具体的环境背景，适时进行相应的调整，以符合自己的实际要求。对于个人理财目标中不切实际或不妥的地方，均应该进行修正，最好每隔一段时间（如1年）就对原来所制定的理财目标进行一次修正。个人理财是一个漫长的贯穿人生始终的过程。一个人一生的不同时期，对理财的需求是不一样的，因此必须考虑阶段性和延续性。

8.学习原则

天下没有不劳而获的事情，理财作为一门综合化的新兴学科，涉及众多的知识学科。因此，在追求利润目标的同时，应该增强理财管理能力、资金运筹能力、风险投资意识，充实经济金融知识，提高自身综合素质。

9.快乐理财原则

个人理财的根本目的是使生活更美好，保持快乐的心情和健康的身体。理财是一件愉快的事情，是我们生活的一部分，看着自己的财产被管理得井井有条，怎么会不让人快乐？即使在某些阶段理财活动遭遇了挫折，但是从中总结教训，在未来的理财活动中加以避免，又何尝不是一件幸事。如果像买彩票一样，想着要是买了另外一个号码该多好，总是陷入懊悔，那么久而久之，理财就会偏离正常的轨道。总而言之，保持快乐轻松的心态，才能够充分发挥聪明才智，作出最理性的理财决策。

1.2.4 个人风险偏好

不同年龄的人、不同家境的人、不同生活目标的人，理财的内容不同，处理的风险也不同，因此了解自己的风险偏好是非常重要的。投资是理财的重要组成部分，投资前首先要做的就是表明对风险的态度，即风险偏好。风险偏好是指个人对不确定事件的容忍程度，风险偏好与个人的客观情况、生活经验、性格爱好等因素密切相关，它将对个人理财中的各个具体规划起到重要的指导作用。在个人理财中，不要做没有考虑客观情况的偏好假设。例如，有的人偏好风险较大的投资工具，把钱全部放在股市里，而没有考虑到父母、配偶、子女，没有考虑到家庭责任，此时他的风险偏好就偏离了他能够承受的范围。

专栏1-2

风险偏好调查问卷

1.下列句子中，你的好朋友会用（　　）来形容你。

A.能够承受很大的风险　　B.经详细分析后，你会愿意承受风险

C.一个小心谨慎的人　　D.不愿承受风险

2.假设你参加了一个电视游戏节目并获奖了，你会选择（　　）。

A.当场获得1 000元现金　　B.有50%的机会赢取3 000元现金

C.有25%的机会赢取8 000元现金　　D.有5%的机会赢取50 000元现金

3.你刚刚有足够的储蓄实现自己一直梦寐以求的旅行，但在出发前3个星期，你忽然被解雇，你会（　　）。

A.取消旅行

B.选择另外一个距离较近的旅行

C.依照原计划去旅行，因为你需要充足的休息来准备寻找新的工作

D.丰富这次旅行，因为这次旅行可能成为你最后一次豪华旅行

4.如果你突然有20 000元可用于投资，你会（　　）。

A.将它存入银行

B.投资到一些比较安全及高等级的债券或债券基金

C.投资到股票或股票基金

D.一半存入银行，一半投资股票或股票基金

5.根据你的经验，你对于投资股票或基金放心吗？(　　)

A.不完全放心　　B.有少许不放心　　C.非常放心

6.对于“风险”一词，你第一个感觉是（　　）。

A.损失　　B.不明朗　　C.机会　　D.兴奋

7.专家估计一些资产，如黄金、珠宝、珍藏物和房屋（实质资产）的价格会上升，而债券的价格会下跌，但他们认为政府债券相对比较安全。如果你现在持有大量政府债券，你会（　　）。

A.继续持有

B.卖掉债券，然后把得来的资金一半投到货币市场，另一半投向实质资产

C.卖掉债券，然后把所有得来的资金投向实质资产

D.卖掉债券，除了把所有得来的资金投向实质资产，还向别人借钱投向实质资产

8.以下四个投资选择，你个人比较喜欢（　　）。

A.好的情况下会赚取200元，最差的情况下损失0元

B.好的情况下会赚取800元，最差的情况下损失200元

C.好的情况下会赚取2 600元，最差的情况下损失800元

D.好的情况下会赚取4 800元，最差的情况下损失2 400元

9.如果你现在得到一笔1 000元的现金，并要求你必须再选择以下其中一项，你会选择（　　）。

A.再额外多赚500元（即肯定得到1 500元）

B.50%的机会额外多赚1 000元，50%的机会维持得到的1 000元

10.如果你现在得到一笔2 000元的现金，并要求你必须再选择以下其中一项，你会选择（　　）。

A.从2 000元中损失500元（即肯定得到1 500元）

B.50%的机会额外损失1 000元，50%的机会维持得到2 000元

11.假设你继承了10万元遗产，你必须把所有遗产投资于以下其中一项，你会选择（　　）。

A.一个储蓄账户或货币市场基金

B.一个拥有股票和债券的基金

C.一个拥有15只蓝筹股票的投资组合

D.一些保值的投资产品，如金、银

12.低风险投资包括债券和债券基金，中风险投资包括股票和股票基金，高风险投资包括期货和期权。如果你拥有2万元可投资，下列组合你会选择（　　）。

A.低风险占60%，中风险占30%，高风险占10%

B.低风险占30%，中风险占40%，高风险占30%

C.低风险占10%，中风险占40%，高风险占50%

13.你的好朋友、邻居和一位知名的地质学家组成了一个探索金矿的研究小组，一旦探索成功，投资回报率可高达50%；但如果失败，将血本无归。你的朋友估计这项计划的成功率约为20%。假设你有足够的资金，你是否会投资？（　　）

A.不会　　B.会，少量参与

C.会，将手头的闲钱都投入　　D.会，尽量筹集资金全额投入

风险承受能力计分见表1-4，客户投资偏好类型和风险承受能力评估见表1-5，风险偏好分析见表1-6。

表1-4　**风险承受能力计分表**

序号	A	B	C	D
1	4	3	2	1
2	1	2	3	4
3	1	2	3	4
4	1	2	3	—
5	1	2	3	—
6	1	2	3	4
7	1	2	3	4
8	1	2	3	4
9	1	3	—	—
10	1	3	—	—
11	1	2	3	4
12	1	2	3	—
13	1	2	3	4

表1-5　**客户投资偏好类型和风险承受能力评估**

类型	得分下限	得分上限
非常进取型	36	47
温和进取型	30	35
中庸型	24	29
温和保守型	19	23
非常保守型	13	18

表1-6 **风险偏好分析表**

风险偏好	具体表现	性格特征
非常进取型	高度追求资金的增值，愿意接受投资大幅度的波动	在个性上，非常自信，追求极度成功，常常不留后路
温和进取型	专注于投资的长期增值，并愿意为此承受较大的风险	具有很强的商业创造技能，知道自己要什么并甘于冒风险去追求，通常不会忘记给自己留条后路
中庸型	渴望有较高的投资收益，但又不愿承受较大的风险；可以承受一定的投资波动，但是希望自己的投资风险小于市场的整体风险	在个性上，有较高的追求目标，而且对风险有清醒的认识，但通常不会采取激进的办法去达到目标，总是在事情的两极之间找到相对妥协、均衡的方法
温和保守型	稳定是重要的考虑因素，希望投资在保证本金安全的基础上能有一些增值收入，但常常因回避风险而最终不会采取任何行动	在个性上，不会很明显地害怕冒风险，但承受风险的能力有限
非常保守型	保护本金不受损失和保持资产的流动性是首要目标，通常不太在意资金是否有较大增值	在个性上，本能地抗拒冒险，不抱碰运气等侥幸心理，追求稳定

资料来源：作者整理、撰写。

通过上述风险偏好调查问卷，我们可以对自己的风险偏好有一个初步了解，这里需要指出的是，各种风险偏好仅代表个人的选择，并无优劣高低之分，关键在于对自己有一个清晰的了解。表1-7是针对不同风险偏好的个人理财模式，仅供参考。

表1-7 **针对不同风险偏好的个人理财模式**

个人理财模式	理财建议
保守型	适合收入水平低、闲置资金少、家庭负担大、抗风险能力较差的家庭，如家庭成员无固定工作的家庭和家庭成员年龄较大的退休家庭。回避投资风险是保守型理财最主要的目标，因此应首选银行储蓄、国债等风险较小的理财品种
稳健型	适合有一定经济基础、有可靠收入来源、具备基本的风险承受能力的家庭，如人到中年的工薪家庭。注意风险防范，追求稳定收益，将金融储蓄和金融投资相结合是稳健型理财的特点，家庭资金的大头应以银行储蓄为主，其余部分可尝试进行股市和汇市的投资，争取实现家庭理财有较好的回报
积极进取型	适合经济实力强、收入丰厚、闲置资金充裕、抗风险能力较强的家庭，如城市白领、中产阶级家庭，以及企业经理阶层。获取高收益回报是积极进取型理财的主要目标，家庭理财可以考虑以债券、汇市、基金等投资性金融产品为主
冒险型	适合财务目标较高、家庭负担不重、愿意承担较大风险并且希望能够尽快改善财富状况的家庭，如正处于创业期的年轻家庭。进行高风险投资，以期获得较大投资收益是冒险型理财的特点，家庭理财可以考虑以股票、期货、基金等较高风险金融品种为主进行组合投资

1.2.5　个人理财的一般步骤

对于个人理财的具体内容，我们将在以后章节中详细叙述，这里，我们对个人理财的一般步骤作以介绍。个人理财的一般步骤包括：（1）明确个人现在的财务状况；（2）了解个人的风险偏好；（3）设定理财目标；（4）制订并实施理财计划；（5）评估和修正理财计划。具体步骤如图1-3所示。

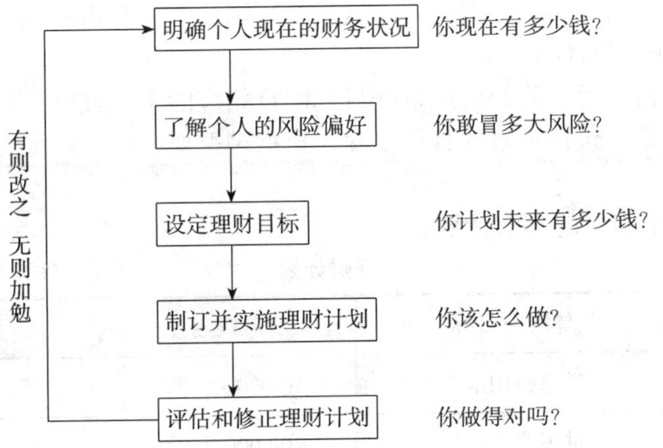

图1-3　个人理财的一般步骤

1. 明确个人现在的财务状况

个人理财的第一步，就是要了解自己的财务状况，包括收集个人财务信息和整理个人财务信息两个阶段。回顾自己的资产状况，包括存量资产和未来收入及支出的预期，知道自己有多少钱财可以打理，这是最基本的前提。

个人的财务信息是进行理财规划的首要基础，因此，个人理财的首要任务是收集整理与个人相关的财务信息。收集了完整的个人财务信息之后，接下来就要对这些零散的信息进行整理分析。可以采取的方法是类似企业财务报表的一系列个人财务报表，将零散的信息归类到各类表格中。通过这些个人财务报表，我们可以很直观地了解自己的财务状况，并以此为基础进行相应的理财规划。本书的第2章将会介绍这些内容。

2. 了解个人的风险偏好

进行理财前，首先要了解个人的风险偏好。这包括两个方面的含义：一方面，要明确自己是高风险偏好型的人还是风险规避型的人，如是喜欢投资股票还是喜欢储蓄。另一方面，要明确自己的风险承受能力。自己的年龄、教育背景、就业情况、健康情况、日常的现金流、家庭的财务压力（如是否有房贷）、今后的家庭收入情况等，都会影响自己的风险承受能力。

3. 设定理财目标

个人理财目标就是在一定期限内，给自己设定一个个人净资产的增加值，即一定时期的个人理财目标，同时有计划地安排资产种类，以便获得有序的现金流。有一个方法可以帮你较好地设定理财目标，那就是明确地写下来。

理财的目标应包含三个层面的内容：首先，安排好当前的生活，对目前的资产和产生的现金流做合理的安排和配置，为家庭安排适当的保障，从而使自己和家人能够有一个健康的生活方式。其次，为未来的人生目标和理想在财务上做好安排，未雨绸缪。比如孩子未来的大学教育费用、自己的养老问题等，都需要尽早做好安排。最后，通过理财规划最终建立一个现金流渠道，这个渠道应足以保障自己和家人过上无忧无虑的生活，不用再为金钱而工作，这就是所谓的财务自由的境界。

4.制订并实施理财计划

设定好理财目标后，我们就应根据目标制订相应的个人理财计划。个人理财计划是理财目标的细化，包括理财的具体步骤、根据理财要求确定匹配资金来源、选择理财投资工具等。

表1-8是一个简单的理财计划。

表1-8 理财计划

优先顺序	具体理财目标	所需资金	投资品种
1	紧急备用金	10 000元	储蓄、货币市场基金
2	付买房首付	300 000元	股票
3	买车	100 000元	货币市场基金、股票
4	子女上大学学费	40 000元	股票
5	退休	20 000元/年	混合型基金或货币市场基金

又如，要制订一份有关养老退休的理财计划，可以通过储蓄、保险、基金投资等多种产品与渠道，理财计划中应该给出明确的措施，同时还应该制定定期检视的时间表。

另外，个人理财计划往往受到许多因素的影响，这些因素的总和构成了制订理财计划的环境，一般可以将这些因素分为三大部分，见表1-9。

表1-9 影响理财计划的因素

经济因素	社会变化因素	个人因素
国内经济情况 利率 失业率 国际收支和汇率 财政收支	人口结构和人口寿命 社会结构的变化 家庭模式 其他因素	年龄 婚姻情况 收入 性格爱好 亲朋好友

5.评估和修正理财计划

事物总是处于运动之中的，理财是一个动态的过程，任何一个理财计划都仅仅适合当时的市场环境及个人状况。随着经济等环境的变动，如战争、政治事件、重大经济改革以及金融市场上的投机活动等，投资者会面临各种各样的风险。个人理财的投资计划也应当以规避风险为宗旨，及时进行调整，以保证家庭资产的保值和增值。因此，在制订了一个比较满意的个人理财计划后，还要不断了解市场信息、获取有效的资源、适时调整自己的投资策略，以充分适应市场的变化。所以，理财是一个循环的、动态的过程，理财者需要定期对自己的理财计划进行评估和修正。

理财，一定不要犯这些错误！

1.3 个人理财的产生和发展

1.3.1 个人理财的起源及发展

个人理财最早在美国兴起，并首先在美国发展成熟。可以说，美国个人理财的发展历史代表了世界个人理财的发展历史。

1. 萌芽期（20世纪30—60年代）

个人理财起源于20世纪30年代的美国，其萌芽仅仅是保险工作人员为推销本公司产品而采取的一种全新策略。1929年10月，严重的经济危机和股市崩盘给人们的生活带来了巨大的不确定性，保险的“社会稳定器”功能使得保险公司的地位得到了空前的提高，大危机使人们萌生了对个人生活的综合设计和对资产运用的设计方面的需求。在这种背景下，一些保险推销员在推销保险商品的同时，也提供一些生活规划和资产运用的咨询服务，这些保险推销员被称为“经济理财员”。这也是财务规划的萌芽，尽管它不成熟，但因其良好的规划属性而显现出很强的生命力。随后，可以满足各种不同需求甚至为客户量身定制的金融产品逐渐为人们所关注。

2. 发展期（20世纪60—80年代）

第二次世界大战以后，随着经济的复苏和社会财富的累积，个人理财业务也从初创期进入了扩张期。社会、经济环境的变化逐渐使富裕阶层和普通消费者无法凭借个人的知识和技能，以及通过动用各种财力资源实现自己短期和长期的生活、财务目标，真正意义上的理财概念和理财资格制度是20世纪60年代末期以后才确立的。1969年是美国理财业发展的标志性年份，这一年美国创设了首家理财团体机构——IAFP（International Association for Financial Planning），它是一家以普及理财知识、促进理财发展为目的的社会团体。1972年，美国创立了理财教育机构——College for Financial Planning，并创立了CFP（Certified Financial Planners，注册金融理财师）。1973年，该校首批42名毕业生获得了CFP资格证书，并由该批毕业生设立了旨在建立和维护理财的专业权威性、在世界上推广理财资格活动的团体——ICFP（Institute of Certified Financial Planners，注册金融理财师协会）。1985年，ICFP在社会各界的支持下，设立了IBCFP（International Board of Standards and Practices for Certified Financial Planners，后改为Certified Financial Planners Board of Standards，即CFP标准委员会，简称CFP Board）。

经过了20世纪70—80年代的发展，美国开始出现真正意义上的理财业和较为完善的理财制度。同时，个人财产管理、运用的时代背景发生了重大变化，突出表现在个人金融资产膨胀、金融自由化浪潮兴起、老龄化社会来临等方面。这一系列因素促使人们对理财的需求急剧增加，作为金融自由化改革的结果，金融商品迅速增加，金融风险加大，人们迫切需要理财师的帮助，这样就推动了理财业的空前发展，理财业的地位不断提升。

3.成熟期（20世纪80年代至今）

1987年10月19日的股灾使投资者的损失达1万亿美元。由于理财师提出的投资方案遭到重创，因此人们对理财师产生了强烈的不信任感，理财师的社会地位直线下降，理财业迎来了最艰难的时期。其后的一段时间，理财业的热心者们开始考虑改革理财制度，并将理财的工作重心转移到生活规划上来，如退休后养老年金的安排等。另外，CFP Board开始重视后续教育和严格遵守伦理规定的问题，这一点直到现在也没有改变。2000年1月，IAFP（International Association for Financial Planning，国际金融理财协会）和ICFP合并，成立了新的理财组织——FPA（Financial Planning Association，金融规划协会），其目的是为理财提供一个全新的活动空间，使理财业朝着健康的方向发展。美国的理财业经过1987年低谷后的调整恢复，目前已成为认知度和社会地位相当高的专门职业。可以说，美国的理财业进入了成熟期。

从世界范围来看，20世纪70年代以来，全球商业银行在金融创新浪潮的冲击下，个人理财业务获得了快速发展。从发达国家银行个人理财业务的发展趋势来看，个人理财业务具有批量大、风险低、业务范围广、经营收益稳定等优势，在商业银行业务的发展中占据着重要位置，贴心的个人理财服务也成为近年来银行业竞争的焦点。

近几年来，随着互联网向金融领域的渗透，应用互联网进行理财的方式越来越多，涉及金额呈现爆炸式增长。例如，2013年6月，蚂蚁金服推出余额宝，到11月，其资金规模即突破1 000亿元。附录对借助互联网进行理财的方式加以详细介绍。

1.3.2 我国个人理财的现状和发展

我国的个人理财服务出现在20世纪90年代后期。1996年，中信实业银行广州分行率先挂出了“私人理财中心”的牌子，标志着我国银行的个人理财业务正式起步。1998年，中国工商银行的上海、浙江、天津等5家分行，根据总行的部署，分别在辖区内选择了一些软硬件条件符合要求的营业网点进行“个人理财”的试点。当时，商业银行、保险公司和证券公司根据自身业务的特点和对个人理财的认识，推出了具有鲜明行业特点的理财服务。其中，银行以优化组合各项个人银行业务为主，根据客户的要求提供组合式的个人银行服务；保险公司主要以推广投资连结型的保险产品为主；证券公司则以提供代客理财和证券咨询服务为主。经过多年的发展，目前我国个人理财业务积累了越来越多的积极因素。我国个人理财的前景非常广阔，且需求旺盛，个人理财正在成为人们生活中重要的一部分。

专栏1-3

我国个人理财市场规模

我国个人理财市场规模越来越庞大，但是，因为没有权威统计作为标准，具体的市场规模难以确定。在此，我们梳理了散见于各种媒体的一些观点，供读者参考。需要说明的是，各个观点统计口径不一，结论相差也较大，有关数据可作为参考使用。

麦肯锡在2006年的调查显示，1995—2005年，中国个人理财市场每年的业务增长率达到18%。当时预计，2006年个人理财市场规模将达到570亿美元，其后每年将以10%～20%的速度增长。

《经济日报》2011年8月19日发表文章，《首届国家理财规划师年会会刊》的数据显示，2004年以来，我国理财业务每年的市场增长率达到18%，2010年前三季度，我国理财市场规模就已达到250亿元。

《经济参考报》2016年3月30日发表文章，《中国个人理财市场研究报告》指出，2015年我国个人理财市场基本规模在40万亿元至50万亿元之间，理财规模为4亿元至5亿元，人均理财规模在10万元左右。报告还指出，我国人均个人财富约30万元，其中个人金融资产约为7.2万元。

虽然个人理财市场规模没有一个确切的数字，但是，官方发布的人均存款余额，是个很有说服力的佐证。《中国统计年鉴2021》显示，截至2020年底，中国境内住户人民币住户存款余额92.6万亿元，同比增长13.9%。

中国个人理财市场是个规模巨大的市场，在实践和理论上都具有重要意义。

资料来源：作者整理、撰写。

虽然我国个人理财业务市场潜力巨大，但由于种种因素，个人理财业务尚处于发展中的初级阶段，具体表现在：

（1）投资渠道狭窄。投资渠道狭窄使得个人理财的良性发展受阻。在我国当前的投资市场上，可供普通居民选择的投资产品中，股票和银行理财占据了极大的份额。但是，股票市场波动巨大，炒作行为肆虐，普通散户很难获益；银行理财的收益越来越低，满足不了人们保值增值的需求。同时，公司债、国债市场极不发达。黄金市场、房产市场距离普通大众较远。对于外汇市场，由于我国实行外汇管制政策，个人投资者也难以参与。所以，个人投资理财的操作空间有限，大量的投资理财需求还处于被压抑的状态。

（2）个人理财人员专业性不强。个人理财业务是一项综合性的业务，每个人的理财需求都是个性化的，这就要求个人理财人员广泛了解银行、证券、保险、房产、外汇、税务、教育、法律等方面的知识，有丰富的金融经验。但在我国，个人理财人员的专业性还很欠缺，很多个人理财人员是从有关岗位转移过来的。以银行为例，所谓的个人理财经理很多实质上就是理财产品的推销人员。专业性强的个人理财人员匮乏，制约了我国个人理财业务的发展。

（3）大众投资理念尚不成熟。投资理财和保值增值理念虽然已经深入广大民众心中，但尚不成熟，仍有待提高。其具体表现为：在股票市场上追涨杀跌，不做深入研究；对高息投资贪婪，忽视风险因素；对银行盲目信任。

另外，金融业分业经营的现状、金融机构的软硬件建设情况，也与个人理财的需求存在较大差距。

总之，居民个人财富的增长、金融市场的变化和监管制度的改革构成了我国个人理财业务发展的强劲动力，但市场基础要素的缺陷和不足制约了个人理财业务的快速发展，我国的个人理财业务正处于市场呼唤发展、机遇与挑战并存的发展阶段。

理财金句

【思政课堂】

树立适应社会主义市场经济的财富观念

【教学提示】理论认知。

日前，中共中央、国务院发布了《关于完善产权保护制度依法保护产权的意见》，对产权保护政策作了系统阐述。这一重要文件在重申公有制经济财产权不可侵犯的同时，强调非公有制经济财产权同样不可侵犯，倡导让平等保护、全面保护、依法保护观念深入人心，在坚持以经济建设为中心、提倡勤劳致富、保护产权、弘扬企业家精神等方面加强舆论引导，推动形成保护产权的良好社会氛围。

有恒产者有恒心。完善产权保护制度是坚持社会主义基本经济制度的必然要求，是推动经济持续健康发展的迫切需要，也是促进社会公平正义的重要举措。产权在本质上是对财富的法律确认，而财富则构成产权的自然实体。因此，营造尊重和保护产权的良好社会氛围，首先要在全社会树立与社会主义市场经济相适应的财富观念，以观念更新引导和带动规则生成。

应当肯定，我国经过30多年的改革开放，人们对财富的认知发生了很大变化。许多新财富观念如贫穷不是社会主义、勤劳致富光荣、先富带动后富等越来越深入人心，并不断转化为人民群众创新创业的精神动力。但是，由于我国传统上对财富有不同于市场经济的伦理观念，加上改革开放以来不同程度地存在分配不公和收入差距扩大等现实问题，一些人对财富仍然存在一些偏见，特别是对企业家群体和先富群体还存在一些负面印象。比如，有人认为“无商不奸”，将商人、企业家追求利益的行为与社会公共利益对立起来，认为利己必然损人、见利必然忘义。在这种义利观支配下，商人、企业家通过正当途径取得的财富往往被一些人视为不义之财。还有人认为“为富不仁”，将财富持有量和道德水准进行负相关关联，即所谓“钱一多人就坏、有钱必然使坏”。如果说“无商不奸”是对财富创造过程道德合法性的否定，那么，“为富不仁”则是对财富拥有者的道德质疑。这类观念在社会伦理层面难以托起创业者充实的成就感，也无助于形成稳定的财富安全感，不利于社会主义市场经济持续健康发展。

在社会主义市场经济条件下，企业家的经营行为主观上固然是在追求个人利益，但客观上也是在满足公众需求。市场经济所赋予的消费者权益可以在一定程度上指引企业家把利己与利他、私利与公益较好地统一起来，因为企业家只有为社会创造价值，才能不断为自己赢得财富。创造财富多的企业家，往往更需要与他人形成协作共赢关系，也为社会提供了更多产品和服务。反过来讲，企业家为社会创造价值越多，市场给予他的回馈就越多，他赢得的财富也就越多，这是一个正向激励机制。改革开放的实践证明，财富增长所带来的不仅是物质生活的丰富，还有精神面貌的改善。虽然在经济社会发展过程中一些人身上出现了各种道德问题，但中国人的整体文明程度有了很大提升。不能因为一些人的不当谋利行为而否定整个企业家群体的财富创造活动，正确的态度和做法是通过完善市场经济规则、提高社会道德水准等方式来防范和打击非法经营、不正当竞争、侵害消费者权益等行为。

我国公有制为主体、多种所有制经济共同发展的基本经济制度不断完善，非公有制经济成为发展社会生产力的重要力量。但目前在产权保护方面仍不同程度存在重公有、轻私有的现象，一些民营企业家对产权保护状况感到担忧，这在一定程度上影响了民间投资的积极性。这种现象与财富观念的偏差有关。推动平等保护产权的法律规则落地，需要消除不正确的财富观念，形成符合社会主义市场经济要求的新的财富伦理，在全社会培育对财富和财富创造过程的尊重，从而增强人们的财富安全感，促进更多财富涌流。

资料来源：徐剑锋．树立适应社会主义市场经济的财富观念［N］．人民日报，2017-01-26，(7)．

本章小结

1.个人理财又称家庭理财，是指个人或家庭根据财务状况，建立合理的财务规划，进行资产组合与投资，以实现一定目标的金融活动。通俗地讲，就是当个人需要花钱的时候有足够的钱可花，理财不等于“发财”，合理安排家庭财务收支、做到收支平衡、保障家庭基本生活开支，是理财的根本。

2.个人理财规划包括现金规划、储蓄规划、消费信贷规划、金融投资规划、房产投资规划、保险规划、纳税规划、子女教育金规划、退休规划、遗产规划等内容。

3.个人理财的基本目标主要有：现有资产的管理、保证生活所需、保证资金安全。

4.个人理财的作用包括：规避风险、平衡当前和未来的收支、提高生活水平。

5.个人理财应遵循的基本原则包括：量入为出原则、经济效益原则、安全性原则、变现原则、个性化原则、明确原则、终身理财原则、学习原则、快乐理财原则。

6.进行理财之前，先要了解个人的风险偏好。风险偏好是指个人对不确定事件的容忍程度。

7.个人理财规划的一般步骤包括：明确个人现在的财务状况；了解个人的风险偏好；设定理财目标；制订并实施理财计划；评估和修正理财规划。

8.个人理财最早在美国兴起，并首先在美国发展成熟。可以说，美国个人理财的发展历史代表了世界个人理财的发展历史。

9.我国的个人理财服务出现在20世纪90年代后期。我国个人理财的前景非常广阔，且需求旺盛，个人理财正在成为人们生活中重要的一部分。我国个人理财业务市场的发展障碍主要为：投资渠道狭窄、个人理财人员专业性不强、大众投资理念尚不成熟。

综合训练

1.1 单项选择题

1.对于个人理财，最全面的理解是（　　）。

A.赚取财富　B.财务规划　C.收支理财　D.投资理财

2.个人理财所做的一切都是为了一个目标，即（　　）。

A.发财致富　B.保值增值　C.保障生活　D.防范风险

3.从时间起止的角度看，理财规划（　　）。

A.从上学开始　B.从工作开始　C.从结婚开始　D.贯穿一生

4.以下不属于个人理财规划内容的是（　　）。

A.保险规划　B.健康规划　C.退休规划　D.储蓄规划

5.个人理财起源于（　　）为推销产品而采取的全新策略，因其良好的规划属性而显现出很强的生命力。

A.保险工作人员　B.证券工作人员　C.银行工作人员　D.信托工作人员

1.2 多项选择题

1.概括来说，金融理财是（　　）。

A.一项综合性金融服务　B.由专业理财人士提供的金融服务

C.针对客户一生的长期规划　D.一个过程

2.个人理财的作用在于（　　）。

A.规避风险　B.平衡当前和未来的收支

C.增强自信心　D.提高生活水平

3.从资源管理的角度细分，个人理财规划包括（　　）。

A.现金规划　B.储蓄规划　C.消费信贷规划　D.投资规划

4.个人理财的目标主要有（　　）。

A.赚取财富　B.现有资产的管理　C.保证生活所需　D.保证资金安全

5.个人理财规划的步骤包括（　　）、评估和修正理财规划。

A.明确个人现在的财务状况　B.了解个人的风险偏好

C.设定理财目标　D.制订并实施理财计划

1.3　简答题

1. 如何理解个人理财？个人理财的意义何在？
2. 个人理财与公司理财有什么区别？
3. 个人理财应遵循哪些原则？为什么？
4. 个人理财规划包括哪些内容？这些内容的影响如何？
5. 个人理财规划的一般步骤有哪些？
6. 请列举一些达到理财目标的常见行动。
7. 你建立理财目标了吗？你打算如何去实现？

第2章　理财基础

学习目标

理财是一项精细化的活动，本章通过对基本财务工具的学习，来实现在面对错综复杂的财务活动时能够加以定量分析。再者，个人的情况千差万别，需求各不相同，要掌握运用一般化的个人理财工具进行理财实践活动。

引例

“百万富翁”无钱治病？

2007年1月12日，美国纽约州51岁男子威恩·谢恩克被诊断出患有肺癌后几周，买刮刮卡彩票中了100万美元的大奖。对于大约需要40万美元来治疗癌症的谢恩克来说，这笔彩票大奖堪称救命“及时雨”。然而令他做梦也没想到的是，根据彩票规则，这笔大奖他必须分20年才能领完，这意味着他当年只能领取税前奖金5万美元，这笔钱压根不够看病。谢恩克的朋友四处奔走，希望能为谢恩克找到一家愿意接收他的高级癌症医院，并以彩票奖金作为回报，可是也没有哪家癌症医院愿意接受这种彩票奖金“分期付款”的方式。2007年4月23日，徒有“百万富翁”虚名的谢恩克最终死在了美国锡拉丘兹市一家普通老兵医院里。为何癌症医院不肯接受分期付款的方式？20年分期付款，每年5万美元的奖金，到底价值几何？能否超过其治疗的费用呢？

换个角度来看，只要花费几块钱的投资，就可能获得高达几百万元的收益，彩票的收益率可谓相当之高。但是，为什么在现实生活中，无论是各种类型的投资机构还是企业，却从不对彩票进行投资，来寻求高额的回报呢？为什么这些聪明绝顶的投资者，会对回报率如此之高的投资机会视而不见呢？既然投资机构和企业都不曾对彩票进行投资，那么它们又都将资金投向了何处呢？是购买固定资产进行扩大再生产，还是投资于证券市场中的股票或者债券？在市场经济环境下，各项经营活动都离不开资金的支持。那么资金的来源有哪些？企业应当给予资金提供者怎样的回报才合理？

上述看似复杂的问题，无论是企业，还是普通的投资者，都会经常遇到。要想解答上述问题，首先需要掌握金融中最为基础性的工具。

资料来源：佚名．中百万奖却无钱治病，美“彩票富翁”病死［N］．扬子晚报，2007-04-27.此处有修改．

2.1　基本财务工具

本节主要介绍在财务学中会使用到的各种基本工具，为个人理财的学习提供基础，包括货币时间价值、资金成本、风险和收益以及价值评估等。通过对基本财务工具的学习，我们将主要解决在面对错综复杂的财务活动时，如何运用这些基本工具来对其加以定量的分析。

2.1.1　货币时间价值

货币时间价值是财务管理与金融活动中的重要概念，是理财活动的基础。考虑货币时间价值是因为，即便在不考虑通货膨胀的因素下，相同数量的货币资金在不同时点的价值也不同。在经济活动中，只要货币资金不退出经济循环，其价值量会随着时间向前推移而不断增加。作为一种基于价值的管理，财务管理在决策过程中需要对不同时点的价值量进行比较。为了正确比较不同时点的货币资金价值量，必须考虑货币资金的时间价值。

1.货币时间价值的含义

货币的时间价值是指数量相同的货币资金在不同时点的价值不相同。众所周知，今天的10 000元存入银行，1年之后会获得比10 000元更多的钱。由于这种价值的增加只与时间有关，是对货币资金持有者在一定时期内让渡使用权的一种回报，因此被称作货币的时间价值。从经济学的角度来看，时间价值就是货币使用的机会成本。在现实生活中，对货币的时间价值可以采用相对量和绝对量两种方法来衡量。采用相对量对货币时间价值进行计算，通常选用利率作为衡量手段；与之相对应，采用绝对量对货币时间价值进行计算，通常选用利息作为衡量手段。

从计算货币时间价值的时点来看，货币时间价值可以分为现值和终值。现值是指以现金流量发生的起始时刻作为衡量货币时间价值的标准，把未来的或者起始时刻之后的现金流量都折合为起始点的现金价值量。本书用P来表示货币的现值。终值是指以现金流量终结时刻作为衡量货币时间价值的标准，把从起始点开始的现金流量都折合为终结点的现金价值量。本书同F来表示货币的终值。

2.利率

（1）名义利率和实际利率。名义利率是指借贷契约或有价证券载明的利率。实际利率是指名义利率减去通货膨胀率。实际利率通常有两种计算方法：一种是事后的实际利率，等于名义利率减实际的通货膨胀率；一种是事前的实际利率，即名义利率减去预期的通货膨胀率。

（2）长期利率与短期利率。这种划分方式的依据是信用行为的期限长短。长期利率是指期限在一年以上的利率；短期利率是指期限在一年以内的利率。利率高低与期限长短、风险大小有直接的联系，一般而言，期限越长，风险越大，利率越高；反之利率越低。

（3）年利率、月利率和日利率。这是根据计算利息的时间单位划分的。年利率是以年为时间单位计息，俗称“分”；月利率是以月为时间单位计息，俗称“厘”；日利率以日为时间单位计息，俗称“毫”。年利率、月利率和日利率之间的换算关系为：月利率乘12为年利率；日利率乘30为月利率。也可比照这种换算关系，将年利率换算为月利率，月利率换算为日利率。

（4）固定利率和浮动利率。其划分依据为借贷期内是否调整利率，固定利率是指在整个借贷期内，利率不随市场利率变化而调整的利率，一般用于短期借贷；浮动利率是指在借贷期内随市场利率变化而定期调整的利率，一般由双方协商，一方在规定的时间依据某种市场利率进行调整，一般调整期为半年。浮动利率一般适用于长期贷款以及市场物价利率变动较为频繁的时期。

（5）市场利率和官定利率。其划分依据为利率是否按市场规律自由变动。市场利率是指由借贷资金的供求关系决定的利率，这种利率与供求关系成反比；官定利率是由政府金融管理部门或者中央银行确定的利率，是政府实现宏观调控目标的一种政策手段。我国目前以官定利率为主。

3.单利与复利

在计算货币时间价值时，人们将每期初始的现金流量称为本金。虽然采用相同的利率，现金流量的时间长短和本金都相同，但是在现实生活中会得出不同的货币时间价值。这种现象的产生并不是因为时间价值不是唯一的确定值，而是由于对整个现金流量周期中产生的利息处理方法不同。根据是否将现金流量产生过程中的利息计入本金中，我们将计算货币时间价值的方法分为单利和复利两种。

（1）单利。

采用单利计算货币时间价值时，计算期中本金所产生的利息没有被计入初始的本金中，无论现金流量的全部时间多长，也不论在现金流量期中会产生多少利息，我们计算时间价值的对象都保持不变，只是以初始的本金作为计算的出发点。

（2）复利。

采用复利计算货币的时间价值时，计算期中本金所产生的利息被计入下一期的本金中去，随着时间的推移，我们计算时间价值的基础数额不断改变，此前产生的利息不断计入新的本金中。采用复利方法计算出的终值通常会大于采用单利方法计算出的终值。从经济学的角度来看，复利和单利的区别在于是否将现金流量期中产生的利息继续投入经济运行。按照单利的观点，货币产生的利息退出经济运行，处于闲置状态，而复利的观点则是货币产生的利息将继续投入到经济运行当中，最大限度地发挥作用。显然，复利更符合经济学的观点，因此我们选用复利的方法来计算货币的时间价值。

（3）连续复利。

在通常情况下，我们所说的利率是指年利率，即以年度为单位期间来计算货币的时间价值。但是，很多经济活动并不是完全按照年度来计算利息，比如法国和德国的公司发行的债券是每年支付一次利息，而美国和英国的公司发行的债券是每半年支付一次利息。假设一家美国公司1月1日发行面值为1 000美元、利率为10%的债券。

到6月30日，债券的价值为1 050美元（1 000×（1+5%））；到12月31日，债券的价值为1 102.5美元（1 050×（1+5%））。如果该债券是由法国公司发行，那么在12月31日公司债券的价值为1 100美元（1 000×（1+10%））。同样的债券只是因为计息的方式不同就会导致最后价值的差别。我们从中可以看出，计息时期的确定会影响真实的利率。因此，我们需要根据已知的年利率和年度内计息的次数来计算该年度真实的利率。设年利率为r，一年内计息m次，那么该年度的真实利率i可以按照如下公式计算：

$$i=\left(1+\frac{r}{m}\right)m-1$$

随着年度内计息次数的不断增加，该年度的真实利率也会不断增加。根据极限的有关知识，年度真实利率并不会无限地增加，而是会最终趋近一个固定利率，即：

$$i=\lim_{m\to\infty}\left[\left(1+\frac{r}{m}\right)^{m}-1\right]=e^{r}-1$$

专栏2-1

神奇的复利

如果你现在30岁，投入股市10万元，假如每年赚20%，到60岁时你能拥有多少金钱？

答案是：2 373万元！

有这么多吗？你可能觉得惊讶，但确实是这么多！

怎么会呢？答案是：因为神奇的复利的力量。

复利，就是“利生利”“利长利”的意思。复利看起来很普通，很平常，但真正了解它在财务上的意义，真正理解它的真谛的人并不多。这不奇怪。一位世界闻名的大师都深感震撼地评价说，复利是“前所未有的数学大发现”。这位大师不是股市投资专家，而是伟大的爱因斯坦。

复利产生力量的源泉有两个：一是收益率，收益率越高越好。同样是10万元，同样投资20年，如果每年赚10%，到期后金额是67.28万元；如果每年赚20%，到期后金额是383.38万元。可见差额巨大。如果收益率很低，比如3%或4%，那么复利的效应要小得多。二是时间，时间越长越好。同样是10万元，按每年赚24%计算，如果投资10年，到期金额是85.94万元；如果投资20年，到期金额是738.64万元；如果投资30年，到期金额是6 348.20万元。可见，时间越长赚得越多。

了解了复利的神奇力量后，能带给我们哪些启示呢？

（1）要进行投资。收益率太低会大大影响复利的效应，所以，保持比较高的收益率是关键。怎么办呢？要进行投资，唯有进行投资才可能获得比较高的收益率。

（2）要尽早投资。时间越长，复利的效应越大。我们要利用这种效应，就应该尽早地进行投资，而且越早越好。正确的做法是，如果有条件，从有了工资收入起，就有投资理财的计划。

（3）要保持持续稳定的收益率。复利的原理告诉我们，保持不高不低的常年收益率，假以时日，就能够致富。多少收益率合适呢？通常来说，把目标设定为20%比较理想。根据市场行情，这个目标可做相应调整。个人投资者经过努力，这个目标是能够实现的。

（4）要防止大的亏损。复利的收益只有连续计算才有神奇的效应。这期间，如果有一两年收益平平还不要紧，就怕严重亏损。如果出现严重亏损，不但前功尽弃，而且复利的效应戛然而止，一切都得从头开始。要想利用复利的原理致富，就要谨记，千万不能有大的亏损。

资料来源：苏闻．神奇的复利［N］．经济日报，2005-09-20.

4.终值与现值

（1）终值的计算方法。

终值是在已知利率下，一笔金额投资一段时期所能增长到的数量，即一项投资在未来某个时点的价值。其计算公式为：

$$F = P(1 + i)^n$$

式中：F代表终值，P代表现值，i代表利率，n代表期间。$(1 + i)^n$被称为“复利终值系数”，通常记为$(F/P, i, n)$，其数值可以通过查阅“1元终值表”来获得。复利终值系数的大小与利率和时间期限正相关，利率越高，时间越长，复利终值系数就越大。

假定银行利率为14%，目前你在某银行有325元的存款，那么2年后你将得到多少钱？

$$\begin{aligned} F &= P(1 + i)^n = P(F/P, i, n) \\ &= 325 \times (F/P, 14\%, 2) \\ &= 325 \times 1.2996 \\ &= 422.37(\text{元}) \end{aligned}$$

这表明，现在的325元与2年后的422.37元在价值上是相等的。

（2）现值的计算方法。

现值是在已知利率的情况下，为了能在未来某个时点获得一定数量的资金，现在所需要投入的资金数量，即一项未来价值的现时投资金额。

$$P = F(1 + i)^{-n}$$

式中：F代表终值，P代表现值，i代表利率，n代表期间。$(1 + i)^{-n}$被称为“复利现值系数”，通常记为$(P/F, i, n)$，其数值可以通过查阅“1元现值表”来获得。复利现值系数的大小与利率和时间期限负相关，利率越高，时间越长，复利现值系数就越低。

假定现在一项投资的年收益率为9%，你计划在5年后购买一辆价格为285 000元的汽车，为此你今天必须在项目上投入多少钱？

$$\begin{aligned} P &= F(1 + i)^{-n} = F(P/F, i, n) \\ &= 285\,000 \times (P/F, 9\%, 5) \\ &= 285\,000 \times 0.6499 \\ &= 185\,221.5(\text{元}) \end{aligned}$$

这表明，现在的185 221.5元与5年后的285 000元在价值上是相等的。

在复利的时间价值计算中，只要能够确定现值、终值、利率和期限这四个因素中的三个，我们就可以通过公式计算出未知变量的数值。

除了单期现金流量外，在现实中还有很多多期现金流量的例子。单期现金流量在整个现金流量周期中，只发生一次现金流入和流出，而多期现金流量却是在整个现金流量周期中发生多次的现金流入与流出，其中，年金是我们最常见的多期现金流量。年金是在一定时期内每隔相同的时间就发生相同数额的系列收入款项，通常记作A。租赁费和采用抵押贷款方式购买房产都是年金的形式。年金也包括很多种类，如普通年金、先付年金、递延年金和永续年金等，其中，普通年金最为常见，也最为重要。因此，除非特殊注明，年金均为普通年金。普通年金是指在一定时期内，现金流量的发生时点均为各期期末的多期现金流量。

上面讲到的年金都有固定年限，但是还有一些经济活动在各期产生的现金流量相等，并且会永久继续下去，这样的现金流量被称为永续年金。例如，英国政府发行的统一公债（consols），这种债券没有到期日，即政府不必承担支付给债权人本金的义务，但是政府需要每年都按时支付给债权人相同的利息。由于没有确定的到期日，无法计算永续年金的终值，只能计算其现值。

普通年金和永续年金都是均匀的现金流量，即各期间的现金流量相同，现金流量的发生时点在各期期末。我们把不满足这些条件的系列现金流量称为非均匀的现金流量，包括：先付年金和递延年金。有关理论更为复杂，感兴趣的同学可以在财务管理的课程中学习。

在购买房屋时，人们通常会以房屋作抵押向银行贷款，再以每月还款的方式付房款。从财务上来看，每月向银行偿还的月供金额就是年金，其现值应该与向银行举借的债务数额相等。因此，可以通过年回收额系数计算。当银行贷款利率调整的时候，每月的月供也会相应变动。

2.1.2 资金成本

1.资金成本的内涵

资金的取得和应用都需要付出代价，在财务活动中，资金成本扮演着重要的角色。在投资活动中，资金成本既是资金的需求者为了获得资金所必须支付的最低价格，也是投资者要求获得的最低报酬率。因此，了解影响资金成本的因素，掌握资金成本的计算方法，是作出正确的财务管理决策的前提条件。

（1）资金成本的定义。

资金是指为购置资产和进行生产而筹集的全部资金。资金成本是在资金的所有权和使用权相分离的条件下，资金使用者为了获得资金的使用权而支付给资金所有者的费用，即资金取得和使用的成本。资金成本的计量可以采用两种方法：一种是绝对数的方法，用取得和使用资金过程中发生的费用来计算资金成本；另一种是相对数的方法，采用资金使用费用占实际取得资金数额的比率来计算资金成本。

（2）资金成本的组成部分。

从资金所有者来看，资金成本是让渡资金使用权，对资金使用者进行投资时所要求的最低报酬率。因此，资金成本按照其成本的性质，可以划分为无风险报酬率和风险报酬率两部分。无风险报酬率反映资金的时间价值（包含通货膨胀因素），通常可以采用国库券利率作为计算基准。风险报酬率反映资金使用者所面临的经营风险和财务风险。

资金成本按照其成本发生的阶段，可以划分为资金的取得成本和资金的使用成本。取得成本是在获取资金使用权的过程中形成的各种费用和成本，如各种手续费、评估费、代理发行费；使用成本是在资金日后的使用过程中支付的成本，如各种利息、股息和红利。

（3）资金成本的影响因素。

作为资金的价格，资金成本会受到外部因素和内部因素两方面的影响。外部影响因素主要指资金市场的供求水平，内部影响因素主要指资金使用者自身的风险水平（经营风险和财务风险）。前者通过影响无风险报酬率来影响资金成本，后者则通过影响风险补偿报酬率来影响资金成本。对于外部因素的影响，资金使用者无法进行控制，但是资金使用者可以通过降低经营风险和财务风险来降低资金成本。

2.资金成本的计算

在个人理财的范畴，对于绝大多数的个人来说，主要进行的行为都是借款，例如买房的贷款。这里，就以长期借款为例介绍资金成本的计算。

在长期借款的资金成本中，利息占主要部分。因此，取得长期借款所支付的利息是计算其资金成本的基础。由于在现行会计制度下，借款的利息可以作为资金使用者的费用计入成本，在税前扣除，可以少交一部分所得税，从而降低了债务的资金成本。在实际工作中，当向银行申请长期借款时，银行通常不会将贷款足额支付给借款人，而是将其中的一部分以无息的方式保留在银行作为担保。这将造成借款人不能实际足额使用贷款资金，因此，这部分担保的资金应当作为筹资费用予以扣除。长期借款资金成本的计算公式如下：

$$D_0(1-f)=\sum_{t=1}^{n}\frac{I_t(1-T)+D_t}{(1+K_d)^t}$$

式中：I_t为第t年年末支付的利息，T为所得税税率，f为筹资费用率，K_d为银行借款的资金成本，D_t为第t年年末银行借款本金，D_0为银行借款总额。

如果不考虑货币的时间价值，长期借款的资金成本也可表示为：

$$K_d=\frac{I_t(1-T)}{D_0(1-f)}$$

3.研究资金成本的意义

（1）在投资决策中的作用。

在投资决策中，必须确保选择的决策项目能够获得超过资金成本的利润。资金成本是投资决策中的判别标准。此外，在进行投资决策的过程中，很多决策指标都需要以确定的资金成本为先决条件。如果项目的资金成本过高，会导致原本可行的项目不能实施，错过投资机会；如果项目的资金成本过低，会导致原本不可行的项目能够获得通过，导致投资者遭受损失。

（2）在融资决策中的作用。

在融资决策中，资金筹集者的目的是获得最低的资金成本。因此，在能够准确地计算出各种资金成本的基础上，综合考虑各种因素对资金筹集者财务问题产生的影响。资金成本在整个融资决策中起着基础性的作用，离开正确计算出的资金成本，资金筹集者就难以作出正确的融资决策。

（3）在收益分配中的作用。

收益分配从广义上看也是一种融资决策。资金使用者通过收益分配政策来决定如何将经营剩余在股利和留存收益间进行划分，收益分配政策会直接影响留存收益的数量，从而影响资金使用者的融资决策。因此，只有正确地计算出留存收益的成本，才能作出是否需要分配收益、何时分配收益以及收益分配数量的决策。

2.1.3 风险与收益衡量

风险和收益犹如硬币的两面，两者从不同方面反映着财务活动的特性，共同构成财务管理的核心。财务管理的职能之一就是在风险和收益之间作出权衡，以实现在相同风险水平下的收益最大化或者在相同收益水平下的风险最小化。因此，财务管理中的任何问题都离不开对风险与收益的分析。

1.风险与收益的概念

（1）收益。

收益是购买一项资产或进行一项投资后，能够从中获得的利得（或者损失）[①]。收益包括两部分：一部分是持有过程中获得的现金流量；另一部分是在出售资产或者投资项目结束时收到的超过初始投资的现金流量。例如，陈某在20×1年年初以每股35元的价格买入1 000股甲公司的股票。甲公司在20×1—20×5年期间，每年发放现金股利每股2元。20×5年，陈某以每股39元的价格将股票卖出，则陈某在该项股票投资上获得的收益是：

$$2\times5\times1\ 000+(39-35)\times1\ 000=14\ 000\text{（元）}$$

在现实中，为了方便收益的比较，经常采用收益率的概念来表示收益。因为，收益率在比较的时候，不需要考虑初始的数量。如果采用收益率的方法，上面投资的收益率为：

$$\frac{14\ 000}{35\ 000}\times100\%=40\%$$

（2）风险。

在学术上，风险通常指不确定性，这与日常生活中所说的风险隐含的危险性不同，学术意义上的风险能够确定各种情况的发生概率。从财务管理的角度来看，风险是描述实际发生的收益率与预期收益率不同的概率，用于表示投资收益的波动。与我

① 损失可看作负的资本利得，因此这里将损失作为一种资本利得。

们通常的印象不同，风险不总是不利的事情，即风险不一定是损失，也可能是有利的事情，也可能是超额收益。无论是损失还是超额的收益，只要与我们预期的收益率不同的可能性存在，我们都称之为风险。风险反映的是未来各种可能的收益水平与预期收益率之间的离散程度。

按照不同的标准，风险可以被划分为不同的种类。按照风险成因可以将风险划分为经营风险和财务风险。财务风险又分为投资风险和筹资风险。经营风险是在生产经营过程中，由于外部经营环境和内部经营条件的变动而给资产的收益带来的不确定性。投资风险是在进行投资的过程中，投资收益率存在不确定性给资产的收益带来的风险。筹资风险是由于进行债务融资而对资产的收益率变动情况造成的影响。

风险按照能否通过投资组合予以分散可划分为可分散风险和不可分散风险。可分散风险是指某些只能对个别证券发挥作用的因素对收益产生的影响。这种风险通常只与资产的个别特性有关，比如公司的管理水平，因此这种风险也被称为公司特有风险。此外，由于这种风险只是与公司的特定情况有关，而并非由于整体的经济运行中的因素产生的影响，因此这种风险也称为非系统风险。

与可分散风险相对应，不可分散风险是无法通过投资组合或者分散化投资来消除的风险。不可分散风险来自于对经济运行中所有资产都会产生影响的因素，它所造成的影响对任何资产都不可避免，比如战争、海啸等。这种风险反映市场的整体风险水平，因此被称为市场风险。由于这种风险对整个经济系统都会造成影响，因此也被称为系统风险。

（3）收益与风险的关系。

收益和风险有着密切的联系。一项资产或者一项投资组合的收益由两部分组成：一部分是货币的时间价值，另一部分是风险价值。前者受到时间长短以及市场收益率水平等客观因素的影响。在市场经济环境下，时间价值对于所有投资者而言都相同。而后者是指投资者承担超过市场平均水平的风险而获得的补偿，是风险溢酬部分。

我们进一步分析资产的风险溢酬。不可分散风险是市场承担的风险水平，对于所有的投资者而言都是相同的，任何资产都必须承担市场风险。可分散风险反映资产所特有的风险，即资产除了承担市场风险之外，自身承担的公司特有风险，由于这部分风险在投资过程中可以通过分散化的方法化解，因此在考虑收益率与风险的关系时，主要关注不可分散风险对收益率的影响。一般用β系数来衡量资产不可分散风险。

2.风险与收益的计量

（1）资产收益的衡量。

在能够确定资产持有期间的现金流量和资产出售时的价格的情况下，我们可以根据定义确定收益。通常这些信息只有在投资结束之后才能获得，因此计算出来的收益率只是历史收益率。而在财务管理决策中，更为重要的是未来收益率，即预计进行某项投资可能获得的收益率。由于未来的情况不能确定，同时存在着各种可能，因此我们需要采用预期收益率。预期收益率是根据未来不同的收益情况计算的加权平均收益率，权数是不同情况发生的概率，其计算公式为：

$$\bar{R}=\sum_{i=1}^{n}R_iP_i$$

式中：$\bar{R}$为预期收益率，R_i为在第i种情况下的收益率，P_i为第i种情况发生的概率，n为可能发生情况的个数。

（2）资产风险的衡量。

根据定义，风险采用不同情况下收益率与预期收益率的差异来衡量。因此，我们采用统计中的方差（σ^2）或标准差（σ）来衡量风险。方差和标准差是衡量收益变动程度的指标，而收益的变动程度越大，说明风险越大。因此，方差和标准差可以用来衡量风险水平，其公式为：

$$\sigma^2=\sum_{i=1}^{n}[(R_i-\bar{R})^2P_i]$$

$$\sigma=\sqrt{\sigma^2}$$

式中：σ^2为方差，σ为标准差，$\bar{R}$为预期收益率，R_i为在第i种情况下的收益率，P_i为第i种情况发生的概率，n为可能发生情况的个数。

（3）资产风险与收益的关系。

资产收益由货币的时间价值和风险补偿价值两部分构成。时间价值部分用无风险的收益率来衡量，这对于任何一种资产而言都完全相同；风险补偿价值由风险溢酬和资产的相对风险水平来决定。前者是指市场组合的收益率与无风险收益率之间的差额，后者是指用β系数来衡量的资产相对风险水平。在经济运行过程中，有很多专门的公司提供各种资产的β系数，如美国的价值线公司（Value Line Co.）就专门提供上市公司股票的β系数。

2.1.4 价值评估

价值评估是一种财务管理的重要工具。财务关注的焦点是价值，财务的目标是实现资金的增值，这就需要通过价值评估来确定资金在不同时点的价值，从而判断是否实现了资金的增值。价值评估是货币时间价值在财务管理中应用的延伸，同时价值评估还要考虑资金成本，以及如何在风险和收益之间进行权衡。因此，价值评估是对各种基础性财务管理工具的综合应用。价值评估不但可以用来判断资金增值的财务目标是否实现，还在投资评价等方面有着广泛的用途。由于价值评估在企业中应用最为广泛，值得注意的是，适用于企业的价值评估程序和方法也同样适用于其他组织和项目。限于篇幅，这里只做基本的介绍。

1.价值评估的意义与作用

价值评估是对企业或项目全部或部分价值进行估价的过程。价值评估是财务管理的基本手段（或方法）。为什么价值评估如此被重视，或为什么财务管理中要进行价值评估呢？搞清这些问题对明确价值评估的目的是十分有益的。

（1）现代理财目标决定了价值评估的重要性。

现代个人理财活动中，财富保值增值是根本目的。财富的衡量离不开价值评估。无论是评估企业价值还是投资品价值，都需要进行价值评估。

（2）价值是衡量业绩的最佳标准。

价值之所以是业绩评价的最佳标准，一是因为它是要求完整信息的唯一标准，二是因为价值评估是面向未来的评估，它考虑长期利益，而不是短期利益。

2. 价值评估的程序

价值评估的程序主要为：（1）确定价值评估目的；（2）收集相关的评估信息；（3）选择价值评估的方法；（4）进行价值评估。

3. 价值评估的方法和手段

（1）以现金流量为基础的价值评估方式。

以现金流量为基础的价值评估的基本思路是“现值”规律，任何资产的价值等于其预期未来全部现金流量的现值总和。

（2）以现金流量为基础的价值评估。

以现金流量为基础的价值评估的基本程序和公式是：

金融活动的价值=明确预测期现金净流量现值+明确预测期后现金净流量现值

此外，在财务学领域，还有以经济利润为基础的价值评估和以价格比为基础的价值评估，因为与个人理财活动关系不大，在此不予详述。

2.2 个人理财工具

2.2.1 重要资料

生活中，人有很多重要资料、文件需要管理，比如最常见的身份证。此外，还有很多证件、法律文书、文件等资料，不仅是生活所必需的，还是理财活动中的必备元素。理财的第一步，就是对这些资料进行管理。

一般来说，人们常见的重要资料包括以下几种：

① 户口簿、身份证、出生证、结婚证等身份文件；

② 学历和学位证书、职称证书、职业资格证书；

③ 存款单、存折、银行卡、房产证、股东卡、债券凭证、保险单；

④ 工资表、纳税单、大额支出的付款凭据（回单）；

⑤ 贵重品、金玉饰品、收藏品；

⑥ 电子账号、密码，如常用的支付宝账号、邮箱账号等；

⑦ 各种资料的号码；

⑧ 银行、保险、证券公司、电子账户等的挂失电话号码；

⑨ 遗嘱；

⑩ 其他资料。

这些重要资料必须妥善保管，有条件的可购置家用保险柜存放，或者用防火、防潮、密封性好的容器保管。同时，这些资料还要拍照或扫描、复印，另外存放一份备份，拍照或扫描的电子文件，可存放于电脑中、邮箱中。需要注意的是，密码不要和有关账号放在一起，如果能用自己才能看懂的提示语、密语记录密码，则更好。

这些资料应该被保存多长时间应根据具体情况加以区别，有些需要永久保存，如出生证明、学历和学位证书等；有些则需要按照财产的状态进行调整，如家电到达使用期限予以更换了，则相应的保修卡、发票就不需要了，需要剔除不必要的和补充进新的。对于其他的记录，如投资记录等，原则是一样的。这就要求我们对于这些记录的保存有固定的载体，以便于增加或删除。另外，要养成定期整理的习惯，保持理财记录的规范、有序。

2.2.2 个人财务记录

为便于个人能够随时了解自己的财务信息，作出相应的决策，需要对自己的财务活动进行记录。财务记录可以揭示你目前的财务状况，帮助你分析了解存在的问题，最后通过制定收支预算，让你能有效地管理和控制理财活动。

日常生活中，需要进行记录的理财相关情况可归纳见表2-1。

表2-1 理财记录的类型和分类

类别	相关文件
个人和职业	身份证、户口簿、结婚证、出生证明、学历和学位证书、职称证、工作证、最新简历、奖状、成果、劳动合同、社会保险文件、推荐信等
资金管理	最新预算、最近个人财务报表（资产负债表、现金流量表等）、理财目标列表、保险箱内容清单等
纳税	工资单、既往个人所得税完税证明、应税收入证明、抵扣税项文件等
理财服务	银行卡、存折、存单、支票、银行结算单、开户资料、保险箱信息等
信用	信用卡、收据、银行每月对账单等
个人消费	购物发票、保修卡、使用手册、说明书、保证书等
住房	购房合同、房产证、契税完税证明、土地使用权证、按揭文件、房屋维修文件、租房合同等
保险和健康	保险单证、保险费收据和到期日列表、医疗信息（健康记录、处方药信息）、索赔记录等
投资	证券（股票、债券、基金等）买进和卖出记录、开户证券公司的联系方式、股东卡、红利记录、交割单、公司年报等
遗产和退休	遗嘱、养老金计划信息、退休账户结算单、财产公证书等

通过记录个人财务活动，可以对目前的财务状况进行分析，找出健全的方面和指标，也找出不健全的方面及指标。在此基础上，挖掘原因、改正不良习惯，对未来进行规划和计划以使未来活动更加合理。

2.2.3 个人财务报表

财务记录是零散的信息，必须经过总结归纳才能为我们的理财活动提供有效的信息，个人财务信息经过整理，就可以生成个人财务报表。财务分析和财务报表的编制对个人和家庭理财同样非常重要，它可以提供有关现在的财务状况和收入支出的信息，记录你的财务活动信息，衡量你向自己财务目标的进展。个人财务报表可以参照企业的财务报表编制，但是因为个人或家庭的财务活动主要是现金流动，所以可以忽略企业的利润表，只编制资产负债表和现金流量表。

1.个人资产负债表

资产负债表是指报告个人在某一时点的资产和负债状况的财务报表，又称净资产表。资产负债表说明你某一时点（如1月1日、3月31日等）的财务状况如何，是个存量指标，它并不揭示你的资产和负债是如何形成的，只是告诉你目前的结果，所以资产负债表显示的是静态数据。资产负债表的作用在于：一是反映资产及其分布状况；二是表明所承担的债务及其偿还时间；三是反映净资产及其形成原因；四是反映未来财务发展状况趋势。个人资产负债表的计算公式如下：

资产（你的所有）–负债（你的债务）=净资产（你的财富）

也就是说，编制个人资产负债表时，首先列出资产大项，然后列出负债数额，最后，即可计算净资产。如果你的资产是100万元，负债是60万元，那么你的净资产就是40万元。

【例2–1】刘女士今年38岁，与丈夫同在某单位工作。家庭月收入为9 200元，丈夫每季度有6 000元至8 000元左右的奖金，年终奖10 000元左右。每月家庭支出主要为日常衣食3 000元、交通费1 000元，电话及宽带费300元，医药费200元。儿子目前上小学，每月的教育费支出约500元。计划每年旅游一次。家庭现有存款约60 000元、国债50 000元、理财产品50 000元。目前持有货币市场基金26万元、短期债券基金60 000元，股票16万元。此外，夫妻两人有住房公积金90 000元，住房一套，现价约140万元。那么刘女士现在的资产负债表编制结果可见表2–2，它表示的是目前刘女士的资产总额为2 130 000元，负债总额为0，净资产为2 130 000元。

表2–2 **刘女士家庭资产负债表** 单位：元

资产		负债及净资产	
项目	金额	项目	金额
现金及活期存款	60 000	负债	0
国债	50 000	净资产	2 130 000
理财产品	50 000		
货币市场基金	260 000		
短期债券基金	60 000		
股票	160 000		
住房公积金	90 000		
住房	1 400 000		
合计	2 130 000	合计	2 130 000

2.个人现金流量表

资产负债表反映的是在某一固定时点的资产和负债情况，是一种静态情况的反映。如果需要动态反映个人财务情况，则可编制现金流量表，它揭示了资产和负债是如何形成的。现金流量表是指概括个人或家庭某段时间内现金收入和支出的财务报表，又称现金收支表，如在一个月之内或是一年之内。现金流量表的计算公式为：

既定时间段的现金流入－既定时间段的现金流出=净现金流量（结余）

编制现金流量表时，首先确定现金流入（收入），包括工资、奖金、利息收入、股票分红等，然后记录现金流出（支出），包括固定支出和可变支出，固定支出如房租、公共事业费、汽车贷款月供、每月投资基金支出等，可变支出如买衣服的支出、购买礼品支出、购置家电支出等，每项因人而异，可以包含不同内容；最后计算净现金流量，即现金流入减去现金流出的余额。

若净现金流量＞0：表示个人日常有一定的积累。

若净现金流量=0：表示个人日常收入与支出平衡，日常无积累。

若净现金流量＜0：表示个人日常入不敷出，要动用原有的积蓄或借债。

根据例2–1中给出的情况，编制现金流量表见表2–3。

表2–3 **刘女士家庭的现金流量表（月度）** 单位：元

收入		支出	
项目	金额	项目	金额
工资	9 200	衣食	3 000
		交通费	1 000
		电话及宽带费	300
		医药费	200
		子女教育费	500
合计	9 200	合计	5 000
节余		4 200	

通过现金流量表我们可以了解个人某段时期的财务状况，现金流量表的评价指标主要是收支比率，即支出与收入的比率，支出大于收入，说明应控制支出，减少盲目消费和不合理消费，即“节流”，以使收支平衡；收入大于支出，说明可以进行投资。

现金流量表和资产负债表之间的关系可以用表2–4表示。

表2–4 **现金流量表和资产负债表的关系**

现金流量表	资产负债表
现金流入>现金流出	净资产增加
现金流入<现金流出	净资产减少

专栏2-2

个人财务报表编制实例

一、个人财务状况

郭女士28岁，某银行信贷部的副主任，虽然工作比较稳定，但是所在行业竞争日益激烈。她的爱人王先生任职于一家大型国企，尽管各方面的福利都很不错，但要想薪水再有大的提高也比较困难。

郭女士夫妇都为独生子女，郭女士每年的税后收入大约为8万元（基本工资和奖金合计），王先生每年的税后收入为10万元。双方的父母都已退休，且单位有较好的退休福利，均不需要郭女士夫妇金钱方面的帮助。

二人现在的住房房款总额为100万元，首付70万元，其余30万元通过住房公积金贷款，贷款年限为5年，采用的是等额本息还款方式，每月还款额为2 860元，夫妇俩有5年期定期存款10万元，还有半年到期，活期存款5万元。另外，夫妇俩还有10万元王先生公司的股票，3年内不能转让。商业保险方面，由于夫妇俩所在单位福利较好，所以两人均未买任何商业保险。夫妇俩计划两年内购买一辆小轿车，价位在15万元左右。

家庭每月的开支主要包括：房屋贷款月供5 358元，交通费2 000元，其他费用大概3 000元。空闲时间他们经常会出去参加一些娱乐活动，一年费用总计在10 000元左右，预期1年内没有什么大的开支。

郭女士的家庭资产负债表、现金流量表可分别编制为表2-5、表2-6。

表2-5 家庭资产负债表 位：元

客户：郭女士和王先生家庭	日期： 20×2.12.31		
资产	金额	负债与净资产	金额
金融资产		负债	
现金与现金等价物		信用卡透支	
活期存款	50 000	住房贷款	300 000
定期存款	100 000	负债合计	300 000
现金与现金等价物小计	150 000		
其他金融资产			
股票	100 000		
保险理财产品			
其他金融资产小计	100 000		
金融资产小计	250 000	净资产	950 000
实物资产			
自住房	1 000 000		
实物资产小计	1 000 000		
资产总计	1 250 000	负债与净资产总计	1 250 000

表2-6　**家庭现金流量表**　单位：元

客户：郭女士和王先生家庭　日期：20×1.12.31至20×2.12.31					
年收入	金额	百分比	年支出	金额	百分比
工资和薪金			房屋按揭还贷	64 296	47.9%
王先生	100 000	56%	日常生活支出	60 000	44.7%
郭女士	80 000	44%	商业保险费用		
投资收入			休闲和娱乐	10 000	7.4%
			其他		
			其他支出		
收入总计	180 000	100%	支出总计	134 296	100%
年结余	45 704				

二、财务状况分析

郭女士家庭属于中等收入家庭，控制支出的能力不错，但资产增值能力较低，不能有效地积累财富。另外郭女士和王先生尽管还没有小孩，但是都有年老的父母，应为自己购买足够的保险以转移风险，保障家人的生活。由于郭女士和王先生所在行业整体的薪酬变动并不大，因此建议积小钱成大钱。

规划一：现金规划

郭女士在银行工作，对银行非常信任，但是也没有必要把大量的钱放在银行里存活期和定期，而且郭女士和她先生的收入都比较稳定，所以身边的现金够一个月开支就行，另外留两个月的开支备用，其余的钱可以以货币型基金的形式存在。

规划二：保险规划

郭女士夫妇的商业保险规划明显不足，需要给夫妇俩购买一些保险，主要是寿险、重大疾病险和意外险。特别是郭女士在银行信贷部门工作，不可避免地要经常陪客户，应酬较多，对身体的损害较大，而且经常在外边跑，风险暴露较高。因此，重大疾病险和意外险对于郭女士来说尤其重要。建议郭女士保费每年支出约为1.5万元，今年的保费由现有的活期存款支付。

规划三：消费规划

郭女士夫妇在银行有存款，又有贷款，这是非常不划算的。郭女士的5年期住房公积金贷款利率为4.59%，而活期存款利率为0.72%，郭女士把大量余钱以存款的方式存在银行，等于每年白白支付银行约4%的利息。由于郭女士没有大额支出计划，选择提前还贷不失为一个明智的选择，至少可以少付大笔的利息，省得一方面在银行工作挣工资，另一方面又掏那么多不必要的利息给银行，为银行“白打工”。

对于夫妇俩的买车计划，由于目前贷款利率很高，所以建议郭女士王先生夫妇在定期存款到期还清住房贷款之后，积累到购车款后再考虑买车。由于车款不是很多，可以采取一次付清的方式。

规划四：教育规划

郭女士所在的银行业竞争日益激烈，知识更新也很快，而且银行的盈利模式也正在慢慢发生转变，已经由存贷利差逐渐转向个人零售业务，为了能在职场上更顺利地发展，能走得更远，郭女士可以考虑进修，给自己充电。进修的方式有很多种，考虑到郭女士为银行信贷部的副主任，结合目前市场的情况，可以建议郭女士去报理财规划的培训班，花费1.2万元左右，这样一来，可以使自己学到很多的知识，一方面为自己服务，另一方面可以在以后为客户提供一些增值的服务，增强自己的竞争力。

规划五：投资规划

郭女士家庭承受风险的能力较强，因此，建议郭女士每月拿出3 000元通过定期定额方式投资偏股票型基金。因为偏股票型基金主要投资股票，其短期内波动相对较大，但从长期看是个不错的选择。在选择基金时，要注意选择具有一定品牌、以往业绩较好的基金公司，这样相对风险较小，又有机会获取较高的投资收益。

资料来源：董华香. 银行职员多“资”多“财”的生活之道［J］. 卓越理财，2006（7）：56-57.此处有删改.

资产配置三大理论

2.3 个人预算

2.3.1 个人预算规划

记账只是起步，是为了更好地做预算。预算是指根据个人生活和财务目标，制订投资理财的计划，将财务安排提前确定。个人预算规划就是对个人的开支、消费、投资的目标达到什么样的状况进行统筹安排。通过制订良好的计划及实施，可以达到最有效地利用财务资源的效果。

不少人认为投资规划和收支预算是有钱人的事情，这其实是错误的看法。无论是贫穷还是富有，都需要用积极的态度和办法管理自己的收入与支出，改善自己的财务状况。有了个人预算管理，才能谈得上理性的、系统的个人理财，才能谈得上个人财富的快速增长。所以不要认为自己钱少而忽视预算管理，相反，正是预算管理才能使人较快地摆脱钱少的窘境。

2.3.2 个人预算的意义

预算是成功理财的第一步。做预算的主要作用是帮助我们做到收支平衡，避免负债，同时实现理财目标，准备应急之需以及培养优良的理财习惯。另外，预算能把常见的财务问题（如过度透支消费、缺乏常规储蓄规划等）的发生概率降至最低。预算的意义有以下几个方面：

（1）实现收支平衡。通过做预算，能够将未来的收入与支出进行合理安排，在实现之前就做到收支平衡。

（2）理智消费，建立约束机制，避免盲目性和随意性，提高财务资源的效率。

（3）提供理财目标和实施步骤。预算能将实现理财目标的过程具体化，将财务资源分配及目标达成时间一一细化，为我们实现个人理财目标提供切实可行的操作指示。

（4）为经济紧急事件做好准备。未来难以预测，紧急情况随时可能发生，在进行预算的时候就考虑到这一点，制订应急财务计划，留足紧急备用金，以备不时之需。

（5）养成优良的财务管理习惯。预算的实质是一个较为详尽的财务计划。监控各项收支，未雨绸缪，提前做好计划并随时进行监督，能够培养个人理财的良好习惯，为将来作出正确的理财决策打下坚实的基础。

做预算只是第一步，根据所做预算，我们可以划出自己"必要"的开支、"可有可无"的开支和"不该发生"的开支。对于必要的开支心中有数了，以后就能分出部分收入进行储蓄或投资；"可有可无"的开支尽量减少，最重要的是坚决杜绝"不该发生"的开支。

2.3.3 编制个人预算的步骤

在编制个人预算时应遵循以下原则：（1）先满足基本生活需要；（2）储蓄和保险必不可少；（3）注重增长性。在这3个原则的约束下可编制出切实可行的预算方案。

预算规划流程可以如图2-1所示。

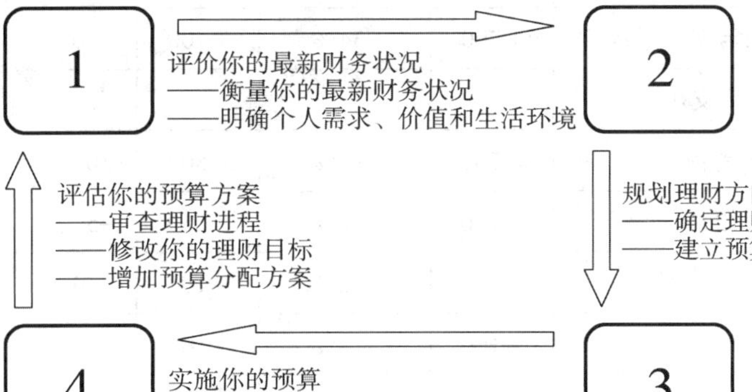

图2-1 预算规划流程图

具体来说，编制个人预算包括以下7个步骤（编制实例请参看表2-7）。

1.确定理财目标

对未来的规划对理财方向起着重要的影响。理财目标是对未来活动的规划，它要求对消费、储蓄和投资进行计划，第1章中我们已经详细阐述了理财目标应如何设定，资产负债表和现金流量表能帮助了解目前的财务状况，确定切实可行的理财目标。

表2-7 **月预算计划表** 单位：元

第一步：确定理财目标

第二步：预测收入来源，并将收入在各种流出项目中进行分配

第三步：分配紧急备用金、定期支出以及理财目标等资金

第四步：为必须支出的费用预留资金

第五步：各种家庭和生活费用等支出的预留费用

理财目标	预算金额	完成比例	实际金额	差异
预期收入				
工资	5 000	100%	5 000	0
其他收入	0	0	0	0
总收入	5 000	100%	5 000	0
预期流出(资金分配)				
定期存款	1 000	20%	500	0
定投	500	10%	500	0
保险	500	10%	500	0
总储蓄	2 000	40%	2 000	0
固定支出				
房租	1 000	20%	1 000	0
抵押贷款	0	0	0	0
水电气网支出	200	4%	200	0
交父母	500	10%	500	0
固定支出总额	1 700	34%	1 700	0
可变支出				
食物	700	14%	800	+100
服装	100	2%	50	−50
交通费	100	2%	100	0
教育	100	2%	100	0
休闲娱乐	200	4%	300	+100
其他支出	100	2%	120	+20
可变支出总额	1 300	26%	1 470	+170
总流出	5 000	100%	5 170	+170

第六步：记录实际资金流出和流入，将实际金额与预算金额进行比较计算

第七步：评估是否需要修改消费和投资计划

2. 预测收入

预测收入的时间长度通常是1个月，因为许多支出都是每月结清的。在确定可支

配收入时，只应该计算那些肯定能得到的收入，各种分红、礼品或意料之外的收入在没有实际收到之前不应考虑在内。如果你每月得到一次收入，那么计算比较容易，但是如果每月取得多次收入，则必须规划每次收入应该支付哪些费用。如果收入根据季节不同而有变化，那么可以按照过去一年的状况来对未来一年的情况进行预测。在预测时采取相对保守的方式更稳妥一些，这样可以避免对财务资源作出过于乐观的估计，从而因支出过度而陷入财务困境。

3.规划紧急准备金和储蓄

为了应付未预测到的支出和保证未来的财务安全，在预算中要准备储蓄和投资项目，同时手中应该保留一部分的备用现金。专家建议，手中的备用现金应该能够应付3～6个月的生活费用支出。当然备用金的数量可以根据个人的生活状况和就业稳定程度而有所变化。3个月的备用金对拥有稳定工作和收入的人是适用的，但是对只拥有临时性工作的人，则应该有足够应付6个月生活支出的备用金。

4.固定开支预算

对固定开支的估算是预算的一个重要组成部分，通常个人的固定支出包括房租、税、借款偿付、保险费等项目。

5.可变开支预算

对变动支出的预算相对困难一些，变动支出随家庭状况、时间、健康、经济条件以及其他因素的变化而波动。当然，要一分钱也不花费、完全没有娱乐，那也是不可能的，如果这样，一个正常的人也会变得不正常。所以预留一定的消遣费用是很重要的，这一部分的支出往往要占到个人支出的50%以上。

6.记录消费金额

明确消费计划之后，要对实际的收支情况进行记录，将实际发生的数据填到预算表相应的位置。通过对实际消费与预算金额的比较将直观地了解到自己理财的效果。收入差异应该是支出差异的相反数。收入小于预期会发生赤字，收入大于预期会出现盈余。某个项目的超支可以用减少另一个项目的消费或储蓄的减少来平衡，不过或许应该修改预算和理财目标。如果出现赤字的话，就显示该月的收入不足以全数缴付所有支出。不必对此大为惊恐，因为预算的目的正是要找出这些理财的关口，预防入不敷出时的窘困。如果哪个月份出现入不敷出，可以考虑一下削减其他支出，或将部分或全部投资变现，或利用借贷的方式来弥补有关的赤字。如果全年的预算是一个平衡预算或盈余预算，一时的赤字可视为暂时的现象，待日后支出恢复正常时，财务将再度平衡或出现盈余。

7.定期检查并修订预算计划

和大多数决策活动一样，预算是持续的、循环往复的过程，必须定期检查并根据实际情况修改消费计划。预算的结果很简单，要么账户里有多余的现金，要么没能及时支付账单，或者是其他情况。不过简单的结果有时并不是显而易见的，有时必须对那些实际消费与预期存在差异的部分进行检讨和总结。总结能帮助了解可能需要改变预算的地方，检查对成功的短期资金管理和长期理财安全都至关重要。

那么，当预算出现短缺时应该缩减哪方面的开支呢？不同的家庭环境带来的答案也不一致，最常见的超支项目是娱乐和饮食开支，特别是外出聚会和就餐。调整预算的常见手段包括购买价格略低的品牌商品、购买高质量的闲置转让产品、租借而非购买某些使用频率不高的高档商品，等等。回顾预算时，可能需要修改理财目标，此时建立有效的节约方法可能是最关键的。

在表2–7的预算编制实例中我们可以看到，其实际收入与预算相符，但在支出方面就超出了预算，主要原因是没能控制住可变支出，致使超支170元。总体来说，该月度的预算执行情况还算不错，仅超支了3.4%，今后可以通过相应的开源节流措施（比如减少一次外出会餐）弥补这一赤字。

另外，在编制预算的过程中，还应考虑以下两点：

第一，生活成本的变化，应注意消费物价指数的变化。货币的购买能力会随着时间的变动而发生变化，在通货膨胀的情形下，消费者购买同样数量的物品未来要比现在花费更多的钱。

第二，生活成本的变化也随居住在何处以及购买何种物品而变化，居住在不同的地区，生活费用支出的比例是不一样的。同时，购买不同的物品，价格的变动也是不一样的。以中国的情形而言，耐用消费品的价格呈现逐步下降的趋势，如电视机、汽车的价格等。但是服务的价格，如理发，则呈现逐渐走高的趋势；房屋租金也是逐步上涨的。

2.3.4 成功预算的要求

拥有财务预算并不能解决财务问题，但是能够对财务资源及资源的流向做到心中有数，一项预算只有在按其执行时才能够真正发挥作用。收入、支出、目标的变化都需要在财务预算中有所反映。好的预算应具有以下的特征：

1. 良好的计划性

好的预算需要对未来有所计划，立足于现实，了解和预期切实可用的财务资源，在做预算时需要所涉及的人参与其中，这样做出来的预算才能够真正起到指导的作用。

2. 现实性

预算是建立在现实的基础之上的，预算的目的不是阻止享受生活，而是帮助在现有资源条件的限制之下，最大限度地去利用好这些资源。所以既不要因为做预算而有意地去削减正常的生活开支，同时也不要超出自己能力的开支，将预算的目标定得过高。如果只是普通工薪阶层，那么就不要将购买高档汽车或大面积住房住房列入预算之中。

3. 灵活性

预算是对未来的财务计划，而未发生的事情总是存在着变动的可能性，存在着一定程度的不确定性。因此预算要留有一定的余地，能够随着生活支出的变化进行调整和修订。对于某些事件要有所预期，同时要有一定的措施，如疾病的发生就需要增加额外的费用。

4.充分的沟通

在家庭范围内，预算的制定和执行都不是某一个人的事情，要和预算所涉及的人进行充分的沟通，需要大家都认同并执行该预算，否则预算是无法执行的。

另外，预算务必付诸书面，置于明显的地方，并持续追踪执行情况。如果将编好的预算锁在抽屉里，则一点也起不了作用。

【思政课堂】

公民个人层面的社会主义核心价值观

【教学提示】理论认知。

社会主义核心价值观主要包含三个层面。第一个是国家层面：富强、民主、文明、和谐；第二个是社会层面：自由、平等、公正、法治；第三个是公民个人层面：爱国、敬业、诚信、友善。

中国社会科学院的程恩富、侯为民研究员在人民日报发表文章，从经济学角度研究社会主义核心价值观。文章认为，公民层面的核心价值观科学界定了社会成员进行经济活动的行为规范。

民富国强是每个国家的追求，也是每个社会成员的期盼。不过，社会主义对富强的价值诉求不同于资本主义对财富的追逐。社会主义的本质是解放生产力，发展生产力，消灭剥削，消除两极分化，最终达到共同富裕。它要求每个有能力的社会成员都积极参加创造财富的劳动，通过诚实工作和联合劳动，从根本上摆脱贫困，过上富裕生活。换言之，社会主义国家的富强，一方面要创造出比资本主义更高的劳动生产力、体现自身的经济优越性，另一方面是在人民共同富裕基础上实现国家强盛。

公民个人价值观对一个国家、一个民族具有重要意义。爱国、敬业、诚信、友善是每个社会成员从事经济活动都应遵循的价值取向和行为规范，也是社会主义市场经济高效有序运行的前提。

国家整体利益与每个社会成员的利益息息相关。在经济活动中倡导爱国主义，对于社会主义中国具有不可或缺的意义。目前存在的一些现象说明爱国的价值观还须强化。比如，在引进或代理外资、外国商品和外国服务的过程中，有的不顾中方的应有权益；在以往稀土出口、土地批租、开发区建设、税收等方面的对外经济交往中，有的只顾本人、本单位、本地区和本部门的狭隘利益，而罔顾我国国计民生整体利益和长远利益。克服这些不良现象，需要社会各界和全体公民深刻认知和践行爱国的价值观。

敬业是每一个工作岗位都需要的重要品质。毛泽东同志说过，“世界上怕就怕‘认真’二字”。敬业这种品质比一般的知识和技能更有意义。党的群众路线教育实践活动开展以来，一个明显改观就是各级干部的敬业精神得到加强，并且带动广大群众爱岗敬业。经济领域存在的贪污腐败、以权谋私、权钱交易、官僚主义、形式主义、享乐主义、自由主义等现象，均与偏离敬业观有关。在经济战线树立先进部门、先进企业和先进员工敬业典型，是倡导敬业精神的有效途径。

经济活动主体诚实、讲信用，是降低交易成本的最佳途径。西方经济学主张的“自私经济人”观念和理论，片面强调经济活动中人的利己一面，否认社会人本身含有的“利他”一面，实质是倡导“人不为己、天诛地灭”的落后观念。显然，如果道德观扭曲，唯利是图盛行，势必造成经济生活中机会主义行为增多，导致经济违规和犯罪现象频发。我们应弘扬中华传统义利观的精华，从观念、制度和奖惩等多方面着力，健全社会信用体系，净化经营环境，改善市场秩序，形成诚信的良好道德氛围。

友好和善意是经济合作、良性竞争和协调关系的助推器。不论是在互利共赢的经济合作中，还是在优胜劣汰的市场竞争中，个人及其所属组织都应具备友善的素质，否则，短期和孤立地看似乎会获利，而长期和综合地看必然弊大于利。俗话说的“老实人不吃亏”“聪明反被聪明误”，就是这个道理。经济协作和竞争力既与智商和智慧有关，又与情商和态度密切相联。马克思在《资本论》中写道，“协作产生新的生产力”。长期良好的协作离不开经济行为的友善。中华传统文化强调“与人为善”。

资料来源：摘自程恩富，侯为民．从经济学角度认识社会主义核心价值观［N］．人民日报，2014-10-30，(07)．

本章小结

1.财务学为个人理财提供的基础性工具包括货币时间价值、资金成本、风险和收益以及价值评估。(1) 货币时间价值是指数量相同的货币资金在不同时点的价值不相同。计算货币时间价值的方法分为单利和复利两种。(2) 资金成本是在资金的所有权和使用权相分离的条件下，资金使用者为了获得资金的使用权而支付给资金所有者的费用，即资金取得和使用的成本。(3) 财务管理的职能之一就是在风险和收益之间作出权衡，以实现在相同风险水平下的收益最大化或者在相同收益水平下的风险最小化，财务管理中的任何问题都离不开对风险与收益的分析。(4) 价值评估是财务管理的重要工具。财务管理关注的焦点是价值，财务管理的目标是实现资金的增值，这就需要通过价值评估来确定资金在不同时点的价值，从而判断是否实现了资金的增值。

2.个人理财的基本工具包括重要资料、个人财务记录、个人财务报表。同企业一样，也可以编制个人资产负债表、个人现金流量表，用以管理财务活动。个人资产负债表是指报告个人在某一时点的资产和负债状况的财务报表，又称净资产表。个人资产负债表说明某一时点的财务状况如何，是个存量指标，它并不揭示资产和负债是如何形成的，只是告诉目前的结果，显示的是静态数据。现金流量表是指概括个人某段时间内现金收入和支付的财务报表，又称现金收支表，如在一个月之内或是一年之内个人的现金流入和流出。

3.个人预算规划就是对个人的开支、消费、投资的目标达到什么样的状况进行统筹安排。通过制订良好的计划及实施，可以达到最有效地利用财务资源的效果。在编制个人预算时应遵循以下3个原则：（1）先满足基本生活需要；（2）储蓄和保险必不可少；（3）注重增长性。编制个人预算包括以下7个步骤：确定理财目标、预测收入、规划紧急准备金和储蓄、固定开支预算、可变开支预算、记录消费金额、定期检查并修订预算计划。

综合训练

2.1 单项选择题

1.在通常情况下，我们所说的利率是指（　　）。

A.日利率　B.月利率　C.年利率　D.季度利率

2.在现行会计制度下，借款的利息（　　）。

A.可以作为资金使用者的费用计入成本，在税前扣除

B.不可以作为资金使用者的费用计入成本，在税前扣除

C.按时间确定是否可以在税前扣除

D.按事项确定是否可以在税前扣除

3.风险按照能否通过（　　）予以分散可划分为可分散风险和不可分散风险。

A.时间组合　B.投资组合　C.内部控制　D.风险收益权衡

4.资产负债表报告资产和负债状况，反映的是个人的（　　）。

A.静态资产数据　B.动态资产变化　C.风险水平　D.收益能力

5.（　　）就是对个人的开支、消费、投资的目标达到什么样的状况进行统筹安排。

A.记录财务活动　B.编制个人现金流量报表

C.编制个人资产负债表　D.个人预算规划

2.2 多项选择题

1.个人理财中涉及的财务学基础工具包括：（　　）。

A.货币时间价值　B.资金成本　C.风险和收益　D.价值评估等

2.下列属于个人和职业记录的材料包括：（　　）。

A.学历和学位证书、身份证、工作证　B.奖状、成果、劳动合同

C.出生证明、户口簿、结婚证　D.存款单、存折、房产证

3.个人财务报表包括：（　　）。

A.资产负债表　B.现金流量表　C.利润表　D.收入表

4.编制个人预算时应遵循的原则包括：（　　）。

A.考虑现实可行性　B.先满足基本生活需要

C.储蓄和保险必不可少　D.注重增长性

5.良好预算具有的特征为：（　　）。

A.良好的计划性　B.现实性　C.灵活性　D.充分的沟通

2.3 简答题

1. 保持理财记录和文件的有序存放有什么好处?
2. 你对建立一个理财记录系统有什么建议?
3. 保留理财记录和文件的时间长度受哪些因素的影响?
4. 编制个人财务报表的主要目的是什么?
5. 个人资产负债表如何揭示财务状况?
6. 如何利用个人资产负债表进行理财规划?
7. 现金流量表提供了什么信息?
8. 为什么要做个人预算?
9. 应如何编制个人预算?你做的预算是否成功?

第3章　现金规划

学习目标

现金是理财的基础，现金规划是理财规划中的核心环节，其他的规划都会对现金规划产生一定的影响。通过本章的学习，要求了解货币的时间价值，了解现金规划的重要性，了解现金规划的基本思路，了解现金流量分析及收支预算的内容，掌握现金规划的基本内容，学会根据收入和支出进行现金规划，掌握财务比率衡量指标，了解其他规划对现金规划的影响。

引例

"Cash on the Table"

"放在桌上的现金（Cash on the Table）"喻指人们错过获利的机会，是西方经济学家最常使用的隐喻，之所以说错过了获利机会，是因为货币具有时间价值。

货币的时间价值就是指当前所持有的一定量货币比未来获得的等量货币具有更高的价值。通俗地说，今天的10 000元比10年后的10 000元值钱。到底值多少呢？如果这笔钱锁在抽屉里，假设平均每年的通货膨胀率为3%，相对于目前的购买力水平，10年后只能购买到相当于目前价值7 441元的物品，相当于平白损失了2 559元。如果这10 000元钱放在银行存5年定期，按年利率3%计算，则5年后总价值达11 500元。这多出来的1 500元就是这10 000元的时间价值。货币之所以有时间价值，有3个方面的原因：（1）货币的购买力会受通货膨胀的影响而随时间改变。（2）货币可用于投资，获得利息，从而在将来拥有更多的货币。（3）通常情况下，未来的预期收入具有不确定性。

近年来，我国城乡居民储蓄存款增长势头放缓，一方面是因为目前股票、基金、银行理财产品分流，另一方面是由于实际负利率直接导致储蓄存款分流。中国老百姓对此有着清醒的认识，"放在桌上的现金"越来越少，人们正在寻求更高的投资价值。然而，在日常生活中，人们又不得不错过一些获利的机会，放弃获得更高收益的投资，而"放一笔钱在桌子上"。这是因为上述第三条原因，即预期收入的不确定性。不确定性会使得人们丧失抵御生活中突发状况的能力，因此，必须要准备一些应急现金，以比较小的机会成本，来防止因中断投资或无法收回现金而带来的损失。

那么什么是现金？人们为什么持有现金？持有多少现金合适？本章将进行相应的阐述。

3.1 现金规划的基本知识

3.1.1 现金的概念

在金融活动中，现金的含义实际上有广义和狭义两种。广义的现金通常包括狭义的现金和现金等价物。狭义的现金一般包括持有的现金以及可以随时用于支付的存款，而现金等价物则是指期限短、流动性强、易于转换成已知金额现金、价值变动风险较小的投资，一般包括支票账户、储蓄账户、货币市场账户、其他短期投资工具等。从本质上看，现金最重要的特征就是流动性强，方便支付，因此只要满足这一本质要求，能无损失或损失很少价值地转换为现金的，就可以视为现金。

本章只讨论狭义现金的规划，更严格地，只针对个人持有的一般意义上的现金，至于存款、储蓄等现金等价物的规划，将在以后的章节学习。

3.1.2 现金规划的概念

现金规划是为满足个人或家庭短期需求而对日常的现金及现金等价物、短期融资活动进行管理和安排的过程。

现金规划的目的在于确保有足够的资金来支付计划内和计划外的费用，并且使消费模式运行在预算之内。

从现金规划的内容来看，主要包括现金收入预算和现金支出计划，前者关注现金流入，而后者关注现金流出，其实质是保持流畅的个人或家庭现金流，避免出现周转不灵的现象。

在个人或家庭的理财规划中，现金规划既能够使所拥有的资产保持一定的流动性，满足个人或家庭支付日常费用的需要，又能够使流动性较强的资产保持一定的收益。一般来说，在现金规划中有这样一个原则：短期需求可以用手头的现金来满足，而未预期的或者将来的需求则可以通过各种类型的储蓄或者短期投融资工具来满足。

一般来说，现金规划源于个人或家庭对资产流动性的需求，而流动性需求通常来源于3个动机，即交易动机、预防动机和投资动机，见表3-1。

表3-1 持有现金的动机分析

动机	含义	影响因素
交易动机	为维持日常生活需要而持有现金	1.收入水平 2.消费偏好
预防动机	为应付紧急情况而持有现金	1.风险承担能力 2.举债能力 3.对现金流量预测的准确性
投资动机	为把握投资机会获得较大收益而持有现金	1.投资机会 2.风险偏好
说明	持有的现金总额并不等于各种动机相加，前者往往小于后者	

3.1.3　现金规划的作用

现金规划的作用可主要归纳为：

（1）现金规划有助于满足日常交易需要。作为商品经济社会不可或缺的重要元素，人们在生活中离不开现金。

（2）现金规划同时可以满足计划外现金消费——紧急备用金——的提留。紧急备用金作为家庭的现金流的缓冲池，为应付失业、生病等不时之需，紧急备用金一般为月支出额的3~6倍。

（3）现金规划有助于提高资金利用率。现金的持有确实能给生活带来许多便利，但也不是持有越多越好，持有现金的比例越大，资金盈利的机会成本就越高。

3.1.4　持有现金的机会成本

对于金融资产来说，通常流动性和回报率是反方向变化的。现金具有很高的流动性，因此它必将伴随着一定的机会成本。持有现金的机会成本主要包括两个方面：一是放弃的投资收益，现金的机会成本在金融资产里一般被看作进行活期储蓄的所得，如果持有现金，在满足流动性需求的同时就意味着放弃收益，因此要对资本的流动性和收益性进行权衡；二是因通货膨胀所导致的贬值损失，持有现金时间越长，这一成本将会越高。

人们常常说，现在的1元钱和1年后的1元钱的潜在经济价值是不相等的，前者要大于后者，原因在于现在的1元钱在1年之后，可以变成1元以上。因为如果把这1元钱用于投资，就会有一个收益，这个收益也就是时间价值。如果从投资者的角度看，投资就是将现时的消费推迟为未来的消费，而把1元钱用于投资而不是用于现时消费是要求报酬的，即1年之后用于消费的货币要多于现在用于消费的货币，其差额就是货币时间价值。

货币为什么有时间价值

3.2　现金规划的内容

在现金规划中，最重要的是根据客户对现金的需求来进行规划建议。我们可以通过进行现金流量分析来掌握现金收支的情况，这一般是通过编制现金流量表来实现的。现金规划的基本步骤如图3-1所示。

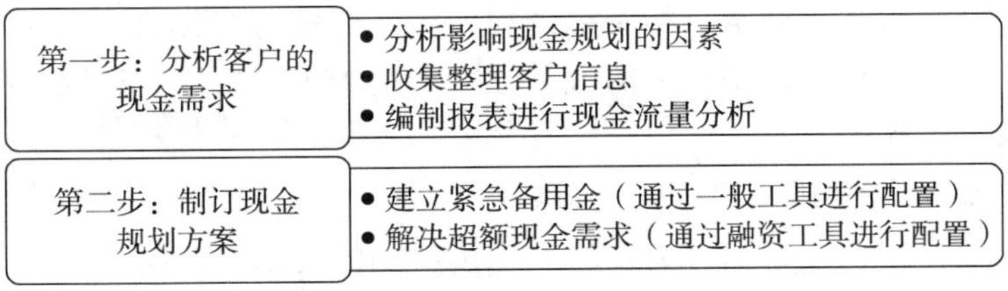

图3-1　现金规划的基本步骤

3.2.1 影响现金规划的因素

具体预留多少现金，每个家庭都会不同，主要根据是：

（1）风险偏好程度。风险偏好低的家庭，可以预留较多现金；反之则应预留较少现金。

（2）持有现金的机会成本。有些家庭有较好的理财渠道，持有现金所放弃的机会成本较高，则可以少预留一些现金。

（3）现金收入来源及稳定性。如果家庭中工作人数较多、工作稳定性好，有其他收益并较稳定，如房屋租金收入等，则可以少留现金。

（4）现金支出渠道及稳定性。如果家庭开支稳定，意外大项支出较少，也可以少留现金。

（5）非现金资产的流动性。如果一个家庭除了现金外，其余大多是房产或实业投资等变现周期长、变现价格不确定性高的、流动性差的资产，则需要多留一些现金。

我们有两种现金管理的备选策略：一种是建立较高的现金头寸，获得流动性，但牺牲一些收益；另一种是现金预留较少，如有需要，则通过变现其他类资产来获取现金。

无论采取何种策略，每个家庭都应至少预留够3~6个月使用的现金以应付日常生活开支。

3.2.2 流动性比率

一般而言，资产的流动性与收益性呈反方向变化。个人或家庭为了满足日常开支和预防突发事件，有必要持有足够的流动性较强的资产，但过强的流动性无疑会降低资产的收益能力。个人或家庭持有多少流动资产，我们可以通过一些财务指标更直观地进行衡量，其中最重要的是流动性比率。

流动性比率是个人或家庭的流动性资产与每月支出的比率，它反映个人或家庭支出能力的强弱。流动性资产是指在急用情况下能迅速变现而不会带来损失的资产，比如现金、活期存款、货币基金等。流动性比率的计算公式为：

$$流动性比率=\frac{流动性资产}{每月支出}$$

传统理论认为，流动性比率应保持在3～6为宜，即流动性资产可以满足3～6个月开支。如流动性比率过低，则意味着已出现财务危机的迹象，也就是常说的资金“断流”；流动性比率过高，则表明这个家庭中的闲置资金过多，不利于资金的保值增值，影响家庭理财收益的提高，也表明该家庭打理闲置资金能力的不足。

对于工作和收入比较稳定、相关福利和保险保障较为充分的个人或家庭而言，可以保持较低的流动性比率，将更多的流动性资产用于扩大投资、获取收益；反之则需保持较高的流动性比率。

3.2.3 选择现金规划工具

在某些时候，个人或家庭有突发的、未预料到的支出，而同时，个人或家庭的现金及现金等价物的额度又不足以应付这些支出，临时变现其他流动性不强的金融资产则会有一部分损失，这时利用一些短期的融资工具获得一些资金就不失为一个解决紧急问题的好方法。事实上，在个人或家庭的现金规划过程中，个人或家庭往往更重视已有现金及现金等价物的管理和使用，而忽略了个人融资。

在考虑现金规划的工具时，应以流动性为主要考虑的因素，在此基础上再保证一定的收益性。

1.现金规划的一般工具

（1）现金。现金是现金规划的重要工具。与其他的现金规划工具相比，现金有两个突出的特点：一是现金的流动性在所有金融工具中是最强的；二是现金的收益率低，在通货膨胀条件下，现金不仅没有收益，反而会贬值。

（2）活期储蓄。储蓄流动性较强，但收益率较低，在一般情况下低于CPI（居民消费物价指数）。

（3）货币市场基金。货币市场基金是指通过某些特定发起人成立的基金管理公司，以出售基金凭证单位的形式募集资金，统一投资于那些既安全又富有流动性的货币市场工具，将这些工具形成的资产组合收益，按一定的规则在扣除一定比例的管理费用后，支付给基金凭证单位持有人，因而是专门以货币市场为投资组合领域和对象的共同基金投资方式，是共同基金的一种，有时也简称货币基金。货币市场基金的主要特点是风险低、收益稳定，是一种较好的流动性管理工具，为个人提供了一种能够与银行中短期存款相替代，相对安全、收益稳定的投资方式，能够为投资者带来一定的收益，又有很好的流动性。货币市场基金采取每天计利的利息计算方法，通常公布7天的平均年化收益率，来计算投资者投资期间的累计利息。采取每月分红的方式将累计利息按月发送到基金投资人的账户上，使投资人的收益定期落袋为安。

通常情况下，现金及现金等价物的配置比例建议为：现金占1/3，活期储蓄及货币市场基金占2/3。

2.现金规划的融资工具

（1）信用卡。信用卡是银行或其他财务机构签发给那些资信状况良好的人士，用于指定的商家购物和消费，或在指定银行机构存取现金的特制卡片，是一种特殊的信用凭证。其优势在于能透支且享受一定时期的免利息待遇，是解决短期现金需求的首选。

（2）银行短期融资。银行贷款是目前大众融资的重要渠道，家庭及个人较常用的主要包括凭证式国债质押贷款和存单质押贷款。

（3）保单质押融资。保单质押贷款是投保人把所持有的保单直接抵押给保险公司，按照保单现金价值的一定比例获得资金的一种融资方式。

（4）典当融资。典当的对象包括动产、房产和财产权利。

3.2.4 根据收入来源进行规划

1.受雇者（上班族）

（1）收入特点：收入稳定且稳步增长，但额外收入较少，福利保障较为充分。

（2）理财策略：

① 开源节流，严格控制现金流量。因其收入较为稳定，所以主要精力应放在控制支出方面，同时在可能的条件下通过兼职等途径来开源。

② 不能超负荷购置资产和负债，以免落入债务陷阱，最终导致资不抵债乃至破产。

③ 持有现金不宜过多，充分利用定额定期方式积累投资资产，获取长期的稳定收益。

2. 自营+受雇者（兼职创收族）

（1）收入特点：以佣金为主，受环境影响很大，收入波动大。

（2）理财策略：

① 拟订不同收入状况下的收支和储蓄模式，增加防御能力。

② 尤其应安排好紧急备用金。

③ 进行组合投资，在规避风险的同时尽可能获取收益。

④ 理财规划时注意生涯规划顺序。

3. 一般自营者（小本开店族）

（1）收入特点：取决于经营状况，变动因素大。

（2）理财策略：

① 科学选择投资项目，进行科学的财务规划。

② 保持流畅的现金流，加快存货和应收账款的周转。

4. 专业自营者（医生、律师等）

（1）收入特点：收入较高，但不一定稳定。

（2）理财策略：维持高收入的同时积极理财，居安思危。

5. 小型私营企业主

（1）收入特点：取决于经营状况，经营风险大。

（2）理财策略：

① 严格区分企业与个人资金，尽量做到不互相占用。

② 充分利用财务杠杆作用，有效防范风险。

③ 保持流畅的现金流，加快存货和应收账款的周转。

6. 大型私营企业主

（1）收入特点：收入丰厚。

（2）理财策略：

① 由专业顾问进行理财规划。

② 节税规划和遗产规划为重点规划内容。

③ 以信托方式理财。

7. 失业者

（1）收入特点：只有国家最基本生活保障。

（2）理财策略：

① 制订合理的家庭消费计划，严格控制消费支出。

② 以持有现金或者活期储蓄的方式为主增强资产流动性，以应付日常开支。

③ 尽可能安排好紧急备用金以备不时之需。

④ 提升自身技能，创造再就业机会。

3.2.5　对支出去向的规划

现金的支出规划是满足生存、享乐、发展的需要。一般而言，可以结合财务规划，将支出划分为可控的支出和不可控的支出。可以用下列方式降低生活支出：

（1）省吃俭用，减少不必要的出外就餐，少买不常穿的衣服，不买短期内用不着的东西。

（2）善用折扣，在打折时才购买，同样东西以较低价格取得。

（3）多用大众运输工具，如公交车，可节省打车等的交通费。

（4）制订支出预算，大额消费或旅游应事先计划，按预算执行。

（5）使用公共资源，以逛公园、上图书馆的方式节省休闲支出。

3.2.6　建立紧急备用金

紧急备用金是用来保障个人和家庭发生预料外支出的专项资金。实际上，不管一个家庭负债额度、比例有多少，都要留出一块流动资金作为家庭的紧急备用金。在西方有比较健全的保险保障的前提下，一般建议紧急备用金数额以家庭平均月开支的3~6倍为宜。但是目前由于国内很多家庭保险普遍不足，因此套用这个公式还是比较牵强的，仅仅考虑意外开销避免出现手头紧的话，预留6个月的生活开销作为家庭备用金基本上就可以了。

1. 紧急备用金的必要性

（1）应付失业或失能（因为意外身心遭受伤害，导致无法工作，这在保险术语上称为失能）导致的工作中断。我们每个人都会碰到意外收入突然减少，甚至中断，若没有一笔紧急备用金可以动用，则会陷入财务困境。如果因为失业或失能导致收入中断，则会面临生活费用、买车或买房的月供款、房租等债务压力。

（2）应付紧急医疗或意外灾害导致的超支费用。因为紧急医疗或者意外灾害而导致的超支费用，就需要一笔紧急备用金来应付这些突发状况。

（3）应付短期资金流动性需求。假如有突发事件发生，需要大量资金，而我们把资金都投入到收益较高的投资上去，而没有建立紧急备用金，就会导致我们不得不将投资变现，而将高收益投资变现将会付出巨大成本，并且大多投资还会损失掉大量的收益。因此，紧急备用金能够很好地防止这类损失的出现，保证自己在投资规划上的正常运作。

2. 紧急备用金的原则

（1）必须建立。在所有的家庭财务规划中，紧急备用金必须首先被考虑和安排，只有在紧急备用金被建立并满足后，才能开始其他规划。

（2）随用随补。当发生预料外支出使用部分或全部紧急备用金后，必须及时予以补充，尽量将其维持在3~6个月的生活开销的水平线上。

（3）专款专用。这部分资金不能省，也不能挪作日常随意消费，相当于是家庭财务的一个安全阀，万一发生紧急情况，还能临时救救急，不至于太紧张。

3.如何建立紧急备用金

家庭经济中不可或缺的紧急备用金，既不可留得太多，也不可留得太少。这部分钱，留多了，将影响私人资本的效率；留少了，则可能将家庭经济弄得一团糟，进而影响私人资本的投资获利。我们可以以两种方式来建立紧急备用金：一为流动性高的活期存款或短期定期存款；一为备用的贷款额度（如信用卡或典当）。两种方式的比较如下：

（1）在机会成本方面的比较。

以存款建立紧急备用金的机会成本是，因准备资金的流动性而可能无法达到长期投资的平均报酬率。以两者的报酬率差异5%计，这5%就是紧急备用金存款的机会成本。假设每个月固定支出为6 000元，准备5个月的支出为紧急备用金共30 000元，则1年5%的差异的机会成本为1 500元（30 000×5%）。若把所有的钱都拿去做长期投资，短期急用时抛售可能会有资本损失，因此以救急贷款来应付。若此时短期信用贷款的年利率为12%，额度亦为30 000元，则每月需付300元（30 000 ×12%÷12）的利息。因此若运用期达5个月，借款利息也达到1 500元。以存款准备的机会成本是相对的，若当时投资环境不佳，持有现金才是上策，则机会成本可为0。若以贷款额度准备，一旦动用就要支付高利率的利息。当存款利率与短期信用贷款利率的差距越大时，以部分资金保留流动性，而以存款当紧急备用金的诱因就越大。因为紧急备用额度是支用才按日计息，因此利率虽高，但借用的日子不多，就可以用经常性收支余额还清，负担也不会太大。

（2）两者搭配的方式。

最好的方式是两者搭配，各作为紧急备用金的一部分。例如，月固定支出为5 000元，紧急备用金为6个月的固定支出—— 30 000元，此时可以10 000元存为活期存款当作第一笔紧急备用金，另外再向银行设定紧急备用额度20 000元。可能有七成以上的机会，即使当月收入无法满足当月支出，10 000元的活期存款额度可以随时挪用应急，待有收支结余时再补回。可能有三成以下的机会，一时的大笔支出连10 000元的存款余额也不够应付，此时就要用预先设定的备用额度，虽然支付较高的利率，但预计时间不会太长，整体来说此种搭配较为稳健。

专栏3-1

现金规划实例

1.家庭基本信息

丈夫：35岁，私营业主，年收入约30万元，无任何保险。

妻子：33岁，小学教师，月薪5 000元左右，有社保，公积金1 200元/月。

支出情况：家庭日常支出4 000元/月，子女教育费用2 000元/月，养车支出1 500元/月，旅游支出12 000元/年。

资产状况：现金1万元，银行活期存款50万元，五年定期存款10万元，股票市值15万元，房产现市值200万元。轿车一辆，价值15万元，无负债。

2.财务分析

根据该家庭的基本信息，编制资产负债表（表3-2）、年度现金流量表（表3-3）、月度现金流量表（表3-4）。

表3-2　**资产负债表**　单位：元

资产		负债及净资产	
项目	金额	项目	金额
现金	10 000	负债	0
活期存款	500 000		
定期存款	100 000		
股票	150 000		
住房	2000 000	净资产	2 910 000
轿车	150 000		
资产合计	2 910 000	负债及净资产合计	2 910 000

表3-3　**现金流量表（年度）**　单位：元

收入		支出	
项目	金额	项目	金额
丈夫收入	300 000	日常支出	48 000
妻子收入	60 000	子女教育支出	24 000
		养车支出	18 000
		旅游及娱乐支出	12 000
收入合计	360 000	支出合计	102 000
年结余	258 000		

表3-4　**现金流量表（月度）**　单位：元

收入		支出	
项目	金额	项目	金额
丈夫收入	25 000	日常支出	4 000
妻子收入	5 000	子女教育支出	2 000
		养车支出	1 500
		旅游及娱乐支出	1 000
收入合计	30 000	支出合计	8 500
月结余	21 500		

现金规划是为了保证家庭的资金在具有较强的流动性的同时，其余暂时不需要的资金能够得到充分的运用。在个人或家庭的理财规划中，现金规划既能够使所拥有的资产保持一定的流动性，满足个人或家庭支付日常家庭费用的需要，又能够使流动性较强的资产保持一定的收益，甚至能明确地体现家庭收入和支出情况，同时达到合理规划家庭支出与收入之间的平衡。该家庭活期存款过多，收益性不强。

3.理财规划

（1）家庭生活费用支出规划。家庭每月支出共计8 500元，家庭一年的消费支出现金共计10.2万元，这一部分资金可以采用组合存款的方式，满足家庭每个月的现金支出，并保证了较强的流动性。建议的存款组合为："1.2万元现金+2万元活期存款+3万元3个月定期存款+4万元6个月定期存款"。其中，1.2万元现金、2万元活期存款，至少可以满足家庭3个月的消费支出，配合以3个月、6个月的定期存款，保证了家庭现金流的连续，使其银行存款合理地运转起来。

（2）家庭紧急备用金规划。在满足了基本的家庭消费支出后，还需建立一个家庭紧急备用金账户。建议家庭紧急备用金预留3万元，采用货币市场基金形式，家庭在急需用资金的时候，这种形式可以很快变现。同时单独设立妻子工资账户（每月3 000元），每年36 000元，作为家庭紧急备用金的补充。为了使应急备用金部分更为完善，可以办理一张银行信用卡，将每月的透支额度限定为10 000元。

（3）丈夫作为家庭经济支柱应该有保险保障，建议视具体情况购买相应险种。

（4）将剩余的活期存款取出进行投资。因为该家庭比较富裕，可以进行较为激进的投资，比如结合经济形势投入开放式基金、股票、黄金、外汇等。因为其抗风险能力比较强，在保值的基础上可以再追求增值收益。

3.3 其他规划对现金规划的影响

现金是理财的基础，现金规划是理财规划中的核心环节，其他的规划都会对现金规划产生一定的影响。了解其他规划对现金规划的影响，有利于现金规划的正确制定。

3.3.1 保险规划对现金规划的影响

购买保险要每月或每年缴纳一定的保费，会带来一定的现金支出，但在发生意外情况时所获得的保险赔款却有利于减轻财务危机的程度，如没有保险则需要动用很大一部分紧急备用金。表面看来，两者所需的投入可以基本持平，只是投入时间有差异，但购买保险是一种预期支出，紧急备用金是一种波动性很大的意外支出。因此，购买保险可以通过保险理赔为现金规划节省很大一部分紧急备用金。

3.3.2 投资规划对现金规划的影响

不论投资的结果如何都会对现金规划带来影响。现金规划的本质是对流动性进行规划，避免因手头流动资金不足导致损失；而投资规划追求的是资金的增值，所以二者存在冲突。因此应该综合衡量风险和收益，择优选择。

3.3.3　纳税规划对现金规划的影响

纳税规划的成功与否会影响现金的支出，如果纳税规划比较成功，则可以降低收入支出表中的税务支出部分，如果纳税规划不成功甚至失败，则不会降低支出甚至还会增加支出（当被罚款的时候就会增加额外支出）。

还有其他一些规划，如房产规划、教育规划以及退休规划，它们也与现金规划紧密相关。对于一定的收入如何在房屋贷款、教育基金以及退休基金之间进行分配，是需要慎重考虑的重要问题。

【思政课堂】

持有多少现金合适？

【教学提示】素质养成。

持有多少现金合适？对于不同的人、不同的国家、不同的时代，答案是不同的。

1. 美国的案例

美国理财顾问特伦特·哈姆给出的建议是：105美元。他的建议具体到放几张几元的钞票上：4张20美元钞票，它们可以让你应对几乎所有必须用到现金的紧急情况，比如拖车；4张5美元的钞票和5张1美元的钞票，可以用来购买饮料、付小费等。除此之外的消费就交给信用卡吧。

实际上，大部分美国人钱包里的现金比哈姆建议的要少。2013年，美国《货币》杂志的调查显示：42%的被调查者钱包里的现金在1美元至40美元；30%有41美元至99美元；17%有100美元至199美元；11%有200美元以上。这种习惯连美国总统也不能例外，据说前总统艾森豪威尔曾不得不借钱给孙子买玩具。

2. 中国的研究

中国贸促会研究院研究员赵萍认为，钱包里放多少钱最合适的问题，实际上是一个金融创新、快捷支付便利程度的问题，一个国家民众的钱包里放的现金越多，说明这个国家的快捷支付便利程度越低。而如果在各种银行卡、移动支付都很便利的情况下，仍然在钱包里放大量现金，只能说明你具有不接受现代金融支付手段的传统思维。

赵萍认为，决定钱包里有多少钱，除了收入之外，主要是风险的问题。钱包里的现金可以让我们应付偶尔吃个便饭、打个车、交一下快递费这样的费用，但这些现金又面临丢失的风险，所以每个人都会在应急支付的便利与防损之间找个平衡，确定自己持有多少现金。她并不认同美国和日本专家提到的带太多现金容易花出去的观点，她认为，花现金时一张一张数钞票的过程更容易让人心疼，反而刷卡才是无痛消费，更容易超支。

至于钱包里放多少钱最合适，赵萍给出的数字是500元人民币。当然，这是移动支付产生之前的观点。

3. 普通家庭

对于居家生活的人，有的观点认为：大概1个月开销的现金存款即可以。

绝大多数工薪家庭都是有固定收入的，日常开销里，可以选择使用信用卡来消费，等到下个月再进行还款。这样的话，现金存款就不必太多，因大额度的消费都会在信用卡里花去。日常的小额消费只需要备一点零花钱即可，保证一家几口的一日三餐、交通出行、水电燃气之类的费用即可。

4. 无现金时代

近几年，随着移动支付的兴起和普及，无现金时代来临，这在城市中更是明显。早上出门买个早餐手机“嘀”一下；打个车手机“嘀”一下；中午不想出去吃饭，网上叫外卖线上支付；下午下班跟朋友聚个会，手机“嘀”一下；健身娱乐，也随随便便用手机“嘀”一下即可。一天下来，只要有手机就可以了。通俗地讲，移动支付已经渗透到人们的吃喝玩乐当中。

在此背景下，主要问题在于，一旦手机丢失或者没电，没有现金就寸步难行了，所以，离家出门，随身带50元左右现金就够了，再进一步，带几元零钱够坐车回家就可以了。

5. 家有老人

现在中国已经进入老龄化社会，老人家庭一大特点就是生病情况较多，急诊住院会需要及时交纳押金，一般来说，为了应对此情况，家里需要预备3 000～5 000元现金。还要注意的是，老人身边不宜留现金过多，以防诈骗等损失。

6. 出国旅行

当今时代，随着人们生活水平的提高，以及国际交往的增加，大众出国旅行越来越普遍。在国外旅行时，现金的需求情况与国内大不相同，各国支付条件和习惯差异更是很大。一般来说，国外移动支付不像国内这样普及，较普遍的消费支付方式是刷信用卡和签支票。另外，在西方，顾客在进行服务消费时，一般都有支付小费的习惯。因此，出国旅行时应随身携带一定数额的现金。同时，出于安全的考虑，现金又不宜过多。最稳妥的做法是，出国之前要充分了解目的国的有关情况，做好相关准备。

7. 李嘉诚的故事

网上曾广泛流传20世纪90年代李嘉诚子女被绑架的故事，其中说及，其家里日常备有4 000万港币的现金，以备突然之需。故事的真伪这里不去讨论，其意义在于，即使是巨富家庭，也需要准备现金，而且可能需要准备得更多。

综上所述，每个人根据自身的各种情况、面临的风险、能调动的资源综合考虑，比如上班族、供房一族、单身人士、三口之家、上有老下有小、小康之家、公务员家庭、金领、富商巨贾高官……，选择必然不同，综合考虑各种情况，然后作出最适合自己的决策。

资料来源：作者撰写。

本章小结

1.现金规划是为满足个人或家庭短期需求而对日常的现金及现金等价物及短期融资活动进行管理和安排的过程。现金规划的目的在于确保有足够的资金来支付计划内和计划外的费用，并且使消费模式运行在预算之内。

2.在个人理财规划中，现金规划有助于满足日常现金需要，可以满足计划外现金消费的提留，有助于应付失业、生病等不时之需。

3.货币的时间价值，是指货币经历一定时间的投资和再投资所增加的价值。也就是说，货币用于投资并经历一定时间后会增值，其增值部分就是时间价值。

4.复利产生力量的源泉有两个：一是利率，利率越高越好；二是时间，时间越长越好。

5.有两种现金管理的备选策略：一种是建立较高的现金头寸，获得流动性，但牺牲一些收益；另一种是现金预留较少，如有需要，则通过变现其他类资产来获取现金。

6.在考虑现金规划的工具时，应以流动性为主要考虑的因素，在此基础上再保证一定的收益性。

7.紧急备用金是用来保障家庭发生的预料外支出。在有比较健全的保险保障的前提下，一般建议一个家庭预留3～6个月的生活开销作为家庭备用金。

8.现金是理财的基础，现金规划是理财规划中的核心环节，其他的规划都会对现金规划产生一定的影响。了解其他规划对现金规划的影响，有利于现金规划的正确制定。

综合训练

3.1　单项选择题

1.下列理财工具中，流动性最强的是（　　）。

A.基金　　B.债券　　C.现金　　D.股票

2.一般认为，家庭所准备的紧急备用金应能满足（　　）个月的支出需要。

A.1～2　　B.6～8　　C.2～5　　D.3～6

3.建立紧急备用金主要是为了（　　）。

A.保留一部分现金以利于及时投资股票、债券等

B.应对家庭的亲友出现生产、生活、教育、疾病等重大事件需要紧急支援的准备

C.应付家庭主要劳动力因为失业或者其他原因失去劳动能力，或者因为其他原因失去收入来源的情况下，保障家庭的正常生活

D.应对家庭因为重大疾病、意外灾难、犯罪事件、突发事件等的开支所做的准备，预防一些重大事故对家庭短期的冲击

4.下列关于现金规划概念的说法，错误的是（　　）。

A.现金规划既要使所拥有的资产具有一定的流动性，以满足个人或者家庭支付

日常家庭费用的需要，又要使流动性较强的资产保持一定的收益性

B. 短期需求可以通过各种类型的储蓄或者短期投、融资工具来满足，预期的或者将来的需求则可以用手头的现金来满足

C. 现金规划中所指的现金等价物是指流动性比较强的活期储蓄、各类银行存款和货币市场基金等金融资产

D. 现金规划是为了满足个人或家庭短期资金需求而进行的管理日常现金及现金等价物和短期融资的活动

5. 下列关于持有现金的交易动机的说法正确的是（　　）。

A. 人们为了抓住有利的购买有价证券的机会，会持有一定数量的现金及现金等价物

B. 人们对现金及现金等价物的预防需求量主要取决于个人或家庭对意外事件的看法

C. 现金及现金等价物的交易需求产生于未来收入和支出的不确定性

D. 个人或家庭出于交易动机所拥有的货币量取决于收入水平、生活习惯等因素

3.2　多项选择题

1. 持有现金的动机包括（　　）。

A. 交易动机　　B. 预防动机　　C. 收藏动机　　D. 投机动机

2. 计算利息的基本要素包括（　　）。

A. 本金　　B. 利率　　C. 存期　　D. 单价

3. 现金等价物应满足以下特征：（　　）。

A. 价值变动风险较小　　B. 易于转换成已知金额现金

C. 期限短　　D. 流动性强

4. 现金规划的作用在于（　　）。

A. 有助于满足计划外现金消费　　B. 有助于提高资金利用率

C. 有助于提高自信心　　D. 有助于满足日常现金需要

5. 下列各项中，（　　）属于现金规划需考虑的因素。

A. 个人或家庭的投资偏好　　B. 持有现金或现金等价物的机会成本

C. 个人或家庭的风险偏好程度　　D. 对金融资产流动性的要求

3.3　简答题

1. 为什么要做现金规划？

2. 人们持有现金有哪些动机？

3. 现金规划应该考虑哪些内容？

4. 为什么说货币有时间价值？

5. 为什么要建立紧急备用金？如何建立紧急备用金？

3.4　案例分析题

任女士，27岁，月平均收入6 000元；丈夫王先生，28岁，月平均收入8 000元，年终奖金约3万元。两人刚结婚不久，没有孩子。但由于花钱无节制，经常入不敷

出，有时还需要向老人伸手要钱。每月的基本开销是：交通、通信费1 200元；水电燃气费200元；餐费4 000元（其中很大一部分是花在外出就餐上）；宽带与固定电话费300元；买衣服的开销大约2 000元；娱乐和旅游方面的开销大约4 000元；朋友聚会、随礼等人际交往花费2 000元。夫妻俩开始打算要小孩，有了孩子就需要大笔开支，因此打算攒些钱。

请根据以上情况给任女士夫妇提出现金规划建议。

第4章　储蓄规划

学习目标

合理储蓄是理财的基础，是投资理财的第一步。通过本章的学习，要求了解储蓄的概念及特点；了解储蓄动机；掌握储蓄利息的计算；熟悉常见储蓄品种的特点及适用人群；了解储蓄规划的意义和原则；重点掌握储蓄规划的基本思路及方法；能够运用相关知识理论联系实际，进行储蓄方案设计。

引例

一把米的故事

有这样一个故事，很久以前，有一个家庭主妇，她每天煮饭的时候，总是从锅里抓一把米出来，放到一个特备的米缸中。有人为此讥笑她，但她不以为意，依然故我。过了不久，发生了灾害，粮食严重歉收，很多人家都揭不开锅了。但这位妇人家里由于有一个特备的米缸，得以熬过了饥荒。

生活中很多人头脑中没有理财的概念，认为只有富贵人家或炒股发达等赚大钱的人才谈得上理财。但理财专家认为，理财是管理财产的学问，并不是富人才需要，生活中的每个人都要懂得如何分配每月的收入与支出，这样才能做到“积谷防饥”，从温饱逐渐走向小康。人们常有的一种通病，就是有钱时随意乱花，不懂得储蓄，到了急用时才发现“钱到用时方恨少”。积谷防饥，意思是学习如何规划自己所赚来的钱，该用的就用，不用的就储蓄起来，以防将来不时之需。当危机来临时，因为已做好准备，就可以高枕无忧地渡过难关。有人曾测算过，依照世界的标准利率来算，如果一个人每天储蓄1美元，88年后可以得到100万美元。这88年时间虽然长了一点，但每天储蓄两美元，在实行了10年、20年后，很容易就可以达到10万美元。一旦这种有耐性的积蓄得到利用，就可以得到许多意想不到的赚钱机会。现实生活中，有许多人忽视了合理储蓄在理财中的重要性，不少人错误地认为只要理好财，储蓄与否并不重要。持这种想法的人，实现财富积累难度很大，要想实现财务目标，必须改变收支管理方式，正确对待储蓄。

储蓄是一种生活态度，那么什么是储蓄？人们储蓄的动机是什么？储蓄产品如何选择？应如何进行储蓄规划？本章将进行相应的阐述。

4.1 储蓄的基本知识

4.1.1 储蓄的概念

广义上的储蓄概念指的是一个国家或地区在一定时期内国民收入中未被消费的部分。当前收入中不用于消费的部分，即收入减去消费，如存入银行的存款、购买的有价证券、保存在手中的货币等，都称为储蓄。从这一概念可以看出，收入没有剩余就没有储蓄，而储蓄的目的是留待未来消费，即储蓄就是以现在的剩余用作将来的准备。储蓄是西方经济学中宏观分析理论的一个重要概念，也是凯恩斯收入与就业理论的前提条件之一。但是，储蓄也是一个不容易确定的概念，无论从它的来源还是用途方面看，均没有准确的数量限制。

狭义上的储蓄概念指的是居民个人在银行或者其他金融机构的存款。

任何种类的储蓄都有利息收入，这也是储蓄作为一种投资品种的根据。利息收入的大小主要是由存款类型、存款额、存期、利率等确定。储蓄的基本原则是存期越长，利息收入越多。存款利率一般由中央银行确定。不同时期利率水平是不一样的，国家有可能根据经济、金融形势进行相应的调整。

2020年年底，中国居民储蓄的余额达到93.44万亿元，相当于当年我国GDP的91.2%。

专栏4-1

储户的权益

1.拥有取款自由权。

2.拥有利息复核权。

3.拥有存款保密权。

4.拥有储蓄利率、种类的获知权。

5.拥有储蓄机构违法行为举报权。

4.1.2 储蓄的特点

储蓄存款是家庭投资品种中最稳妥可靠的投资工具，具有以下特点：

1.安全性高

储蓄是所有投资品种中最安全的，特别是存款机构是国有银行时，其基本上是以国家的信誉作担保，几乎没有违约风险。所谓违约风险，就是不能到期兑付的风险。

2.变现性好

所有储蓄基本上都是可以立即变现的，包括定期存款。虽然定期存款提前支取会损失部分利息收入，但不影响其变现能力。所以我们可以把储蓄认同为流动资金，特别是活期存款，就与现金完全等同视之。

3.操作简易

相对于其他投资工具，储蓄的操作非常容易。不管是开户、存取、销户，还是特殊的业务如挂失等，流程都比较简易。对个人来说，使用身份证即可办理。由于银行机构的网点比较多，存取业务非常方便，特别是利用ATM自助终端，更是随时随地都可办理业务。

4.收益较低

相对于其他投资品种，储蓄的收益可能是最低的。它唯一的收入就是利息，且须扣除利息税（注：2008年10月9日起暂免征收利息税）。这是由它的低风险因素决定的，符合投资第一基本原则，即收益和风险是正相关的。

4.1.3 个人储蓄的动机

储蓄是货币的一种特殊使用形式，它体现了储户同银行之间一种相互合作的信用关系。由于人们经济收入及消费结构各不相同，安排在即期、近期、远期的消费以及节余能力也因人而异，银行设置的储种，正是为了满足适应长期性结余资金、短期待用资金和各种特定用途资金的存储需要。那么，在现实生活中个人如何去选择储蓄种类呢？这要视个人储蓄的动机而定。

1.积累动机

对一个普通家庭而言，其收入是固定的，固定的收入只能购买日常必需的消费资料，如想购买汽车等高档消费品或筹集住房、子女升学及嫁娶等费用，往往需要通过长时间的积累才能实现。出于这种动机的考虑，人们储蓄时一般以零整储蓄为主，聚零为整，逐步积累。

2.增值动机

有些家庭闲钱较多，不想购置东西，也没有特定的用途，短期内派不上用场。这种情况下，人们进行储蓄带有储存财富的性质，因此，人们往往选择一些期限较长、利息较高的定期储蓄种类，或者购买一些债券和股票，以使闲置的货币得以增值。

3.谨慎动机

人们担心现金尤其是金额较大的现金放在家中或随身携带很不安全，容易遗失或发生意外，为了防止不测或防灾、防荒，人们在储蓄时选择定期储蓄，必要时选择定期中不能提前支取的储种，而且可以预留印鉴、地址或密码。

4.侥幸动机

银行等金融机构有时会推出储蓄抽奖之类的促销活动以吸引储户，人们可能为了获奖，会主动地进行储蓄，以期取得自己希望的结果。

实际上，人们参储的动机往往是复合型的，储户应据其主要目的和动机选择合适的储种。

影响消费者储蓄动机的因素众多而复杂，其主要因素有以下方面：

（1）经济状况。当经济状况向好的方向发展时，就会强化消费者的储蓄动机；当经济状况向差的方向转换时，就会弱化消费者的储蓄动机。从宏观经济角度看，消费者生活水平提高，储蓄意识就增强，反之就减弱。

（2）物价水平。从消费角度看，储蓄是一种推迟的消费行为，消费者的储蓄动机对市场物价水平的变化非常敏感。物价稳定会强化消费者的储蓄动机而淡化现期消费欲望，物价波动特别是物价大幅上涨会淡化消费者的储蓄动机而强化现期消费欲望，严重时还会发生抢购商品的情况，所以物价水平影响消费者的储蓄动机。

（3）利率水平。存款利率作为经济标杆，既可强化储蓄动机，也可以弱化储蓄动机。当利率过低时，就会影响消费者参加储蓄的积极性；当利率较高时，则会激发消费者的储蓄动机，达到增加储蓄的目的。

4.1.4 我国的储蓄政策与原则

1.储蓄政策

为了发展储蓄事业，保护储户的合法权益，国家对居民储蓄一贯实行鼓励和保护的政策。保护个人合法储蓄存款的所有权及其他合法权益，鼓励个人参加储蓄。

2.储蓄原则

银行办理储蓄业务必须遵循“存款自愿，取款自由，存款有息，为储户保密”的原则。

（1）存款自愿，是指居民所持有的现金是个人财产，参加储蓄必须出于存款人的自愿，存与不存，什么时候存，存在哪家银行，存多少，存的时间长短，选择什么储蓄种类，都由储户自己决定，银行或储蓄单位不得以任何方式加以干涉。

（2）取款自由，是指储户提取存款时，银行必须照章付款，储户可根据需要取出部分或全部存款，银行不得以任何理由拒绝、为难或限制，更不应加以查问或干预。

（3）存款有息，是指银行按储户存款的期限长短和储蓄种类要支付相应的利息。银行必须按中央银行规定的存款利率标准范围计付利息，不能随意降低或提高利率，储户有取得利息的权利。

（4）为储户保密，是指储户的户名、账号、存款金额、期限、地址等均属个人隐私，任何单位和个人没有合法手续都不能查询储户的存款，银行必须为储户保密。如果因经济纠纷或案件涉及个人存款需要查询，有关单位和个人必须依照法律程序进行。

4.1.5 储蓄计息的基本规定

1.利率

储蓄存款利率一般由国家统一规定，由中央银行挂牌公告。利率也称为利息率，是在一定日期内利息与本金的比率，一般分为年利率、月利率、日利率三种。年利率以百分比表示，以年为时间单位计息，俗称“分”；月利率以千分比表示，以月为时间单位计息，俗称“厘”；日利率以万分比表示，以日为时间单位计息，俗称“毫”。例如，年息九分写为9%，即每百元存款定期一年利息9元；月息六厘写为6‰，即每千元存款一月利息6元；日息一毫五写为1.5‱，即每万元存款每日利息1.5元。也可比照这种换算关系，将年利率换算为月利率，月利率换算为日利率。为了计息方便，

3种利率之间可以换算，其换算公式为：

年利率÷12=月利率

月利率÷30=日利率

年利率÷360=日利率

2.计息起点

储蓄存款利息计算时，本金以“元”为起息点，元以下的角、分不计息，利息的金额算至分位，分位以下四舍五入。分段计息算至厘位，合计利息后分以下四舍五入。

3.不计复息

各种储蓄存款除活期（存折）年度结息可将利息转入本金生息外，其他各种储蓄存款不论存期如何，一律于支取时利随本清，不计复息。

4.存期计算规定

（1）算头不算尾，计算利息时，存款天数一律算头不算尾，即从存入日起算至取款前一天止。

（2）不论闰年、平年，不分月大、月小，全年按360天、每月均按30天计算。

（3）对年、对月、对日计算，各种定期存款的到期日均以对年、对月、对日为准，即自存入日至次年同月同日为对年，存入日至下月同一日为对月。

（4）定期储蓄到期日，如遇法定节假日不办公，可以提前一日支取，视同到期计算利息，手续同提前支取办理，存款在存期内如遇利率调整，仍按存单开户日挂牌公告的相应的定期储蓄存款利率计算利息。

（5）到期支取：按开户日挂牌公告的整存整取定期储蓄存款利率计付利息。

（6）提前支取：按支取日挂牌公告的活期储蓄存款利率计付利息。部分提前支取的，提前支取的部分按支取日挂牌公告的活期储蓄存款利率计付利息，其余部分到期时按开户日挂牌公告的整存整取定期储蓄存款利率计付利息，部分提前支取以一次为限。

（7）逾期支取：自到期日起按存单的原定存期自动转期。在自动转期后，存单再存满一个存期（按存单的原定存期），到期时按原存单到期日挂牌公告的整存整取定期储蓄存款利率计付利息；如果未再存满一个存期支取存款，此时将按支取日挂牌公告的活期储蓄存款利率计付利息。

（8）活期储蓄存款在存入期间遇有利率调整，按结息日挂牌公告的活期储蓄存款利率计算利息。

5.存款利息的计算方法

由于存款种类不同，具体计息方法也各有不同，但计息的基本公式不变，即利息是本金、存期、利率三要素的乘积，公式为：

利息=本金×利率×存期

如用日利率计算，则公式为：

利息=本金×日利率×存款天数

如用月利率计算，则公式为：

利息=本金×月利率×存款月数

4.2　储蓄规划工具

4.2.1　储蓄概况

现在，理财投资的方式越来越多，但要老百姓把钱都放到高风险的领域，可能大多数人都不会认同。储蓄一直给我们安全感，既不像股票投资那样每天担心“失败”，又有少量的利息回报，尽管微薄，倒也踏实。利率下调并不意味着老百姓就可以不必再储蓄，低息时期更要合理地进行储蓄组合，来锻炼理财能力，这就需要详细了解储蓄的种类。

储蓄存款一般可按期限分为活期和定期两种，其中又可以细分为具体的储蓄品种，如图4–1所示。

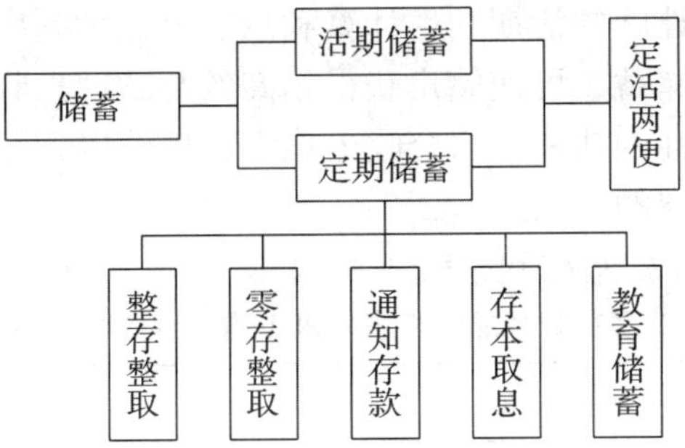

图4–1　常见的储蓄种类

4.2.2　储蓄种类

1. 活期储蓄

活期储蓄是指不规定存期，储户可随时凭存折（银行卡）存取，存取金额不限的一种储蓄方式。活期储蓄以1元为起存点，多存不限。开户时由银行发给存折（银行卡），凭折（银行卡）存取，每年结算一次利息。

活期储蓄存款是居民储蓄存款中最基本和最重要的一种形式，适用于居民小额的随存随取的生活零用结余存款，灵活方便，适应性强。参加这种储蓄大体有以下几种情况：①暂不用作消费支出的货币收入。②预备用于购买大件耐用消费品的积攒性资金。③个体经营户的营运周转货币资金，在银行为其开户、转账等问题解决之前，以活期储蓄的方式存入银行。

2. 整存整取定期储蓄

整存整取定期储蓄指开户时约定存期，整笔存入，到期一次整笔支取本息的一种个人存款。其特点是金额较大，存期较长，收益较高，存款稳定性较强。我国规定此类储蓄人民币50元起存，外币整存整取存款起存金额为等值人民币100元的外币。该储种只能进行一次部分提前支取。提前支取时必须提供身份证件，代他人支取的不仅要提供存款人的身份证件，还要提供代取人的身份证件。计息按存入时的约定利率计算，利随本清。整存整取存款可以在到期日自动转存，也可根据客户意愿，到期办理约定转存。人民币存期分为3个月、6个月、1年、2年、3年5个档次。外币存期分为1个月、3个月、6个月、1年、2年5个档次。

整存整取定期储蓄适用于较长时间不需动用的款项。在高利率时期，存期要“中”，即可将5年长度的存款分解为1年期、2年期、2年期，然后滚动存储，如此可因利生利而收益效果更好。

3.零存整取定期储蓄

零存整取定期储蓄指开户时约定存期、分次每月固定存款金额、到期一次支取本息的一种个人存款。开户手续与活期储蓄相同，只是每月要按开户时约定的金额进行续存。储户提前支取时的手续比照整存整取定期储蓄存款有关手续办理。一般5元起存，每月存入一次，中途如有漏存，应在次月补齐。计息按实存金额和实际存期计算。存期分为1年、3年。利息按存款开户日挂牌零存整取利率计算，到期未支取部分或提前支取按支取日挂牌的活期利率计算利息。该储种利率低于整存整取定期储蓄（打六折），但高于活期储蓄，可使储户获得稍高的存款利息收入。可集零成整，具有计划性、约束性、积累性的功能，适合收入稳定，攒钱以备结婚、上学等用途的个人和家庭，以达到计划开支的目的。

表4-1为我国储蓄存款基准利率表。

表4-1 我国储蓄存款基准利率表（2015年10月24日起执行）

项目			利率（%）
活期存款			0.35
定期存款	整存整取	三个月	1.10
		半年	1.30
		一年	1.50
		二年	2.10
		三年	2.70
	零存整取 整存零取 存本取息	一年	1.35
		三年	1.55
	定活两便		按一年以内定期整存整取同档次利率打六折执行
协定存款			1.15
通知存款		一天	0.80
		七天	1.35

注：从2015年10月24日起各商业银行利率浮动实行市场化，监管部门不再设置利率浮动上限。

4.整存零取定期储蓄

整存零取定期储蓄指在存款开户时约定存款期限、本金一次存入、期限固定、分次支取本金的一种个人存款。存款开户的手续与活期相同，存入时1 000元起存，支取时分1个月、3个月及半年一次。利息按存款开户日挂牌整存零取利率计算，于期满结清时支取。到期未支取部分或提前支取按支取日挂牌的活期利率计算利息。存期分1年、3年。

5.存本取息定期储蓄

存本取息定期储蓄指在存款开户时约定存期、整笔一次存入，按固定期限分次支取利息，到期一次支取本金的一种个人存款。一般是5 000元起存。可1个月或几个月取息一次，可以在开户时约定的支取限额内多次支取任意金额。利息按存款开户日挂牌存本取息利率计算，到期未支取部分或提前支取按支取日挂牌的活期利率计算利息。存期分1年、3年、5年。其开户和支取手续与活期储蓄相同，提前支取时与定期整存整取的手续相同。该储种适合持较大数额现金的储蓄投资者。

6.定活两便储蓄

定活两便储蓄指在存款开户时不必约定存期，银行根据客户存款的实际存期按规定计息，可随时支取的一种个人存款种类。一般50元起存，存期不足3个月的，利息按支取日挂牌活期利率计算；存期3个月以上（含3个月）不满半年的，利息按支取日挂牌定期整存整取3个月存款利率打六折计算；存期半年以上（含半年）不满1年的，整个存期按支取日定期整存整取半年期存款利率打六折计息；存期1年以上（含1年），无论存期多长，整个存期一律按支取日定期整存整取1年期存款利率打六折计息，各档次均不分段计息。该储种的特点是方便灵活，收益较高；手续简便，利率合理。存款期限不受限制，适合存款期限不确定的储户。其操作要点主要是掌握支取日，确保存期大于或等于3个月，以免利息损失。

7.个人通知储蓄

个人通知储蓄是指在存入款项时不约定存期，支取时事先通知银行，约定支取存款日期和金额的一种个人存款方式。最低起存金额为人民币50 000元（含），外币等值5 000美元（含）。为了方便，可在存入款项开户时即提前通知取款日期或约定转存日期和金额。个人通知存款需一次性存入，可以一次或分次支取，但分次支取后账户余额不能低于最低起存金额，当低于最低起存金额时银行给予清户，转为活期存款。个人通知存款按存款人选择的提前通知的期限长短划分为1天通知存款和7天通知存款两个品种。其中，1天通知存款需要提前1天向银行发出支取通知，并且存期最少需两天；7天通知存款需要提前7天向银行发出支取通知，并且存期最少需7天。该储种适合于手上持有现金，一时又无法确定存期的储户，具有集活期之便、得定期之利的特点。例如，个体户的进货资金、炒股时持币观望的资金或是节假日股市休市时的闲置资金，可尽量将存款定为7天的档次。

8.外币储蓄

外币储蓄是相对人民币而言的笼统说法，它也分活期、7天通知、1个月、3个月、6个月、1年和2年7种不同档次的储蓄方式。目前，我国银行开办的外币储蓄品种有：美元、日元、加拿大元、英镑、瑞士法郎、新加坡元、欧元、港币等。外币储蓄实行与人民币不同的利率，详见表4–2。

表4–2 **外币存款利率表** 单位：年利率（%）

货币	活期	7天通知	1个月	3个月	6个月	1年	2年
美 元	0.0500	0.0500	0.2000	0.3000	0.5000	0.7500	0.7500
英 镑	0.0500	0.0500	0.1000	0.1000	0.1000	0.1000	0.1000
欧 元	0.0001	0.0005	0.0100	0.0100	0.0100	0.0100	0.0100
日 元	0.0001	0.0005	0.0100	0.0100	0.0100	0.0100	0.0100
港 币	0.0100	0.0100	0.1000	0.2500	0.5000	0.7000	0.7000
加拿大元	0.0100	0.0500	0.0500	0.0500	0.3000	0.4000	0.4000
瑞士法郎	0.0001	0.0001	0.0001	0.0001	0.0001	0.0001	0.0001
澳大利亚元	0.2375	0.2625	1.2400	1.3125	1.3250	1.5000	1.5000
新加坡元	0.0001	0.0005	0.0100	0.0100	0.0100	0.0100	0.0100

注：本表为中国银行外汇存款利率表，自2015年2月12日起执行。

9.教育储蓄

教育储蓄是指个人按国家有关规定在指定银行开户、存入规定数额资金、用于教育目的的专项储蓄，是一种专门为学生支付非义务教育所需教育金的专项储蓄。教育储蓄采用实名制，开户对象为在校小学四年级（含四年级）以上学生。开户时，储户要持本人（学生）户口簿或身份证，到银行以储户本人（学生）的姓名开立存款账户。到期支取时，储户需凭存折及有关证明一次支取本息。

教育储蓄具有储户特定、存期灵活、总额控制、利率优惠、利息免税的特点，能积零成整，满足中、低收入家庭每月固定小额存储，积蓄资金，解决子女非义务教育支出的需要。

（1）储户特定。教育储蓄的对象（储户）为在校小学四年级（含四年级）以上学生。

（2）存期灵活。教育储蓄为零存整取定期储蓄存款。存期分为1年、3年和6年。

（3）总额控制。教育储蓄起存金额为50元，本金合计最高限额为2万元。

（4）利息免税。储户凭存折和学校提供的正在接受非义务教育的学生身份证明前来支取教育储蓄时，免征储蓄存款利息个人所得税。具体而言可享受3次税收优惠：学生在就读全日制高中（中专）、大学本科（大专）、硕士和博士研究生时，每个学习阶段可分别享受一次2万元教育储蓄的免税优惠，每一阶段教育储蓄本金合计不得超过2万元，本金合计超过2万元或一次性趸存本金的，一律不得享受教育储蓄免税的优惠政策。

（5）利率优惠。1年期、3年期教育储蓄按开户日同期同档次整存整取定期储蓄存款利率计息；6年期按开户日3年期整存整取定期储蓄存款利率计息，在存期内遇利率调整，仍按开户日利率计息。

表4-3归纳了零存整取和教育储蓄的比较。

表4-3　零存整取VS教育储蓄

项目	零存整取	教育储蓄
存款总额	10 000元	
存期	3年	3年
利率	1.30%	2.75%
利息总额	390元	825元
差额	435元	

4.3　储蓄规划策略

4.3.1　储蓄规划的意义

作为最传统的投资理财方式，储蓄作为一项流动性高、收益固定的低风险投资，不但能缓冲财务危机，还能为实现未来的财务目标积累资金。

储蓄是所有理财手段的基础，也是一个人自立的基础。它来源于计划和节俭，是一个人自立能力、理财能力的最初体现，也是最基本的检验。强调储蓄，第一是因为它作为本金的重要用处，第二也是对个人财富观的培养。所以理财规划，储蓄先行，它绝对比您想象中更重要。

个人或家庭储蓄的原因主要包括为不测事件建立储备金、为自己的老年积累基金、为保证家属的生活，或为了其他某一具体目的等。个人或家庭储蓄也为商业资本投资提供了部分资金来源。影响个人或家庭储蓄水平的主要因素包括收入的多少、人们对未来收入的预料以及利息率的高低等。

具体来说，储蓄规划对于个人和家庭理财具有以下意义：

（1）资金链优势。与保险公司或券商比较，银行的资金链优势非常明显，因为客户总是把钱放在银行才安心。一般客户都有这样的想法："我不想告诉别人我有多少钱。"只有银行才更容易了解客户的资金状况，从而扮演"金管家"的角色来为客户打理资产。

（2）信誉好、安全性高。任何客户在求助理财顾问的时候，最关心的问题就是资金的安全性。民众一般认为："由于国家对银行的审批非常严格，成立一家银行是很不容易的，所以银行的信誉较其他金融机构更高，更有安全感。"比如"银证通"就比"银证转账"更受欢迎，因为客户一般认为银行不可能倒闭，但证券公司有可能。

（3）网点众多，快捷便利。银行的网点数量众多，分理处、储蓄所、各级支行遍地开花，通存通兑也给银行客户提供了很大便利。从银行角度看，网点众多确实也是开展理财业务的优势之一。

（4）银行能够更专业、更客观、更中立地开展个人理财服务，更切合客户的实际需要。

在中国人的传统观念中，始终存在着比较强的生活预防动机。如果一个人加入了当月挣的钱全部花光的“月光族”，往往被评价为“不会过日子”。人们需要防备未来生活出现变数，比如失业、收入减少、子女上学、老人有病等，都需要有一定的积蓄和储备，才能在出现意外情况的时候，能够有所接济。虽然从时间价值上看，5年以后100元的消费可能抵不上现在90元的消费，但是人们需要把钱暂时储蓄起来以备不时之需。这种为“天有不测风云”而进行的储蓄被称为谨慎储蓄。

当然，还有很多人存钱是为了购置耐用消费品，如攒钱买电脑、攒钱买车、攒钱买房等，这些都可以归结为目标储蓄。

4.3.2 储蓄规划的原则

1.留足支付日常开支的现金

储蓄的基础是闲置的收入和货币，因此应该在留足日常开支使用的现金后，在不影响日常支付的情况下安排储蓄。一定要记住，生存优于发展，如果当期没有剩余则储蓄无从谈起，那种不管当期收入多寡而强调按比例提取储蓄的建议是不恰当的。

2.建立理财目标

储蓄是一项长期的投资规划，因此应该事先设立储蓄理财目标。通过设立自己近年内的储蓄数额目标，确定平时的储蓄数额。

3.储蓄优先原则

当期收入有剩余的时候，建议首先将部分钱存入银行，然后再考虑其他投资，这有利于抑制消费欲望，从而有效地控制支出。

4.连续性和长期性原则

储蓄贯穿着人的一生，只要日积月累，就一定能有一笔可观的积蓄。当然，理财就意味着善用钱财，要根据自己的理财规划，做到适度消费，乐于享受钱财，乐于享受生活，去赢得身心的健康，去获取人生的乐趣。

5.利率比较原则

要根据自己储蓄的用途和目的，按照各种储蓄利率的不同，采取“长短结合、统筹兼顾”的方法，尽量增加利息收益。例如，为子女上学可存利率较高、利息免税的教育储蓄。

专栏4-2

小额资金巧理财

目前，银行综合情况比较好的理财产品认购起点都在5万元以上，证券公司、信托公司的理财计划起点更高。手中闲置资金不足5万元的市民，难道就只能站在这道理财的门槛之外吗？

其实不然。某银行理财经理称，存款不足5万元，也能通过调整定活期存款的结构，充分利用银行的智能账户，获得不小的理财收益。

一是化整为零。

对已有的定期存款，可以化整为零。例如，一笔3万元的1年定期存款，可以分成三笔：1万元1年定期、1万元2年定期和1万元3年定期。1年后，即有1万元存款到期，如需用钱就可支取，如暂无需要，就续存3年定期。第2年，2年定期的1万元到期，如不用就续存2年定期……依此类推，储户每年将有1万元的定期存款到期，这既能保证资金的流动性，又能获得更多的利息收益。

二是转活为定。

对活期存款，则要充分利用银行智能账户，“转活为定”。例如，存1万元的普通活期，活期年利率为0.35%，3个月后利息收入为：

$10\,000\times0.35\%\div12\times3=8.75$（元）

如选择银行智能账户，系统则会约定比例，只在活期账户中留存较少金额，假定为500元，将其余的9 500元自动转存为3个月的定期，以3个月定期年利率1.10%为例，3个月后，这1万元的综合收益为：

$500\times0.35\%\div12\times3+9500\times1.10\%\div12\times3=26.56$（元）

理财收益$=26.56-8.75=17.81$（元）

对每月新增的收入，在已经满足基本生活之余，则要“量入而存”，建议将收入的30%存入银行，这样既有利于抑制消费冲动，又能有效地控制支出。

4.3.3　储蓄规划的基本思路

1.规划好时间

尽量不提前支取，以避免提前支取利息的损失。由于特殊原因需提前支取，则支取部分按活期计息，有什么好办法减少损失呢？请参考以下办法：一是只取需用部分的金额。例如，如果您急需5 000元，现手上有10 000元的定期存单，则从其中只取5 000元即可，不要全部取完，因为剩余的5 000元还是按原利率计息。二是办理存单抵押贷款。对已存时间比较长的存单，可采用以此存单为抵押申请贷款来解决急用资金问题。

2.采用合理的存款组合

（1）考虑存款组合的总原则是兼顾收益和保证日常生活需要。定期存款利率高、收益好，而活期存款取款方便，所以一般来说应以定期存款为主、通知存款为辅，少量使用活期存款和定活两便存款。

（2）定期存款的重要技巧。一时难以确定存期的大额资金应选择通知存款以兼顾收益和灵活性；较大额的存款宜开多张存单，可把提前支取的利息损失减少到最低限度；多采用到期自动续存的方式，既防止利息损失，又省却了跑银行转存的麻烦；大笔的长期闲置资金应该考虑大额定期存单和大额可转让定期存单。

（3）手比较“散”的人多重视零存整取，这样可以逐渐半强制性地为自己积累一些资金。

（4）定活两便与活期储蓄应以小额、少量为宜，毕竟日常生活开支每月相差不多，一般是可以匡算的。

3. 利用优惠政策

要充分利用国家和银行的优惠政策，如某些储蓄品种和储蓄账户免征利息所得税，某些银行推出特定时段储蓄的优惠政策等。

4. 增加储蓄本金，开源节流

提高家庭储蓄的可能方式包括增加家庭工作收入、增加家庭理财收入、降低家庭生活支出、降低家庭理财支出，另外还要注意防范理财风险，如借钱给别人要求借据、不随便提供金融担保、不参与民间借贷活动、不参与社会非法集资、谨慎从事高风险投资。

5. 根据收入来源区分储蓄

领取现金的薪资收入者，应该先把储蓄分离出来，以信贷消费预算法控制各项支出。

通过银行转账领取薪资收入者，薪资入账时即应该强迫储蓄，剩余金额以自动提款机平均提取的方式控制支出。

自营事业有现金收入者，先区分真正赚取的收入，若营业情况稳定，可以日营业额的比例做消费支出预算。

6. 选择适当的储蓄币种

由于各国经常处于不同的经济周期，同一时期利率差别很大，如果有条件可以试试外币储蓄，以获得更高的收益。例如，人民币 1 年期利率为 1.50%，而美元是 0.75% 时，相差较大，如果现在手中持有美元，就应当兑换成人民币去存储，而不要直接储蓄。

在考虑外币存款的时候，最重要的是要选择和人民币兑换率较稳定的币种，如美元、英镑、港币等，而避免选择日元，尤其要避开那些可能贬值的货币。毕竟储蓄最重要的功能是保值，千万不要捡了芝麻丢了西瓜。

7. 根据不同的宏观经济周期选择储蓄品种

要获取尽量多的利息收入，就要正确地估计宏观经济形势来选择储蓄品种，以下是一些判断原则：

（1）在国家经济形势好转、经济增长率稳步上升时，利率政策一般比较宽松，同时物价并不高。这时选择中短期储蓄是比较好的，由于利率可能进一步提高，所以不要存存期太长的定期存款。

（2）经济逐步加速到一个较高的水平，通货膨胀率上升，国家一再提高利率。这时可以利用很高的利率水平，存入利息不变的长期定期存款，以获取长期的、较高的利息收益。

（3）经济增长速度和通货膨胀率逐步降低，利率慢慢回落。这时应避免短期的存款，而应选择长期的存款。因为利率处于下降趋势中，短期存款会受到不断下降的利率的侵害，利息收益不高。

（4）经济增长和物价水平已经处于低谷，利率也到了较低水平，这时应选择短期存款。

专栏4-3

“负利率”时代，如何储蓄投资

第一，储蓄到期日宜选择在国债、债券的发行期，存款宜选择3年以下的储蓄品种，这样可随时把储蓄转向收益更高的债券或投资。

第二，活期储蓄在余额累计较大时，可到储蓄所销户结息，以免因利率降低而造成利息损失。

另外，选择银行储蓄投资还要尽量减少存款本金的损失。减少本金损失的措施有：

不要轻易将已存入银行一段时间的定期存款取出。

若存入定期存款一段时间后，遇到比定期存款收益更高的投资机会，储户可将两者之间的实际收益作一番计算比较，从中选取总体收益较高的投资方式。

对于已到期的定期存款，应根据利率水平及利率走势、存款的利息收益率与其他投资方式进行综合比较，结合个人的实际情况进行重新选择。

在利率水平较高、利率水平可能下调的情况下，继续转存定期储蓄是较为理想的。

在市场利率水平较低或利率有可能调高的情况下，对于已到期的存款，可选择其他收益率较高的方式进行投资或选择期限较短的储蓄品种继续转存，以等待更好的投资机会，等存款利率上调后，再将到期的短期定期存款改存期限较长的储蓄品种。

4.3.4 储蓄规划的方法

1. 目标储蓄法

如果想购买一件高档商品或操办某项大事，应根据家庭经济收入的实际情况建立切实可行的储蓄指标并制订攒钱计划。

2. 计划储蓄法

每个月领取薪水后，可以留出当月必需的生活费用和开支，将余下的钱按用途区分，选择适当的储蓄品种存入银行，这样可减少许多随意性的支出。

3. 节约储蓄法

注意节约，减少不必要的开支，杜绝随意消费和有害消费，用节约下来的钱进行储蓄。

4. 增收储蓄法

在日常生活中，如遇上增薪、获奖、稿酬、亲友馈赠和其他临时性收入时，可权当没有这些收入，将这些增收的钱及时存进银行。

5.折旧储蓄法

为了家用电器等耐用消费品的更新换代，可为这些物品存一笔折旧费。在银行设立一个“定期一本通”存款账户，当家庭需添置价值较高的耐用品时，可以根据物品的大致使用年限，将费用平摊到每个月。这样，当这些物品需要更换时，账户内的折旧基金便能派上用场。

6.缓买储蓄法

家庭准备添置高档耐用消费品或其他珍贵物品时，由于其并非迫切需要或实用价值不高，可缓一两个月再买，先将这笔钱暂时存入银行。待消费高峰期过后，此类商品价格必然会回落，那时就可以相对便宜地购买到该商品。

7.降档储蓄法

在准备购进一件贵重物品时，可以购买档次稍低一些的商品，把省下来的钱存入银行。

8.滚动储蓄法

每月将结余的钱存入一张1年期整存整取定期储蓄账户，存储的数额可根据家庭的经济收入而定，存满1年为一个周期。1年后第一张存单到期，可取出储蓄本息，凑成整数后进行下一轮的储蓄。如此循环往复，手头始终是12张存单，每月都可有一定数额的资金收益，储蓄数额滚动增加，家庭积蓄也随之丰裕。滚动储蓄可选择1年期的，也可选择3年期的定期储蓄。这种储蓄方法较为灵活，每月存储额可视家庭经济收入而定，无须固定。一旦急需钱用，只要支取到期或近期所存的储蓄就可以了，可以减少利息损失。另外，每张存单最好都设定到期自动续存，这样就可以免去多跑银行之苦了。

9.四分储蓄法

四分储蓄法，又叫“金字塔”法，如果你持有10万元，可以分别存成4张定期存单，存单的金额呈金字塔状，以适应急需时不同的数额。可以将100 000元分别存成1万元、2万元、3万元、4万元4张1年期定期存单。这样可以在急需用钱时，根据实际需用金额支取相应额度的存单，可避免只需取小数额钱却不得不动用大存单的弊端，以减少不必要的利息损失。

10.阶梯储蓄法

假如你持有3万元，可分别用1万元开设1、2、3年期的定期储蓄存单各1份。1年后，你可用到期的1万元再开设1张3年期的存单。以此类推，3年后你持有的存单则全部为3年期的，只是到期的年限不同，依次相差1年。这种储蓄方式可使年度储蓄到期额保持等量平衡，既能应对储蓄利率的调整，又可获取3年期存款的较高利息。这是一种中长期投资，适宜工薪家庭为子女积累教育基金与婚嫁资金等。

11.组合储蓄法

组合储蓄法又称利滚利储蓄法，是一种存本取息与零存整取相组合的储蓄方法。如果你现有5万元，可以先存入存本取息储蓄账户，在1个月后，取出存本取息储蓄的第1个月利息，再开设一个零存整取储蓄账户，然后将每月的利息存入零存整取储蓄账户。这样不仅可以得到存本取息储蓄利息，而且其利息在存入零存整取储蓄后又获得了利息。

12.通知储蓄法

通知储蓄法很适合手头有大笔资金准备用于近期（3个月以内）开支。假如手中有20万元现金，拟于近期支付住房贷款首付，但是又不想把20万元简单存活期损失利息，这时就可以存7天通知储蓄。这样既保证了用款时的需要，又可享受相对较高的利率。举例来说，20万元如果存7天期的通知储蓄，持有3个月后，以1.35%的利率计算，利息收益为675元，比利率为0.35%的活期储蓄利息175元收益高出500元，通知储蓄的收益则要比活期储蓄高近3倍。需提醒的是，如果投资者参加的是7天通知储蓄，若投资者在向银行发出支取通知后，未满7天即前往支取，则支取金额的利息按照活期存款利率计算。此外，办理通知手续后逾期支取的，支取部分也要按活期存款利率计息；支取金额不足或超过约定金额的，不足或超过部分按活期存款利率计息；支取金额不足最低支取金额的，按活期存款利率计息；办理通知手续而不支取或在通知期限内取消通知的，通知期限内不计息。这里，关键是存款的支取时间、方式和金额都要与事先的约定一致，才能保证预期利息不会遭受损失。

专栏4-4

如何进行储蓄管理？怎样进行退休金储蓄和教育金储蓄？

1.储蓄是所有理财规划的源头，要想进行储蓄管理，首先要了解的一个概念就是资金时间价值。资金时间价值是指资金在周转过程中由于时间因素形成的差额，换句话说就是对未来现金流的贴现。进行储蓄管理时，要发挥资金时间价值，需注意以下几点问题：

（1）在设定财务目标时，要将财务目标量化，赋予具体的金额，并为财务目标设定具体日期，并保持长短期目标的一致性。

（2）准确地估计未来现金流，并且选择适当的贴现率。

（3）如何进行合理储蓄？这里引入一个概念，边际储蓄率，即每多出1元钱的额外收入应多储蓄的比率（当月收入低于家庭最低消费时，值为0）。

当月储蓄=（当月收入–基本收入）×边际储蓄率

基本收入=收入淡季时最低收入或维持基本生活的最低消费

这样的储蓄规划既符合创收族多赚多花、少赚少花的生活哲学，又能兼顾基本需求及长期理财目标。

2.如何制订退休金储蓄和教育金储蓄计划呢？看以下公式：

基础收入=期待水准的生活费用×家庭人口数

退休金储蓄=（期待水准的生活费用×2×退休后生活年数）÷离退休的年数

教育金储蓄=（未成年子女数×期待水准的教育费用）÷（离子女上大学的年数×12）

应有收入=基础收入+购房贷款本息负担+退休金储蓄+教育金储蓄

个人可以根据公式进行合理的规划，这里举个例子来看。40岁的王先生有三方面的因素要考虑：（1）支付买房的月供款的同时，达到自己想要的生活水平；（2）10

年后两个子女上大学；（3）20年后的养老金。

那么要实现这样的理财目标，王先生应该有多少应有收入呢？

$$\text{应有收入}=\underset{(1\,600\times4)}{\text{四口之家的月生活费}}+\underset{(4\,400)}{\text{房贷本息}}+\underset{(1\,600\times40\div20)}{\text{退休金储蓄}}+\underset{(60\,000\times2\div120)}{\text{教育金储蓄}}=15\,000\text{（元）}$$

所以通过以上计算，如果王先生家庭月可支配收入没有15 000元以上的话，就无法实现财务目标。因此在量化财务目标之后，我们就能很清楚地看到收支间的差距，通过调整收支、缩小差距，最终实现自己的财务目标。

在网络时代，储蓄还有必要吗？

【思政课堂】

2001—2020年我国居民储蓄余额

【教学提示】巨大成就。

图4-2是2011—2020年我国居民储蓄余额情况。可以看到，居民的储蓄意愿非常强烈，实际上，中国的储蓄率一直高居世界首位。

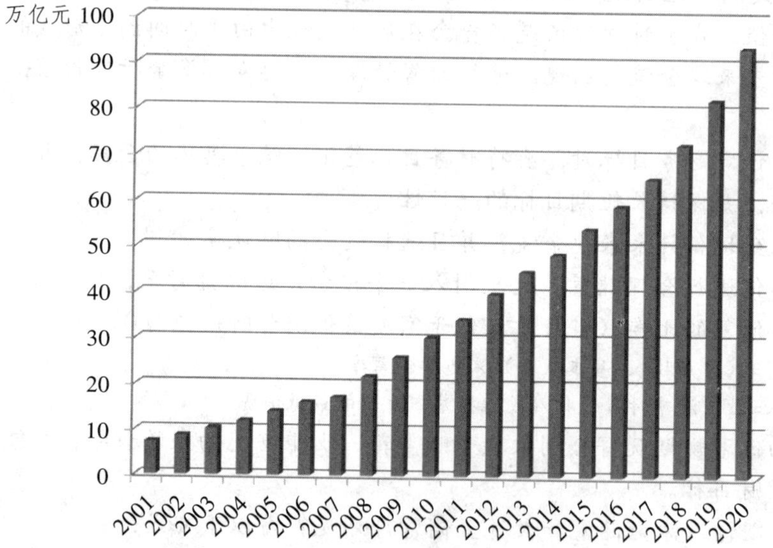

图4-2 2001—2020年我国居民储蓄余额

中国居民的高额储蓄源自勤俭和有备无患的传统，事实上，这一优良作风在理论和实践上越来越多地为人们所认同。有一个统计显示，世界五百强中大部分企业均持有大量的现金，而不是在需要资金的时候再筹措。在经济生活领域，无论是个人还是企业，乃至于政府，有备无患都是硬道理。

资料来源：作者撰写。

本章小结

1.储蓄是当前收入中未被消费的部分，如存入银行的存款、购买的有价证券、保存在手中的货币等，都称为储蓄。从这一概念可以看出，收入没有剩余就没有储蓄，而储蓄的目的是留待未来消费，即储蓄就是以现在的剩余用作将来的消费。

2.作为最传统的投资理财方式，储蓄是一项流动性高、收益固定的低风险投资，不但能缓冲财务危机，还能为实现未来的财务目标积累资金。

3.个人储蓄的动机通常包括积累动机、增值动机、谨慎动机以及侥幸动机。

4.储蓄规划要遵循留足支付日常开支的现金、建立理财目标、储蓄优先、连续性和长期性、利率比较的原则。

5.本章提供了12种进行储蓄理财的方法，不同的家庭，可以参考选择适合自己的储蓄方式。

综合训练

4.1 单项选择题

1.（ ）是约定存期，整笔存入，到期一次性支取本息的储蓄存款。

A.活期储蓄存款　　B.整存整取定期储蓄

C.零存整取定期储蓄　　D.定活两便存款

2.以下同期存款中利率最高的储蓄品种是（ ）。

A.整存整取定期储蓄　　B.零存整取定期储蓄

C.整存零取定期储蓄　　D.定活两便储蓄

3.定活两便储蓄存期不足3个月的，利息按（ ）计算。

A.支取日挂牌活期利率

B.支取日挂牌定期整存整取3个月存款利率打六折

C.支取日挂牌定期整存整取3个月存款利率打七折

D.支取日挂牌定期整存整取3个月存款利率打八折

4.教育储蓄实质上是一种（ ）。

A.整存整取定期储蓄　　B.零存整取定期储蓄

C.整存零取定期储蓄　　D.定活两便储蓄

5.（ ）又称为利滚利储蓄法，是一种存本取息与零存整取相结合的储蓄方法。

A.滚动储蓄法　　B.四分储蓄法　　C.阶梯储蓄法　　D.组合储蓄法

4.2 多项选择题

1.储蓄的特点包括（ ）。

A.安全性高　　B.变现性好　　C.操作简易　　D.收益较低

2.储蓄规划应遵循的原则包括（ ）。

A.日常开支优先原则　　B.储蓄优先原则

C.连续性和长期性原则　　D.利率比较原则

3.个人和家庭储蓄的动机包括（　　）。

A.积累动机　　B.增值动机　　C.谨慎动机　　D.侥幸动机

4.以下利率换算公式正确的是（　　）。

A.年利率÷12=月利率　　B.月利率÷30=日利率

C.年利率÷360=日利率　　D.月利率÷360=日利率

5.我国的个人通知存款包括（　　）。

A.1天通知存款　　B.3天通知存款　　C.5天通知存款　　D.7天通知存款

4.3　简答题

1.为什么要进行储蓄规划？

2.储蓄计划受什么因素影响？

3.大学生应该如何进行储蓄规划？

4.储蓄规划的原则是什么？

5.我国目前的储蓄种类有哪些？如何利用好这些储种？

6.个人储蓄的动机有哪些？

7.你将如何选择适合自己的储蓄方式？

第5章　消费信贷规划

学习目标

消费信贷是现金流规划中的重要组成部分，它能够帮助人们解决当前的财务支付问题。通过本章的学习，要求大家了解消费信贷的基本含义及特点；理解消费信贷的优缺点；掌握常见的消费信贷类型及适用范围，重点掌握使用信用卡的技巧；学会评估个人信贷能力；了解提高个人信用的方法；了解个人消费信贷的实务操作流程。

引例

中国消费信贷：高增长与风险

在经济新常态下，消费金融的发展是拉动消费的重要手段，预计中国消费信贷市场未来将爆炸式增长。根据中国人民银行《金融机构信贷收支表》统计，居民短期消费贷款增速一度下滑至2016年末的20%左右，创下历史新低。但是自2017年1月开始，这一数据直线反弹，到2017年10月、11月，增速均超过40%。2018年一季度以来，随着现金贷整治陆续开展，居民短期消费增速开始下降。到2018年9月，居民短期消费贷款余额8.24万亿元，同比增速下降至28%。截至2020年底，中国内地人民币消费贷款余额达49.57万亿元，其中个人中长期消费贷款余额占82.29%。清华大学中国与世界经济研究中心（CCWE）于2015年发布的国内首份消费金融研究报告的数据显示，截至2015年9月末，中国内地消费金融贷款不良贷款率达到2.85%，平均信用风险略高于银行客户，对它的信用风险的容忍度也略高于银行。从以上资料可以看出，个人消费信贷正在逐渐深入中国老百姓的生活，成为家庭理财中不可或缺的融资手段，花明天的钱、借别人的钱、办今天的事的口号改变着人们的理财习惯和理财观念，尤其对于年轻一代的影响力与日俱增。与之同时，过度消费、虚荣消费已成为年轻一代的突出问题。如何使用好消费信贷这一理财的双刃剑是人们讨论的热点问题。那么什么是消费信贷？消费信贷是如何影响人们的生活的？人们应如何管理自己的个人信用？本章将进行相应的阐述。

消费是经济活动的起点和落脚点，消费规模的不断扩大和消费结构的持续优化能够为经济发展提供持久动力。党的二十大报告明确指出：“着力扩大内需，增强消费对经济发展的基础性作用和投资对优化供给结构的关键作用。”中央经济工作会议提出着力扩大国内需求，要把恢复和扩大消费摆在优先位置。这些重要论断对于理财实践具有重要的指导意义。

5.1 消费信贷的基本知识

5.1.1 什么是消费信贷

个人消费信贷是指银行或其他金融机构采取信用、抵押、质押担保或保证方式，以商品型货币形式向个人消费者提供用以购买商品和支付各种服务费用的贷款。

消费信贷是当期得到现金、商品和服务，在将来支付有关费用的一种安排。它以消费者未来的购买力为放款基础，旨在通过信贷方式预支远期消费能力，来满足个人当期消费需求，消费信贷的基础是人们在账单到期时支付的能力和意愿。

消费信贷的形式主要有：

（1）赊销。零售商向消费者提供的短期信贷，即用延期付款的方式销售商品。西方国家对此多采用信用卡的方式，定期结算清偿。

（2）分期付款。消费者在购买高档消费品时，只支付一部分货款，然后按合同分期加息支付其余货款。如果消费者不能按时偿还所欠款项，其所购商品将被收回，并不再退回已付款项。

（3）消费贷款。这是指银行通过信用放款或抵押放款以及信用卡、支票保证卡等方式向消费者提供的贷款。消费信贷又可分为买方信贷和卖方信贷，前者是对消费品的购买者直接发放贷款；后者则是以分期付款单作抵押，对销售消费品的商业企业发放贷款，或由银行同以信用方式销售商品的商业企业签订合同，用现金的形式把货款付给商业企业。

1998年以来，为支持扩大内需，我国商业银行开始大力拓展消费信贷业务，已经开办的消费贷款种类主要有住房贷款、汽车贷款、耐用消费品贷款和助学贷款等。目前在商业银行贷款结构中，消费信贷比例明显上升，根据典型调查推算，1元消费信贷可以带动1.5元的商品消费，对促进消费、拉动经济增长具有积极作用。

5.1.2 消费信贷的历史与发展

消费信贷的历史可以追溯到古希腊和罗马，但是现代消费信贷制度的基础出现在1915年之后的20年间。

消费信贷的发展历史就是不断地突破传统消费观念的历史。1880年左右，美国开始兴起分期付款赊销，众多收入低下的普通百姓为了获得比自己生活水平高一些档次的产品，从开展赊销的销售商那里购买产品，让自己背上沉重的债务负担。在那个阶段，分期付款方式被上流社会指摘为贫困和不节俭的标志。但到了20世纪20年代以后，分期付款方式抛弃了社会地位方面的耻辱，变成购买昂贵家庭用品的标准方式，甚至富豪也采取此种方式购买商品。不过，对消费信贷的接受有过反复。当美国1929年发生经济大萧条以后，这种信贷融资方式被人们贬低，人们认为分期付款严重威胁了公共道德，是经济灾难的预兆，分期付款提供者是国家经济的叛徒。虽然遭到如此的批判和谩骂，但是消费信贷依旧大行其道，最终变成了美国普通大众购买昂贵耐用消费品的途径，并使负债成为一种生活方式。

信用卡问世于20世纪50年代，它是消费信贷的一部分，是消费信贷最重要的象征。消费信贷最广泛、最为人们所熟悉的形式是分期付款。

5.1.3　消费信贷的特点

消费信贷的特点主要有：

（1）贷款投向的个人性。消费信贷以自然人为特定信用对象，而非一般的法人或组织。

（2）贷款用途的消费性。消费信贷以消费性需求为目的，而非以经营性需求为目的。

（3）贷款额度的小额性。消费信贷一般只有较小信用额度，不大量占用银行的信贷资金。

（4）贷款期限的灵活性。消费信贷期限灵活，除了包括固定期限的封闭式信贷，还包括不限期限的开放式信贷。

（5）贷款资金的安全性。消费信贷大多有抵（质）押物担保或保证，对于放款机构而言，信贷资金的安全性一般都能有保证。近年来，消费信贷向信用贷的方向有所发展，贷款对象多为有稳定薪金收入的人士，贷款的安全性体现在贷款对象收入的稳定上。

5.1.4　消费信贷的优缺点

信贷是即时提供商品和服务的工具，是灵活的资金管理方式，安全而便利，是发生紧急情况时的缓冲带，是增加资源的工具。如果消费者及时偿还贷款，信贷还能创造良好的信用等级。但是请记住，信贷是双刃剑，它也有副作用。为了理智使用信贷，须仔细评价当前债务水平、未来收入、增加的成本以及过度消费的后果。

1.优点

（1）现在享受未来的商品和服务，在资金短缺时也能购买商品。

（2）实现购物便利。

（3）能够建立和积累信用。

2.缺点

（1）诱使过度消费。由于消费信贷是对未来购买力的预支，在延期付款的诱惑下，消费者往往放弃了“量入为出”的自我约束，尽力地满足自己的欲望，“适度消费”变成了“过度消费”。

（2）造成购买力错觉。消费信贷的“甜美果实”和“快感”，使原本毫无购买力的消费者，靠金融机构的信贷似乎有了购买“能力”，但实际上靠预支未来收入并不能提高总购买力，这一错觉导致的后果往往是非常严重的。

（3）需要付出较高成本。借来的钱需要支付时间价值，与储蓄相比较，信贷的利率水平更高且为复利，这样算下来借贷的较高成本是无法被忽视的。

专栏5-1

贷款中的基本术语

贷款金额：就是借款的金额，也叫本金或贷款额。

贷款利率：贷款利率一般由国家统一规定。贷款利率根据贷款种类、贷款期限不同而不同。

贷款利息：由借款人支付给贷款人。

贷款期限：还清本金和利息的时间长度。一般从6个月、1年至30年不等。1年以内为短期贷款，1～10年为中期贷款，10年以上为长期贷款。

还款期：还款的周期（频率），即多长时间还一次款，通常为1个月。

抵押：一种以还贷为前提条件的、从借款人到贷款人的资产权利的转移，该权利是对借款人享有赎回权的债务偿还的保证。简单来说，抵押是一种对贷款的保证。例如，当抵押贷款购房时，房屋的产权实际上是贷款人的，只有在还清贷款后才能获得产权。所购房屋就是抵押物。还清贷款获得产权的权利就是赎回权。

信用：对未来收入或偿还能力的信任。

信用卡：具有透支功能的银行卡。

透支：信用卡持卡人从发卡银行获取贷款的行为。信用卡一般有个限额，即最大透支额，在最大透支额内无须授权即可直接支付。

还贷方式：还款计息的方式。常用的还贷方式有到期一次还本付息法、等额本息还款法、等额本金还款法。

抵押贷款：以借款人或第三人提供符合规定条件的财产作为抵押物发放的贷款。

质押贷款：以借款人或第三人的动产或权利为质押物发放的贷款。定期存单、债券、保单、股票等，都可作质押物。

保证贷款：借款人提供具有代为清偿债务能力的第三方作为偿还贷款本息并承担连带责任的保证人，以此向借款人发放的贷款。保证人可以是自然人、法人或其他经济组织。

5.2 消费信贷的种类

按接受贷款对象的不同，消费信贷又分为买方信贷和卖方信贷。买方信贷是对购买消费品的消费者发放的贷款，如个人旅游贷款、个人综合消费贷款、个人短期信用贷款等。卖方信贷是以分期付款单证作抵押，对销售消费品的企业发放的贷款，如个人小额贷款、个人住房贷款、个人汽车贷款等。按担保的不同，消费信贷又可分为抵押贷款、质押贷款、保证贷款和信用贷款等。

而根据贷款的发放机构，消费信贷可分为银行信贷和非银行信贷；根据贷款的方式，消费信贷又可分为封闭式信贷和开放式信贷。

5.2.1 银行信贷

1.封闭式信贷

封闭式信贷有特定的用途，以合同形式规定偿还金额、偿还条件、支付次数等，通常在偿还债务前，销售方拥有商品所有权。

目前，我国商业银行个人消费信贷处于起步阶段，种类还不是很多，主要有：

（1）个人汽车贷款。

汽车贷款是指贷款人向申请购买汽车的借款人发放的专项贷款，也叫汽车按揭。汽车贷款由贷款人向在特约经销商处购买汽车的借款人发放，用于购买汽车，以贷款人认可的权利质押或者具有代偿能力的单位或个人作为还贷本息并承担连带责任的保证人提供保证，在贷款银行存入首期车款，贷款金额最高一般不超过所购汽车售价的80%，贷款期限一般为1～3年，最长不超过5年。

（2）个人旅游贷款。

个人旅游贷款是贷款人向借款人发放的用于支付旅游费用、以贷款人认可的有效权利作质押担保或者有代偿能力的单位或个人作为偿还贷款本息并承担连带责任的保证人提供保证，借款金额为2 000元至50 000元、期限为6个月至2年，且提供不少于旅游项目实际报价30%首期付款的人民币贷款。

（3）商业助学贷款。

商业助学贷款是银行对正在接受非义务教育学习的学生或直系家属或法定监护人发放的商业性贷款，适用于学生的出国留学、再教育进修等。商业助学贷款根据用途分为学生学杂费贷款、教育储备金贷款、进修贷款和出国留学贷款。各家商业银行在商业助学贷款的条款上可能有所差别，但基本内容相同。商业助学贷款额度由银行根据借款人资信状况及所提供的担保情况综合确定，最高不超过50万元。贷款最短期限为6个月，最长期限不超过8年。与国家助学贷款相比，商业助学贷款的利率水平、申请条件以及还贷期限等都提高不少。

（4）大额耐用消费品贷款。

大额耐用消费品贷款指向消费者个人发放用于购买大额耐用消费品的人民币贷款。大额耐用消费品是指单价在3 000元以上（含3 000元）、正常使用寿命在2年以上的家庭耐用商品，包括家用电器、电脑、家具、健身器材、厨卫洁具、乐器等（汽车、房屋除外）。大额耐用消费品贷款只能用于购买与贷款人签订有关协议、承办分期付款业务的特约销售商所经营的大额耐用消费品。贷款期限一般在1年以内，最长为3年（含3年）。贷款额度起点为人民币2 000元，最高额不超过10万元，借款额最高不得超过购物款的80%。

（5）家居装修贷款。

家居装修贷款是指贷款人向借款人发放的用于借款人自用家居装修的人民币消费贷款。贷款期限一般为1至3年，最长不超过5年（含5年）；贷款额度一般不得超过家居装修工程总额的80%。比如，有些银行规定每平方米不超过3 000元，100平方米的房子最多只能借30万元装修贷款。装修贷款的申请者一般要以全产权的房产给银行作抵押，同时需要说明并证明贷款用途确实是用于装修，比如要提供房屋买卖契约、购房发票、装修合同、工程预算、装修公司营业执照、装修公司资质证书的原件或是加盖公章的复印件等一系列材料。

（6）个人综合消费贷款。

个人综合消费贷款是贷款人向借款人发放的不限定具体消费用途、以贷款人认可的有效权利质押担保或以合法有效房产作抵押担保，借款金额为2 000元至50万元、期限为6个月至3年的人民币贷款。

（7）个人住房贷款。

个人住房贷款是贷款人向借款人发放的用于购买自用普通住房或者城镇居民住房、自建住房，以贷款人认可的抵押、质押或者保证，在银行存入首期房款，借款金额最高为房款的70%、期限最高为30年的人民币专项贷款。个人住房贷款又分为自营性个人住房贷款、委托性个人住房贷款和个人住房组合贷款3种。本章讨论的消费信贷主要是短期信贷，而属于中长期贷款的住房贷款则在以后的章节中进行讨论。

人民币贷款基准利率请见表5-1。

表5-1 人民币贷款基准利率表（自2015年10月24日起执行）

项目	年利率（%）
一、短期贷款	
1年以内（含1年）	4.35
二、中长期贷款	
1至5年（含5年）	4.78
5年以上	4.90
三、个人住房公积金贷款	
5年以下（含5年）	2.75
5年以上	3.25

2.开放式信贷

开放式信贷无须像封闭式信贷那样需要事先申请，只要不超过信用额度，可以随意使用开放式信贷进行购物，循环发放。信用限额是贷款人允许使用的最高额度，可能要支付利息或者手续费，一般可以享受若干期限的免息还款待遇。开放式信贷的主要形式是信用卡。

专栏5-2

信用卡的故事

早在18世纪中叶，信用卡就有类似的概念。但到了20世纪初期才出现实体卡片的形式。

20世纪初期，美国人摩理斯（Auther Morris）发明了信用卡，卡片则是以金属制成。虽然发行对象有限、使用场所受限，但由于标榜可以“先享受，后付款”，果然吸引大型企业开始推出信用卡，美国通用石油公司在1924年即发行了“油品信用卡”，最初当成送给公司职员及特定客户的贵宾卡，由于反响不错，后来更扩及一般民众，作为促销油品的手段。其他石油公司则在激烈的竞争下亦陆续推出各式信用卡因应。从此信用卡市场开始蓬勃发展，其他业种如电话、航空、铁路公司等，亦纷纷推出信用卡招揽客户。但后来由于美国经济大恐慌，许多发卡公司因呆账问题及信用卡诈欺蒙受损失，使信用卡业务受阻，到了第二次世界大战期间，美国联邦储备理事会曾下令战争期间禁止使用信用卡。

现代信用卡的雏形，可说直到1951年大来卡（Diners Card）问世才形成。大来卡公司先替持卡人垫款，并向商家索取手续费，这种模式一直沿用至今。而商店范围亦逐渐从餐饮业延伸至一般零售业及旅游相关行业。1959年美国运通公司（American Express）开始发卡，凭借丰富的旅游经验，顺利将业务范围扩及美国以外的地区。

20世纪50年代的信用卡除了建立了持卡人（cardholder）消费，不需付现，发卡银行（issuer bank）向特约商店（merchant）收取手续费（merchant discount）的模式，更提供循环信用付款方式，持卡人付费颇具弹性，银行增加利息收入。尔后，持卡人逐渐习惯利用循环信用，银行信用卡的发展开始蓬勃。

银行信用卡的激增很快就暴露出了支付体系中的一个巨大缺陷，持卡人只能在其本地的商户持卡购物，也只能在那些与发卡银行签署协议的商户处购物。为弥补这一缺陷，美洲银行开始与加利福尼亚州之外的十几家银行达成了许可协议，授权其发行美洲银行卡。该卡在1976年改名为维萨卡（VISA）。

这种协议方式对于获得美洲银行卡发行许可的银行非常有利，然而，还有许多银行被排除在该协议之外。于是在1966年，另外16家银行在纽约的布法罗聚集商讨如何形成它们自己的网络。其结果就是另一个组织的形成——银行同业信用卡协会。该协会就是今天万事达卡国际组织（MasterCard International）的前身。

随着维萨卡组织和万事达卡组织的不断壮大，多数银行不再坚持独自进军银行卡领域的策略，而是加入这两家已经存在的信用卡组织之一。这些银行同意在其发行的信用卡上不仅载明本银行的名称，同时也印上表明本银行属于一个已签署交易信息交换协议的大型银行网络的标志。由于这种信息交换特点进一步扩大了当前或潜在的持卡人数量，因而也愈加受到商户们的欢迎。

在短短几十年的时间里，维萨卡和万事达卡在许多国家的信用卡行业中都占据了主导地位。这两个组织主要行使授权、清算和结算功能，以保证银行信用卡能在任何一个属于该组织成员的特约商户处使用。维萨卡和万事达卡组织向组织成员提供市场营销和广告支持，并协助组织成员进行安全和反诈骗控制，还负责为信用卡的发行和受理制定统一的标准，保证信用卡在全球成员中的兼容性。

（1）信用卡的概念。

信用卡又称贷记卡，指具有一定规模的银行或金融公司发行的，可凭此向特定商家购买货物或享受服务，或向特定银行支取一定款项的信用凭证。

信用卡的大小与名片相同，卡面上至少有如下信息：

① 正面：发卡行名称及标识、信用卡别（组织标识）及全息防伪标记、卡号、持卡人姓名英文或拼音、有效日期（一般顺序为“月月年年”，如04/21，即2021年4月到期），卡片正面附有芯片。

② 背面：持卡人签名栏（开卡启用后必须手写签名）、卡号末四位号码或全部卡号、信用卡安全码、服务电话、发卡银行名称和网站等。信用卡安全码是信用卡背面的签名栏上紧跟在卡号末4位号码的后面的3位数字，用于信用卡激活、密码管理、电视、电话及网络交易等。

中国境内最早发行信用卡的是中国银行。1979年，中国银行广东省分行与香港东亚银行签订协议，开始代理境外信用卡业务，信用卡从此进入内地。1981年，发达卡、美国运通卡、日本百万卡、威士卡和万事达卡相继进入内地。1985年6月，中国银行珠海分行率先发行了第一张信用卡——“中银卡”。1986年10月，中国银行总行指定“长城卡”为中国银行系统的信用卡，在全国各分行发行。

（2）信用卡的使用流程。

① 申请。多数情况下，具有完全民事行为能力（中国内地为年满18周岁的公民）的、有一定直接经济来源的公民，可以向发卡行申请信用卡。有时，法人也可以作为申请人。

② 审查。发卡银行接到申请人交来的申请表及有关材料后，要对申请人的信誉情况进行审查。审查的内容主要包括申请表的内容是否属实，对申请的单位还要对其资信程度进行评估，对个人还要审查担保人的有关情况。然后，银行决定对申请人是否发放信用卡。

③ 发卡。申请人申领信用卡成功后，发卡行将为持卡人在发卡银行开立单独的信用卡账户，以供购物、消费和取现后进行结算，同时把信用卡实物邮寄给申请人。

④ 开卡。由于信用卡申请通过后是通过邮寄将卡片寄出等方式，所以并不能保证领取人就是申请人。为了使申请人和银行免遭盗刷损失，信用卡在正式启用前设置了开卡程序。开卡主要是通过电话或者网络等，核对申请时提供的相关个人信息，符合后即完成开卡程序。此时申请人变为卡片持有人，在卡片背后签名后可以正式开始使用。信用卡开卡后一般需同时为卡设立密码。

⑤ 授权。商户、银行确认信用卡有效，根据与发卡行签订的合同与银行联系，请求授权。授权是要进一步证实持卡人的身份可以使用的金额，授权一般在超过合同规定的使用金额时进行。发卡银行收到授权通知后，根据持卡人存款账户的存款余额及银行允许透支的协议情况发出授权指令，答复是否同意进行交易。

⑥ 使用。信用卡通常仅限于持卡人本人使用，外借给他人使用一般是违反使用合同的。信用卡特约商户或银行受理信用卡后，要审查信用卡的有效性和持卡人的身份。

⑦ 销卡。信用卡销卡前，账户余额必须清零，销卡在申请提出后的45天内完成销卡的全部流程。

以上流程见图5-1。

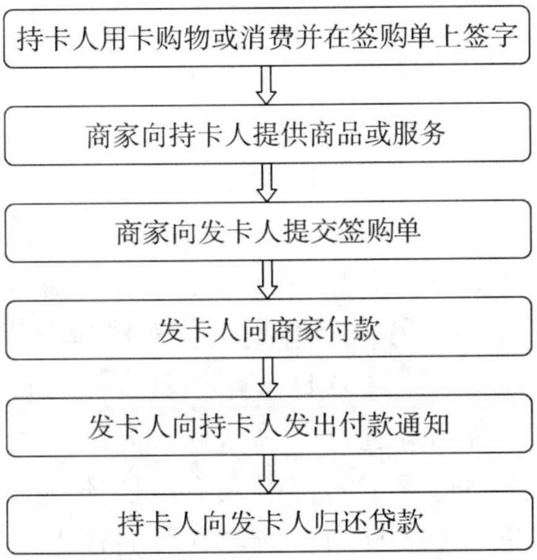

图5-1　信用卡的使用流程

（3）信用卡和借记卡的区别。

贷记卡即狭义的信用卡，是发卡银行给予持卡人一定的信用额度，持卡人可在信用额度内先消费后还款的银行卡。

借记卡是指先存款后消费（或取现），没有透支功能的银行卡。其按功能不同，又可分为转账卡（含储蓄卡）、专用卡及储值卡。

信用卡和借记卡的区别见表5-2。

表5-2　**信用卡和借记卡的区别**

信用卡	借记卡
信用卡是（消费信贷产品）先消费后还款	借记卡是先存款后使用
信用卡可以透支	借记卡不可以透支
信用卡有循环信用额度（循环信用就是银行给持卡人核定可使用的额度，持卡人在额度内使用的欠款无须全额还款，只还规定的最低还款额，就可以保持良好的信用记录，可以重复使用持卡人的信用额度）	借记卡没有循环信用额度
信用卡持卡人在最后还款日前全额还款的，购物消费享有免息还款期	借记卡没有免息期
信用卡存款不计息	借记卡存款按储蓄利率计算
信用卡属于资产业务	借记卡属于负债业务
信用卡发卡需符合相关条件（如工作单位的情况、还款能力的考核、个人信用记录的审评等），信用卡有防伪标识和银联标识	借记卡有身份证就可以办理 借记卡只有银联标识

（4）信用卡的利率。

我国信用卡的透支取现利率统一为“日利率万分之五”，折合年利率高达18%，远远高于我国的贷款基准利率。

（5）信用卡的使用。

信用卡的使用有许多条款，应该详细了解使用规则。

①还款注意免息期。

免息还款期是指针对消费交易，对按期全额还款的持卡人提供的免息待遇，免息时间为银行记账日至到期还款日之间的日期。一般免息还款期由三个因素决定：客户刷卡消费日期、银行出立对账单日期和银行指定还款日期。所以，消费时一定要注意两点：一是持卡人的消费日期；另一个就是银行对账单日期与还款日期之间的天数。每张信用卡都有一个账单日和一个还款日，账单日是银行每月定期对持卡人的信用卡账户当期发生的各项交易、费用等进行汇总结算，并结计利息、计算持卡人当期应还款项的日期；到期还款日是银行规定的持卡人应该偿还其全部应还款或最低还款额的最后日期。持卡人的任务是在还款日当天或之前及时还上账单日显示的账单金额，而持卡人每笔消费都会被计入下一个最近的账单日，因此，离账单日越近消费，享受的免息还款期越短。

弄清楚免息还款期的计算方法后，还要注意并不是所有的透支款项都可享受这一优惠。要想免息，必须同时满足两个条件：第一是全额还款；第二是非现金交易的款项。如还款困难，应按银行要求的最低还款额，偿还部分透支款，否则利息成本十分高昂。

免息期的计算可参照下面的例子：

钟先生于3月25日刷卡透支消费1 000元，其账单于4月10日出立，银行指定还款日期为4月30日，如果钟先生于4月30日前还款就可以享受免息，免息期为36天（3月25日—4月30日），如图5-2所示。

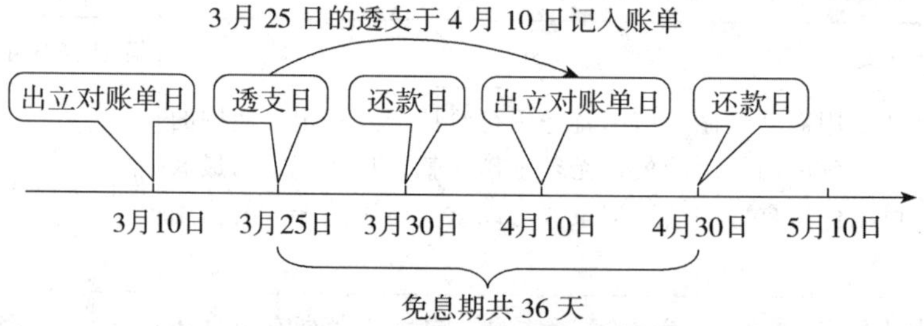

图5-2 免息期的计算

②最低还款额。

最低还款额是指持卡人在到期还款日（含）前偿还全部应付款项有困难的，可按发卡行规定的最低金额进行还款，但不能享受免息还款期待遇，最低还款额为消费金额的10%加其他各类应付款项。最低还款额列示在当期账单上。在到期还款日前归还金额大于或等于最低还款额，利息照算，但不会影响个人的信用；如果低于最低还款额，则除了利息外，还要按最低还款额未还部分的5%支付滞纳金，并会对信用记录造成影响。

最低还款额的计算方法为：

$$\text{最低还款额}=\text{以前最低还款额累计未还部分}+\text{本月取现及转账贷款未还部分}+\text{本月超限额消费贷款}+\text{所有未还的限额内消费贷款}\times10\%$$

上例中，钟先生4月10日的账单中显示：账户总结欠1 000元，最低还款额100元。

如果钟先生在4月30日之前偿还了1 000元，则5月10日的对账单中显示循环信用余额的利息为0。

如果钟先生仅还了100元，则5月10日对账单中会显示利息22.95元。计算如下：

1000×0.05%×36（3月25日—4月30日）+（1 000−100）×0.05%×11（4月30日—5月10日）=22.95（元）

③不要超额透支。

持卡人超过发卡银行批准的信用额度用卡时，不享受免息期待遇，即从透支之日起支付透支利息。所以持卡人在享受信用卡透支免息还款的实惠之时，切记不要超过银行批准的信用额度（即透支金额），否则超额部分将不会享受免息还款待遇，还要支付高额的透支利息。

④透支还款要还清。

信用卡刷卡消费，持卡人在免息还款期内，全额还款不需支付利息，但若是部分偿还透支款项，在符合银行规定的最低还款额的前提下，目前有两种截然不同的计息方式：一种是只要持卡人有一部分钱在还款期内没有还，就不能享受免息待遇；另一种是只需支付欠款部分的利息。前者是大多数银行的做法，采取后者这种方式的只有极个别的银行。例如，有一位消费者透支了750.50元，由于忘了透支的具体金额，所以在免息期内只还了750元，欠0.50元没有还。想不到的是，银行不是按照0.50元计息，而是按照750.50元计息的。结果造成不应有的很大损失，还影响个人信用记录。

以往，刷卡人刷卡的零头哪怕只有一毛钱，也需要足额还款，否则就面临全额罚息，计收复利。2013年7月1日起修订实施的《中国银行卡行业自律公约》中规定了"容差容时"，而且还款日到期前3天银行需提示。"容时"是指，向持卡人提供一定期限的还款宽限期服务，还款宽限期自到期还款日起至少3天，持卡人在还款宽限期内还款时，应当视同持卡人按时还款，不影响个人征信情况。"容差"是指，10元以下不全额罚息。

⑤信用卡提现不能享受免息。

使用信用卡提取现金是要支付利息的，并不享受免息还款期待遇，且计息是从提现透支日起开始计算的。这些规定一般在各银行的信用卡使用注意事项中都会写明，如"贷记卡取现或转账透支不享受免息还款待遇，从透支记账日起按日息万分之五计息"，等等。同时，大多数银行还会收取1%~3%的手续费。

⑥不要将信用卡当存折用。

信用卡内的存款（备用金）不计付利息是国际惯例，多数银行都是这样操作的，且存进的钱再取出来需要缴纳手续费（这种情况叫做溢款领回）。但也有部分特殊卡种具有储蓄功能，所以在申请信用卡前必须多看条款，做到心中有数。办理信用卡之前，最好事先认真阅读章程或持卡人须知，了解该卡是否存款有息，以免造成不必要的误会和资金损失。

⑦并非年年免年费。

免年费一般也只是免成功办卡后第一年或两年内的费用，且往往捆绑着用户至少使用一个较长的固定期限。所以持卡人在使用时应该注意，如果到期没有缴纳年费，银行可能会在持卡人账户内自动扣款，而且银行所扣的款项将算作持卡人的透支提现，因此就要计算贷款利息，而且还会计算复利，利息会日复一日地积累，时间一长，就会莫名其妙地收到透支利息通知书。所以，如果持卡人不经常使用信用卡，最好将其注销。

5.2.2 非银行机构信贷

1.典当融资贷款

所谓典当，是指当户将其动产、财产权利作为当物质押或者抵押给典当行，交付一定比例费用，取得当金，并在约定期限内支付当金利息、偿还当金、赎回当物的行为。通俗地说，典当就是要以财物作质押，有偿有期借贷融资的一种方式。这是一种以物换钱的融资方式，只要顾客在约定时间内还本并支付一定的综合服务费（包括当物的保管费、保险费、利息等），就可赎回当物。

2.保险公司贷款

保单贷款也称保险质借。在投保人需要时，保险公司可以在保单已经具有的现金价值的范围内，以保单作质押，向投保人提供贷款。我国保单质押贷款的期限较短，一般最多不超过6个月，最高贷款余额也不超过保单现金价值的一定比例，这个比例各个保险公司有不同的规定，一般为70%～80%；银行则更为宽松，一般可达到90%。期满后贷款一定要及时归还，一旦借款本息超过保单现金价值，保单将永久失效。

3.消费金融公司贷款

消费金融公司是指不吸收公众存款，以小额、分散为原则，为中国境内居民个人提供以消费为目的的贷款的非银行金融机构。由于消费金融公司发放的贷款是无担保、无抵押贷款，风险相对较高，监管部门因而设立了严格的监管标准。与银行相比，消费金融公司贷款具有单笔授信额度小、审批速度快、无须抵押担保、服务方式灵活、贷款期限短等独特优势。

消费金融公司经营的业务包括：个人耐用消费品贷款，一般用途个人消费贷款，信贷资产转让，境内同业拆借，向境内金融机构借款，经批准发行金融债券，与消费金融相关的咨询、代理业务，代理销售与消费贷款相关的保险产品，固定收益类证券投资业务，银保监会批准的其他业务，银保监会批准的其他业务。

根据我国相关规定，向个人发放消费贷款的余额不得超过借款人月收入的5倍。

4. 小额贷款公司贷款

小额贷款公司是由自然人、企业法人与其他社会组织投资设立，不吸收公众存款，经营小额贷款业务的有限责任公司或股份有限公司。小额贷款公司不是金融机构，由各地政府的金融办监管。与银行相比，小额贷款公司贷款更为便捷、迅速，适合中小企业、个体工商户的资金需求；与民间借贷相比，小额贷款更加规范，贷款利息可双方协商。消费金融公司和小额贷款公司的比较见表5–3。

表5–3 消费金融公司和小额贷款公司的比较

项目	消费金融公司	小额贷款公司
监管机构	银保监会	金融办
企业性质	金融机构	非金融机构
业务内容	①办理个人耐用消费品贷款 ②办理一般用途个人消费贷款 ③办理信贷资产转让 ④境内同业拆借 ⑤向境内金融机构借款 ⑥经批准发行金融债券 ⑦与消费金融相关的咨询、代理业务 ⑧代理销售与消费贷款相关的保险产品 ⑨固定收益类证券投资业务 ⑩银保监会批准的其他业务	①办理各项小额贷款 ②其他经批准的业务
服务对象	个人	个人、个体户、中小企业等
营业范围	不得在注册地所在行政区域之外开展业务 （经银保监会批准可设分支机构）	不得跨区县经营 （经批准在同省市内可设分支机构）
监督管理	①资本充足率不低于10% ②同业拆入资金比例不高于资本总额的100% ③资产损失准备充足率不低于100% ④投资余额不高于资本总额的20%	①有些地区对“三农”方面的贷款余额有比例要求 ②资产损失准备充足率不低于100% ③融资余额不得超过资本净额的50%
贷款额度	不得超过借款人月收入的5倍 （利率不超过基准利率的4倍）	同一借款人的贷款额度不超过资本净额的3%～20% （利率不超过基准利率的4倍）

5.3 个人信贷管理

5.3.1 影响消费者信贷决策的因素

1. 预算约束（平均收入水平）

长期来看，消费者的各期消费之和应该等于各期收入之和。而对于每一期而言，未来收入不仅要偿还借款的本金，还要支付利息，剩余的才能用于消费。消费者要把一切支付都计算进去，将剩余作为基础资金来进行信贷决策。

2.未来收入预期增减

在未来消费额稳定的情况下，当未来收入预期高于当期收入时，消费者往往会选择满足当期需求，实行消费信贷；而当未来收入预期低于当期收入时，保守的消费者便不会超支消费。

3.消费习惯

消费习惯是一个人进行消费信贷决策的基础性原因。偏好保守、谨慎型消费者，往往也会偏好储蓄，使当期收入始终大于当期消费；而偏好超前消费的消费者，无论当期收入负于当期消费之差有多大，即使是借款也会选择消费。

4.利率水平和还款周期

当期利率水平和消费者对未来利率水平的预期都会影响信贷决策，一旦消费者预期未来利率水平变动幅度过大，往往不会进行信贷消费或使信贷金额尽量达到最小，因为此时的信贷是不划算的。而还款周期的长短也会直接影响消费者的决策，大多数消费者会选择消费周期短的信贷产品进行购买。

5.3.2 信贷能力

1.计算信贷能力

可以用两种方法计算信贷能力：

（1）月总支配收入扣除月总基本开支，如果差额小于月还款额，就没有能力贷款。

（2）估算自己放弃哪些支出以支付月还贷金额。

专栏5-3

我国征信系统已为9.7亿自然人建信用档案！

中国人民银行2018年10月18日披露的数据显示，截至2018年8月末，我国金融信用信息基础数据库累计收录信贷信息33亿多条、公共信息65亿多条，为2542万户企业和其他组织、9.7亿自然人建立统一的信用档案；接入各类法人放贷机构3 900多家，日均查询企业信用报告29万余次、个人信用报告477万余次。

1997年，人民银行开始筹建银行信贷登记咨询系统（企业征信系统的前身）。自2004年至2006年，人民银行组织金融机构建成全国集中统一的企业和个人征信系统。今天的征信系统，已经建设成为世界规模最大、收录人数最多、收集信息全面、覆盖范围和使用广泛的信用信息基础数据库，基本上为国内每一个有信用活动的企业和个人建立了信用档案。

该数据库以银行信贷信息为核心，还包括社保、公积金、环保、欠税、民事裁决与执行等公共信息。接入了商业银行、农村信用社、信托公司、财务公司、汽车金融公司、小额贷款公司等各类放贷机构；征信系统的信息查询端口遍布全国各地的金融机构网点，信用信息服务网络覆盖全国。各金融机构在办理企业和个人信贷业务中，均把查询企业和个人的信用记录作为贷前审批的重要条件。

据了解，该数据库在促进我国信贷市场健康发展、促进金融服务实体经济、推进金融普惠、防范系统性金融风险、推动社会信用体系建设和经济高质量发展等方面发挥了不可替代的作用。据央行征信局局长万存知介绍，首先，从覆盖范围来看，全社会的征信系统已初步建立。同时，央行征信中心纳入信息已经覆盖了所有银行，未来还将进一步向保险、证券等领域扩展。其次，从信息量分析，我国征信系统蕴含信息量堪称全球最多。

《中华人民共和国征信业管理条例》于2013年3月15日起正式实施，其主要内容包括：

除依法公开的个人信息外，采集个人信息应当经信息主体本人同意，未经同意不得采集；向征信机构提供个人不良信息的，应当事先告知信息主体本人。

征信机构对个人不良信息的保存期限不得超过5年，超过的应予删除。但是，删除个人不良记录的前提是个人已经修复了不良记录。

禁止和限制征信机构采集个人相关信息。其中，在采集信息方面，征信机构不得采集个人的宗教信仰、基因、指纹、血型、疾病和病史信息。此外，个人的收入、存款、有价证券、不动产信息以及纳税数额信息一般也不得采集，除非取得个人的书面同意。

个人可每年免费两次向征信机构查询自己的信用报告。个人查询后认为信息错误、遗漏的，可以向征信机构或信息提供者提出异议，个人认为合法权益受到侵害的，可以向征信业监督部门投诉。个人对违反条例规定、侵害自己合法权益的行为，还可以依法直接向人民法院提起诉讼。

资料来源：作者整理、撰写。

2.信贷能力基本准则

（1）指标体系。

一般我们可以用债务支付收入占比这一指标来衡量自己的信贷能力，用公式表示即为：

债务支付收入占比=月还债支出÷月净收入×100%

通常建议，债务支付收入占比不超过30%，这样才不会影响日常支付和生活质量。

（2）消费贷款的基本原则。

贷款虽然能满足当时的消费欲望，但是以将来的收入为代价的。如果不能合理地均衡贷款债务与收入水平，就很可能陷入经济危机之中，所以在进行贷款时需参考以下基本原则。

①贷款需在负债能力之内的原则。

在贷款前，需了解自己的负债能力。所谓负债能力，就是在借款人现有及可预见的未来经济状况下，能够按照协议要求偿还的借款数量。以上定义涉及两个方面：一个是目前的经济状况；另一个是未来的经济状况，也就是短期还款能力（流动性）和长期偿付债务的能力（偿付能力）。例如，住房贷款的首期款就是对短期流动性资金的考验，必须一次性地付清首期款，才能得到住房贷款。同时，以后每个月的还贷额，是未来支出中的经常项目，也必须有足够的收入来平衡。只有满足以上两个条件，财务状况才可能保持健康，否则，就会出现过度负债或借款过多的情况，如不及时平衡就会对财务状况造成不良影响。实际上，在贷款前，为了贷款的安全，贷款机构（银行）也会关心偿付能力。家庭预算不可能是完全准确的，各种不可预料的风险一样会影响偿付能力。

②贷款期限与资产生命周期相匹配的原则。

所谓匹配原则，就是贷款期限与贷款消费的商品的生命周期相匹配。前文我们已介绍过贷款期限，商品的生命周期是什么意思呢？商品的生命周期就是此商品的平均使用年限。例如，汽车一般平均使用年限在5～8年，则汽车的生命周期为5～8年；住房至少使用30年，则房子的生命周期超过30年；一般百货或易消耗品，基本上就是现买现消费，所以它们的生命周期为0。根据以上原则，住房的贷款期限最长，一般可达30年，汽车贷款期限一般在5年以下，其他消费就不需贷款，最好现金支付，就算是用信用卡透支消费的，也需及时补款还上。

③保持良好的信用。

消费信贷就是消费信用贷款，其中的信用是贷款能实现的重要保证之一，所以获得信用并保持良好的信用记录是以后贷款成功的关键。衡量信用的主要标准就是以往的还款记录以及家庭资产状况。如果以前所有的借款都能及时偿还，且保持健康的财务状况，则信用评分就高，获得贷款的机会就多。

贷款第一原则评估贷款金额的大小，第二原则确定贷款期限的长短，第三原则决定贷款成功的机会。

5.3.3 如何提高个人信用等级

消费信贷额度的高低取决于银行对你的经济信用的评估，要想获取较高的信用额度，就需要把能提高银行信用评估的工作做足了。第一次申请使用信用卡和使用期间都可以通过一些技巧来调高自己的信用额度。

1.充分准备各种资产证明

申请之初，因为申请人在银行还没有任何消费信用记录，银行评估的是你的各种收入资产状况，然后再决定给多少信用额度。如果要大幅提高申请时的信用额度，就要认真准备各种信用证件，不要嫌麻烦。要把收入证明、房屋产权证明、按揭购房证明、汽车产权证明、银行存款证明或有价证券凭证等统统提交给银行。

2.认真填写表格细节

填写申请表格的时候，还有几个影响授信额度的小细节，诸如是否有本市的固定电话号码，这个号码是否是以自己的名字或家人的名字登记办理的，是否已婚，手机号码是否有月租，是否为本市户口等。如果以上答案都是肯定的，银行会据此大幅提高你的信用评估，但是每个条件并不都是绝对的，只是相对容易通过资质审核和提高最初的消费额度申请，消费信用和还款信用还是银行最看重的。

3.随时随地不忘刷卡

用卡期间，多多刷卡消费，衣食住行都尽量选择有刷卡的商店消费，使用得越频繁，每月就有相对稳定的消费额度，把原来现金消费的习惯改为刷卡消费。这表明你对银行的忠诚度，银行的信息系统会统计你的刷卡频率和额度，在半年左右就会自动提高你的信用额度。

4.按时还款保持良好信用

欠债要还钱，有还才有借。银行也是严格遵循这个古老的真理。如果不按时还款肯定是没有信用的，最好全额还款，不要只还最低还款额，循环利息会让人吃不消。

5.主动申请提高信用额度

正常使用信用卡半年后，可以主动提出书面申请或通过服务电话来调整授信额度，银行需要审批，正常情况下，会在审查消费记录和信用记录后，在一定幅度内提高信用额度。

另外，遇到重大节假日或重大支出需求，可以向银行提出临时提高信用额度，一般银行都会答应，而且24小时内就可调高使用了，下个月会恢复到之前的授信额度。

为什么银行总是推荐分期?

【思政课堂】

炫什么，缺什么——过度消费的深层次心理

【教学提示】素质养成。

一、过度消费

当前，在我国普通民众过度消费已经非常普遍，还没有工作的大学生也有很多人染上了这样的陋习。

普通民众过度消费的主要表现为三种类型：超前消费、炫耀性消费和病态消费。

1.超前消费

超前消费是指消费者或为了提前享受，或为了追赶潮流，或为了虚荣，盲目攀比，超出自己经济承受能力的限度，超标准地提高自己的生活档次与购物水平。诸如购物中追逐新鲜的、奇特的、名牌的商品；房子不但要新的，而且要大的，甚至还要豪华的；家具要高档的、进口的；刚刚脱贫，就成了疯狂追逐高档轿车一族，或成了如痴如醉的旅游者，等等。曾有媒体报道，有的大学新生，虽然父母都是工薪阶层，却要求一定要苹果三件套才肯上学。

2.炫耀性消费

炫耀性消费，并不是满足生活上的需求，而是通过一种消费方式向周围的人表明：我有钱。比阔斗富的人用这种方式满足自己的虚荣心，取得心理满足。炫耀性消费往往打乱正常消费秩序，误导消费方向。炫耀性消费群体的消费行为不仅造成了资源的极大浪费和财富的严重消耗，还助长了社会上的消费主义和享乐主义风气，社会危害极大。

3.病态消费

病态消费是一种非理智的反常消费，是一种畸形消费。病态消费往往集中在极少数暴富而又素质低下的人群身上。病态消费的社会影响十分恶劣，其种种表现往往匪夷所思、不可理喻。病态消费误将高水平消费与挥霍混为一谈。随着科学技术的进步、社会生产力的发展的最根本的目的之一就是提高人们的物质生活水平。而物质生活水平的提高与高水平的消费又必然联系在一起。这是正常的、也是无可非议的。高水平消费的真实内涵是消费结构更趋合理、消费层次提高、消费质量提高。譬如，饮食不再是单纯求饱，而是从营养学的角度来考虑；衣着中求美、求个性化的倾向更为突出、家务劳动向社会化的方向发展，文化消费、教育消费、温情消费、旅游消费的消费量不断扩大。不言而喻，在高水平消费中，人们所耗费的金钱数额肯定有了较大幅度的增加，但这绝不意味着与挥霍浪费是同一概念。病态消费是把自己和他所遭遇的事情包括他自己的情感视同一体，结果成了这些事件的奴隶。

总体来说，过度消费的人其内心深处潜藏的是自卑心理。

二、如何改正

手机、电脑、电视机的更新换代极其频繁，过度消费者要明白，追求潮流的脚步永远跟不上潮流的发展。

遏制过度消费行为，提倡健康的、绿色的消费方式应引起每个普通民众的重视。臭名昭著的“裸贷”案件中，有的女生出于虚荣和盲目攀比，用几千块钱的贷款消费，给自己带来一生的噩梦。遏制过度消费，不用讲保护地球、保护环境、传统美德这样的大道理，一个人借钱高消费，大幅超出自己赚钱能力的，最终伤害的还是自己！而且这个反应时间并不用很久，三个月、半年就会体现出来。俗话说，看兜里钱过日子，很简单的道理。

资料来源：作者撰写。

本章小结

1.消费信贷是指银行和其他金融机构贷款给个人用以购买耐用消费品和支付各种服务费用的信贷。它以消费者未来的购买力为放款基础，旨在通过信贷方式预支远期消费能力来刺激或满足个人及其消费需求。

2.信贷是双刃剑，它有副作用。为了理智使用信贷，请仔细评价当前债务水平、未来收入、增加的成本以及过度消费的后果。

3.根据贷款的发放机构，消费信贷可分为银行信贷和非银行信贷；根据贷款的方式，消费信贷又可分为封闭式信贷和开放式信贷。

4.消费信贷的类型很多，可以满足个人和家庭不同的需要。

5.免息还款期是指针对消费交易，对按期全额还款的持卡人提供的免息待遇，免息时间为银行记账日至还款日期间。一般免息还款期由三个因素决定：客户刷卡消费日期、银行出立对账单日期和银行指定还款日期。

6.消费贷款的基本原则包括贷款需在负债能力之内、贷款期限与资产生命周期相匹配以及保持良好的信用。

综合训练

5.1　单项选择题

1.个人消费贷款是指贷款人向符合条件的（　　）发放的用于个人消费用途的本外币贷款。

A.法人　　B.社会团体　　C.经济组织　　D.自然人

2.下列不属于封闭式信贷的是（　　）。

A.个人耐用消费品贷款　　B.个人旅游消费贷款

C.个人汽车贷款　　D.信用卡贷款

3.从狭义上说，信用卡主要是指由金融机构或商业机构发行的（　　），持卡人在信用额度内可先消费后还款。

A.准借记卡　　B.贷记卡　　C.借记卡　　D.准贷记卡

4.我国信用卡利率统一为（　　）。

A.日利率1‱　　B.日利率2‱　　C.日利率3‱　　D.日利率5‱

5.一般认为，债务支付收入占比不超过（　　），这样才不会影响日常支付和生活质量。

A.10％　　B.20％　　C.30％　　D.40％

5.2　多项选择题

1.个人消费信贷的特点包括（　　）。

A.投向的个人性　　B.用途的消费性

C.额度的小额性　　D.期限的灵活性

2.以下对于信用卡的说法正确的有（　　）。

A.超额透支部分不享受免息还款待遇

B.现金透支不享受免息还款待遇

C.信用卡内的存款一般不计付利息

D.信用卡又称为借记卡

3.下列属于非银行机构信贷的是（　　）。

A.典当融资贷款　　B.消费金融公司贷款

C.保险公司贷款　　D.小额贷款公司贷款

4.下面关于个人助学贷款的规定，说法正确的是（　　）。

A.个人助学贷款分为国家助学贷款和一般商业性助学贷款

B.国家助学贷款期限最长不超过10年

C.可发放给经济困难的普通本专科学生（含高职生）和研究生等

D.可用于支付学杂费和生活费

5.个人消费贷款的基本原则包括（　　）。

A.贷款需在负债能力之内　　B.贷款额度尽可能多

C.贷款期限与资产生命周期相匹配　　D.保持良好的信用

5.3　简答题

1.什么是消费信贷?

2.消费信贷的种类有哪些?

3.你对信用卡消费有什么看法?

4.如何评价自己的信贷能力?

5.如何申请消费贷款?

6.如何积累个人信用?

5.4　计算题

刘女士拥有一张信用额度为20 000元的信用卡，出账日为每月5日，最后还款日为每月20日。2018年12月10日，刘女士用此信用卡透支消费了1 000元。请问刘女士的免息期是怎样的?

第6章　金融投资规划

学习目标

金融投资包括对各种金融资产，如股票、债券、基金、外汇、黄金以及各类金融衍生工具的投资。通过本章的学习，要求了解投资的基本含义；投资规划的内容及具体流程；投资规划的常见策略；重点掌握股票、基金以及各类金融衍生工具的特点及投资要点，并能够运用相关知识理论联系实际，进行实际的金融投资规划设计。

引例

孰快孰慢?

有这样一个故事，一匹千里马和一只小船进行长途赛跑比赛。千里马凭着自己的实力沿着河岸飞驰，日夜兼程，自然，它把小船远远地丢在后头。而小船则不紧不慢地顺着水流慢悠悠地前进，一副悠然自得的样子。一年过去了，两年过去了……终于有一天，千里马吃不消了，它累死在河岸边，吐血身亡是这匹千里马最后的结局。那只小船呢，在千里马死后不久，它又以悠然自得的样子，慢慢地从千里马的尸体边安静地漂过，并继续借着河流的力量慢慢漂向远方。如果把人们的收入来做个比较，千里马就是人们的工作收入，小船则是人们的投资收入。人们通过付出自己的体力和脑力辛勤工作，当不再工作时，经济来源出自何处？如何让钱生钱，怎么把小雪球变成大雪球，这两个问题的答案也许就与这则千里马与小船的故事相关。通过金融投资，人们能分享国家、行业和企业发展的收益，获得与强者同行的机会，及时抓住这一机会，让自己的财富增值，弥补经济来源的不足，保持个人和家庭财务的持续稳定增长。

什么是金融投资？投资规划应如何进行？有哪些行之有效的投资策略？常见的金融投资工具有哪些？如何选择适合自己的金融投资产品？本章将进行相应的阐述。

6.1　金融投资规划的基本知识

6.1.1　投资的概念

投资是指个人或家庭寄希望于不确定的未来收益，将货币或其他形式的资产投入经济活动的一种行为，即为未来收入货币而奉献当前的货币。投资的最大特点就是牺牲确定的现值来换取不确定的（有风险的）未来收益，因此，进行投资规划就要熟悉各种投资工具的特性和投资的基本理论。

根据投资的对象可以分为实物投资和金融投资两大类。实物投资一般包括对有形财产，如土地、机器设备、厂房等的投资，也可称为直接投资；金融投资则包括对各种金融资产，如股票、债券、基金以及各类金融衍生工具的投资，有时也称为间接投资。党的二十大报告指出："健全资本市场功能，提高直接融资比重。"这给金融投资规划的理财工作提供了方向和指引。在本章中，我们主要讨论金融性资产的投资规划。

6.1.2 投资规划的概念

投资规划是根据个人或家庭的投资理财目标和风险承受能力，为其设计合理的资产配置方案，构建投资组合来实现理财目标的过程。

首先，必须确立投资目标，围绕着这一目标来安排投资的具体操作计划。

其次，投资组合的构建受制于投资者自身的主观和客观两个条件。客观条件是投资者可投入的财务资源的数量，主观条件是投资者的风险承受能力，只有在充分考虑这两个条件的基础上才能作出有针对性的投资计划。

6.1.3 投资规划流程

一般来说，投资规划流程主要包括确定投资政策、投资品种分析、构建投资组合、调整投资组合、评估投资绩效5个步骤，如图6-1所示。

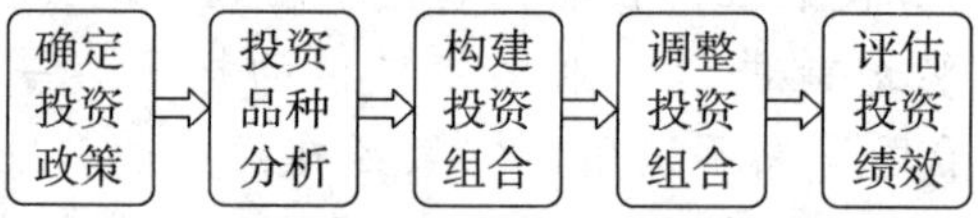

图6-1 投资规划流程

1.确定投资政策

投资政策是投资者为了实现投资目标所应遵循的基本方针和基本准则，它包括确定投资收益目标、投资资金的规模和投资对象等方面的内容以及应采取的投资策略和措施等。确定投资政策是投资过程中非常关键的一步。

（1）确定投资目标。

确定投资目标前，应积极获取投资相关信息，以帮助设定目标，确定的目标应切合实际、明确、可以衡量。一般可以用资金量或收益率作为指标，例如，到年底自己的股票市值要达到10万元，或今年在股票上的投资收益率达到20%。

（2）风险承受能力分析。

风险与收益总是紧密相随，不存在无风险的投资，获得收益总是以承担相应的风险为代价。投资者因承担风险而获得补偿，不同的投资者对风险的态度不同，因而根据投资者对风险的态度，可以把投资者分为风险回避型、风险中立型、风险偏好型。投资者必须首先了解自己的风险容忍度，然后才能制定合理的投资政策。风险容忍度可以定义为预期收益增加1单位投资者愿意接受的最大风险。在了解了自身的风险承受能力之后，投资者便可以按照自身的偏好来制定合理的投资政策。

以下问题可以帮助建立有效的投资目标：

① 你的资金的用途是什么？

② 你需要多少钱才能实现投资目标？

③ 你如何得到这些钱？

④ 你需要多长时间积累这些钱？

⑤ 你愿意为投资计划承担多少风险？

⑥ 什么经济或个人状况会改变你的投资目标？

⑦ 考虑到你的经济状况，你的投资目标合理吗？

⑧ 你愿意为实现理财目标而作出牺牲吗？

⑨ 如果没有实现理财目标，后果将是什么？

2.投资品种分析

在确定投资政策之后，投资者就要进行有针对性的分析，从而筛选出符合投资政策的投资品种。这种分析首先是明确投资品种的价格形成机制、影响其价格波动的各种因素及作用机制等；其次是要发现那些价格偏离其价值的品种。投资分析的方法很多，但总的来说，这些方法可归为两大类。

第一类称为基本分析。基本分析是指通过对公司的经营管理状况、行业的动态及一般经济情况的分析，进而研究投资品的价值，即解决“购买什么”的问题。基本分析人士相信，价格是由价值决定的，但是价格可能偏离价值，因而他们主要评估投资品种的价值是高估还是低估了。

第二类称为技术分析。技术分析的目的是预测投资品，尤其是证券价格涨跌的趋势，即解决“何时购买”的问题。技术分析偏重对投资品价格的分析，并认为价格是由供求关系所决定的。技术分析人士往往相信市场是有规律的，因而他们擅长于利用过去的价格变动来预测未来的价格变动。

3.构建投资组合

构建投资组合是投资过程的第三步，它是指确定具体的投资品种和投入各种投资工具和投资品的资金比例。在设计投资组合时，必须依据下列原则：在风险一定的条件下，保证组合收益的最大化；在收益一定的条件下，保证组合风险的最小化。构建投资组合的目的不在于追求最高的收益，而是控制风险。

投资关注的是未来收益，未来是不确定的，不确定是存在风险的，因此构建投资组合的着眼点在于找确定性，其目的在于规避市场波动风险、规避个体波动风险和规避投资者的心理风险。

投资组合包括三个方面的内容，即投资工具组合、投资时间组合、投资比例组合，如图6-2所示。

投资组合设计也称分散投资，就是把资金分别投入到不完全相关的投资方式上。所谓投资方式的不相关，是指一种投资的收益与另一种投资的收益没有什么关系，不会相互影响。例如，股票投资风险与收益同房产投资之间就没有什么关系，至少关系不密切。这样做的目的是当某种投资遭遇不幸时，不会影响其他投资，还可通过其他投资弥补损失。最好的投资方式之间是完全不相关或负相关的，这样可能把风险降到

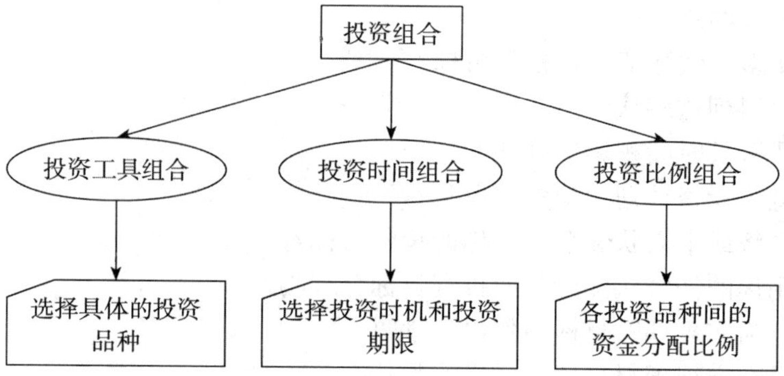

图6-2 构建投资组合的内容

最低。负相关就是一种投资收益率上升时另一种则下降，或一种投资收益率下降时另一种则上升。分散投资原则的根本就是考虑多种投资方式之间的收益和风险是不相关的或不完全相关的，为此应注意投资的多元化。

投资的多元化是指依据一定的现实条件，构建一个在一定收益条件下风险最小的投资组合。一般来说，投资者不应只投资于一种投资工具，即使是同一品种的投资工具也不应该只投资于其中的某一单个投资品上。“不要把鸡蛋放在一个篮子里”，投资者分散投资，有利于分散和降低投资风险，从而形成适合于自己的收益，即风险偏好的投资品种组合。另外，投资多元化是建立在投资数额较大的前提下的，小额投资不能盲目应用这一原则，限于篇幅，在此不予赘述，感兴趣的读者请扫描本节末的二维码阅读。

4.调整投资组合

市场是在不断变化的，随着时间的推移，投资者也会改变投资目的，从而使当前持有的投资组合不再是最优组合。为此，投资者需要调整现有组合，卖掉旧的投资品种而购买一些新的投资品种，以形成新的组合。调整投资组合的另一动因是一些原来不具吸引力的投资品种现在变得有吸引力了，而另一些原来有吸引力的品种则变得无吸引力了。这样，投资者就会在原来组合的基础上加入一些新的和减去一些旧的投资品。这一决策主要取决于交易成本以及调整组合后投资业绩前景改善幅度的大小。

5.评估投资绩效

评估投资组合的绩效，主要是定期评价投资的表现，其依据不仅是投资的回报率，还有投资者所承受的风险，需要有衡量收益和风险的相对标准来评估投资的业绩。投资业绩的评估主要从两方面来考虑：一是所选择的投资品给投资者带来多大贡献；二是对把握市场时机的能力进行考核。

投资收益或投资回报包括收入收益和资本所得收益。收入收益就是利息、红利等的收入；资本收益就是资本增值或价差的收入，如低买高卖所产生的收益。衡量投资收益的主要指标是投资收益率，主要计算公式如下：

投资收益率=（期末价格-期初价格+持有期收入收益）÷期初价格

收益率又可分实际收益率和预期收益率。实际收益率就是过去投资实际获得的收益率，可能是正的、零或者负的。预期收益率是估算将来预期产生的收益率，也就是投资希望获得的收入。

6.1.4　投资策略

投资策略是投资者明确了自己的投资目标后，进行投资时所运用的一些具体的操作方法。投资策略主要有以下几种：

1.哑铃式投资法

哑铃式投资（barbell approach）是一种非常有效的投资组合管理技术，即选取风格差异较大的两类投资产品进行组合，投资组合兼有两类投资产品的某些优点，同时能够回避某些市场波动带来的损失，适合没有多少投资经验的初级投资者。这种技术最早出现在债券投资中，如图6-3所示，一个典型的哑铃式债券组合包括50%的短期债券和50%的长期债券。由于该组合只持有短期（1~5年）和长期（25~30年）的债券，而不持有中间期限（6~24年）的债券，呈现出两头集中的分布，形似哑铃，故被称为哑铃式组合，相应地，该投资技术也被称为哑铃式投资技术。

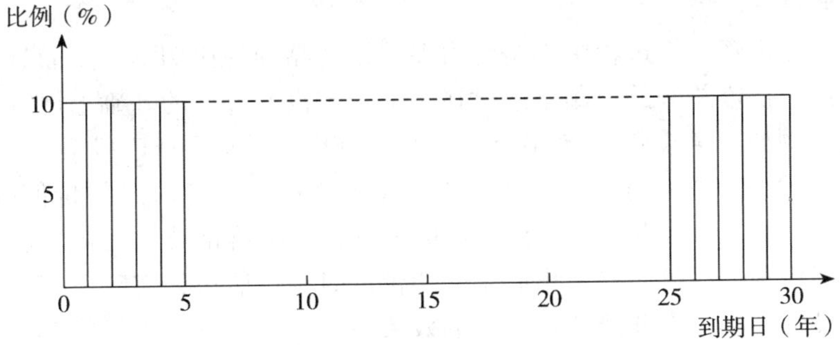

图6-3　一个典型的哑铃式投资组合

哑铃式投资的实施要点是：

（1）确定哑铃式投资组合的投资重心。需要注意的是两个投资重心应当在投资特性方面具有较大的差异性。

（2）确定投资组合中各投资重心的组成比例。投资人可以自主确定组合中各投资重心所占的比例，从而获得风险收益特征适合自身需求的投资组合。需要特别强调的是，哑铃式组合中的投资重心及其所占比例一经斟酌确定，必须严格据以操作，不能随意更改，否则将丧失哑铃式投资的本来意义。

（3）精选投资品种。

（4）定期调整组合。投资组合在运作了一段时间以后，随着时间的推移以及市场的波动，组合的某些投资特性可能会发生改变。

2.“核心-卫星”式投资法

在这一类投资组合的配置中，“核心”部分是投资的主体，通常占投资部分一半以上，一般不频繁地做调整；“卫星”资产是指除核心资产以外的其他投资，可以根据市场波动积极调整，适合喜欢追逐热点的投资者。

3. 金字塔式投资

该投资法依据安全和稳健原则确定投资资产配置方案，配置比例和数量的形态类似一座金字塔。在塔的底部高比例放置低风险易变现投资品种，如现金、现金等价品种及政府债券；中部放置增长和收益兼顾品种，比例低于前者，如公司债券和股票；顶部少量安排高风险、高回报投资品种，如金融衍生产品。

4. 固定比例投资法

这一策略是在投资操作过程中努力保持投资品种的比例不变，如投资者把投资分成股票和债券两部分，并在投资操作过程中努力使股票投资总额和债券投资总额保持某一固定比例。当股价上涨使股票总投资比例上升时，即出售一定比例的股票，购入一定数量的债券，使股票和债券恢复到既定的比例水平；反之，当股价下跌时，应出售债券、购入股票，以保持固定的比例。这一方法的关键是如何确定合理的分配比例。固定比例投资法的优点是用简单的方式让投资者离开追涨杀跌的投资生活，用投资原则来约束自己的投资行为，使投资简单可行；同时总保持部分资金在手，很适合有一定流动资金需要的个人和家庭采用。

5. 固定金额投资法

这一策略在投资操作过程中不是努力保持投资品种的比例不变，而是保持投资总额不变，对这一投资总额的控制是通过在某一固定投资金额的基础上规定正负波动比例来进行的。例如，某投资者有10万元资金，其中6万元投资于股票，4万元投资于债券。若股票价值增至7万元，则卖出1万元股票；反之，若股票价值降至5万元，则卖出1万元债券，以补进股票。在正常情况下，股票价格波动的幅度远大于债券价格，固定金额投资法股价高时卖出股票、股价低时买进股票，实际上符合了股票“低进高出”的投资原则，因此能获得较好的效果。

但固定金额投资法不适合于买卖价格持续上涨或持续下跌的股票。如果股票价格持续上升，当升幅达到预定的幅度，投资者就将其部分出售，这样就失去了可能以更高的价格出售的机会。同样，当股价持续下跌时，投资者因不断抛出债券补进股票，也失去了可能以更低的价格购买股票的机会。

6. 耶鲁投资计划

这一策略类似于固定比例投资法，操作方法基本相同，但耶鲁投资计划使用的比例是一种浮动的比例，这种比例浮动的方向与市场是一致的，因此，市场变化的影响能及时在投资组合中得到相应体现，具有更大的弹性。也正因为如此，这种方法在我国证券投资基金中得到较为普遍的运用，凡是号称“动态配置”的基金，采用的都是这种方法。

鸡蛋不要放在一个篮子里？未必！

6.2　股票投资

6.2.1　股票的定义

股票是有价证券的一种主要形式，是股份证书的简称，是股份公司为筹集资金而发行给股东作为持股凭证并借以取得股息和红利的一种有价证券。每股股票都代表股东对企业拥有一个基本单位的所有权。股票是股份公司资本的构成部分，可以转让、买卖或作价抵押，是资金市场上主要的长期信用工具。

股票的用途有三点：其一是作为一种出资证明，当一个自然人或法人向股份有限公司参股投资时，便可获得股票作为出资的凭据；其二是股票的持有者可凭借股票来证明自己的股东身份，参加股份公司的股东大会，对股份公司的经营发表意见；其三是股票持有人凭借着股票可获得一定的经济利益，参加股份公司的利润分配，也就是通常所说的分红。

6.2.2　股票的特征

概要来说，股票的特征主要包括：

（1）收益性。收益性是股票最基本的特征，它是指持有股票可以为持有人带来收益的特性。

（2）风险性。风险性是指股票可能产生经济利益损失的特性，持有股票要承担一定的风险。

（3）流动性。流动性是指股票可以自由地进行交易。

（4）永久性。永久性是指股票所载有权利的有效性是始终不变的，因为它是一种无期限的法律凭证。

（5）参与性。参与性是指股票持有人有权参与公司重大决策的特性。

（6）波动性。波动性是指股票交易价格经常变化，或者说与股票票面价值经常不一致。

6.2.3　股票的种类

1.按股东的权利可分为普通股、优先股

普通股是股份公司资本构成中最普通、最基本的股份，是股份企业资金的基础部分。普通股的基本特点是其投资收益（股息和分红）不是在购买时约定，而是事后根据股票发行公司的经营业绩来确定。在我国上交所与深交所上市的股票都是普通股。当公司因破产或关闭而进行清算时，普通股股东有权分得公司剩余资产，但普通股股东必须在公司的债权人、优先股股东之后才能分得财产，财产多时多分、少时少分，没有则只能作罢。普通股股东一般都拥有发言权和表决权，即有权就公司重大问题进行发言和投票表决。

优先股是普通股的对称，是股份公司发行的在分配红利和剩余财产时比普通股具有优先权的股份。优先股也是一种没有期限的有权凭证，优先股股东一般不能在中途向公司要求退股（少数可赎回的优先股例外）。优先股的主要特征有二：一是优先股通常预先定明股息收益率。由于优先股股息率事先固定，所以优先股的股息一般不会根据公司经营情况而增减，而且一般也不能参与公司的分红，但优先股可以先于普通股获得股息。二是优先股的权利范围小。优先股股东一般没有选举权和被选举权，对股份公司的重大经营行为一般无投票权，但在某些情况下可以享有投票权。优先股的优先权主要表现在两个方面：（1）股息领取优先权。（2）剩余资产分配优先权。

2.按股票持有者可分为国有股、法人股、个人股

国有股指有权代表国家投资的部门或机构以国有资产向公司投资形成的股份，包括公司现有国有资产折算成的股份。由于我国大部分股份制企业都是由原国有大中型企业改制而来的，因此，国有股在公司股权中占有较大的比重。

法人股指企业法人或具有法人资格的事业单位和社会团体以其依法可经营的资产向公司非上市流通股权部分投资所形成的股份。根据法人股认购的对象，可将法人股进一步分为境内发起法人股、外资法人股和募集法人股三种。法人股投资资金来自企事业单位，有的须经上级主管部门批准后才可以转让。

社会公众股是指我国境内个人和机构，以其合法财产向公司可上市流通股权部分投资所形成的股份。我国投资者在股票市场买卖的股票都是社会公众股，可以自由流通。

3.股票按票面形式可分为有面额、无面额及有记名、无记名

有面额股票在票面上标注出票面价值，一经上市，其面额往往没有多少实际意义；无面额股票仅标明其占资金总额的比例。我国上市的都是有面额股票。记名股将股东姓名记入专门设置的股东名簿，转让时须办理过户手续；无记名股的股东名字不记入名簿，买卖无须过户。

4.按发行范围可分为A股、B股、H股和F股

A股是在我国国内发行，供国内居民和单位用人民币购买的普通股票；B股原来是专供境外投资者在境内以外币买卖的特种普通股股票，现已对国内居民开放；H股是我国内地注册的公司在中国香港发行并在香港联合交易所上市的普通股股票；F股是泛称，指我国股份公司在境外发行上市流通的普通股股票。

6.2.4 如何进行股票交易

1.如何开户

（1）开立证券账户。

不论机构或个人，在深圳、上海证券交易所进行证券交易，首先需要开立证券账户卡（股东代码卡），它是用于记载投资者所持有的证券种类、名称、数量及相应权益和变动情况的账册，是股东身份的重要凭证。一个投资者在同一市场最多可以申请开立3个A股账户、封闭式基金账户，只能申请开立1个信用账户（即融资融券账户）、B股账户。只有拥有证券账户，才能进行股票交易。开立证券账户时投资者必须持本人有效身份证件（一般为身份证），并提供投资者的详细资料。这些资料包

括：姓名、身份证号码、家庭住址、联系电话等。

上海、深圳两交易所证券账户主要分为A股证券账户、B股证券账户以及基金账户等。A股证券账户可以买卖在证券交易所挂牌交易的股票、基金、债券；基金账户可以买卖基金和债券，但不能买卖股票；B股证券账户只能买卖上市交易的B股股票；境内自然人可以开立个人A股证券账户和基金账户，但已开立A股证券账户的不能再开立基金账户，已开立基金账户的不能再开立A股证券账户；B股原来是专供境外人士在境内以外币买卖的特种普通股票，现已对国内居民开放。2021年9月，北京证券交易所成立。至此，中国内地境内共有三家证券交易所。

（2）开立资金账户。

投资者开立了证券账户后还需选择一家证券公司的营业部，作为自己买卖证券的代理人，开立资金账户和办理指定交易。资金账户是用于记载投资者买卖证券的资金变动及余额情况的账户，该账户由证券公司营业部为投资者开设，而这个资金账户也仅仅在该券商处交易有效。投资者如需在别的券商处交易，需另外开立资金账户，因此，一个投资者可拥有多个资金账户。

2.如何交易

（1）委托买卖。

投资者开立证券账户和资金账户以后，可以根据开户证券营业部提供的几种委托方式选择其中的一种或几种进行交易。证券营业部通常提供的委托方式有柜台委托、自助终端委托、电话委托、网上交易等。委托应在规定的交易营业时间内办理，一般当天有效，即委托有效期从委托申报开始至当天闭市结束。在办理委托时，要注意申报清楚以下内容：①证券的名称或证券交易代码；②买卖方向，即买进或卖出；③买进或卖出的数量；④买进或卖出的价格。

（2）撮合交易。

券商受理客户委托一般先由券商的电脑委托系统进行审查，审查无误后，直接进入交易所内计算机主机进行撮合成交。所有的交易由上海证券交易所的电脑交易系统自动撮合完成，无须人工干预。交易所的自动撮合系统按“价格优先、时间优先”原则进行，即在一定价格范围内（昨收盘价的上下10%之间），优先撮合最高买入价或最低卖出价。投资者的委托如未能一次全部成交，其剩余委托仍可继续执行，直到有效期结束。委托成交后，投资者应该对符合委托条件的成交结果给予承认，并按期履行交割手续。在委托未成交之前，投资者有权变更或撤销委托，而变更委托视同重新办理委托。

（3）清算交割。

投资者在委托买卖的次交易日应及时到券商处办理交割，也就是客户与券商就成交的买卖办理资金清算与股份过户业务的手续，此手续俗称“一手交钱、一手交货”，券商向客户提供的交割单需列出客户本次买卖交易的详细资料，至此客户的股票交易才结束。现在，由于很多委托以网上交易的形式进行，一般不到券商处进行实地交割。

股票交易的流程如图6-4所示。

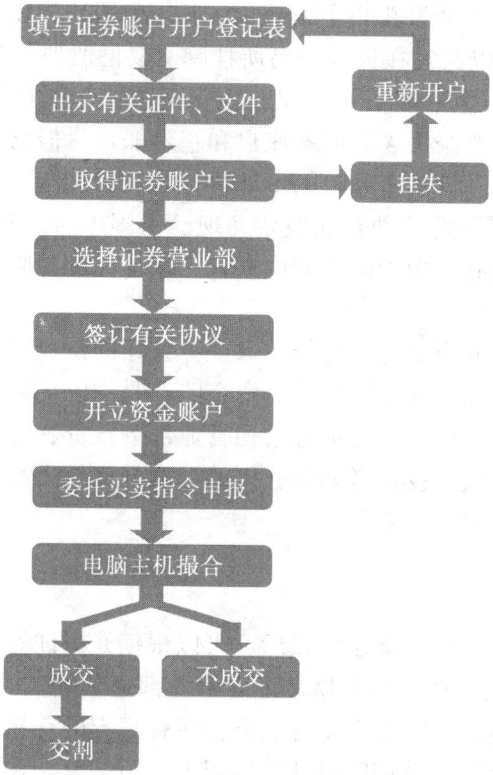

图6-4 股票交易流程图

3.交易费用

交易费用通常包括印花税、佣金、过户费、其他费用等几个方面的内容。

（1）印花税。印花税是根据国家税法规定，在股票（包括A股和B股）成交后对买卖双方投资者按照规定的税率分别征收的税金，我国目前规定股票交易的印花税由卖方单边缴纳，税率为成交金额的1‰，基金、债券交易均免此项费用。

（2）证管费：按成交额的0.002%收取。

（3）证券交易经手费：A股按成交额的0.00696%收取；B股按成交额双边收取0.0001%；基金按成交额双边收取0.00975%；权证按成交额双边收取0.0045%。

A股（2）、（3）项收费合计称为交易规费，合计收取成交金额的0.00896%。

（4）过户费。过户费是指投资者委托买卖的股票、基金成交后买卖双方为变更股权登记所支付的费用。这笔收入属于证券登记清算机构的收入，由证券经营机构在同投资者清算交割时代为扣收。

（5）佣金。佣金是指投资者在委托买卖证券成交之后按成交金额的一定比例支付给券商的费用。此项费用一般由券商的经纪佣金、证券交易所交易经手费及管理机构的监管费等构成。

（6）其他费用。其他费用是指投资者在委托买卖证券时，有时还要向证券营业部交纳一些费用，比如以前曾有委托费（通信费）、撤单费、查询费、开户费等，现在，这几项费用已经取消。

4.交易单位和价格

我国的股票交易以手为交易单位。

（1）A股股票。1手为100股，买入股票最低起点为1手，即100股，超过1手则必须为1手的整数倍，如200股、800股、1 000股等，否则为无效委托，不予受理，如250股、371股即为无效委托的数量。但配股买入时则不受此规定限制，可根据实际配股数进行申报，如买入251股配股。卖出股票也不受该规定限制，比如1 000股可以分358股和642股两次卖出。A股股票计价单位为1股，而价格波动以0.01元为基本变动单位。

（2）B股股票。上海证券交易所以1 000股为1个交易单位，采用的报价和结算币种为美元，计价单位为1股，价格变动最小单位为0.002美元。深圳证券交易所以100股为1个交易单位，报价和结算币种为港币，计价单位为1股，价格变动最小单位为0.01港币。

6.2.5　股票交易常用的概念

1.市场及交易概念

一级市场：指发行市场，通过发行股票进行筹资活动的市场。

二级市场：指流通市场，已发行股票进行转让的市场。

配股：指上市公司向原股东进一步发行新股、筹集资金的行为。从好的方面来说，配股实际上是给股东提供了一个追加投资的机会；从坏的方面来说，就是不但没有回报股东，反而继续向股东要钱。

股息：又称股利，指股东凭股票从公司领取的收入，按入股额的比例分配。

分红：上市公司向股东分配利润，可以是现金，也可以送红股（将现金红利转化为资本金，以扩大生产经营）。

认股权证：指未来某个时间以事先确定的价格购买公司股票的权利，实际上是一种买入期权，到时根据实际情况可购买股票或者放弃。

指数：反映股票市场的整体情况。一般有多种指数，如综合指数、成分指数、行业指数等。

收盘价：是指当日该股票最后一笔交易的成交价格，收市价又分为前（上午）收市价和后（下午）收市价。

开盘价：是指当日开盘后该股票的第一笔成交的价格，如开市后30分钟内无成交价，则以前日的收盘价作为开盘价。

成交量：反映成交数量的多少。一般可用成交股数和成交金额两项指标来衡量。

最高价：是指当日所成交的价格中的最高价位。有时最高价只有一笔，有时不止一笔。

最低价：是指当日所成交的价格中的最低价位。有时最低价只有一笔，有时不止一笔。

涨跌：每天的涨跌为当天的收盘价减去前日的收盘价。

涨跌幅：每天的涨跌幅为每天的涨跌除以前日的收盘价。目前，沪深股市实行的是涨跌幅限制制度，涨跌幅度为前日收盘价的一定百分比，如上下10%，即涨跌停板，只可以在这个幅度内进行交易。

停牌：股票由于某种消息或进行某种活动而由证券交易所暂停其在股票市场上进行交易。待情况澄清或企业恢复正常后，再复牌在交易所挂牌交易。

退市：上市公司由于未满足交易所有关财务等标准而主动或被动终止上市的情形，即由一家上市公司变为非上市公司。退市可分主动性退市和被动性退市，并有复杂的退市的程序。

2. 主要指标

公司市值：市价乘以总股数，表示市场认可此公司的价值。市值越大，公司价值越大。

每股净资产：又叫股东权益，指公司净资产除以总股数的值，表示每股值多少钱的真实财产。原则上数值越大，每股拥有的财产越多。

每股税后利润：又叫每股盈利，指公司税后利润除以总股数的值，表示每股盈利的数额。原则上数值越大，盈利能力越高，经营业绩越好，相应的股价也可能较高。

净资产收益率：指公司税后利润除以净资产得出的百分比，用以衡量公司运用自有资本的效率。

市盈率：市价与每股税后利润之比，可以理解为获得利润的成本（或价格），如某股票的市盈率为20，则表示要花20元钱（买入股票）才能获得1元的利润收入。市盈率越高，则成本价格越高。可用市盈率来表示股票的风险程度。

市净率：市价与每股净值之比，可以理解为每股净资产的价格，如市净率为3，则表示此公司每股净资产的价格为3元。市净率是衡量股票投资可靠性（安全性）的指标。市净率越低越可靠，如市净率为1，则表示是以每股净资产的价格进行交易的。

6.2.6 股票投资的基本原则

1. 趋势原则

在准备买入股票之前，首先应对大盘的运行趋势有个明确的判断。一般来说，绝大多数股票都随大盘趋势运行。大盘处于上升趋势时买入股票较易获利，而在顶部买入则好比虎口夺食，下跌趋势中买入难有生还，盘局中买入机会不多。还要根据自己的资金实力制定策略，选处于上升趋势的强势股。股票投资心态的变化如图6–5所示。

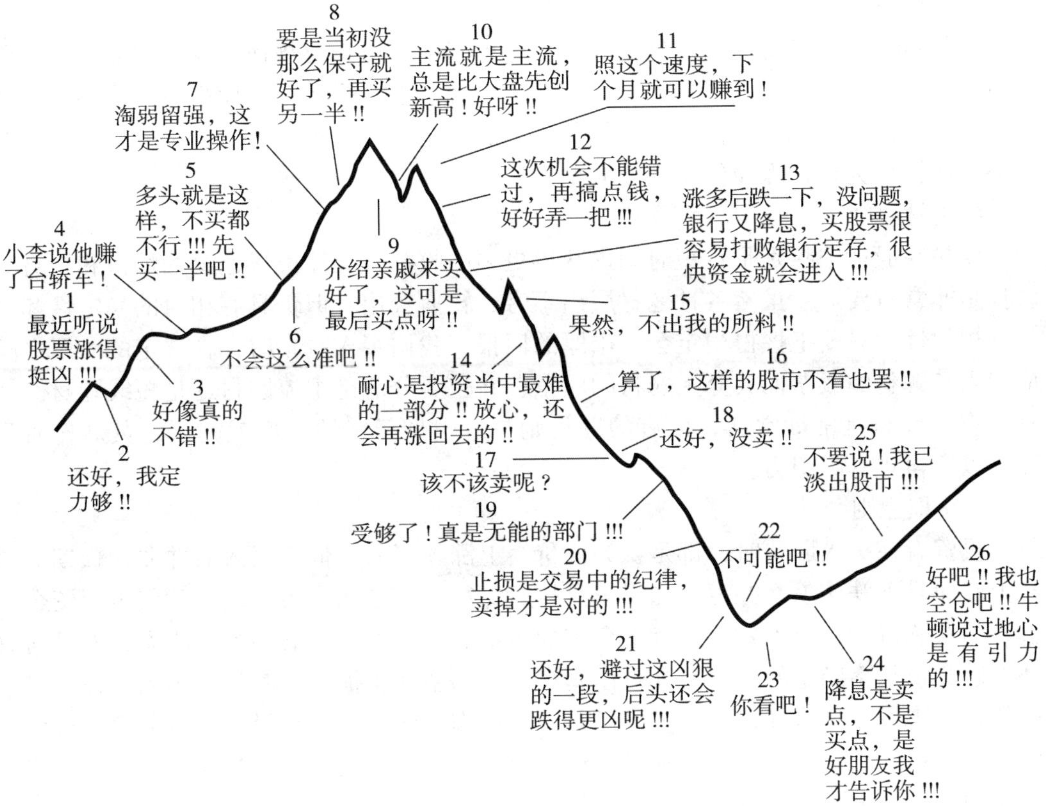

图6-5　股票投资心态变化图

2. 分批原则

在没有充分把握的情况下，投资者可采取分批买入和分散买入的方法，这样可以大大降低买入的风险。但分散买入的股票种类不要太多，一般以在5只以内为宜。另外，分批买入应根据自己的投资策略和资金情况有计划地实施。

3. 底部原则

中长线买入股票的最佳时机应在底部区域或股价刚突破底部上涨的初期，应该说这是风险最小的时候。而短线操作虽然天天都有机会，但也要尽量考虑到短期底部和短期趋势的变化，并要快进快出，同时投入的资金量不要太大。

4. 风险意识原则

股市是高风险、高收益的投资场所。可以说，股市中风险无处不在、无时不在，而且没有任何方法可以完全回避。作为投资者，应一直保持风险意识，并尽可能地将风险降至最低程度，而买入股票时机的把握是控制风险的第一步，也是重要的一步。在买入股票时，除考虑大盘的趋势外，还应重点分析所要买入的股票是上升空间大还是下跌空间大、上档的阻力位与下档的支撑位在哪里、买进的理由是什么、买入后假如不涨反跌怎么办，等等，这些问题在买入股票时就应有清醒的认识，从而尽可能地将风险降低。

5. 强势原则

“强者恒强，弱者恒弱”，这是股票投资市场的一条重要规律。这一规律在买入股票时会对我们有所指导。遵照这一原则，我们应多参与强势市场而少投入或不投入弱势市场，在同板块、同价位或已选择买入的股票之间，应买入强势股和领涨股，而非弱势股或被认为将补涨而价位低的股票。

6. 题材原则

要想在股市中特别是较短时间内获得更多的收益，关注市场题材的炒作和题材的转换是非常重要的。虽然各种题材层出不穷、转换较快，但仍具有相对的稳定性和一定的规律性，只要把握得当定会有丰厚的回报。我们买入股票时，在选定的股票之间应买入有题材的股票而放弃无题材的股票，并且要分清是主流题材还是短线题材。另外，有些题材是常炒常新，而有的题材则是过眼烟云，炒一次就完了，其炒作时间短，以后再难有吸引力。

7. 止损原则

投资者在买入股票时，都是认为股价会上涨才买入。但若买入后并非像预期的那样上涨而是下跌该怎么办呢？如果只是持股等待解套是相当被动的，不仅占用资金错失别的获利机会，更重要的是背上套牢的包袱后还会影响以后的操作心态，而且何时才能解套也是不确定的事。与其被动套牢，不如主动止损，暂时认赔出局观望。对于短线操作来说更是这样，止损可以说是短线操作的法宝。股票投资回避风险的最佳办法就是止损、止损、再止损，别无他法。因此，我们在买入股票时就应设立好止损位并坚决执行。短线操作的止损位可设在5%左右，中长线投资的止损位可设在10%左右。

6.3 债券投资

6.3.1 债券的含义

债券是一种有价证券，是社会各类经济主体，如政府、金融机构、企业等，为筹措资金而向债券购买者出具的、承诺按一定利率定期支付利息并到期偿还本金的债权债务凭证，它是一种重要的信用工具。由此，债券包含了以下4层含义：

（1）债券的发行人（政府、金融机构、企业等）是资金的借入者；

（2）购买债券的投资者是资金的借出者；

（3）发行人（借入者）需要在一定时期还本付息；

（4）债券是债的证明书，具有法律效力，债券购买者与发行者之间是一种债权债务关系，债券发行人即债务人，投资者（债券持有人）即债权人。

6.3.2 债券与股票的区别

股票与债券都是有价证券，是证券市场上的两大主要金融工具。两者同在一级市场上发行，又同在二级市场上转让流通。对融资者来说，两者都是可以通过公开发行募集资本的融资手段。由此可见，两者实质上都是资本证券。从动态上看，股票的收益率和价格与债券的利率和价格互相影响，往往在证券市场上发生同向运动，即一个上升另一个也上升，反之亦然，但升降幅度不见得一致。

股票和债券虽然都是有价证券，都可以作为筹资的手段和投资工具，但两者有明显的区别。

1.发行主体不同

作为筹资手段，无论是国家、地方公共团体还是企业，都可以发行债券，而股票则只有股份制企业才可以发行。

2.收益稳定性不同

从收益方面看，债券在购买之前，利率已定，期满就可以获得固定利息，而不管发行债券的公司经营获利与否。股票一般在购买之前不定股息率，股息收入随股份公司的盈利情况变动而变动，盈利多就多得，盈利少就少得，无盈利不得。

3.保本能力不同

从本金方面看，债券到期可连本带利收回，本金有保障。股票则无到期之说，股票本金一旦交给公司，就不能再收回，只要公司存在，就永远归公司支配。公司一旦破产，还要看公司剩余资产清盘状况，有可能连本金都会蚀尽。

4.经济利益关系不同

债券和股票实质上是两种性质不同的有价证券，二者反映着不同的经济利益关系。债券所表示的只是对公司的一种债权，而股票所表示的则是对公司的所有权。权属关系不同，就决定了债券持有者无权过问公司的经营管理，而股票持有者则有权直接或间接地参与公司的经营管理。

5.风险性不同

债券只是一般的投资对象，其交易转让的周转率比股票低。股票不仅是投资对象，更是金融市场上的主要投资对象，其交易转让的周转率高，市场价格变动幅度大，可能暴涨暴跌，安全性低，风险大，但能获得很高的预期收入，因而能够吸引不少人投进股票交易中来。

6.3.3　债券的票面要素

1.票面价值

债券的票面价值包括两点：其一是币种，即以何种货币作为债券价值的计量标准。若在境内发行，其币种自然就是本国货币；若到国际市场上筹资，则一般以债券发行所在国家的货币或国际通用货币如美元、英镑等币种为计量标准。其二是债券的数量，它根据发行时的具体情况而定。

2.债券的价格

债券的价格是债券在交易中买卖双方以货币的形式对其价值达成的共识，它取决于债券的利率及兑付时间以及其他一些因素，其价格处于经常性的变化之中。即使在发行时，债券的价格也不一定与其面值相等，它要视金融市场其他投资品种的收益和供求情况而定，它有时可高出票面价格溢价发行，有时又需低于票面价格折价发行。

而当进入二级流通市场之后，债券的市场价格就要随行就市了。

3.偿还期限

债券的偿还期限是从债券发行日起至偿清本息之日的时间间隔。债券的偿还期限各有不同，一般分为三类：偿还期限在1年以内的为短期；偿还期限在1年以上、10年以内的为中期；期限在10年以上的为长期。债券的偿还期限主要由债券的发行者根据所需资金的使用情况来确定。

4.债券的利率

债券的利率是债券每年应付利息与债券票面价值的比率。例如，一种债券利率为10%，即表示每认购100元债券，每年便可得到10元的利息。债券的利率主要受银行利率、发行者的资信情况、偿还期限、利息计算方式和资本市场资金供求情况的影响。

6.3.4 债券的特性

债券是债务人为筹集资金而向债权人承诺按期交付利息和偿还本金的有价证券。它只是一种虚拟资本，其本质是一种债权债务证书。它有以下四个基本特征：

1.偿还性

在历史上只有无期公债或永久性公债不规定到期时间，这种公债的持有者不能要求清偿，只能按期取得利息。而其他一切债券都对债券的偿还期限有严格的规定，且债务人必须如期向持有人支付利息。

2.流动性

流动性是指债券能迅速和方便地变现为货币的能力。目前，几乎所有的证券营业部或银行部门都开设有债券买卖业务，且收取的各种费用都相应较低。如果债券的发行者即债务人资信程度较高，则债券的流动性就比较强。

3.安全性

安全性是指债券在市场上抵御价格下降的能力，一般是指其不跌破发行价的能力。债券在发行时都承诺到期偿还本息，所以其安全性一般都较高。有些债券虽然流动性不高，但其安全性较好，因为它们经过较长的一段时间后就可以收取现金或不受损失地出售。

4.收益性

债券的收益性是指获取债券利息的能力。因债券的风险比银行存款要大，所以债券的利率也比银行高，如果债券到期能按时偿付，购买债券就可以获得固定的、一般高于同期银行存款利率的利息收入。

6.3.5 债券的种类

债券的种类繁多，且随着人们对融资和证券投资的需要又不断创造出新的债券形式，在现今的金融市场上，债券的种类可按发行主体、发行区域、发行方式、期限长短、利息支付方式、有无担保和是否记名等进行划分。

1.按发行主体分类

根据发行主体的不同，债券可分为政府债券、金融债券和公司债券三大类。第一类是由政府发行的债券，称为政府债券，它的利息享受免税待遇，其中由中央政府发行的债券也称公债或国库券，其发行债券的目的都是弥补财政赤字或投资于大型建设项目；而由各级地方政府机构如市、县、镇等发行的债券就称为地方政府债券，其发行目的主要是为地方建设筹集资金，因此都是一些期限较长的债券。第二类是由银行或其他金融机构发行的债券，称为金融债券。金融债券发行的目的一般是筹集长期资金，其利率一般也要高于同期银行存款利率，而且持券者需要资金时可以随时转让。第三类是公司债券，它是由非金融性质的企业发行的债券，其发行目的是筹集长期建设资金，一般都有特定用途。按有关规定，企业要发行债券必须先参加信用评级，级别达到一定标准才可发行。因为企业的资信水平比不上金融机构和政府，所以公司债券的风险相对较大，因而其利率一般也较高。

2.按发行区域分类

按发行区域划分，债券可分为国内债券和国际债券。国内债券，就是由本国的发行主体以本国货币为单位在国内金融市场上发行的债券；国际债券则是本国的发行主体到别国或国际金融组织等以外国货币为单位在国际金融市场上发行的债券。

3.按期限长短分类

根据偿还期限的长短，债券可分为短期、中期和长期债券。一般的划分标准是，期限在1年以下的为短期债券，期限在10年以上的为长期债券，而期限在1年到10年之间的为中期债券。

4.按利息的支付方式分类

根据利息的不同支付方式，债券一般分为附息债券、贴现债券和普通债券。附息债券是在它的券面上附有各期息票的中长期债券，息票的持有者可按其标明的时间期限到指定的地点按标明的利息额领取利息。贴现债券是在发行时按规定的折扣率将债券以低于面值的价格出售，在到期时持有者仍按面额领回本息，其票面价格与发行价之差即为利息。除此之外的就是普通债券，它按不低于面值的价格发行，持券者可按规定分期分批领取利息或到期后一次领取本息。

5.按发行方式分类

按照是否公开发行，债券可分为公募债券和私募债券。公募债券是指按法定手续，经证券主管机构批准在市场上公开发行的债券，其发行对象是不限定的。私募债券是发行者以与其有特定关系的少数投资者为募集对象而发行的债券。该债券的发行范围很小，其投资者大多数为银行或保险公司等金融机构，它不采用公开呈报制度，债券的转让也受到一定程度的限制，流动性较差，但其利率水平一般较公募债券要高。

6.按有无抵押担保分类

根据有无抵押担保情况，债券可以分为信用债券和担保债券。信用债券亦称无担保债券，是仅凭债券发行者的信用而发行的、没有抵押品作担保的债券。一般政府债券及金融债券都为信用债券。担保债券指以抵押财产为担保而发行的债券。其具体包括：以土地、房屋、机器、设备等不动产为担保品而发行的抵押公司债券、以公司的有价证券（股票和其他证券）为担保品而发行的抵押信托债券和由第三者担保偿付本息的承保债券。当债券的发行人在债券到期而不能履行还本付息义务时，债券持有者有权变卖担保品来清偿抵付或要求担保人承担还本付息的义务。

7.按是否记名分类

根据在券面上是否记名，可以将债券分为记名债券和无记名债券。记名债券是指在券面上注明债权人姓名，同时在发行公司的账簿上作同样登记的债券。转让记名债券时，除要交付债券外，还要在债券上背书和在公司账簿上更换债权人姓名。而无记名债券是指券面未注明债权人姓名，也不在公司账簿上登记其姓名的债券。现在市面上流通的一般都是无记名债券。

8.按发行时间分类

根据债券发行时间的先后，可以分为新发债券和既发债券。新发债券指的是新发行的债券，这种债券都规定有招募日期。既发债券指的是已经发行并交付给投资者的债券。新发债券一经交付便成为既发债券。在证券交易部门，既发债券随时都可以购买，其购买价格就是当时的市场价格，购买者还需支付手续费。

9.按是否可转换分类

按是否可转换来区分，债券又可分为可转换债券与不可转换债券。可转换债券是能按一定条件转换为其他金融工具的债券，而不可转换债券就是不能转化为其他金融工具的债券。可转换债券一般都是指可转换公司债券，这种债券的持有者可按一定的条件根据自己的意愿将持有的债券转换成股票。

6.3.6 债券的价格和收益计算

1.债券的价格

（1）债券的发行价格。

债券的发行价格是指在发行市场（一级市场）上，投资者在购买债券时实际支付的价格。目前通常有三种不同情况：一是按面值发行、面值收回，其间按期支付利息；二是按面值发行，按本息相加额到期一次偿还，我国目前发行的债券大多数是这种形式；三是以低于面值的价格发行，到期按面值偿还，面值与发行价之间的差额，即为债券利息。

（2）债券的市场交易价格。

债券发行后，一部分可流通债券在流通市场（二级市场）上按不同的价格进行交易。交易价格的高低取决于公众对该债券的评价、市场利率以及人们对通货膨胀率的预期等。一般来说，债券价格与到期收益率成反比，也就是说，债券价格越高，到期收益率越低。

2.债券收益的计算

债券的收益可以用债券收益率表示，债券收益率是债券投资者在债券上的收益与其投入的本金之比。

（1）票面利息率。

它是固定利息收入与票面金额的比率，一般在债券票面上注明，这是投资于债券时最直观的收入指标。面值相同的债券，票面注明的利率高的，利息收入自然就高，风险也比较小，反之亦然。但是，由于大多数债券都是可转让的，其转让价格随行就市，所以，投资者认购债券时实际支出的价款并不一定与面值相等，这样，用票面利息率衡量投资收益就不再有实际意义。

（2）直接收益率。

直接收益率又称现行收益率，是投资者实际支出的价款与实际利息之间的相互关系。其计算公式是：

直接收益率=票面面额×票面利率÷实际购买债券价格×100%

用直接收益率评估投资风险程度，比票面利息率指标显然是进了一步，但仍有缺点。因它是一个静态指标，只反映认购债券当时成本与收益的对比状况，不反映债券有效期内或债券到期时的实际收益水平。

（3）实际收益率。

实际收益率又称到期收益率，是衡量投资者投资债券的实际全部收益的指标，它主要考虑两方面的收益，即债券的利息收益和债券买卖价格与债券面值的差额收益。其计算公式为：

$$\text{实际收益率}=\{\text{利息收入}+[(\text{债券面额}-\text{债券购买价})\div\text{距到期日年度数}]\}\div[(\text{债券面额}+\text{债券购买价})\div 2]\times 100\%$$

对于分期偿还的债券，还需应用加权平均法计算出债券的平均期限，将实际收益率调整为平均期限收益率，所用权数是每期偿还本金额。

3.影响债券收益的因素

影响债券收益的因素主要有：

（1）债券的利率。债券利率越高，债券收益也越高；反之，收益越低。

（2）债券价格与面值的差额。当债券价格高于其面值时，债券收益率低于票面利息率；反之，则高于票面利息率。

（3）债券的还本期限。还本期限越长，票面利息率越高。

6.3.7　个人投资债券的方式

投资者可通过一级市场和二级市场进行债券投资。

一级市场可以投资的债券品种包括：一是凭证式债券；二是面向银行柜台债券市场发行的记账式债券；三是在交易所债券市场发行的记账式债券，投资者可委托有资格的证券公司通过交易所交易系统直接认购，也可向认定的债券承销商直接认购；四是企业债券，个人投资者可到发行公告中公布的营业网点认购；五是可转换公司债券，如上网定价发行，投资者可通过证券交易所的证券交易系统上网申购。

二级市场上投资债券的渠道有：一是可以通过商业银行柜台进行记账式债券交易；二是通过商业银行柜台购买银行转卖的二手凭证式债券；三是可以通过证券公司

买卖证券交易所的记账式债券、上市企业债券和可转换债券。

6.3.8 债券投资的技巧

1.利用时间差提高资金利用率

债券发行都有一个发行期，如半个月的时间。如在此段时期内都可买进时，则最好在最后一天购买；同样，在到期兑付时也有一个兑付期，最好在兑付的第一天去兑现。这样，可减少资金占用的时间，相对提高债券投资的收益率。

2.利用市场差和地域差赚取差价

通过上海证券交易所和深圳证券交易所进行交易的同品种国债，它们之间是有价差的。利用两个市场之间的市场价差，有可能赚取差价。同时，可利用各地区之间的地区价差进行贩买贩卖，也可能赚取差价。

3.卖旧换新技巧

在新国债发行时，提前卖出旧国债，再连本带利买入新国债，所得收益可能比旧国债到期才兑付的收益高。这种方式有个条件：必须比较卖出前后的利率高低，计算是否合算。

4.选择高收益债券

债券是收益介于储蓄和股票、基金之间的一种投资工具，相对安全性比较高。所以，在债券投资的选择上，不妨大胆地选购一些收益较高的债券，如企业债券、可转让债券等。特别是风险承受力比较高的家庭，更不要只盯着国债。

5.注意选择债券投资时机

债券一旦上市流通，其价格就要受多重因素的影响，不断波动。这对于投资者来说，就面临着投资时机的选择问题。机会选择得当，就能提高投资收益率；反之，投资效果就差一些。

6.3.9 债券投资策略

1.消极型投资策略

消极型投资策略是一种不依赖于市场变化而保持固定收益的投资方法，其目的在于获得稳定的债券利息收入和到期安全收回本金。因此，消极型投资策略也常常被称作保守型投资策略，主要包括购买持有法、梯形投资法和三角投资法等。

（1）购买持有法。

购买持有法是最简单的债券投资策略，其步骤是：在对债券市场上所有的债券进行分析之后，根据自己的偏好和需要，买进能够满足自己要求的债券，并一直持有至到期兑付日。在持有期间，并不进行任何买卖活动。

购买持有法的优点是：①收益固定。在投资决策的时候就确定地知道收益，不受市场行情变化的影响，它可以完全规避价格风险，保证获得一定的收益率。②如果持有的债券收益率较高，同时市场利率没有很大的变动或者逐渐降低，则这种投资策略也可以取得相当满意的投资效果。③交易成本很低。由于中间没有任何买进卖出行为，因而手续费很低，从而也有利于提高收益率。因此这种购买持有的投资策略比较适用于市场规模较小、流动性比较差的债券，并且更适用于不熟悉市场或者不善于使用各种投资技巧的投资者。

购买持有法的缺点是：①从本质上看是一种比较消极的投资策略。投资者购进债券后，可以毫不关心市场行情的变化，可以漠视市场上出现的投资机会，因而往往会丧失提高收益率的机会。②受通货膨胀的影响大。虽然投资者可以获得固定的收益率，但是，这种被锁定的收益率只是名义上的，如果发生通货膨胀，那么投资者的实际投资收益率就会发生变化，从而使这种投资策略的价值大大下降。特别是在通货膨胀比较严重的时候，这种投资策略可能会带来比较大的损失。③受利率波动的影响大。最常见的情况是，由于市场利率的上升，购买持有这种投资策略的收益率相对较低。由于不能及时卖出低收益率的债券，转而购买高收益率的债券，因此，在市场利率上升时，这种策略会带来损失。但是无论如何，投资者也能得到原先确定的收益率。

（2）梯形投资法。

梯形投资法又称等期投资法，是指每隔一段时间，在债券发行市场认购一批相同期限的债券，循环滚动，这样，投资者在每段时间都可以稳定地获得一笔本息收入。

例如，某投资者在2017年8月购买了2017年发行的3年期债券，在2018年5月购买了2018年发行的3年期债券，在2019年11月购买2019年发行的3年期债券。这样，在2020年9月，该投资者就可以收到2017年发行的3年期债券的本息和，此时，他又可以购买2020年发行的3年期债券，这样，他所持有的三种债券的到期期限又分别为1年、2年和3年。如此滚动下去，该投资者就可以每年得到投资本息和，从而既能够进行再投资，又可以满足流动性需要。只要该投资者不停地用每年到期的债券的本息和购买新发行的3年期债券，则其债券组合的结构就与原来的相一致。

梯形投资法的优点在于采用此种投资方法的投资者能够在每年得到本金和利息，因而不至于产生很大的流动性问题，不至于急着卖出尚未到期的债券，以致不能保证收到约定的收益。同时，在市场利率发生变化时，梯形投资法下的投资组合的市场价值不会发生很大的变化，因此债券组合的投资收益率也不会发生很大的变化。由于这种投资方法每年只进行一次交易，因而交易成本比较低。

（3）三角投资法。

所谓三角投资法，是指利用债券投资期限不同所获本息和也就不同的原理，使得在连续时段内进行的投资具有相同的到期时间，从而保证在到期时收到预定的本息和。这个本息和可能已被投资者计划用于某种特定的消费。三角投资法和梯形投资法的区别在于，虽然投资者都是在连续时期（年份）内进行投资，但是，这些在不同时期投资的债券的到期期限是相同的，而不是债券的期限相同。

例如，某投资者决定在2024年进行出国游学半年，因此，他决定投资债券以便能够确保在2023年底得到所需资金。这样，他可以在2019年投资2019年发行的4年期债券，在2020年购买2020年发行的3年期债券，在2021年购买2021年发行的2年期债券。这些债券在到期时都能收到预定的本息和，并且都在2023年到期，从而能保证有足够资金来实现其游学计划。

这种投资方法的特点是，在不同时期进行的债券投资的期限是递减的，因此被称作三角投资法。它的优点是能获得较固定收益，又能保证到期得到预期的资金以用于特定的目的。

2.积极型投资策略

积极型投资策略，是指投资者通过主动预测市场利率的变化，采用抛售一种债券并购买另一种债券的方式来获得差价收益的投资方法。这种投资策略着眼于债券市场价格变化所带来的资本损益，其关键在于能够准确预测市场利率的变化方向及幅度，从而能准确预测出债券价格的变化方向和幅度，并充分利用市场价格变化来取得差价收益。因此，这种积极型投资策略一般也被称作利率预测法。这种方法要求投资者具有丰富的债券投资知识及市场操作经验，并且要支付相对比较多的交易成本。投资者追求高收益率的强烈欲望使利率预测法受到众多投资者的欢迎，同时，市场利率的频繁变动也为利率预测法提供了实践机会。

利率预测法的具体操作步骤是：投资者通过对利率的研究获得有关未来一段时期内利率变化的预期，然后利用这种预期来调整其持有的债券，以期在利率按其预期变动时能够获得高于市场平均水平的收益率。因此，正确预测利率变化的方向及幅度是利率预测法的前提，而有效地调整所持有的债券就成为利率预测法的主要手段。在判断市场利率将下跌时，应尽量持有能使价格上升幅度最大的债券，即期限比较长、票面利率比较低的债券。也就是说，在预测市场利率将下跌时，应尽量把手中的短期、高票面利率债券转换成期限较长的、低息票利率的债券，因为在利率下降相同幅度的情况下，这些债券的价格上升幅度较大；反之，若预测市场利率将上升，则应尽量减少低息票利率、长期限的债券，转而投资高息票利率、短期限的债券，因为这些债券的利息收入高、期限短，因而能够很快地变现，再购买高利率的新发行债券，同时，这些债券的价格下降幅度也相对较小。

需指出的是，利率预测法作为一种积极的债券投资方法，虽然能够获得比较高的收益率，但是这种投资方法是具有很大风险的。一旦利率向相反的方向变动，投资者就可能遭受比较大的损失，因此，其只对那些熟悉市场行情、具有丰富操作经验的人才适用。初级投资者不适宜采用此种投资方法。

积极型债券投资策略主要包括等级投资计划法、逐次等额买进摊平法和金字塔式操作法等。

（1）等级投资计划法。

等级投资计划法是公式投资计划法中最简单的一种，它由股票投资技巧而得来，方法是投资者事先按照一个固定的计算方法和公式计算出买入和卖出债券的价位，然后根据计算结果进行操作。其操作要领是“低进高出”，即在低价时买进、高价时卖出。只要债券价格处于不断波动中，投资者就必须严格按照事先拟订好的计划来进行债券买卖，而是否买卖债券则取决于债券市场的价格水平。具体地，当投资者选定一种债券作为投资对象后，就要确定债券变动的一定幅度作为等级，这个幅度可以是一个确定的百分比，也可以是一个确定的常数。每当债券价格下降一个等级时，就买入一定数量的债券；每当债券价格上升一个等级时，就卖出一定数量的债券。

等级投资计划法适用于债券价格不断波动的时期。由于债券最终还本付息，因此，其价格呈缓慢上升趋势。在运用等级投资法时，一定要注意债券价格的总体走势，并且，债券价格升降幅度即买卖等级的间隔要恰当。债券市场行情波动较大，买卖等级的间隔可以大一些；债券市场行情波动较小，买卖等级间隔就要小一些。如果买卖等级间隔过大，会使投资者丧失买进和卖出的良好时机，而过小又会使买卖差价太小，在考虑手续费因素后，投资者获利不大。同时，投资者还要根据资金实力和对风险的承受能力来确定买卖的批量。

（2）逐次等额买进摊平法。

逐次等额买进摊平法就是在确定投资于某种债券后，选择一个合适的投资时期，在这一段时期中定量定期地购买债券，不论这一时期该债券价格如何波动都持续地进行购买，这样可以使投资者的每百元平均成本低于平均价格。运用这种操作法，每次投资时，要严格控制所投入资金的数量，保证投资计划逐次等额进行。投资者对某种债券投资时，如果该债券价格具有较大的波动性，并且无法准确地预期其波动的各个转折点，投资者就可以运用逐次等额买进摊平操作法。

例如，某投资者选择5年期债券为投资对象，在确定的投资时期中分5次购买，每次购入债券100张，第1次购入时，债券价格为120元，该投资者购入100张；第2次购入时，债券价格为125元，该投资者又购入100张；第3次购入时，债券价格为122元，该投资者购入100张；第4次、第5次该投资者的购入价格分别是126元、130元。到整个投资计划完成时，该投资者购买债券的平均成本为124.6元，而此时债券价格已涨至130元，这时如该投资者抛出此批债券，将获得收益2 700元（（130−124.6）×500）。因为债券具有长期投资价值，所以按照这一方法操作，可以稳妥地获取收益。

（3）金字塔式操作法。

与逐次等额买进摊平法不同，金字塔式操作法实际是一种倍数买进摊平法。当投资者第1次买进债券后，发现价格下跌时可加倍买进，以后在债券价格下跌过程中，每一次购买数量比前一次增加一定比例，这样就成倍地加大了低价购入的债券占购入债券总数的比重，降低了平均总成本。由于这种买入方法呈正三角形趋势，形如金字塔形，所以称为金字塔式操作法。

例如，某投资者最初以每张120元的价格买入100张5年期债券，投入资金12 000元；以后在债券价格下降到118元时，他投入23 600元，购买200张债券；当债券价格下降到115元时，他投入34 500元，购入300张债券。这样，他3次投入资金70 100元，买入600张债券，每张平均购入成本为116.83元，如果债券价格上涨，只要超过平均成本价，该投资者即可抛出获利。

在债券价格上升时运用金字塔式操作法买进债券，则需每次逐渐减少买进的数量，以保证最初按较低价买入的债券在购入债券总数中占有较大比重。

债券的卖出同样可采用金字塔式操作法，在债券价格上涨后，每次加倍抛出手中的债券，随着债券价格的上升，卖出的债券数额越大，以保证高价卖出的债券在卖出债券总额中占较大比重而获得较大盈利。

运用金字塔式操作法买入债券，必须对资金做好安排，以避免最初投入资金过多，以后的投资无法加倍。

6.4 基金投资

6.4.1 基金的概念

基金是证券投资基金的简称，是指一种利益共存、风险共担的集合证券投资方式，即通过发行基金，集中投资者的资金，由基金托管人托管，由基金管理人管理和运用资金，从事股票、债券等金融工具投资，并将投资收益按基金投资者的投资比例进行分配的一种间接投资方式。证券投资基金在不同国家和地区有不同称谓，美国称为"共同基金"，英国和我国香港称为"单位信托基金"，日本和我国台湾称为"证券投资信托基金"。目前，在我国内地则统称为"证券投资基金"。

基金最早可以追溯到19世纪初的荷兰，荷兰国王威廉一世在1822年创立了第一个私人基金，委托专业投资人员操作，投资于外国政府证券，这就是早期的证券投资基金。但是，这时的基金还只是为私人服务，并不是大众化的投资工具。

真正意义上的基金诞生于工业文明的发祥地——英国。1868年11月，英国的"海外和殖民地政府信托组织"在英国《泰晤士报》刊登招募说明书，公开向社会个人发售，这是公认的设立最早的投资基金机构。

20世纪初基金传入美国后，得到了蓬勃发展。1924年，波士顿的马萨诸塞州金融服务公司设立了"马萨诸塞州投资信托公司"，成为美国第一个共同基金，掀开了基金在美国的新篇章。截至2016年末，美国注册投资公司为9 400万美国投资者管理着19.2万亿美元资产，占美国家庭金融资产的22%。美国基金业构成了美国股票、市政债券市场、商业票据主要的投资群体，在经济发展与全球金融市场中扮演着重要角色。

中国内地基金业发展较晚，1998年3月，开元、金泰两只封闭式证券投资基金公开发行上市。2001年9月，由华安基金管理公司成立了我国第一只开放式证券投资基金——华安创新基金。截至2017年4月底，我国共有基金管理公司109家，其中中外合资公司44家，内资公司65家；取得公募基金管理资格的证券公司或证券公司资管子公司共12家，保险资管公司2家。以上机构管理的公募基金资产合计9.53万亿元。

6.4.2 基金的当事人

基金的当事人主要包括：基金持有人、基金管理人、基金托管人、基金承销机构及基金投资顾问。

1.基金持有人

基金持有人也就是基金的投资者，是证券投资基金资产最终所有人，也是证券投资基金收益的受益人和承担基金投资风险的责任人。基金持有人可以是自然人，也可以是法人。基金持有人的权利包括：分享基金财产收益，参与分配清算后的剩余基金财产，依法转让或者申请赎回其持有的基金份额，按照规定要求召开基金份额持有人大会，对基金份额持有人大会审议事项行使表决权，查阅或者复制公开披露的基金信息资料，对基金管理人、基金托管人、基金份额发售机构损害其合法权益的行为依法提出诉讼。

2. 基金管理人

基金管理人是适应投资基金的投资运作而产生的基金经营机构，是投资基金的资产管理者和基金投资运作的决策者。在我国，基金管理人必须由经批准设立的从事基金管理的基金管理公司担任。在不同的基金市场上，基金管理人的名称有所不同，如美国的“投资顾问公司”或“资产管理公司”，日本的“证券投资信托委托公司”“投资信托公司”“投资顾问公司”和我国台湾的“证券投资信托公司”，我国大陆则将其称作“基金管理公司”。

3. 基金托管人

基金托管人指依据“管理与保管分开”的原则对基金管理人进行监督和保管基金资产的机构。基金托管人是投资人权益的代表，受其委托负责保管基金的全部资产，是投资基金资产的名义持有人或管理人。基金托管人负责保障投资者的合法权益，防止基金资产被挪作他用，确保基金资产规范运营和安全完整，它是投资者、基金公司和其他当事人之间的联系中介。在我国，基金托管人必须是由符合特定条件的商业银行担任。

4. 基金承销机构

基金承销机构负责募集资金并向认购的投资者发行受益凭证（股票）、投资利润、基金本金、利益支付等。许多金融机构都有可能参与投资基金的承销或代销，如银行、证券公司、保险公司、信托管理公司等，与投资者直接打交道的可能就是它们。

5. 基金投资顾问

基金投资顾问是投资基金管理公司聘请的第三方投资顾问，为投资决策提供建议或参与管理，包括基金经理人、专业的投资机构、金融财团、证券分析师、会计师、律师等机构或人员。

投资基金运作流程如图6-6所示。

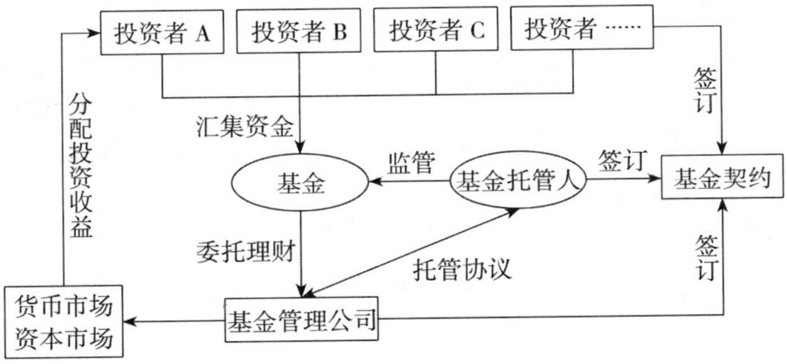

图6-6 投资基金运作流程简图

6.4.3 投资基金与股票、债券的区别

投资基金与股票、债券的区别见表6-1。

表6-1 投资基金与股票、债券的区别

比较项目	股票	债券	投资基金
所反映的关系不同	所有权关系	债权、债务关系	信托关系
所筹资金的投向不同	是融资工具，其资金主要投向实业，是一种直接投资方式		是信托工具，其资金主要投向有价证券，是一种间接投资方式
风险与收益状况不同	股票的收益是不确定的，其收益取决于发行公司的经营效益，投资股票有较大风险	收益取决于债券利率，而债券利率一般是事先确定的，投资风险较小	主要投资于有价证券，而且其投资选择相当灵活多样，从而使基金的收益有可能高于债券，投资风险又可能小于股票
投资回收方式不同	股票没有到期日，股票投资者不能要求退股，投资者如果想变现的话，只能在二级市场出售股票	到期偿还，也可在二级市场出售	开放式基金的投资者可以按资产净值赎回基金单位；封闭式基金的投资者在基金存续期内不得赎回基金单位，如果想变现，只能在交易所或者柜台市场上出售，但存续期满投资者可以得到投资本金的返还

6.4.4 投资基金的优点

1. 集合小额投资

个体投资者（如普通家庭）一般资金规模有限，在众多的投资工具上不可能进行有效的组合。因为许多市场对参与者资金量要求比较高，所以一般投资者就会失去许多机会，而通过投资基金就可解决这个问题。投资基金就是把零星资金汇集成巨额基金，以便参与到各种投资市场，投资者通过基金的分红来享受投资收益。所以投资基金有利于小额资金的投资。也可以说投资基金为小额投资者提供了一条通向各种投资市场的通道。

2. 提高投资效率

个体投资者需花费时间和精力进行信息的收集、分析以及各种交易操作，实际上是增加了投资的成本；另外，由于个体投资者信息资源的有限，有可能失去投资机会和作出错误的投资决策。通过投资基金进行投资，不但免除了普通投资者繁重的工作量，又可提高整体的投资效率。

3. 发挥专家优势

基金管理人具有熟悉投资理论、操作经验丰富、信息渠道广泛等优势，通过投资基金进行投资，可发挥这些优势。

4. 分散投资、控制风险

投资基金可以选择投资到多个领域、多种行业、多个品种上，这实际上分散了投资风险。如果是个人投资者，就比较难做到如此多样性的投资组合。

5. 变现能力好

开放式基金可直接购买与赎回；封闭式基金可通过交易所实时买卖。所以它的变现能力非常好，高于定期储蓄存款、债券。

6.4.5 基金的种类

1. 根据基金单位是否可增加或赎回划分，投资基金可分为封闭式基金和开放式基金

封闭式基金是指基金发起人在设立基金时，限定了基金单位的发行总额，筹集到这个总额后，基金即宣告成立，并进行封闭，在一定时期不再接受新的投资。如果原投资者退出或新投资者加入，可通过交易所进行买卖交易。

开放式基金是指基金单位总数不固定，发行者可根据经营策略和发展需要追加发行，投资人可根据市场状况和投资决策赎回（卖出）所持有份额或者扩大份额。赎回价格按目前基金单位净值扣除手续费后的价格确定。开放式基金是当前投资基金的主流。

封闭式基金与开放式基金的区别可归纳为表6-2。

表6-2 封闭式基金与开放式基金的区别

项目	封闭式基金	开放式基金
基金存续期限	有固定期限	无固定期限
基金规模	固定额度，一般不能追加发行	额度不固定，有最低限制，无最高限制
交易途径	上市交易	基金管理公司或代销机构网点
价格形成方式	以基金单位对应的资产净值为基础，不会出现折价现象	受到市场供求关系的影响，价格波动较大，会出现较大的折价和溢价
分红方式	现金分红	现金分红和再投资分红
赎回限制	在期限内不能直接赎回，须经过上市交易套现	开放期内可随时提出购买或赎回申请
投资策略	因其不可赎回，故无须提取准备金，能够充分运用资金，进行长期投资，取得长期经营绩效	必须保留一部分资金，以便应付投资者随时赎回，因此进行长期投资会受到一定限制

2. 根据组织形式划分，投资基金可分为契约型基金和公司型基金

公司型基金是指按公司法组建的投资基金，投资者购买公司股份即为认购基金，也就是公司的股东，凭其持有的基金份额享有投资收益。公司型基金是具有共同投资

目标的投资者依据公司法组成以营利为目的、投资于特定对象（如有价证券、货币）的股份制投资公司。这种基金通过发行股份的方式筹集资金，是具有法人资格的经济实体。基金持有人既是基金投资者又是公司股东。公司型基金成立后，通常委托特定的基金管理人或者投资顾问运用基金资产进行投资。

契约型基金是基于一定的信托契约而成立的基金，一般由基金管理公司（委托人）、基金保管机构（受托人）和投资者（受益人）三方通过信托投资契约而建立。契约型基金的三方当事人之间存在这样一种关系：委托人依照契约运用信托财产进行投资，受托人依照契约负责保管信托财产，投资者依照契约享受投资收益。契约型基金筹集资金的方式一般是发行基金受益券或者基金单位，这是一种有价证券，表明投资人对基金资产的所有权，凭其所有权参与投资权益分配。

美国的基金多为公司型基金，中国香港、中国台湾地区以及日本多是契约型基金。

3.根据投资目标划分，投资基金可分为成长型投资基金、收入型投资基金和平衡型投资基金

成长型投资基金是以资本长期增值作为投资目标的基金，其投资对象主要是市场中有较大升值潜力的小公司股票和一些新兴行业的股票。这类基金一般很少分红，经常将投资所得的股息、红利和盈利进行再投资，以实现资本增值。

收入型投资基金是以追求当期收入为投资目标的基金，其投资对象主要是那些绩优股、债券、可转让大额定期存单等收入比较稳定的有价证券。收入型基金一般把所得的利息、红利都分配给投资者。

平衡型基金是既追求长期资本增值，又追求当期收入的基金，这类基金主要投资于债券、优先股和部分普通股，这些有价证券在投资组合中有比较稳定的组合比例，一般是把资产总额的25%～50%用于优先股和债券投资，其余的用于普通股投资。其风险和收益状况介于成长型基金和收入型基金之间。

4.根据投资对象划分，投资基金可分为股票基金、债券基金、货币市场基金、期货基金以及期权基金等

股票基金是最主要的基金品种，以股票作为投资对象，包括优先股和普通股。股票基金的主要功能是将大众投资者的小额资金集中起来，投资于不同的股票组合。

债券基金是一种以债券为投资对象的证券投资基金，其规模稍小于股票基金。由于债券是一种收益稳定、风险较小的有价证券，因此，债券基金适合于想获得稳定收入的投资者。债券基金基本上属于收益型投资基金，一般会定期派息，具有风险低且收益稳定的特点。

货币市场基金是以国债、大额银行可转让存单、商业票据、公司债券等短期有价证券为投资对象。

期货基金是一种以期货为主要投资对象的投资基金。期货是一种合约，只需一定的保证金（一般为5%～10%）即可买进合约。期货可以用来套期保值，也可以以小博大，如果预测准确，短期能够获得很高的投资回报；如果预测不准，遭受的损失也

很大，具有高风险、高收益的特点。因此，期货基金也是一种高风险的基金。

期权基金是以期权为主要投资对象的投资基金。期权也是一种合约，是指在一定时期内按约定的价格买入或卖出一定数量的某种投资标的的权利。期权基金的风险较低，适合于收入稳定的投资者。其投资目的是获取最大的当期收入。

另外，还包括以某种证券市场的价格指数为投资对象的指数基金，以及以认股权证为投资对象的认股权证基金等。

5.其他分类方式

投资基金还可根据投资货币种类分为美元基金、日元基金、欧元基金等；根据资本来源分为国际基金、海外基金、国内基金、国家基金、区域基金等；根据是否收费分为收费基金和不收费基金。

6.4.6 基金的交易

封闭式基金的买卖基本上与股票相同，这里不再重复，主要讨论开放式基金。开放式基金的运营包括募集期、封闭期和开放期。开放式基金的募集期指开放式基金第一次发行时投资者参与认购的时期。封闭期是指募集期后基金不接受投资者申购或赎回基金份额的请求，投资者既不能买入也不能卖出基金份额的时期，基金经理在封闭期内运用基金资产进行投资建仓。开放期则是封闭期结束后，投资者可以根据开放式基金每天的份额净值进行申购和赎回的时期。

1.基金的发行

在我国，证券投资基金的发行方式主要有两种：一是上网发行方式，是指将所发行的基金单位通过与证券交易所的交易系统联网的全国各地的证券营业部，向社会公众发售基金单位的发行方式，封闭式基金一般采用此种发行方式。二是网下发行方式，是指将所要发行的基金通过分布在一定地区的银行或证券营业网点，向社会公众发售基金单位的发行方式，开放式基金一般采用此种发行方式。

2.基金的买入

投资人购买基金前，需要认真阅读有关基金的招募说明书、基金契约及开户程序、交易规则等文件。

（1）基金开户。

投资者若决定投资某基金管理公司的基金，首先必须到该基金管理公司指定的销售网点开立基金账户，基金账户用于记载投资者的基金持有情况及变更。因为开放式基金是以基金公司为开户标准的，对于同一家基金公司，投资者只需开立一个基金账户即可买卖该基金公司旗下的所有基金；如需买卖不同基金公司的基金，则须开立不同基金公司的账户。开户后，投资者才可以开始买卖该基金管理公司所发行的开放式基金。

（2）基金买入。

基金购买分认购和申购两种方式。

基金认购是指在基金募集期内购买基金的行为。通常认购价为基金份额面值

（1元）加上一定的销售费用，一般认购期最长为1个月。投资者认购基金应在基金销售点填写认购申请书，交付认购款项。在认购期内产生的利息以注册登记中心的记录为准，在基金成立时，自动转换为投资者的基金份额，即利息收入增加了投资者的认购份额。

基金申购是指投资者在基金开放期申请购买基金份额的行为。基金申购的交易价格是以当日的基金净值为准，这只有等到当日闭市后才能统计出来，所以在申购时只能填写购买多少金额的基金，等到申购次日早上前一天的基金净值公布后，才会知道实际买到了多少基金份额。一般情况下，认购期购买基金的费率相对来说要比申购期购买优惠。在购买过程中，无论是认购还是申购，交易时间内投资者可以多次提交认/申购申请，注册登记人对投资者认/申购费用按单个交易账户单笔分别计算。

3. 基金的赎回

基金赎回是指投资者申请将手中持有的基金单位按当日的基金净值卖出并收回现金的行为。与基金申购采用“金额申购”方式不同，基金赎回采用“份额赎回”的方式进行交易。赎回所得金额，是卖出基金的单位数，乘以卖出当日净值。认购期购买的基金一般要经过封闭期才能赎回，申购的基金要在申购成功后的第二个工作日进行赎回。

基金申购与赎回的程序如图6-7所示。

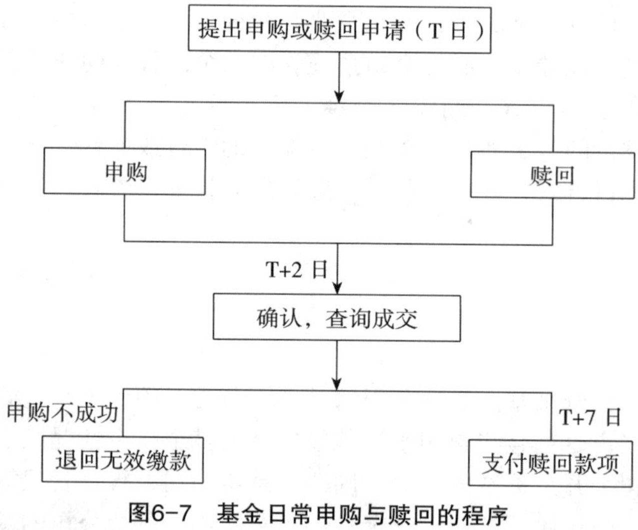

图6-7 基金日常申购与赎回的程序

4. 基金收益的分配

基金收益是基金资产在运作过程中所产生的超过自身价值的部分。基金收益的构成包括：买卖证券差价；基金投资所得红利、股息、债券利息；银行存款利息；已实现的其他合法收入。其中，基金的资本利得收入在基金收益中往往占有很大比重，要取得较高的资本利得收入，就需要基金管理人具有丰富、全面的证券知识，能对证券价格的走向作出大致准确的判断。一般来说，基金管理人具有较强的专业知识，能掌握更全面的信息，因而比个人投资者更有可能取得较多的收益。

随着基金收益的增长，基金的单位资产净值会上升，基金会对其投资人进行收益分配。

（1）封闭式基金。

在封闭式基金中，投资者只能选择现金红利方式分红，因为封闭式基金的规模是固定的，不可以增加或减少。

（2）开放式基金。

开放式基金分配可采用两种方式：①分配现金。向投资者分配现金是基金收益分配的最普遍的形式。②再投资方式。再投资方式是将投资人分得的收益再投资于基金，并折算成相应数量的基金单位。这实际上是将应分配的收益折为等额的新的基金单位送给投资人，其情形类似于股票的“送红股”。许多基金为了鼓励投资人进行再投资，往往对红利再投资低收或免收申购费率。

当然，不同基金会在各自的招募说明书中明确规定自己的收益分配原则及方式，投资者应以其作为投资参考标准。基金收益的分配情况见表6-3。

表6-3 **基金收益的分配**

项目	封闭式基金	开放式基金
收益分配原则	1.基金收益分配比例不低于基金净收益的90% 2.基金收益分配采用现金形式，每年分配一次，分配在基金会计年度结束后的四个月内实施 3.基金当年收益弥补上一年度亏损后，才可进行当年收益分配 4.基金投资当年亏损，则不进行收益分配 5.每一基金单位享有同等分配权	1.基金收益以现金形式分配，但投资人可选择现金红利或将现金红利按红利发放日的基金单位净值自动转为基金单位进行再投资 2.在符合有关分红条件的前提下，基金收益分配每年至少一次，成立不满3个月，收益不分配 3.基金当年收益先弥补上一年度亏损后，方可进行当年收益分配 4.基金收益分配后每基金单位净值不能低于面值 5.如果基金投资当期出现净亏损，则不进行收益分配 6.每一基金单位享有同等分配权
收益支付办法	由深、沪证券交易所登记机构通过证券商直接划入投资者账户	支付现金时，由基金管理人委托销售机构或托管人汇至受益人的银行账户里；对采用“再投资分红”方式的，由基金管理人确定的注册登记机构直接将可转换份额进行过户，划入投资者的基金账户

6.4.7 投资基金的选择要点

1.结合风险承受能力和风险偏好选择基金

各种投资基金的投资目标和投资对象的不同，决定了收益和风险的不同。如是风险承受能力比较强或激进的投资者，可选择指数型基金、期货型基金；如是比较稳健的投资者，可选择债券基金；如果是中庸型投资者，则可以组合多种不同风格的基金。

2.参考过去业绩

现在各种媒体上都有基金业绩的排名，实际上这为投资者提供了投资参考。根据基金以往的表现大致可以评估出基金的获利能力和基金管理人的管理水平。

3.考察服务项目

投资基金的服务包括收益自动再投资、自动投资计划、交易手段（如电话交易、网上交易等）、基金转换服务（在同一基金公司内把一只基金转换成另一只基金，这种方法比赎回后再申购成本要低，一般省去了手续费）、咨询服务等项目。当然，服务项目越多的基金就越有利。

4.比较交易成本

基金的费用包括基金管理费用、基金托管费用、基金销售费用等，这些表现在每只基金的申购费率、认购费率、赎回费率等都有可能不一样，实际上就决定着交易成本的差别。另外，还需注意税收方面的差别，这也是投资的成本之一。

6.4.8 基金投资的一般策略

购买基金时投资者可以根据自己的收入状况、投资经验、对证券市场的熟悉程度等来决定合适的投资策略，假如对证券比较陌生，又没有太多时间来关心投资情况，则可以采取一些被动性的投资策略，如分期等额购入投资策略、固定比例投资策略；反之，可以采用主动性较强的投资策略，如顺势操作投资策略和适时进出投资策略。

1.定期定额购入投资策略

定期定额购入投资策略又称基金定投，如果投资者做好了长期投资基金的准备，同时收入来源比较稳定，不妨采用分期购入法进行基金的投资。其就是不论行情如何，每月（定期）投资固定的金额于固定的基金上，当市场上涨，基金的净值高，买到的单位数较少；当市场下跌，基金的净值低，买到的单位数较多，如此长期下来，所购买基金单位的平均成本将较平均市价低，即所谓的平均成本法。以这种方式投资基金，还有其他的好处：一是不必担心进场时机；二是小钱就可以投资；三是长期投资报酬远比定期存款高；四是种类多，可以自由选择。

2.固定比例投资策略

固定比例投资策略即将一笔资金按固定的比例分散投资于不同种类的基金，当某类基金因净值变动而使投资比例发生变化时，就卖出或买进这种基金，从而保证投资比例能够维持原有的固定比例。这样不仅可以分散投资风险，还能见好就收、及时落袋为安，不至于因某只基金表现欠佳或过度奢望价格会进一步上升而使到手的收益成为泡影或使投资额大幅度上升。例如，投资者决定把50%、35%和15%的资金分别买进股票基金、债券基金和货币市场基金，当股市大涨时，如股票增值后投资比例上升了20%，便可以卖掉这20%的股票基金，使股票基金的投资仍维持50%不变，或者追加投资买进债券基金和货币市场基金，使它们的投资比例也各自上升20%，从而保持原有的投资比例。如果股票基金下跌，就可以购进一定比例的股票基金或卖掉等比例的债券基金和货币市场基金，恢复原有的投资比例。当然，这种投资策略并不是经常性地一有变化就调整，有经验的投资者大致遵循这样一个准则：每隔3个月或半年才调整一次投资组合的比例，股票基金上涨20%就卖掉一部分，跌25%就增加投资。

3.顺势操作投资策略

顺势操作投资策略又称“更换操作”策略，这种策略是基于以下假定之上的：每种基金的价格都有升有降，并随市场状况而变化。投资者在市场上应顺势追逐强势基金，抛掉业绩表现不佳的弱势基金。这种策略在多头市场上比较管用，在空头市场上不一定行得通。

4.适时进出投资策略

适时进出投资策略即投资者完全依据市场行情的变化来买卖基金。通常，采用这种方法的投资者大多是具有一定投资经验、对市场行情变化较有把握，且投资的风险承担能力也较高的投资者。毕竟，要准确地预测股市每一波的高低点并不容易，就算已经掌握了市场趋势，也要耐得住短期市场可能会有的起伏。

6.5 期货投资

6.5.1 期货的概念

所谓期货，即期货合约，就是指由期货交易所统一制定的、规定在将来某一特定的时间和地点交割一定数量标的物的标准化合约。这个标的物，又叫基础资产，对期货合约所对应的现货，可以是某种商品，如大豆、铜、原油，也可以是某个金融工具，如外汇、债券，还可以是某个金融指标，如三个月同业拆借利率或股票指数。期货合约的买方，如果将合约持有到期，那么他有义务买入期货合约对应的标的物；而期货合约的卖方，如果将合约持有到期，那么他有义务卖出期货合约对应的标的物(有些期货合约在到期时不是进行实物交割而是结算差价，如股指期货到期就是按照现货指数的某个平均值来对在手的期货合约进行最后结算)。当然期货合约的交易者还可以选择在合约到期前进行反向买卖来冲销这种义务。

期货可以大致分为两大类：商品期货与金融期货。商品期货的主要品种可以分为农产品期货、金属期货（包括基础金属与贵金属期货）、能源期货三大类；金融期货的主要品种可以分为外汇期货、利率期货（包括中长期债券期货和短期利率期货）和股指期货。所谓股指期货，就是以股票指数为标的物的期货，双方交易的是一定期限后的股票指数，通过现金结算差价来进行交割。

6.5.2 期货投资的概念

期货投资是相对于现货交易的一种交易方式，它是在现货交易的基础上发展起来的，通过在期货交易所买卖标准化的期货合约而进行的一种有组织的交易方式。期货交易的对象并不是商品（标的物）本身，而是商品（标的物）的标准化合约，即标准化的远期合同。

期货投资是指在期货市场上以获取价差为目的期货交易业务，又称为投机业务。期货市场是一个形成价格的市场，供求关系的瞬息万变都会反映到价格变动之中，用经济学的语言来讲，期货市场投入的原材料是信息，产出的产品是价格。对于未来的价格走势，在任何时候都会存在着不同的看法，这和现货交易、股票交易是一样的。有人看涨就会买入，有人看跌就会卖出，最后预测正确与否市场会给出答案，预测正确者获利，反之亏损。表6–4是大连商品交易所大豆期货合约的有关信息。

表6–4 **大连商品交易所大豆期货合约**

交易品种	黄大豆
交易单位	10吨/手
报价单位	人民币
最小变动价位	1元/吨
涨跌停板幅度	上一交易日结算价的3%
合约交割月份	1、3、5、7、9、11
交易时间	每星期一至星期五上午9：00—11：30，下午13：30—15：00
最后交易日	合约月份第十个交易日
最后交割日	最后交易日后第七日（遇法定节假日顺延）
交割等级	具体内容见附件
交割地点	大连商品交易所指定交割仓库
交易保证金	合约价值的5%
交易手续费	4元/手
交割方式	集中交割
交易代码	S
上市交易所	大连商品交易所

6.5.3 期货投资的特点

期货投资的特点主要有：

（1）以小博大。只需交纳5%～15%的履约保证金就可控制100%的资金。

（2）交易便利。由于期货合约中主要因素如商品质量、交货地点等都已标准化，合约的互换性和流通性较高。

（3）信息公开，交易效率高。期货交易通过公开竞价的方式使交易者在平等的条件下公平竞争。同时，期货交易有固定的场所、程序和规则，运作高效。

（4）期货交易可以双向操作，简便灵活。交纳保证金后可以买进或者卖出期货合约，价格上涨时可以低买高卖，价格下跌时可以高卖低补。

（5）期货交易随时交易，随时平仓。期货交易是“T+0”的交易，在把握趋势后，可以随时交易，随时平仓。

（6）合约的履约有保证。期货交易达成后，须通过结算部门结算、确认，无须担心交易的履约问题。

6.5.4 期货投资的方式

从个人投资者到银行、基金机构、企业都可成为期货投资参与者，并在期货市场上扮演着各自的角色。根据交易者交易目的不同，将期货交易行为分为三类：套期保值、投机、套利。

1.套期保值

套期保值（hedge）是指买入（卖出）与现货市场数量相当、但交易方向相反的期货合约，以期在未来某一时间通过卖出（买入）期货合约来补偿现货市场价格变动所带来的实际价格风险。

保值的类型中，最基本的又可分为买入套期保值和卖出套期保值。买入套期保值是指通过期货市场买入期货合约以防止因现货价格上涨而遭受损失的行为；卖出套期保值则是指通过期货市场卖出期货合约以防止因现货价格下跌而造成损失的行为。

2.投机

投机（speculate）一词用于期货、证券交易行为中，并不是“贬义词”，而是“中性词”，指根据对市场的判断，把握机会，利用市场出现的价差进行买卖从中获得利润的交易行为。投机者可以“买空”，也可以“卖空”。投机的目的很直接——就是获得价差利润。但投机是有风险的。

根据持有期货合约时间的长短，投机可分为三类：第一类是长线投机者，此类交易者在买入或卖出期货合约后，通常将合约持有几天、几周甚至几个月，待价格对其有利时才将合约对冲；第二类是短线交易者，一般进行当日或某一交易节的期货合约买卖，其持仓不过夜；第三类是逐小利者，又称“抢帽子者”，他们的技巧是利用价格的微小变动进行交易来获取微利，一天之内他们可以做多个回合的买卖交易。

3.套利

套利（ spreads）是指同时买进和卖出两张不同种类的期货合约。交易者买进自认为是“便宜的”合约，同时卖出那些“高价的”合约，从两合约价格间的变动关系中获利。在进行套利时，交易者注意的是合约之间的相对价格关系，而不是绝对价格水平。

套利一般可分为三类：跨期套利、跨市套利和跨商品套利。

跨期套利是套利交易中最普遍的一种，是利用同一商品但不同交割月份之间正常价格差距出现异常变化时进行对冲而获利的，又可分为牛市套利（bull spread）

和熊市套利（bear spread）两种形式。例如，在进行金属牛市套利时，交易所买入近期交割月份的金属合约，同时卖出远期交割月份的金属合约，希望近期合约价格上涨幅度大于远期合约价格的上涨幅度；而熊市套利则相反，即卖出近期交割月份合约，买入远期交割月份合约，并期望远期合约价格下跌幅度小于近期合约的价格下跌幅度。

跨市套利是在不同交易所之间的套利交易行为。当同一期货商品合约在两个或更多的交易所进行交易时，由于区域间的地理差别，各商品合约间存在一定的价差关系。例如，伦敦金属交易所（LME）与上海期货交易所（SHFE）都进行阴极铜的期货交易，每年两个市场间会出现几次价差超出正常范围的情况，这为交易者的跨市套利提供了机会。例如，当LME铜价低于SHFE时，交易者可以在买入LME铜合约的同时，卖出SHFE的铜合约，待两个市场价格关系恢复正常时再将买卖合约对冲平仓并从中获利，反之亦然。在做跨市套利时应注意影响各市场价格差的几个因素，如运费、关税、汇率等。目前，我国的跨市交易量很大，主要是有色金属的LME和上海期交所套利，大豆的CBOT和大连商品交易所也逐步开始套利。

跨商品套利是指投资者利用两种不同的，但相互关联的商品之间的期货合约价格的差异进行套利交易，即买入某一商品的某一月份的合约，同时卖出另一商品同一月份的合约。值得强调的是，这两个商品有关联性，历史上价格变动有规律性可循，如玉米和小麦、铜和铝、大豆和豆粕（及豆油），等等。

交易者之所以进行套利交易，主要是因为套利的风险较低，套利交易可以为避免始料未及的或因价格剧烈波动而引起的损失提供某种保护，但套利的盈利能力也较直接交易小。套利的主要作用一是帮助扭曲的市场价格恢复到正常水平，二是增强市场的流动性。

6.6 外汇投资

6.6.1 外汇投资的概念

外汇投资，是指投资者为了获取投资收益而进行的不同货币之间的兑换行为。外汇是“国际汇兑”的简称，有动态和静态两种含义。动态的含义指的是把一国货币兑换为另一国货币，借以清偿国际债权债务关系的一种专门的经营活动。静态的含义是指可用于国际结算的外国货币及以外币表示的资产。通常所称的“外汇”是就其静态含义而言的。

外汇投资者通常通过不同货币间的汇率波动来盈利。汇率又称汇价、外汇牌价或外汇行市，即外汇的买卖价格。它是两国货币的相对比价，也就是用一国货币表示的另一国货币的价格。汇率在不同的货币制度下有不同的制定方法。在金本位制度下，由于不同国家的货币的含金量不同，两种货币含金量的对比（又称铸币平价）是外汇汇率的基础。在不兑现的信用货币制度下，汇率变动受外汇供求关系的制约。当某种货币供不应求时，这种货币的汇率就会上升；当某种货币供过于求时，它的汇率就会下降。

6.6.2 适合普通投资者的外汇投资方式

常见的外汇投资方式包括即期外汇交易、远期外汇交易、外汇期货交易、外汇期权交易、套汇交易、掉期交易等，以上交易种类主要面向的是金融机构，适合个人和家庭的外汇投资方式主要有：

1.外币储蓄

这是目前投资者最普遍选择的方式。它风险低，收益稳定，具有一定的流动性和收益性。它与人民币储蓄不同，由于外汇之间可以自由兑换，不同的外币储蓄利率不一样，汇率又时刻在变化，所以投资者可以从中进行操作获利。

2.外汇理财产品

外汇理财产品凭借其专家理财的优势成为个人和家庭外汇投资的一个新的渠道。外汇理财产品大都期限较短，又能保持较高的收益率，投资者在稳定获利的同时还能保持资金一定的流动性。目前，许多银行都推出了品种繁多的外汇理财产品，投资者可以根据自己的偏好进行选择。

3.期权型存款（含与汇率挂钩的外币存款）

期权型存款的年收益率通常能达到10%左右，如果对汇率变化趋势的判断基本准确，操作时机恰当，则其能成为一种期限短、收益高且风险有限的理想外汇投资方式，但需要外汇专家帮助理财。目前，国内已有外资银行推出这类业务。

4.外汇汇率投资

汇率上下波动均可获利，目前，国内很多银行都推出了外汇汇率投资业务，如个人实盘外汇交易，它属于即期交易的方式，是指拥有外汇存款或外币现钞的私人客户，通过柜面服务人员或其他电子金融服务方式，在可自由兑换的外币之间进行不可透支的自由兑换。通过个人实盘外汇交易，可将自己手中的外币转为更有升值潜力或利率较高的外币，以赚取汇率波动的差价或更高的利息收入。

针对以上外汇理财方法，要妥善制订理财方案，确定理财目标，认真研究各类外汇理财工具，比较不同理财方法的风险和收益，制订适合自己的外汇理财方案组合，谋求外汇资产的最优增长。

专栏6-1

工商银行个人外汇可终止理财产品

一、产品介绍

个人外汇可终止理财产品（以下简称“可终止理财产品”）是一种创新的结构性理财产品，客户在约定的期限内，通过向银行出让提前终止该产品的权利，以获得高于同档次普通定期存款利息的投资收益。

二、产品特点

1.本金安全，有保障。

2.收益高于普通定期存款。

3.办理手续像存款一样简单。

4.可以办理质押贷款，灵活方便。

三、办理方式

客户只需在产品发行期内，持本人有效身份证件与外币现钞或工商银行存折，到指定受理网点即可立即办理。由于涉及协议签署，不可委托他人代办。

四、示例介绍（以某期个人外汇可终止理财产品为例）

销售期为1月13日至19日，起息日为1月20日；受理币种为美元；认购金额为5 000美元的整数倍；年综合收益率为：认购0.5万～4.5万美元的为1.6%，认购5万～19.5万美元的为1.65%，认购20万美元及以上的为1.75%；最长期限为两年，银行每3个月有权行使一次提前终止权。

王女士购买本产品10 000美元，税后收益见表6–5：

表6–5 王女士购买10 000美元理财产品的税后收益 单位：美元

	3个月	6个月	9个月	12个月	15个月	18个月	21个月	24个月
本产品	37.81	75	112.5	148.75	185.94	223.12	260.31	292.5
定期存款	8.75	20	28.77	45	53.79	65.09	73.9	110
差额	29.06	55	83.73	103.75	132.15	158.03	186.41	182.5

以上为假设银行在某个时间行使终止权时客户的收益对比。

从表6–5可见，可终止理财产品给客户带来的收益大大超过单纯采用定期存款方式获得的利息收益。

6.6.3 个人外汇投资的技巧

1.学会顺势而为

外汇买卖不同于股票买卖，人们在买卖外汇时，常常片面地着眼于价格而忽视汇价的上升和下跌趋势。当汇率上升时，价格越来越贵，越贵越不敢买；在汇率下跌时，价格越来越低，越低越觉得便宜。因此实际交易时往往忘记了“顺势而为”的格言，成为逆市而为的错误交易者。在汇率上升的趋势中，只有一点是买错的，那就是价格上升到顶点的时候。汇价犹如升到天花板，无法再升。除了这一点，任意一点买入都是对的。在汇率下跌的趋势中，只有一点是卖错的，那就是汇价已经落到最低点，犹如落到了地板，无法再低，除此之外，任意一点卖出都是对的。

2.尽量使利润延续

缺乏经验的投资者，在开盘买入或卖出某种货币之后，一见有盈利，就立刻想到平盘收钱。获利平仓做起来似乎很容易，但是捕捉获利的时机却是一门学问。有经验的投资者会根据自己对汇率走势的判断来决定平盘的时间。如果认为市势会进一步朝着对他有利的方向发展，他会耐着性子，任由汇率尽量向着自己更有利的方向发展，从而使利润延续。一见小利就平盘不等于见好即收，到头来，搞不好会盈少亏多。

3.采用金字塔投资法

金字塔投资法是指在第一笔买入某一货币之后，如该货币价格上升，在追加投资时应当遵循“每次加买的数量应比上一次少”的原则。这样，逐次加买，数量越来越少，犹如“金字塔”的模式，层次越高，数量越少。有些人在交易时，一见买对，就加倍购买，一旦市势急跌，难免损失惨重。而金字塔式的投资，一旦市势下跌，由于在高位建立的头寸较少，损失相对轻些。

4.学会斩仓

斩仓是在开仓后或所持头寸与汇率走势相反时，为防亏损过多而采取的平盘止蚀措施。斩仓是外汇投资者必须首先学会的本领。未斩仓，亏损仍然是名义上的，一旦斩仓，亏损便成为现实。从经验上讲，斩仓会给投资者造成精神压力。任何侥幸求胜，等待汇率回头或不服输的情绪，都会妨碍斩仓的决心，并有招致严重亏蚀的可能。

5.学会建立头寸

“建立头寸”亦即开仓的意思。开仓也叫敞口，就是买进一种货币，同时卖出另一种货币的行为。开盘之后，长了（多头）一种货币，短了（空头）另一种货币。选择适当的汇率水平和时机建立头寸是盈利的前提。如果入市的时机好，获利的机会就大；相反，如果入市的时机不当，亏损就容易发生。

6.学会获利

获利，就是在敞口之后，汇率已朝着对自己有利的方向发展，平仓可获盈利。“获利”的难点在于掌握平盘的时机。平仓太早，获利不多；平仓太晚，可能延误了时机，不盈反亏。因此掌握“获利”平盘的时机实非容易，这是交易时必须学会和钻研的学问。

7.保持谨慎的心态

并非每天均需入市，初入行者往往热衷于入市买卖，但成功的投资者则擅长等机会，当他们入市后感到疑惑时亦会先行离市。当投资者感到汇市的走势不够明朗，自己又缺乏信心时，应暂时观望。如果感到没有把握，不如什么也不做，耐心等候入市的时机；如果已经开仓，不如平仓离场。

8.定下止蚀位置

这是一项重要的投资技巧。由于投资市场风险颇高，为了避免投资失误带来的损失，因此每一次入市买卖都应该定下止蚀点，即当汇率跌至某个预定的价位，还可能下跌时，立即结清交易，这样我们便可以限制损失的进一步扩大了。

6.7 黄金投资

6.7.1 黄金投资简介

黄金具有一般商品和货币商品的双重属性，是一种保值避险的良好工具，这在

2018年全球资产的表现中尤为明显。因此，虽然目前黄金已失去国际清偿货币的计价结算功能，但仍具有价值储藏功能，其支付功能仍未完全消失，在国际市场上仍是一种硬通货。加之黄金是一种金融产品，所以具有投资功能。

随着经济发展，难免出现良性通货膨胀，货币本身发生贬值，这样的情况使黄金的保值功能得到体现。但真正意义上的黄金投资，是一个全新的金融品种，以获取差价为最终目的。一般认为，黄金较适于风格稳健的长线投资者。当然，黄金也可以短线套利，投资者可将黄金作为投资组合中的一部分，以达到规避风险的目的。

6.7.2 黄金投资渠道

个人投资者可通过银行、首饰店、黄金交易所等进行黄金的买卖。首饰店中可购买各种黄金类的首饰，如金项链、金戒指等；商业银行可以直接向个人出售金条、金币、金块等黄金产品，并提供交易、清算、托管等服务。

6.7.3 黄金投资的种类

黄金投资一般可分为三类：

1.实金投资

实金投资就是有实物黄金交割的黄金投资行为，主要的实金投资品种有标金、金条、金币等。

标金是标准金条的简称，指由交易所认定的生产商提供的适合交易所交割的标准金条的总称。标金是黄金市场最主要的交易工具，它是按规定的形状、规格、成色、重量等精炼加工成的标准化的条状黄金。按国际惯例，用于黄金市场实物交割的标金，在精炼厂浇铸成型时必须标明成色、重量，一般还应标有精炼厂的厂名及编号等。目前国际黄金市场上的标金规格较多，比较常见的有400盎司标金、1千克标金、111克标金、1盎司标金等。各国市场信息上的标金成色也各有不同，有99.5%，也有99%和99.99%。

金条是相对标金而言，一般规格较小，有30克、50克、100克、1盎司等多种规格。

金币是黄金铸币的简称，通常可分为纪念金币、投资金币两大类，比较著名的有南非福格林金币、加拿大枫叶金币、英国不列颠金币、美国鹰洋金币、中国熊猫金币等。

2.账面黄金

“账面黄金”买卖是不进行实物黄金交割，只是通过银行等金融机构或投资机构代投资者进行的黄金买卖，以赚取价差为目的，在形式上主要有两种：

（1）黄金存折，即“纸黄金”，投资者持身份证到银行柜面开立账户，按牌价即可直接进行纸黄金买卖。

（2）黄金存单。投资者购入大量的黄金时，通常会存放不便，投资者可将黄金实物存入银行，银行出具“黄金存单”。持单者可提取实金，也可直接卖出存单。

3.黄金衍生工具

黄金衍生工具主要包括黄金期货与黄金期权等衍生品种。

各黄金投资品种的比较可见表6-6。

表6-6 黄金投资品种比较

品种	特点
金条、金块	优点是变现性非常好，在全球任何地区都可以很方便地买卖，大多数地区还不征收交易税。缺点是占用较多的现金，有一定的保管费用
金币	投资金币与投资金条、金块的差别不大。通常情况下，有面额的纯金币要比没有面额的纯金币价值高。投资金币的优点是其大小和重量并不统一，所以投资者选择的余地比较大，小额的资金也可以用来投资，并且投资金币的变现性也非常好，不存在兑现难的问题
纪念金币	具有一定的投资价值，但投资纪念金币要考虑到其不利的一面，即纪念金币在二级市场的溢价一般都很高，往往远远超过了黄金材质本身的价值，另外我国钱币市场行情的总体运行特征是“牛短熊长”，一旦在行情较为火爆的时候购入，投资者的损失会比较大
黄金饰品	从投资的角度看，投资黄金饰品的风险是较高的。投资黄金制品一般不要选择黄金首饰。其主要原因是，黄金首饰的价格在买入和卖出时相距较大，而且许多金首饰的价格与内在价值差异较大
纸黄金	纸黄金（黄金存折）是未来个人投资黄金的重要方式，也是国际上比较流行的投资方式，投资者既可避免储存黄金的风险，又可通过黄金账户买卖黄金，对投资者的资金要求比较灵活
黄金衍生产品	对一般投资者来说，投资要适度，远期或期权应注意与自身的生产能力或需求、风险承受能力基本一致。由于黄金期权买卖投资战术比较多并且复杂，不易掌握。目前世界上黄金期权市场不太多，应注意因价格变动导致的风险太大，不要轻易运用卖出期权

6.7.4 黄金投资的注意事项

1.要了解黄金

要了解作为投资标的的黄金究竟有什么特点。首先，应该知道黄金在通常情况下，与股票等投资工具是逆向运行的，即股市行情大幅上扬时，黄金的价格往往是下跌的；反之上涨。当然，黄金价格的涨跌与我国股市目前的行情并没有太多的关联，而是与国际主要股票市场有较强的关联。其次，应该知道将黄金作为投资标的，它没有类似股票那种分红的可能，如果是黄金实物交易，投资者还需要一定的保管费用。最后，应该了解不同的黄金品种各自有哪些优缺点。

2.介入的时机有讲究

从国际市场上黄金的长期价格走势来看，黄金价格虽然也有波动，但是每年的价格波动通常情况下却是不大的。如果以股市里短线投机的心态和手法来炒作黄金，很可能难如人愿。所以对普通投资者而言，选择一个相对的低点介入然后较长时间拥有可能是一种既方便又省力的选择，毕竟投资黄金作为个人理财的一部分，选择黄金有与其他投资品种对冲风险的作用。

3.黄金品种的选择很重要

投资者在选择黄金品种进行投资时，黄金饰品一般情况下是不宜作为投资标的的，从纯粹的投资角度出发，标金和纯金币才是投资黄金的主要标的。如果对邮币卡市场行情比较熟悉，则也可以将纪念金币纳入投资范围，因为纪念金币的市场价格波动幅度和频率远比标金和纯金币大。

4.要基本懂得黄金交易的规则和方法

个人投资者有一个选择哪家银行进行委托代理黄金买卖的问题，而银行的实力、信誉、服务以及交易方式和佣金的高低将成为个人投资者选择时的重要参考因素。在具体的交易中，既可以进行实物交割的实金买卖，也可以进行非实物交割的黄金凭证式买卖，两种方法各有优缺点。实物黄金的买卖由于要支付一定的保管费和检验费等，其成本要略高于凭证式黄金买卖。另外，黄金交易的时间、电话委托买卖、网上委托买卖等都会有相关的细则，投资者都应该在买卖前搞清楚，以免造成不必要的损失。

6.8 银行理财产品投资

6.8.1 银行理财产品的定义

银行理财产品是指商业银行在对潜在目标客户群分析研究的基础上，针对特定目标客户群开发设计并销售的资金投资和管理计划。在理财产品这种投资方式中，银行只是接受客户的授权管理资金，投资收益与风险由客户或客户与银行按照约定方式承担。表6-7总结归纳了1995—2009年我国商业银行理财业务发展历程，总结了其从开始到走向成熟的进程。

表6-7 1995—2009年我国商业银行理财业务发展历程

时间	银行	主要事件
1995年	招商银行	推出集本外币、定活期存款集中管理及代理收付功能于一体的“一卡通”
1996年	中信实业银行广州分行	率先在国内银行界成立了私人银行部，客户只要在私人银行部保持最低10万元的存款，就能享受该行的多种财务咨询
1997年	中国工商银行上海市分行	推出了理财咨询设计、存单抵押贷款、外汇买卖、单证保管、存款证明等12项内容的理财系列服务
1998年	中国工商银行的上海市分行等5家分行	进行“个人理财”业务的试点
1999年	中国建设银行	在北京、上海等10个城市的分行建立了个人理财中心

续表

时间	银行	主要事件
2000年	中国工商银行上海市分行	银行首次出现以银行员工姓名作为服务品牌的理财工作室
2001年	中国农业银行	推出“金钥匙”金融超市，为客户提供“一站式”理财服务
2002年	招商银行	在全国推出“金葵花”理财，为高端个人客户提供高品质、个性化的综合理财服务，内容包括“一对一”理财顾问服务、理财规划等专业理财服务
2003年	中国工商银行	实施个人理财中心核心竞争力开发及管理项目，显著提升了网点的综合服务功能和竞争能力
2004年	中国光大银行	在国内银行中率先推出的外币理财产品——阳光理财A计划和人民币理财产品——阳光理财B计划
2005年	交通银行总行	对其个金产品进行了套餐化，分别推出了学生族——“志学理财”，年轻一族（新就业者）——“菁英理财”，两人世界——“伉俪理财”，创业一族——“通达理财”等套餐
2006年	花旗银行、巴黎银行、德意志银行	宣布在沪发展私人银行
2007年	中国银行	成立私人银行部，并在京沪两地设立了私人银行
2008年	各大银行	遭遇寒冬，零收益、负收益现象普现
2009年	各大银行	共发行6 000多款理财产品，同比增长了10.5%，年均收益率在3%以上

2018年4月27日，中国人民银行、中国银保监会、中国证监会、国家外汇管理局联合发布《关于规范金融机构资产管理业务的指导意见》，业内称为资管新规。这次资管新规最为大众所关心的一点就是，彻底打破刚性兑付，禁止银行发布保本理财产品。从深层次讲，资管新规的目的在于化解潜在的金融风险，使经济运行不出现大的危机和波动。

6.8.2 银行理财产品的种类

1.按标价货币分类

银行理财产品的标价货币，即允许用于购买相应银行理财产品或支付收益的货币类型。如外币理财产品只能用美元、港币等外币购买，人民币理财产品只能用人民币购买，而双币理财产品则同时涉及人民币和外币。

（1）外币理财产品。

外币理财产品的出现早于人民币理财产品，结构多样，创新能力很强。外资银行凭借自身强大的海外投资能力，在这一领域表现极其活跃，并提供了多种投资主题，如新兴市场股票、奢侈品股票篮子、水资源篮子股票等，帮助投资者在风险相对较低的情况下，把握资本市场的投资热点。

（2）人民币理财产品。

伴随近年来银行理财市场的蓬勃发展，在基础性创新方面，各家银行将投资品种从国债、金融债和央行票据，延伸至企业短期融资券、贷款信托计划乃至新股申购等方面；在差异性创新方面，流动性长短不一而足，风险性则由保最低收益到保本再到不保本，品类齐全。从投资方向分，最常见有债券型、信托型、新股申购型和QDII型。

① 债券型，主要投资于国债、央行票据、政策性金融债等低风险产品，是风险最低的银行理财产品之一。比起购买单期国债来说，这类理财产品通过各种债券搭配来提高收益率，投资期限短，因此更具投资价值。

② 信托型，投资于商业银行或其他信用等级较高的金融机构担保、回购的信托产品或商业银行优良信贷资产收益权信托产品。

③ 新股申购型，集合投资者资金，通过机构投资者参与网下申购，提高中签率。

④ QDII型，取得代客境外理财业务资格的商业银行接受投资者的委托，将人民币兑成外币，投资于海外资本市场，到期后将本金及收益结汇后返还给投资者。

（3）双币理财产品。

根据货币升值预期，将人民币理财产品和外币理财产品进行组合创新。

① 投资本金由本外币两种货币组成，以人民币理财产品和外币理财产品的模式运作，到期后分别以原币种支付本金及收益。

② 以人民币作为投资本金，将此本金产生的利息兑成外币，以外币理财模式运作，以外币返还本外币理财的整体收益。

③ 其他交叉投资模式。

专栏6-2

招商银行理财产品

招商银行最早推出了理财产品，其基本情况见表6-8。

表6-8 招商银行理财产品基本情况

名称	招商银行“金葵花”——岁月流金系列人民币90天理财计划（代码：8506）
理财币种	人民币
本金及理财收益	招商银行于每个工作日10：30前公布本理财计划项下子计划的到期或提前终止预期年化收益率，投资者购买本理财计划项下子计划后若持有到期则招商银行承诺保证本金，预期理财收益按照投资者购买各子计划当日招商银行公布的预期年化收益率计算。详细内容见以下“本金及理财收益”
投资周期	90天，详细内容见以下“投资周期”
提前终止	本理财计划项下的子计划成立30个工作日后，招商银行有权但无义务提前终止该子计划。详细内容见以下“提前终止”

续表

认购起点	1元人民币为1份，认购起点份额为5万份，超过认购起点份额部分，应为1万份的整数倍
认购开放时间	自2010年3月11日开始，每个自然日10：30到22：30为认购开放时间，其他时间不开放认购。详细内容见以下“理财计划认购”
登记日	各子计划认购后的下一工作日为登记日
成立日	登记日为成立日，各子计划自成立日起计算收益
到期日	成立日后的第90天为各子计划到期日，若到期日为节假日则顺延至下一个工作日
赎回	投资者认购本理财计划项下的子计划，且相应子计划成立后，投资者不能提前赎回该子计划
收益计算基础	实际理财天数/365
本金及收益支付	各子计划的理财本金及收益在到期日后3个工作日内划转至投资者指定账户
还本清算期	到期日至理财资金返还到账日为还本清算期，还本清算期内不计付利息
购买方式	在理财计划认购开放时间内，携带本人身份证件和招商银行“一卡通”到招商银行当地各营业网点办理或通过个人银行大众版、专业版、财富账户认购
节假日	中国法定公众节假日
工作日	节假日以外商业银行工作时间（最终以国务院公布的节假日为准）
对账单	本理财计划不提供对账单
税款	理财收益的应纳税款由投资者自行申报及缴纳

2.按收益类型划分

（1）保证收益类。

① 收益率固定。银行按照约定条件，承诺支付固定收益并承担由此产生的投资风险。若客户提前终止合约，则无投资收益；若银行提前终止合约，收益率按照约定的固定收益计算，但投资者将面临一定的再投资风险。

② 收益率递增。银行按照约定条件，承诺支付最低收益并承担相关风险，其他投资收益由银行和客户共同承担。若银行提前终止合约，客户只能获得较低收益，且面临高于固定收益类产品的再投资风险。

（2）非保证收益类。

①保本浮动收益。保本浮动收益指商业银行根据约定条件向客户保证本金支付，依据实际投资收益情况确定客户实际收益，本金以外的投资风险由投资者承担的理财产品。此类产品将固定收益证券的特征与衍生交易的特征有机结合，是我们常说的

“结构型理财产品”。这类产品在保证本金的基础上争取更高的浮动收益，投资者在存款的基础上，向银行出售了普通期权、互换期权或奇异期权，因此得到普通存款和期权收益的总收益。衍生部分品种繁多，所挂钩的标的物五花八门，比如利率、汇率、股票波动率、基金指数、商品期货价格甚至天气等。商业银行通常通过购买零息票据或期权等保本工具来实现保本，再将剩余的钱去购买挂钩标的，这种策略以小博大，如果投资者认同挂钩产品的走势，最多也只是输掉投资期利息，以一种门槛不高的投资，可以参与诸如商品市场、海外资本市场等平日没有途径进入的领域，有较强的吸引力。保本浮动收益从收益计算方式划分，主要可以分为区间累积型、挂钩型、触发型三种。

第一，区间累积型：预先确定最高、最低的年收益率并设置利率参考区间，根据利率/汇率/指数等标的物在参考区间内运行的情况确定收益率。

第二，挂钩型：产品实际收益情况与存续期内每一天的利率等标的物成正比（反比），挂钩标的物越高（低），产品收益率越高（低）。

第三，触发型：为挂钩标的物设定一个触发点，在产品观察期内，触碰或突破触发点，可获得约定的投资收益。

投资者需要对挂钩标的物有一定了解和基本判断能力，如果产品设计对标的物走势情况判断失误，产品收益率有可能就大打折扣甚至颗粒无收，即使走势判断正确，收益计算方式的选择也极为重要。拿区间累积型来说，即使产品设计者对某一挂钩市场走势判断正确，但假设参考区间设计的幅度过于狭窄，一旦投资标的物的表现在短时间内大幅上扬（下挫），直接跳开该设定区间，则会直接影响实际投资成果。

②非保本浮动收益。非保本浮动收益类产品指商业银行根据约定条件和实际投资情况向客户支付收益，并且不保证本金安全，投资者承担投资风险的理财产品。非保本浮动收益理财产品是商业银行面向投资者推出的类似衍生金融产品的理财计划，目前还未形成完善的产品系统。现阶段常见的是一些打新股、类基金等产品，但是本质上没有太大差别，更多的是要考虑此类产品的入场时间而非产品设计。

6.8.3 如何选择银行理财产品

与储蓄存款相比，理财产品因为其更高的收益而受到大众的青睐。但是，要购买一款适合自己的银行理财产品，却并非容易的事情，除了要了解这些产品的分类、收益，还要特别关注其中可能出现的风险。

1.要了解银行理财产品的种类，选择适合自己的产品类型

目前银行的理财产品大致分为保证收益型、保本浮动收益型和非保本浮动收益型三类。保证收益型产品是银行按照约定条件向客户承诺支付最低固定收益，银行承担由此产生的投资风险，超出最低固定收益的其他收益由银行和客户按照合同约定分配。保本浮动收益型产品是指银行按照约定条件向客户保证本金，此外的投资风险由客户承担，并依据实际投资收益情况确定客户实际收益的理财计划。非保本

浮动收益型产品是指银行根据约定条件和实际投资收益情况向客户支付收益，并不保证本金安全的理财计划。投资人要根据自身的风险承受能力选择适合的产品类型。

2.要正确认识银行理财产品的收益率

根据规定，银行不得无条件向客户承诺高于同期储蓄存款利率的保证收益率，因此不论固定收益产品还是浮动收益产品，在购买时所看到的“收益率”其实是“预期收益率”，甚至是“最高预期收益率”的概念。只有当产品到期，银行根据整个理财期间产品实际达到的结果，按照事先在产品说明书上列明的收益率计算方法计算出来的收益率才是“实际收益率”。

3.要对银行理财产品的风险有清醒认识

“高收益必定伴随着高风险，但高风险未必最终能带来高收益”，这是在进行任何投资活动前都必须牢记的规律。银行理财产品也遵循这一规律。也正因为理财产品的风险高于普通存款，因此能有机会获得高于存款利息的收益。一般规律是，保证收益类产品的约定收益较低，风险也较低；非保证收益类产品的收益潜力较大，但风险也较高。保证收益率产品的收益一般都会有附加条件：如银行具有提前终止权或银行具有本金和利息支付的币种选择权等。而非保证收益类产品，就要明白任何市场的历史表现都不能代表未来的走势，银行说明的“预期收益率”或“最高收益率”可能与最终实际收益率出现偏差。

4.投资者要正确地了解自己

认真考虑自己的理财目的、资金量、理财时间、背景知识、对风险的认识等问题，选择适合自己的产品，实现资产保值增值的目标。

5.不要盲目跟风

尽量选择自己相对熟悉的产品购买，即使原来没有任何背景知识，也应该在购买前详细咨询独立的理财师，或要求银行专业理财人员详细解释。

6.了解金融机构

投资银行理财产品，要事先了解哪些金融机构可以销售银行理财产品，以及每个银行在理财产品和配套服务方面的特色和专长，从中选择值得信赖的金融机构。

【思政课堂】

北京证券交易所

【教学提示】大政方针。

一、基本情况

2021年9月2日晚，国家主席习近平在2021年中国国际服务贸易交易会全球服务贸易峰会上发表视频致辞时宣布，设立北京证券交易所，打造服务创新型中小企业主阵地。

2021年9月3日，北京证券交易所有限责任公司成立，徐明任董事长。

2021年9月17日，北京证券交易所发布《北京证券交易所投资者适当性管理办法（试行）》。北交所开市后个人投资者准入门槛为开通交易权限前20个交易日日均证券资产50万元，同时具备2年以上证券投资经验。在北交所开市前已开通精选层交易权限的投资者，其交易权限将自动平移至北交所。自规则发布之日起，投资者即可预约开通北交所交易权限。机构投资者准入不设置资金门槛。北交所表示，规则发布后至北交所开市前，投资者参与精选层股票交易仍需满足100万元证券资产标准。另外，全国股转公司同步修改投资者适当性管理办法，新三板创新层投资者准入资金门槛即日起由150万元调整为100万元。

2021年11月15日，北京证券交易所正式开市。开市后，可参与交易的投资者合计超过400万户。

二、发展目标

北交所设立后的具体发展目标为：

（1）构建一套契合创新型中小企业特点的涵盖发行上市、交易、退市、持续监管、投资者适当性管理等基础制度安排，补足多层次资本市场发展普惠金融的短板。

（2）畅通北京证券交易所在多层次资本市场的纽带作用，形成相互补充、相互促进的中小企业直接融资成长路径。

（3）培育一批专精特新中小企业，形成创新创业热情高涨、合格投资者踊跃参与、中介机构归位尽责的良性市场生态。

三、设立意义

深化新三板改革，设立北京证券交易所，是资本市场更好支持中小企业发展壮大的内在需要，是落实国家创新驱动发展战略的必然要求，是新形势下全面深化资本市场改革的重要举措。证监会将进一步深化新三板改革，以现有的新三板精选层为基础组建北京证券交易所，进一步提升服务中小企业的能力，打造服务创新型中小企业主阵地。

设立北京证券交易所，将进一步增强多层次资本市场服务中小企业创新发展的能力。经济高质量发展离不开中小企业创新发展，而中小企业创新发展亟需资本市场丰富直接融资渠道，促进科技与资本融合对接。以精选层为基础设立北京证券交易所，将增强资本市场服务中小企业创新发展的有效性。

一是将更好发挥资源配置功能，增强中小企业创新发展的精准度。资本市场，特别是交易所，对科技创新催化作用强劲，可通过资金募集、并购重组和交易估值等功能，有效降低创新发展风险，疏通资本退出渠道，提高资金使用效率，优化科技创新资源配置，并能够辐射吸引高端产业，引入顶尖科创人才和风险资本，加速创新成果产业化。经过八年多发展，新三板已形成一套服务中小企业创新发展的特色市场体系，在精选层基础上设立北交所将为中小企业提供更加精准有效的资本市场服务，提升市场要素资源配置水平，形成深度服务中小企业直接融资和创新发展的专业化平台。

二是将更好发挥市场约束功能，增强中小企业创新发展的规范度。一直以来，新三板坚持兼顾资本市场公开披露要求与中小企业实际承受能力，引导企业以规范强发展、以发展促规范。在精选层基础上设立北交所，一方面将通过北交所对新三板的示范引领，推动广大中小企业尽早熟悉和进入资本市场，培育公司治理文化和信息披露意识，夯实资本市场健康发展的基础。另一方面将同步试点注册制，在推动注册制改革红利更多惠及中小企业的同时，引导发行人“说清楚”，督促中介机构“核清楚”，确保投资者“看清楚”，厚植企业在资本市场健康发展的土壤文化。

三是将更好发挥市场品牌效应，增强中小企业创新发展的活跃度。本次改革后，精选层从证券交易场所的一个市场层次转变为证券交易所、精选层挂牌公司由非上市公众公司升级为上市公司，法律地位将显著提升，配套政策更加全面到位。中小企业将有机会吸引到更多的市场主体对其关注，更多的市场资源为其服务，创新发展的积极性将得到提升。同时，投资者、中介机构等市场主体的参与度和获得感也将进一步增强，围绕中小企业创新发展的特色生态圈将进一步优化。

资料来源：作者整理、撰写。

本章小结

1.投资是指个人或家庭寄希望于不确定的未来收益，将货币或其他形式的资产投入经济活动的一种行为，即为未来收入货币而奉献当前的货币。它一般具有时间和风险两个因素。

2.投资管理流程主要包括确定投资政策、进行投资品种分析、构建投资组合、调整投资组合、评估投资组合绩效五个步骤。

3.股票是有价证券的一种主要形式，是股份公司为筹集资金而发行给股东作为持股凭证并借以取得股息和红利的一种有价证券。每股股票都代表股东对企业拥有一个基本单位的所有权。

4.债券是一种有价证券，是社会各类经济主体如政府、企业等为筹措资金而向债券购买者出具的、承诺按一定利率定期支付利息并到期偿还本金的债权债务凭证，它是一种重要的信用工具。

5.基金是指一种利益共存、风险共担的集合证券投资方式，即通过发行基金，集中投资者的资金，由基金托管人托管，由基金管理人管理和运用资金，从事股票、债券等金融工具投资，并将投资收益按基金投资者的投资比例进行分配的一种间接投资方式。

6.期货投资是相对于现货交易的一种交易方式，它是在现货交易的基础上发展起来的，通过在期货交易所买卖标准化的期货合约而进行的一种有组织的交易方式。期货交易的对象并不是商品（标的物）本身，而是商品（标的物）的标准化合约，即标准化的远期合同。

7.外汇投资，是指投资者为了获取投资收益而进行的不同货币之间的兑换行为。

8. 黄金具有一般商品和货币商品的双重属性，是一种保值避险的良好工具；同时黄金是一种金融产品，所以具有投资功能。

9. 银行理财产品是指商业银行在对潜在目标客户群分析研究的基础上，针对特定目标客户群开发设计并销售的资金投资和管理计划。在理财产品这种投资方式中，银行只是接受客户的授权管理资金，投资收益与风险由客户或客户与银行按照约定方式承担。

综合训练

6.1 单项选择题

1. 技术分析认为价格是由供求关系所决定，希望通过对投资品价格的分析，解决（　　）的问题。

A. 购买什么　　B. 何时购买　　C. 怎么购买　　D. 购买途径

2. 根据（　　）分类，债券可分为政府债券、金融债券和公司债券。

A. 发行区域　　B. 发行主体　　C. 发行方式　　D. 发行期限

3. 我国股票交易以（　　）为基本交易单位。

A. 手　　B. 股　　C. 元　　D. 打

4. 开放式基金买卖的价格是以（　　）为基础计算的。

A. 基金单位净值　　B. 基金资产净值　　C. 基金单位原值　　D. 基金资产现值

5.（　　）是指商业银行根据约定条件和实际投资情况向客户支付收益，并且不保证本金安全，投资者承担投资风险的理财产品。

A. 保证收益型银行理财产品　　B. 保本浮动收益型银行理财产品

C. 非保证收益型银行理财产品　　D. 非保本浮动收益型银行理财产品

6.2 多项选择题

1. 投资收益包括（　　）。

A. 卖出价格　　B. 收入收益　　C. 买入价格　　D. 资本利得

2. 与其他债券相比，国债具有（　　）等特点。

A. 流动性强　　B. 风险低　　C. 收益率较高　　D. 发行量较小

3. 购买开放式基金的方式有（　　）。

A. 基金开户　　B. 基金认购　　C. 基金申购　　D. 基金赎回

4. 以下属于实物黄金投资品种的有（　　）。

A. 黄金饰品　　B. 金条　　C. 纪念金币　　D. 黄金存折

5. 下列外汇投资方式中适合个人和家庭的是（　　）。

A. 外币储蓄　　B. 外汇理财产品　　C. 期权型存款　　D. 汇率投资

6.3 简答题

1. 理财为什么和投资分不开？

2. 个人理财投资规划的基本流程是什么？

3. 如何确定投资组合？

4. 投资策略有哪几种？如何灵活运用？
5. 如何进行股票交易？股票投资的原则有哪些？
6. 个人投资债券的方式有哪些？
7. 投资基金的优点有哪些？应如何选择基金品种？
8. 期货投资的特点是什么？
9. 适合普通投资者的外汇投资方式有哪些？应该如何选择？
10. 个人可以投资的黄金品种有哪些？
11. 你会投资银行理财产品吗？你会选择哪种类型？

第7章　房产投资规划

学习目标

房产是家庭资产的重要组成部分，具备消费和投资的双重属性。通过本章的学习，要了解房产投资的概念、房产投资的方式、房产投资的优缺点、房产投资规划的原因、购房与租房的比较及决策、个人住房贷款的种类、个人购房能力评估、重点掌握住房贷款还款方式，并能够运用相关知识理论联系实际，设计个人房产投资规划方案。

引例

沉重的“终极梦想”

有报道称，中国家庭自有住房拥有率为89.68%，远高于世界平均水平的60%。其中，城市家庭为85.39%。城市家庭拥有两套以上住房的家庭占19.07%。城市家庭第一套住房价值平均为84.10万元，成本价格平均为19.10万元，市价-成本比为4.4；城市家庭第二套住房价值平均为95.67万元，成本价格平均为39.33万元，市价-成本比为2.43。因此，城市住房收益可观。另外，非农家庭购房贷款总额平均为28.39万元，占家庭总债务的47%；农业家庭购房贷款总额平均为12.22万元，占家庭总债务的32%。住房贷款总额远远大于家庭年收入，户主年龄在30~40岁之间的家庭负担最重，贷款总额平均为家庭年收入的11倍多。随着人类社会的进步发展，“房子”已成为“家”的基本象征，其房子的样式、大小、装修的档次如何以及里面的陈设情况都体现了这个家的温馨程度。家本身不是房子，可没有房子，就不太像个家。当前，年轻人都把有一套自己所有的房子作为努力的方向，他们为了实现自己的目标省吃俭用、辛勤劳作，但节节攀升的房价却使其与目标越来越远。有些年轻人因贷款买房而背上了沉重的包袱，有些老人不忍心看到儿女受罪而付出了大半生的积蓄，还有些人只能面对日益上涨的房价望而却步，无计可施。由此可见，在中国人的资产配置中，房产绝对是重中之重，是很多家庭的“终极梦想”。

那么如何房产投资进行规划？到底应该租房还是买房？如何选择合适的住房贷款方式？如何评估自己的购房能力？本章将进行相应的阐述。

7.1 房产投资概述

7.1.1 基本概念

1. 房产的概念

房产是指物业建成后的置业投资。房产由于其自身特点即位置的固定性和不可移动性，又称为不动产。随着个人财产所有权的发展，房产已经成为商业交易的主要组成部分。对于房产，党的二十大报告指出："坚持房子是用来住的、不是用来炒的定位，加快建立多主体供给、多渠道保障、租购并举的住房制度。"

2. 房产投资的概念

房产投资是以获取期望收益为目的，将货币资本投入房产开发、经营、中介服务和房产金融资产的经营活动。房产投资作为一种长期的高额投资，除了用于个人消费，它还具有显著的投资价值。投资者购买房产主要出于四种考虑：自己居住、对外出租、投资获利和减免税收。针对不同的投资目的，投资者在选择具体房产品种时也会有不同的考虑。在房产投资规划中，要重视两方面的问题：一方面，应当对房产法律法规（包括交易规则、税收优惠等）和影响房产价格的各种因素有比较深的了解；另一方面，由于房产单位价值高且多是终身投资，所以进行房产投资必须十分谨慎，在作出投资决策之前，必须详细了解自己的支付能力，以确定合理的房产购置计划。

7.1.2 房产投资的方式

1. 直接购房

投资者用现款或分期付款的方式直接购置房屋，可自住，也可出租或出售，以获得利润。这种方式适合资金实力较强的家庭。

2. 以租代购

投资者签订购租合同，租户可在一定期限内购买此房，并以租金抵销部分房款。这种方式适合开始资金不够、以后收入增加有能力购买的家庭。

3. 以租养贷

投资者先付首期房款（一般是全部房款的两三成)，其余部分通过银行贷款解决。然后出租此房屋，用租金来偿还贷款，贷款还清后将完全拥有此套房屋。此种方式与"以租代购"相反，适合当前已有相当大数量的资金，但以后收入可能不稳定的家庭。

4. 买卖楼花

买卖楼花，投资者只需支付房款10%左右，待到建成一半时，再支付10%，当房屋完全建成交付使用时，再交纳余下的房款。从实质上来说，买卖楼花属于购买期房的投资方式，如果房价上升，可卖出获利。可见，买卖楼花具备了期货功能，风险较大，适合风险承受力较强、激进型的投资者。

5. 以房换房

以房换房指看准一处极具升值潜力的房产，在别人尚未意识其升值潜力之前，附加一定的条件采取以房换房的方式获取自己认为具备升值潜力的房产，待时机成熟再转售或出租以从中谋利。以房换房一般是换进门面房或即将动迁的房产。

6.房产证券

通过发行证券，将小投资者的资金汇集后购买房产，或者将房产按价值单元分割成小的产权单位，出售给投资者，实行房产所有权和使用权分离。其租金收入在扣除开支后分配给投资者，也就是说，把直接房产投资转化为证券投资。由于投资者持有证券的数量可多可少，不像直接投资房产那样必须拥有某房产权益的全部，这使得“小额”投资者有了通过购买证券从而投资房产业赚钱的可能。

7.房产信托

房产信托指由专业化房产信托公司或房产企业，受托经营其他单位的自营房产、集体的合作房产和个人的私有房产。房产信托经营的业务范围包括信托出租、出售、维修、托管和监督等。房产信托一般可分为房产投资信托和房产租赁信托，是当前比较新颖的房产投资方式。

7.1.3 房产投资的优缺点

1.房产投资的优点

（1）可获得相对较高的收益。

房产投资中，在有效使用信贷资金、充分利用财务杠杆的情况下，考虑到持有期内的增值收益，每年实现10%～12%的权益收益率也比较容易做到。这相对于储蓄、股票、债券等其他类型的投资来说，收益水平是较高的。同时，房产是人们生活的必需消费品，且是一种耐用消费品，为投资营利提供了较多的时间机会。

（2）易于获得金融机构的支持。

由于可以将房产作为抵押物，所以投资者可以较容易地获得金融机构的支持，得到其投资所需要的大部分资金。包括商业银行、保险公司和抵押贷款公司等在内的许多金融机构都愿意提供抵押贷款服务，给投资者提供了很多选择。金融机构通常认为以房产作为抵押物，是保证其能按期安全收回贷款最有效的方式。因为除了投资者的资信情况和自有资金投入的数量外，房产本身也是一种重要的信用保证。而且，通常情况下，房产的租金收入就能满足投资者分期还款对资金的需要，所以金融机构可以提供的贷款价值比例也相当高，一般可以达到70%～90%，而且常常能为借款人提供利率方面的优惠。另外，拥有房产能提高投资者的资信等级。

（3）能抵消通货膨胀的影响。

从较长的时期来看，房产投资能有效抵消通货膨胀，尤其是预期通货膨胀的影响，具有较好的保值增值功能。由于存在通货膨胀，房产和其他有形资产的重置成本不断上升，从而导致了房产和其他有形资产价值的上升，所以说房产投资具有增值性。又由于房产是人类生活居住、生产经营所必需的，即使在经济衰退的过程中，房产的使用价值仍然不变，所以房产投资又是有效的保值手段。

2.房产投资的缺点

(1)流动性相对较差。

房产作为不动产，最大缺点是流动性较差。它不像其他金融产品，可随时变现或较容易变现，一般出售或出租都需要一定的时间。有时，为了快速变现，可能要损失收益甚至亏损才行。所以，房产作为固定资产投资，一般是长期投资项目，家庭必须没有现金压力才行。为了减少这种风险，一般考虑将房产投资作为投资组合的一部分，而非全部。另外，在急需资金时，可把房产抵押进行贷款。

(2)投资金额比较大。

房产投资额的起点都比较高，一般动辄数十万元，或上百万元，即使投资者只需支付30%的资本金用作前期投资或首期付款，也大大超出了许多投资者的能力。大量自有资金的占用，使得在宏观经济出现短期危机时，投资者的净资产迅速减少。

(3)投资回收期较长。

房产投资的回收期短则十年八年，长则二三十年，甚至更长。要承受这么长时间的资金压力和市场风险，要求投资者具有很强的资金实力。

(4)面临的风险高。

房产投资是一项政策性很强的经济活动，如土地政策、城市规划、房产税收、租金管制等的变化都可能给房产投资带来一定的政策风险。同时，国内房产市场的不成熟，也给少数开发商及房产中介提供了违规、欺骗的机会，如房屋的质量问题、合同的不公正、产权的不完善等，都可能给房产投资带来损失，这些道德风险在现阶段特别明显。

7.1.4 房产估价及影响因素

1.房产价格的基本构成要素

(1)土地成本，包括征地费、拆迁补偿费或土地使用权转让费及相关税费，如土地出让金、耕地占用税、菜田基金、防洪费、征地服务管理费、拆迁管理费、拆迁服务费、不动产评估费、出让业务费以及基础设施建设费等。

(2)勘察设计和前期工程费用，包括正式开工前发生的规划设计，水文、地质勘探和测绘以及“三通一平”“五通一平”“七通一平”等费用。

(3)建安工程费及相关税费，包括：房屋建安工程费，即由开发商向施工单位支付的土建工程、设备安装工程及粗装修费用；相关税费，如公共配套设施费、绿化费、管理费、水电增容费等。

(4)开发商支付的交易税费，包括房产转让(包括商品房销售)时支付的增值税、城市维护建设税、教育费附加、土地增值费(在转让房产获取增值时支付)、印花税(按买卖合同金额的一定比例支付)、房屋买卖综合服务费、房屋销售费用(包括代理费、广告宣传费、管理费、销售人员提成奖励费用等)。

(5)代政府部门收取的规费。

(6)利息，包括利用金融机构贷款进行前期投资所必须支付的利息，或按上述标准计算的应当向资金所有者支付的利息。

（7）利润，指土地开发、房屋建设及销售各环节应获取的合法利润，一般以当时的行业平均年投资利润或项目利润计算。

总结来看，中国房价大致构成情况请见表7–1。

表7–1 **中国房价大致构成表（每平方米）**

类别	比例	去向	支付人
前期费用	6% ~ 7%	政府管理部门	买房者
土地成本	27% ~ 29%		
税收	9%		
管理费	9%		
建筑及拆迁安置费	26% ~ 32%	开发商等	
利润	15% ~ 20%		
售价	100%	—	

2.影响房产价格的因素

（1）一般因素，包括社会因素、经济因素和行政因素。

（2）地域因素，指房产所在地区、城市、区位、地段等因素。

（3）个别因素，可分为宗地条件和建筑物类别的影响。

一分钟尽览全国房价十年涨势

7.2 房产投资规划的内容

7.2.1 为什么要进行房产投资规划

衣食住行是人们的基本需求，在很多人心中，有了属于自己的房子才算有了一个真正意义上的家。买房子是人生大事，甚至是一部分人终身的梦想，买房子需要一笔很大的资金，买房首付款的筹备与买房后贷款偿还的负担，对个人及家庭的现金流量及以后生活的影响可以延续十几年甚至几十年。所以，如果进行房产投资的时候不事先进行规划，就可能会陷入以下困境：

（1）由于目标重合，目前的资金不足以购房。由于事先没有规划，有可能在想购房的时候却遇到结婚或者生子等其他需要资金的情况，这时的资金难以同时完成多项目标，因此势必会推迟甚至取消部分计划。

（2）对未来的收支变化未能充分预期，没有合理的房产规划，导致购房计划难以实现。例如，在收入良好的时候超前购置房产，而未能预料到其后收入中断或者意外导致支出增加的情况，致使还不起贷款而被迫拍卖房产。

（3）没有房产生涯规划的观念，只想一蹴而就。买房要结合负担能力，在一生中可随生涯阶段的改变逐渐升级换代，可以称这种做法为“房产生涯规划”。如果一开始就不切实际地追求高档住房，那只会使自己陷入困境。

（4）没有可行的购房规划目标，难以强迫自己储蓄以积累首付款。

（5）如果不事先规划房产投资现金流量，则无法选择最佳的贷款组合。

7.2.2 房产投资规划流程

学者谢怀筑曾对房产投资规划流程作以总结，如图7–1所示，个人房产投资规划实际上就是根据自己的需要进行购房或者租房的决策。房产投资规划包括居住规划和房产投资两项内容。居住规划包括租房、购房、换房和房贷规划；房产投资包括获取房租收入和通过出售赚取价差收入。

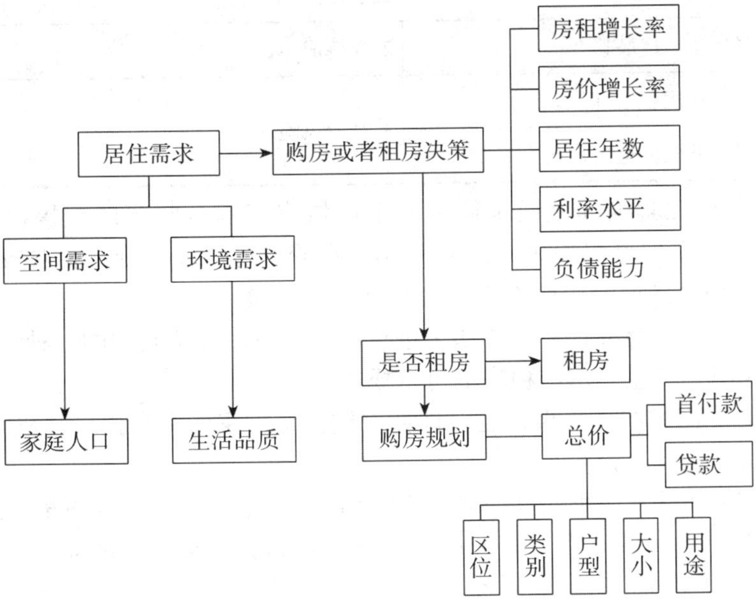

图7–1　个人房产投资规划流程

7.2.3 购房与租房决策

在进行居住的决策时，面临着购房还是租房的选择问题，我们可以通过多种因素的比较来解决这一问题。表7–2对购房与租房的优缺点进行了比较。

选择购房还是租房，与个人的财务状况、对未来房产市场的预测以及喜好、购买途径等都息息相关，从理财的角度出发主要看房价与租金的变动情况，分别计算出两者的投资成本。房价和租金都是住房使用价值的反映，但相比之下，房价的波动幅度明显大于租金，这是因为，购房行为中投机和泡沫的成分远高于租房。因此，房价更加偏重反映房产的市场行情，租金更加偏重反映房产的实际需求。租售比是房屋每平方米使用面积的月租金与每平方米建筑面积房价之间的比值，可以大致反映房价对使

表7-2 住房选择的比较

	租房	购房
优点	1.使用更多的居住空间	1.保值，能够对抗通胀
	2.容易应付家庭收入的变化	2.强迫储蓄，积累财富
	3.资金较自由，可投向更有利的投资品种	3.提高居住品质
	4.迁徙自由度较大	4.有信用增强效果
	5.房屋瑕疵和损毁风险由房东承担	5.满足拥有房产的心理效用
	6.税负较轻	6.自住兼投资，同时提供居住效用和资本增值机会
	7.无须考虑房价下跌风险	
缺点	1.有非自愿搬离的风险	1.缺乏流动性
	2.无法按照自身意愿装修	2.维持成本高
	3.面临被动应对房租上涨风险	3.财务风险大
	4.无法运用财务杠杆追求房价利益	

用价值的偏离程度。国际上用来衡量一个区域房产运行状况的租售比一般界定为1∶300至1∶200。如果租售比低于1∶300，意味着房产投资价值相对较小；如果高于1∶200，表明该区域的房产投资潜力相对较大。

我们也可以采用财务计算的方法来进行比较，下面介绍其中的一种计算方法——年成本法，来具体考量购房与租房的可变成本。

租房者的使用成本是房租，还要计算交纳押金带来的利息损失（机会成本），所以租房的年成本的计算公式是：

租房年成本=年租金（月租金×12）+押金机会成本（月租金×12×当年存款利率）

购房者的使用成本主要是首付款与房屋贷款利息（不考虑诸如物业费等使用成本），所以购房年成本的计算公式是：

购房年成本=利息支出（贷款额×房贷年利率）+首付款机会成本（首付款×当年存款利率）

我们不能简单地把以上计算结果当成租房或购房的决策依据，只能当作参考，因为它没有包含房价波动的预期因素。

一般来说，预计房价看涨时，购房比较合算；反之，则租房合算。银行贷款利率也会对购房成本产生直接影响，利率处于下降趋势时，购房成本降低；反之，则升高。房租则相对稳定（体现房屋的真实使用价值），所以在利率下降时，购房比较合算；反之，则租房合算。

【例7-1】王先生看上一处60平方米的房产，屋主可租可售。若租房，房租每月2 000元，预付3个月房租；若买房，总价60万元，可使用40万元、利率6％的住房贷款，购房首付款为房屋总价的1/3，即20万元。王先生租房与购房的成本分析如下

（假设1年期存款利率为3％）：

租房年成本=2 000×12+2 000×3×3％=24 180（元）

购房年成本=200 000×3％+400 000×6％=30 000（元）

通过计算可知，租房比购房年成本低5 820元（30 000−24 180），折合每月少支付500元，因此租房比较划算。但同时还要考虑以下因素：

（1）房租的变动情况。以上例而言，购房后成本固定，租房与购房成本只差500元/月，只有月租金的25％，因此只要房租在未来的上涨幅度超过25％，购房就比租房划算。

（2）房屋贷款与房租所得税扣除额。购房还要考虑税收方面的问题，考虑了契税和土地增值税后购房比租房更贵。

（3）房价升值潜力。如果房价在未来看涨，那么即使目前算起来购房年居住成本稍高，未来出售房屋的资本利得也足以弥补居住期间的成本差异。以上例而言，租房年居住成本率为4.03%（24 180÷600 000×100%），购房年成本率为5％（30 000÷600 000×100%），差距只有0.97％。如果计划住5年，只要房价在5年内涨4.85％（0.97％×5）以上，购房仍然划算。不过如果房价回落，则租房居住成本低于购房的情况也有可能会发生。因此，租房与购房究竟何者划算，投资者对未来房价涨跌的主观认定仍是决定性因素。

（4）利率的高低。利率越低，购房的年成本越低，购房会相对划算。近年来，为控制房产价格上涨，房屋贷款利率提高，因此购房的居住成本也越来越高。

专栏7−1

买房还是租房

“买房还是租房”成了百姓们常挂在口头的话题。其实，“买”或是“租”无非是看何者对于消费者来说获益大、成本低。我们不妨来听听理财专家的建议，看看在现今这个阶段，老百姓买房、租房到底哪个划算？

1.适宜租房人群——刚毕业的大学生

刚走上工作岗位的年轻人渴望独立的生活，希望拥有自己的天地，不少人甚至在毕业前就开始找房子了。年轻人没有理财的经验，到底应该尽早买房还是先租房过渡，常常难以定夺。其实，仅从经济角度考虑，判断买房、租房哪个更合算，简单的办法是比较资金回报率。

我们不妨以一套总价为60万元的房子来计算一下资金回报率。

当此套房子每月租金是2 000元时，则该套房子的年租金回报率是4%，即：

2 000×12÷600 000×100%=4%

当月租金是3 000元，则该套房子的年租金回报率是6%，即：

3 000×12÷600 000×100%=6%

专家建议，一般来说，刚刚工作的年轻人月收入在6 000元左右，扣除生活费，一般每月手头可以掌控的资金在3 000元左右。就目前多数二线城市的租金价格来说，刚毕业的大学生还是租房尤其是合租比较划算。

2.适宜买房人群——年轻夫妇

相对于刚毕业的大学生，小赵夫妇工作已经5年之久，两人月收入在15 000元左右，两人在工作的城市一直是租房居住，每月的租金为2 500元。今年3月份，小两口计划买房，家里人也表示支持，愿意借20万元作为首付，再加上两人25万元的存款，夫妻俩有45万元可作为购房首付款。但由于经济前景不明朗及房产税的预期，小两口一直犹豫不决，不知是否该购房。

按照目前贷款购房的基本原则，月还款额占月收入的30%～40%是比较合理的，一般不应超过40%，否则风险较大。根据小赵夫妇的实际状况，作有关测算如下：

以贷款利率5.51%、贷款期限20年、贷款金额50万元计算，小赵夫妇每月需还款3 442.26元，月还款额占月收入比为22.95%，属于合理区间。以贷款利率5.51%、贷款期限20年、贷款金额75万元计算，小赵夫妇每月需还款5 163.39元，月还款额占月收入比为34.42%，也属于合理区间。

由于小赵夫妇目前已经拥有25万元的储蓄，家人还会借20万元，同时自身的工作也比较稳定，短时间内也没有大额支出计划。为此，综合考虑小赵夫妇的购房能力，其购房总价可以为95万～120万元。

小赵夫妇一年的租房成本为30 000元（2 500×12），20年的租房成本为60万元（30 000×20），同时这种成本的支出是消费性支出，随着消费的终结不会留下任何实物。如果购买一套95万元的房产，首付45万元，贷款50万元，年限20年，则20年的还款本息支出为826 142.4元，相比20年的租房成本多支出226 142.4元，平均一年多支付11 307.12元，平均一个月多支付942.26元。同时这种成本的支出是财产性支出，随着支出的终结会留下房产实物。

专家建议，此类人群可以选择城市中心区的次新房，面积在两居室左右；新城区可以考虑购买新楼盘，面积可以在三居室左右；介于中心区和新城区之间的区域，则可选择较小的新房或较大的二手房。总体来说，小赵夫妇的购房选择余地还是比较大的。

7.2.4 购房规划

如果决定购房，则应该考虑的首要问题是衡量自己的负担能力，然后还要考虑购房所要支付的相关税费。

1.衡量自己的负担能力

就理财的范畴而言，购房规划最重要的就是按照自己的经济能力确定购房目标和制订切实可行的付款计划。衡量自己的负担能力的方式包括以下两种：

（1）按每月的负担能力估算负担得起的房屋总价。

有关计算公式为：

可负担首付款=目前年收入×负担比率上限×年金终值+目前净资产×复利终值

年金终值=年金金额×（$1+r)^n/r$（n=离买房年数；r=投资报酬率）

复利终值=本金（现值）×（$1+r)^n$（n=离买房年数；r=投资报酬率）

可负担房屋贷款=目前年收入×复利终值（n=离买房年数；r=预估收入成长率）×负担比率上限×年金现值（n=贷款年限；r=房屋贷款利率）

可负担房屋总价=可负担首付款+可负担房屋贷款

可负担房屋单价=可负担房屋总价÷需求面积

【例7-2】李先生年收入为10万元，预估收入成长率为3%，目前净资产20万元，首付款与房屋贷款的上限为40%，打算5年后买房，投资报酬率为10%，贷款年限为20年，利率以6%计，可以负担贷款买房的房款为：

首付款=10×40%×6.11+20×1.611=56.55（万元）

贷款=10×1.159×40%×11.47=53.2（万元）

可负担房款=首付款+贷款=56.55+53.2=109.75（万元）

购买多大面积的房子，取决于家庭人口数及对空间舒适度的需求。如果5年以后才要买房子，应以届时的家庭人口数计算所需面积。在刚成家之时，由于储蓄积累有限，且家庭人口比较少，一般都是夫妇两人，这时并不需要大面积的住宅，一般两室一厅即可满足需求。如果为了小孩考虑，且想一次性购买较大的房屋，所需面积可能在100平方米左右。假设李先生准备买100平方米的住房，则可负担的房屋单价为：

109.75÷100=1.0975（万元/平方米）

（2）按想购买的房屋价格来计算每月需要负担的费用。

有关计算公式为：

欲购买房屋总价=房屋单价×需求面积

需要支付的首付款部分=欲购买房屋总价×（1-按揭贷款成数比例）

需要支付的贷款部分=欲购买房屋总价×按揭贷款成数比例

每月摊还的贷款本息费用=需要支付的贷款部分÷年金现值

年金现值=年金×$\frac{1-(1+r)^{-n}}{r}$（n=离买房年数；r=投资报酬率）

如果想买100平方米的住房，目前全国北上广深以下多数城市的均价为12 000~24 000元/平方米，则买100平方米房屋所需要的费用为120万~240万元。假设按七成按揭，120万元的房屋需要支付首付款36万元，240万元的房屋需要支付首付款72万元。120万元的房屋需要贷款84万元，每月需要摊还的本息费用为6 103元（840 000÷11.47÷12）；如果是240万元，则需要贷款168万元，每月需要摊还的本息费用为12 206元（1 680 000÷11.47÷12）。因此，如果每月除了应付日常生活外还能节余12 000多元时，可以买24 000元/平方米的房子；而当每月收入节余只有6 000元左右时，就只能负担12 000元/平方米的房子了。否则，日常生活周转将非常困难。

2.购房的各种税费

购房时除了要支付购房款之外，还涉及许多其他费用，以上的例子为了方便计算，并未考虑装修费用以及各种相关税费。在我国，涉及购房交易的税费主要包括契税、印花税、个人所得税、增值税、房屋所有权登记费、房屋买卖手续费、公证费、律师费、中介费等，视房屋买卖的情况并根据合同的约定或有关的法律规定来确定。

7.3 个人住房抵押贷款

7.3.1 个人住房抵押贷款种类

目前的个人住房抵押贷款品种主要有个人住房公积金贷款、个人住房商业性贷款和个人住房组合贷款三大类。

住房公积金贷款是缴存住房公积金的职工以其所拥有的产权住房为抵押申请的专项贷款。贷款期限最长为30年（不得超过法定退休年龄）。住房公积金贷款利率是目前个人贷款中利率最低的品种，贷款额度根据所购房屋不同适用不同的比例。

个人住房商业性贷款是用银行信贷资金向购房借款人发放的住房贷款，一般为抵押贷款。

个人住房组合贷款是指向缴存公积金的购房借款人同时发放个人住房公积金贷款和个人住房商业性贷款的一种贷款方式。

7.3.2 个人住房抵押贷款的还款方式

1.一次还本付息

这种方法是指贷款人在贷款到期时一次性归还全部本息。在我国，贷款期限在1年以下（含1年）的个人住房贷款采用的就是这种方法。但是，随着还款方式变革，1年的期限有望最高延长至5年。该方式银行审批严格，一般只对小额短期贷款开放。这种还款方式操作很简单，但是，适应的人群面比较窄。必须注意的是，此方式容易使贷款人缺少强迫还款外力，造成信用损害。如果采用这种贷款，贷款人最好有较好的自我安排能力。

2.等额本金还款

等额本金还款，又称利随本清、等本不等息还款法，是指贷款人将本金分摊到每个月内，同时付清上一交易日至本次还款日之间的利息。这种还款方式相对等额本息还款而言，总的利息支出较低，但是前期支付的本金和利息较多，还款负担逐月递减。

等额本金还款把全部的贷款本金平均分摊到贷款期内的每一期归还，而每一期的利息则是根据当期的贷款余额计算，所以每一期归还的贷款本金是固定的，而利息却不一样，是随着贷款本金的减少而逐步减少，总的还款金额也是逐渐减少，其计算公式是：

每月还款金额=贷款本金÷贷款期数（按月计）+（贷款本金-累计已归还本金额）×月利率

举例来说，从银行贷款200万元，还款年限为15年，选择等额本金还款，每月需要偿还银行本金11 111元左右，首月利息为918元，总计首月偿还银行2 029元，随后，每个月的还款本金不变，利息逐渐随本金归还而减少。

使用等额本金还款，开始时每月负担比等额本息要重，尤其是在贷款总额比较大的情况下，相差可能达数千元。但是，随着时间推移，还款负担逐渐减轻。这种方式很适合目前收入较高，但是已经预计到将来收入会减少的人群。实际上，很多中年以上的人群，经过一段时间的打拼，有一定的经济基础，考虑到年纪渐长，收入可能随着退休等其他因素减少，就可以选择这种方式进行还款。

3.等额本息还款

这是目前最为普遍，也是大部分银行长期推荐的方式。等额本息还款是把按揭贷款的本金总额与利息总额相加，然后平均分摊到还款期限的每个月中。作为还款人，每个月还给银行固定金额，但每月还款额中的本金比重逐月递增，利息比重逐月递减。其计算公式是：

每月还款额=贷款本金×月利率×（1+月利率）^{还款月数}÷［（1+月利率）×还款月数-1］

举例来说，假设需要向银行贷款200万元，还款年限为15年，按照目前大部分银行的利率，选择等额本息还款，每个月大约还1 707元。初始的两三年，1 707元中大约80%以上是归还银行的利息部分。

采用这种还款方式，每月还相同的数额，作为贷款人，操作相对简单，每月承担相同的款项也方便安排收支。尤其是收入处于稳定状态的家庭，买房自住，经济条件不允许前期投入过大，可以选择这种方式。公务员、教师等属于收入和工作机会相对稳定的群体，很适合这种还款方式。但是，它也有缺陷，由于利息不会随本金数额归还而减少，银行资金占用时间长，还款总利息较等额本金还款法高，如图7-2所示。

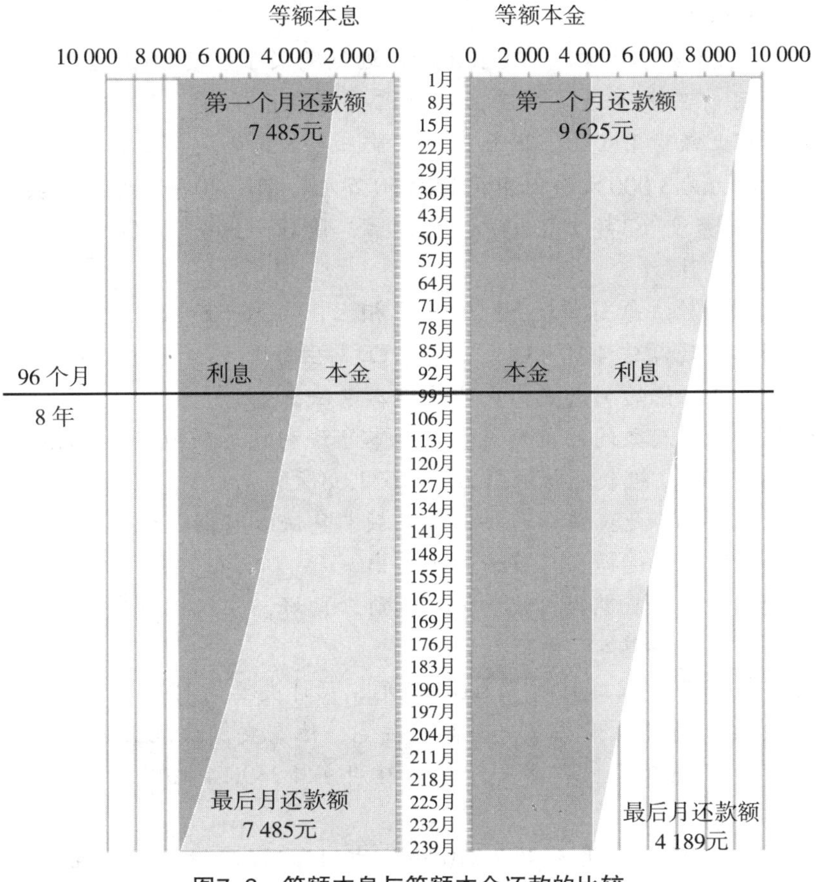

图7-2　等额本息与等额本金还款的比较

4.组合还款

组合还款是在等额本金还款法和等额本息还款法的基础上，根据借款人的收入成长曲线，而为借款人量身定做的还款方式。它根据借款人未来的收支情况，首先将整个贷款本金按比例分成若干偿还阶段，然后确定每个阶段的还款年限，在每个阶段内是按照等额本息还款方式来还款的。

一般来说，组合还款法的主要形式可分为递增型、递减型和任意型三种。递增（减）型是指在整个贷款期内，贷款的归还呈逐渐增加（减少）的趋势。任意型是指在贷款期内各个阶段的还款本金及还款年限不同，使贷款归还呈不规则变化。借款人可以根据自己未来收支情况来制订还款计划，通俗地讲就是赚多的时候多还一点，赚少的时候少还一点。等额递增方式适合目前还款能力较弱，但是已经预期到未来收入会逐步增加的人群。很多年轻人需要买房，并且工作业绩不错，虽然目前的收入负担房贷较困难，但是考虑到未来升迁后的收入大幅增加，可以采用等额递增还款。相反，如果预计到收入将减少，或者目前经济很宽裕，可以选择等额递减还款。

专栏7-2

组合还款法案例

案例一：轻松入住型

王先生今年28岁，月收入为4 200元。近期购买了一套80万元的住房，房子要一年后交付，目前王先生还得租房，每月需付房租600元。交房后王先生要进行装修，结婚也得有大额费用支出，因此在贷款前三年王先生还款压力很大。目前王先生最大月供承受能力为3 000元，他申请贷款50万元，期限20年。银行为其设计了如下还款方案：第一阶段（3年）2 700元/月；第二阶段（8年）4 000元/月；第三阶段（9年）2 781.77元/月。

与等额本息还款法每月归还3 310.84元相比，在第一阶段王先生每月少归还600多元。与等额本金还款法4 183.33元相比，王先生每月少归还近1 500元。王先生还款压力轻松了，并且他的利息支出也比等额本息法少。

三种还款方式利息之间的差别是：等额本息法利息总额为294 601.62元；等额本金法为253 050.02元；组合还款法则为281 631.08元。

该还款计划的优势是：前期月供低于等额本息法；前期还款压力小，可实现轻松入住；月供金额可自由选择；可节省利息支出。

该种方案适用于：前期收入较少，职业前景良好，收入稳步攀升的人群。

案例二：金色晚年型

张先生今年45岁，家庭月收入为6 500元，预计夫妻俩10年后退休，月收入会下降至3 500元左右。张先生购买了一套高层住宅，他需要贷款50万元，期限20年。银行为其设计了如下还款方案：第一阶段（10年）4 349.14元/月；第二阶段（10年）1 593.92元/月。

与等额本息还款法每月还款3 310.84元相比，第二阶段张先生每月要少还款1 500多元。通过组合还款法，张先生在晚年可以轻松享受生活的乐趣。同时，通过还款额的调整，张先生在整个贷款期少支付近4万元的利息。

三种还款方式利息之间的差别是：等额本息法利息总额为294 601.62元；等额本金法为253 050.02元；组合还款法则为213 166.84元。

该还款方式的优势是：充分考虑借款人退休前后的收入变化；在职期间可增加还款金额，退休后降低还款压力，安享晚年；可节省利息支出。

该种方案适用于：40周岁以上，有稳定职业及收入的人群和退休后可享受养老保险的人群。

案例三：轻松理财型

陈先生今年35岁，为私营企业的经理。由于积累了较多资金，他为自己购买了一套别墅。但考虑到自己所从事的行业竞争加剧，预计未来收入会有所减少，按照目前的每月收入10 000元的水平，他希望能够在经营状况良好的时期集中偿还贷款，节省利息。他向银行申请按揭贷款50万元，期限15年。银行为他提供的组合还款方案为：第一阶段（5年）5500元/月；第二阶段（5年）4 000元/月；第三阶段（5年）1 379.35元/月。

与等额本息还款法月还款3 964.39元相比，在第三阶段月还款节省了近2 600元，陈先生还款压力低了许多，并且他的利息支出比等额本息少。

三种还款方式利息之间的差别是：等额本息法利息总额为213 590.22元；等额本金法为190 050.01元；组合还款法则为152 761.23元。

该还款方式的优势在于：根据自有资金的情况，前期可集中还款；一样的还款，不一样的利息，实现轻松理财；支持阶段性集中还款，个性化程度高。

该种方案适用于：有一定经济实力的事业成功人士；投资意识强，希望节省利息支出的人群；预计短期内有国债或定期存款到期的人群；希望提前归还贷款的人群。

案例四：一生关怀型

李小姐今年27岁，与丈夫共同购置住房。她向银行贷款50万元，期限30年。两人目前每月收入总共为4 000元，考虑到交房后要装修、办婚礼，因此前两年还款压力较大。小两口计划一年后就要小孩，他们希望能在小孩念到高中及大学时能预留出一部分教育支出。李小姐预计自己55周岁退休，希望退休后无明显还款压力。银行为她提供的组合还款方案为：第一阶段（2年）2 100元/月；第二阶段（13年）3 100元/月；第三阶段（7年）1 800元/月；第四阶段（5年）3500元/月；第五阶段（3年）1 249.16元/月。

与等额本息还款法每月还款2 696.34元相比，李小姐在退休后每月还款减少了1 400多元，通过组合还款方式，李小姐30年的还款额度与自己生活安排非常吻合。

三种还款方式利息之间的差别是：等额本息法利息总额为470 682.44元；等额本金法为379 050.03元；组合还款法则为440 169.61元。

该还款方式的优势在于：根据人生不同阶段的收入及支出，充分兼顾利息支出，在购房的同时实现轻松理财。

资料来源：佚名．我的贷款我做主，浦发银行推出“组合还款法”[EB/OL]．[2006-08-07]．http：//house.hexun.com/2006-08-07/100214383.html.此处有改编．

5.创新型还款方式

目前，我国的商业银行在住房贷款的还贷方式上进行了创新和尝试，主要有以下几种：

（1）双周供。

双周供指将贷款还款方式从原来每月还款一次改变为每两周还款一次，每次还款额为原月供的一半。采用双周供还款与按月还款法相比，贷款人还款频率提高了，节约了贷款本金的使用，因此可以大大减少利息负担，有效缩短还款期限。比如一笔50万元、30年的按揭贷款，按年利率6.12%计算，采用双周供还款可以比按月等额还款法节省利息115 186元，节省比例高达19.42%；缩短还款期64个月，即30年的月供还款采用双周供，贷款将在24.7年还清。双周供相比按月还款而言差别很小，双周供仅是等额月供的一半，它的每月实际还款额几乎相当于原来的按月还款额，基本不会增加还款压力。

（2）存抵贷。

存抵贷是指按揭购房者只需将活期存款账户与房屋贷款关联起来，当活期存款账户中超过一定起存金额（或者存款总额的一定比例）时，其超出的部分将视为房贷提前还款，然后银行将提前还款节约下来的贷款利息当作理财收益返还给客户。实际上，银行并不扣除存款，也并未办理提前还贷，客户可以随时支取存款。因此，存抵贷实际是活期存款方式，随存随取，但收益远高于活期利息。其优势在于利率优惠，还款方便，可以减少贷款利息的支出。但相应的银行审批会较严格，较一般按揭贷款利率高，且存款额度有下限，仅适合有大量存款的借款人。该还款方式适合计划持有房产期限较短或有提前还贷计划，有较强融资需要，资信良好的借款人。

（3）按期付息还本。

按期付息还本是指贷款人通过和银行协商，可以决定为贷款本金和利息归还制定不同还款时间单位，即自主决定按月、季度或年等时间间隔还款。实际上，就是贷款人按照不同财务状况，把每个月要还的钱凑成几个月一起还。招商银行推出的“季度还”业务就属于这个范围。从某种程度来说，它是等额本息还款的变体。例如，15年期、20万元贷款，采用等额本息还款，每月还款额为1 707元。如果贷款人选择比较灵活的方式，就可以选择每两个月还3 414元。这种方式适用于收入不稳定人群，目前很多收入与工作量直接挂钩的年轻人有这个倾向。每个月不同的工作状态决定了当月的收入情况，把一个月的压力分摊进几个月，可以减少这部分群体还款出现滞纳的情况。

（4）本金归还计划。

本金归还计划是指贷款人经过与银行协商，每次本金还款不少于1万元，两次还款间隔不超过12个月，利息可以按月或按季度归还。这是等额本金还款的变体。举例来说，15年期、20万元贷款，采用等额本金还款，首个月本金为1 111元左右，利息为918元。贷款人可以把利息和本金分开还，利息仍然按月和季度还款，数目递减。按照规定，贷款人最少一次要还10个月的本金，为11 110元，超过1万元的限制。下一次还本金不能超过1年时限。此种还款方式是银行专为非月收入人群制定的，尤其考虑到年终有大额奖金的人群。而目前流行的在家办公一族，很多没有每月固定收入，但是，每完成一件作品都有比较大笔的收入，例如，网络作家、艺术家、设计师和软件设计员等新兴职业。

（5）个人住房接力贷款。

该产品由中国农业银行于2006年首次推出，是指以子女或父母作为所购房屋的所有权人，父母双方或一方与子女作为共同借款人而办理的个人住房贷款，对于子女已婚的，其配偶也作为共同借款人。这种方式的优点在于可以将借款人年龄加贷款年限适当延长，不受规定上限的限制；而缺点在于父母和子女之间有可能因房屋产权出现纠纷，或继承人之间因遗产处理问题发生纠纷。这种还款方式适用于年龄40岁以上的购房者以及刚参加工作、收入暂时不高、还款压力较大的年轻人。如按照现有的贷款条件，假设某贷款人55岁，申请贷款金额为50万元，贷款最长期限只能为15年，年利率5.04%。采用等额本息还款法，该贷款人15年内所还本息总额约71.36万元，月还款额约3 964元。这对即将退休的老人来说，无疑是一笔庞大的经济负担。采用接力贷款后，如主贷人子女20岁，正在读大学，是所购房屋的共有人。通过增加其子女为共同借款人，原贷款期限就可由15年延长至最长30年。

7.4 个人购房能力评估

7.4.1 目标和需求分析

房产投资规划的第一步是确定期望的目标和需求，这要通过数据收集和分析来确定。一般而言，个人对于房产投资的需求取决于年龄、收入水平、家庭成员数量、交通便利程度等因素。在确定目标和需求时，必须把握以下原则：

首先，要分清影响目标和需求的因素的重要性。要找到符合所有期望的房产投资项目是不可能的，我们会面临对于各种因素的权衡和取舍，因此应该分析哪些因素对于自己是最重要的，按重要性程度进行排列，以便于在这些因素发生冲突的时候作出合理的选择。

其次，要具有前瞻性。随着个人的成长和际遇，收入、债务以及责任都会随之发生变化，因此在确定房产投资目标和需求时应该将这些考虑进去，以便能灵活地对待这些变化。例如，一对年轻未育的夫妇购买了一套价值80万元的住房，其中贷款60万元。随后妻子因为某种原因不能工作而导致收入中断，此时丈夫的经济责任立即增加。如果两三年后这对夫妇有了孩子，那么子女的教育费用就很可能影响这对夫妇的住房贷款偿还能力。

7.4.2 个人房产投资动机分析

投资房产是一项投资大、周期长的投资行为，因此事前仔细地评估和计划必不可少，而投资动机的差异将会对整个投资计划产生关键性影响。个人投资房产的动机有以下几个方面：

1.用于自己居住

此时首要考虑的是居住质量，可以选择具有成熟的居住氛围的社区，如拥有便捷的交通、宜人的环境、配套的生活设施等。

2.用于出租获取收益

此时首先要考虑的是方便出租，可以选择流动人口多的小型住宅进行投资，或者购买适宜出租给经营者的沿街店铺。

3.用于投机获利

如果是为了获取差价收入，则适合投资现时房价相对便宜，但未来规划前景看好，有升值潜力的住宅或店铺。

4.用于减免税收

如果国家鼓励居民置业，会出台相应的鼓励政策，例如规定购房支出可以用来抵扣个人所得税等，这时进行房产投资无疑是个一举两得的投资方式。

7.4.3 个人购房能力评估

投资房产前必须正确估量个人资产，再根据需求和实际支付能力来具体选择哪一种房产投资计划。

1.个人净资产

估算个人支付能力的核心是审慎地计算个人的净资产，即个人总资产减去个人总负债的余额。

个人总资产即个人拥有的所有财富，包括自用住宅、家具、艺术收藏品、交通工具、现金、债券、股票等。其中有些固定资产，如住房、家具，应该以能够脱手变现的价格加以计量。这类资产的取得，是为了让个人和家庭可以长期使用和享受。所以，自住性房产属于个人资产，不属于长期投资。就财务规划的观点而言，自住以外的房屋或土地只有在以赚取租金收入或将来的差价为购置目的时，才算是投资性房产。

个人总负债是个人应偿还的债务，包括按揭贷款、汽车消费贷款和其他短期借款等。对于普通工薪阶层，实际总负债额不宜超过3个月家庭日常支出总和。

对中国的工薪阶层来说，个人资产中还包含已缴存的住房公积金。住房公积金是职工在其工作年限内，由职工本人及所在单位分别按职工工资收入的一定比例逐月缴存至职工个人住房公积金账户的资金。该项资金全部归职工个人所有，由政府设立的公积金法定机构统一管理，用于以贷款形式支持职工买房。

2.个人综合支付能力评估

确定个人投资房产的综合支付能力时，不仅要看个人的净资产，还要分析个人的固定收入、临时收入、未来收入、个人支出和预计的未来支出。

如果个人净资产为正数，投资者首先要确定能用来投资房产的资金数额。然后，再根据自己家庭月收入的多少及预期，最终确定用于购买房产、偿还银行按揭贷款本息的数额。基本原则仍然是量力而行，既满足个人的房产投资需求，同时又不必给自己带来沉重的债务负担。

例如，个人净资产中可用于购买房产的金额为12万元，家庭月收入8 000元，月平均日常支出4 000元，其他投资支出1 000元，预期未来收入平稳，投资房产的支付能力为12万元首付款，月平均可偿还银行按揭贷款本息的最大数额为3 000元（8 000–4 000–1 000）。此时可以购买总价值为60万元的房产，首付20%为12万元，其余48万元可以申请银行按揭，以每月归还3 000元以内为限。但如果对未来收入感到不确定性较大，就需要降低投资房产的总价值。

专栏7–3

房产投资要做好家庭理财规划

许女士在一家小型私营公司工作，每月薪酬5 000元，公司为她购买了基本的社保。许女士的先生为政府公务员，每月薪酬9 000元，单位为其购买了社保（失业和医疗），另有住房公积金2 000元/月。家庭现有房产为先生单位分配的市值100万元的房改房，在顶层（7楼），无电梯，由于属于单位小区管理，环境条件很好。夫妻俩现有家庭存款20万元；计划明年生小孩。现在想再用先生的公积金贷款买房出租，可是不知买新的还是买二手的好，或者什么位置的好。家庭目前的情况也不知应该如何理财。

财务状况分析：

家庭财产主要有固定资产（市值100万元，约占总资产的83%）、银行存款（20万元，约占总资产的17%），没有其他投资途径；夫妻双方工薪收入合计14 000元/月，小孩出生之后家庭基本生活支出假定为6 000元/月，则收支比例约为43%。说明其目前家庭经济基础、收入水平和资金积淀能力一般，在投资方面属于稳健型理财结构。根据家庭成员结构和年龄阶段，其家庭理财目标可定位于：适当拓宽投资渠道，合理调整投资结构，积累小孩培养和教育资金，完善家庭成员经济保障体系。

家庭理财规划：

1.注重充实基本保障

由于现有保险结构尚不完善，尤其是处于生育期的女性及其相对不足的企业福利，建议增加针对妇幼特点的保险品种；从长远来看，随着投资环境的规范和改善，也可为小孩购买带有投资增值功能的险种。根据其收入水平和稳定程度，当前的商业保费支出以5 000～7 000元/年为宜。

2.适当调整资金结构

在收入来源稳定的情况下，该家庭投资结构仍有较大的调整空间，建议在至少保留10万元银行存款作为家庭基本储备的基础上，将10万元用于增加投资（如房产、证券市场和债券市场等），逐渐将其偏于保守型的结构向稳健进取型转变，以避免通货膨胀的压力，增加投资收益。

3.理性进行房产投资

根据房产的发展规律，目前房产行业仍处于调整时期，但由于该行业受到影响的因素非常多，尤其受银行信贷政策的影响最明显，因此，作为大额长期投资，家庭资金投资房产要采取谨慎态度，主要把握三个方面：一是风险度，房屋出租作为稳健型投资渠道，其风险较低，操作简便，但成本较高，回收期较长，不可预测因素较多；二是目标选择，购买新楼还是二手楼本身并非主要标准，关键是地段、成本和租价等因素，建议亲自做个简单的调查，首先划分大致的范围（如属于本市哪个区，白领阶层集中地区或商品批发市场附近地段等），再到遍布各街的地产中介去了解一下放盘情况、租金价格等信息，最后作出相对准确的判断；三是成本收益预算，按照目前的家庭经济状况和出租便利性，建议以总价100万元左右、面积50～70平方米、20年按揭（采取公积金贷款与商业贷款的组合方式）、月供款额不超过5 000元为宜，基本上可以实现以租养房。

点评：

与许女士一家的情况相似，很多市民都感觉到目前的楼市有点看不透的困惑：既担心有泡沫而让投资在瞬间贬值，又不甘于错过大好的投资时机而丧失增值机会。工薪家庭在注入资金之前要非常谨慎，尤其要把握案例中所涉及的三个方面，即风险度和风险因素、目标及地段选择、价格和成本收益预算等，并根据购房的目的进行综合权衡。另外，仅仅依靠房产作为唯一的投资手段也会产生风险过于集中的问题，尤其是资金的流动性会受到非常明显的制约，因此还要逐步采取更多的理财手段，才能对冲各种风险，包括通货膨胀风险、操作风险、市场风险、政策风险等，此即所谓的“不要把全部鸡蛋都放在同一个篮子里”的道理。

资料来源：佚名. 房产投资要做好家庭理财规划 审时度势量力而行［N］. 民营经济报，2005-04-24.此处有改编.

买不买房？
这是个问题

【思政课堂】

房地产税改革启动试点

【教学提示】国家政策。

一、文件原文

新华社2021年10月23日电，为积极稳妥推进房地产税立法与改革，引导住房合理消费和土地资源节约集约利用，促进房地产市场平稳健康发展，第十三届全国人民代表大会常务委员会第三十一次会议决定：授权国务院在部分地区开展房地产税改革试点工作。

（1）试点地区的房地产税征税对象为居住用和非居住用等各类房地产，不包括依法拥有的农村宅基地及其上住宅。土地使用权人、房屋所有权人为房地产税的纳税人。非居住用房地产继续按照《中华人民共和国房产税暂行条例》《中华人民共和国城镇土地使用税暂行条例》执行。

（2）国务院制定房地产税试点具体办法，试点地区人民政府制定具体实施细则。国务院及其有关部门、试点地区人民政府应当构建科学可行的征收管理模式和程序。

（3）国务院按照积极稳妥的原则，统筹考虑深化试点与统一立法、促进房地产市场平稳健康发展等情况确定试点地区，报全国人民代表大会常务委员会备案。

本决定授权的试点期限为五年，自国务院试点办法印发之日起算。试点过程中，国务院应当及时总结试点经验，在授权期限届满的六个月以前，向全国人民代表大会常务委员会报告试点情况，需要继续授权的，可以提出相关意见，由全国人民代表大会常务委员会决定。条件成熟时，及时制定法律。

本决定自公布之日起施行，试点实施启动时间由国务院确定。

二、上海和重庆的房地产税

2011年1月，为遏制居民住房的过快上涨和打击炒房者，上海、重庆曾开展对部分个人住房征收房产税试点。

上海的房地产税主要情况为，对上海居民第二套、超过60平方米的住房征收，计税依据为住房市场交易价格的70%，实行0.4%～0.6%差别化税率。

重庆的房地产税主要情况为，根据个人拥有房屋套数或面积的不同，制定并征收不同税率房地产税的累进征税方式，其原理与个人所得税的累进税率相同。简单点说，就是套数多、面积大，税率则逐级提高。具体情况为，对于别墅和面积超过200平方米以上的大户型住宅物业，将首先被直接征收房地产税。同时，对于评估价格超过重庆主城区平均价格3倍以上的住宅，亦将被开征房地产税。在此过程中，依据面积，划定档次，而后依据已划定的档次，逐级调高税率。

从公开的讨论来看，人们多数认为，上海和重庆2011年的房地产税没有在遏制房价过快上涨上发挥有效的作用，意义不大。

三、新试点的热点问题

全国人民代表大会常务委员会授权国务院开展房地产税改革试点的决定发布后，人们普遍关注几个问题：

（1）免征面积。根据业内共识，房地产税可能会首套免征或设置一定的免征面积。但试点启动后，究竟是按套数免征，还是按人均面积免征，这是广大居民最关注的，这也直接关系到纳税的多少。

（2）税率。此前上海试点的房地产税，税率实际上与银行利息相差不多，专业人士认为意义不大。新试点会制定多高的税率，也为广大居民关注。

（3）哪些城市会参加试点。全国人民代表大会常务委员会授权国务院选择若干城市进行试点，无疑，纳入试点的城市，其居民会多一笔支出，因此，各大城市的居中都在评估自己城市会否在试点城市之列以及具体的征税办法。

业内人士认为，市场活跃、热度较大的城市被纳入试点的可能性更高。国家统计局发布的8月70城房价数据显示，8月深圳、青岛、重庆、乌鲁木齐、西安、大连、杭州、济南、长沙、西宁等十城市的新房价格环比涨幅位居全国前列。海口、广州、成都、泸州、北京、呼和浩特、大连、长春、南京、长沙等地的二手房价格环比涨幅位居全国前列。

资料来源：作者整理、撰写。

本章小结

1.房产投资是以获取期望收益为目的，将货币资本投入房产开发、经营、中介服务和房产金融资产的经营活动。

2.买房子需要一笔很大的资金，买房首付款的筹备与买房后偿还贷款的负担，对个人及家庭的现金流量及以后生活的影响可以延续十几年甚至几十年。所以，如果进行房产投资的时候没有事先进行规划，就可能会陷入困境。

3.个人房产投资规划包括居住规划和投资规划。

4.购房规划应该考虑的首要问题是衡量自己的负担能力，然后还要考虑购房所要支付的相关税费。

5.合理地使用住房贷款能帮助我们实施房产投资计划，其还款方式包括等额本金还款、等额本息还款和组合还款等。

6.房产投资规划的第一步是确定期望的目标和需求，而投资动机的差异将会对整个投资计划产生关键性影响，同时投资房产前必须正确估量个人资产，再根据需求和实际支付能力来具体选择哪一种房产投资计划。

综合训练

7.1 单项选择题

1.投资者签订购租合同，租户可在一定期限内购买此房，并以租金抵销部分房款的房产投资方式称为（　　）。

A.直接购房　　B.以租养贷　　C.以租代购　　D.以房换房

2.国际上用来衡量一个区域房产运行状况良好的租售比一般界定为（　　）。

A.1：400至1：300　　B.1：300至1：200

C.1：300至1：100　　D.1：200至1：100

3.下列不属于购房支出的是（　　）。

A.契税　　B.公证费　　C.印花税　　D.增值税

4.个人住房贷款期限在一年以上的，常采用的还款方式为（　　）。

A.利随本清　　B.按月结算利息，到期一次还本

C.按月偿还贷款本息　　D.按年偿还贷款本息

5.按照等额本金还款法偿还贷款，在整个还款期内每一期的还款额（　　）。

A.逐渐增加 B.逐渐减少 C.保持不变 D.协商确定

7.2 多项选择题

1.以下关于房产投资的说法正确的有（ ）。

A.流动性相对较差 B.具有较好的保值增值功能

C.投资门槛相对较高 D.政策风险及道德风险较高

2.房产居住规划包括（ ）。

A.租房规划 B.购房规划 C.换房规划 D.房贷规划

3.我国个人住房贷款组合还款法的主要形式可分为（ ）。

A.递增型 B.递减型 C.平衡型 D.任意型

4.等额本金还款法与等额本息还款法相比，下列说法正确的是（ ）。

A.前者利息支出总额较小 B.后者利息支出总额较小

C.前者前期还款压力较大 D.后者前期还款压力较大

5.目前的我国个人住房抵押贷款品种主要有（ ）。

A.个人住房公积金贷款 B.个人住房商业性贷款

C.个人住房组合贷款 D.个人住房保单贷款

7.3 简答题

1.为什么要做房产投资规划?

2.如何做一个合理的房产投资规划?

3.对于住房和购房的选择，你有什么看法?

4.对于计划购买自己的第一套房子的人，应如何进行规划?

5.你对住房贷款了解多少？你会选择哪种还款方式?

6.你投资房产的动机是什么？你的投资目标和需求受什么因素影响?

7.应如何评估个人购房支付能力?

7.4 案例分析题

王先生，30岁，任职于某证券公司，月薪税后6 000元；妻子28岁，中学教师，月薪5 000元左右，再加上一些加班费、年终奖和绩效奖等，夫妻俩年收入税后约为14万元。两人都有五险一金，住房公积金每月合计3 000元。每月日常开销为：1 000元交给父母，1 000元养车，500元交保险，家庭其他开支每月3 500元。夫妇两人目前与父母合住，无子女。王先生夫妇目前有1万元活期储蓄，10万元国债，1万美元的3年期外汇理财产品（预期收益率3%），10万元买了2年期信托产品（预期收益率4%）。此外，两人还买了重大疾病保险和意外伤害保险，计划最近3年内购买一套总价为150万元的房产。请根据以上情况为王先生进行购房规划设计。

第8章　保险规划

学习目标

家庭财务规划不仅要考虑财富的积累，更要考虑财富的保障，保险规划尽管只是个人理财规划中的一部分，却是不可或缺的。通过本章的学习，要求了解风险管理的概念与内容，保险的概念和原理，保险规划的作用，保险规划的原则，保险需求分析；重点掌握各种保险产品的特点及适用范围，并能够运用相关知识理论联系实际，较为熟练地进行保险规划。

引例

胡适的广告

胡适先生曾为《申报》撰写过一则保险公益广告——“人寿保险含有两种人生常识：第一，‘人无远虑，必有近忧’，所以壮年要作老年的准备，强健时要做疾病时的计划。第二，‘日计不足，岁计有余’，所以细微的金钱，只须有长久的积聚，可以供重大的用度。保险的意义，只是今天做明天的准备，生时做死时的准备，父母做儿女的准备，儿女幼小时做儿女长大时的准备，如此而已。今天预备明天，这是极稳健；生时预备死时，这是真旷达；父母预备儿女，这是真慈爱。能做到这三步的人，才能算是现代的人。”人的一生，生命非常有限，如何在有限的生命中让自己的生活过得幸福美满，是每个家庭和个人的愿望，随着保险行业的日渐成熟，保险规划恰好能在一定的条件下，满足广大的普通百姓，做到既保障个人或者家庭的利益，又能在遇到任何不测的时候，有保险这把强有力的保护伞。从个人理财的角度来看，我们不仅追求投资收益，我们同时注重风险控制，尤其小心谨慎地控制恶性风险。所谓恶性风险，就是指可能造成我们重大财产损失、身体健康严重伤害、重大疾病、残疾甚至人身死亡的事件。由于恶性风险会对我们实现人生目标造成非常严重甚至灾难性的影响，因此，我们在拟订任何一个理财方案时，控制恶性风险是我们的首要任务，这一点应当优先于任何其他理财策略，提高风险意识，制定保险规划很有必要。

那么什么是保险？为什么要购买保险？有哪些保险产品？各种保险产品的特点及适用人群是什么？应如何进行保险规划？本章将进行相应的阐述。

8.1　风险管理和保险

8.1.1　风险管理

风险管理是社会组织或者个人用以降低风险的消极结果的决策过程，通过风险识别、风险估测、风险评价，并在此基础上选择与优化组合各种风险管理技术，对风险实施有效控制和妥善处理风险所致损失的后果，从而以最小的成本收获最大的安全保障。

党的二十大报告指出："健全覆盖全民、统筹城乡、公平统一、安全规范、可持续的多层次社会保障体系。"保险与生俱来的损失补偿与风险管理功能，天然地在人类社会发展和社会保障中发挥着安全卫士作用。

风险管理的具体内容包括：

（1）风险管理的对象是风险；

（2）风险管理的主体可以是任何组织和个人，包括个人、家庭、组织（包括营利性组织和非营利性组织）；

（3）风险管理的过程包括风险识别、风险估测、风险评价、选择风险管理技术和评估风险管理效果等；

（4）风险管理的基本目标是以最小的成本收获最大的安全保障。

通过有效的风险管理，可以防范个人与家庭遭受经济损失，使个人与家庭在意外事件之后得以继续保持原有的生活方式和生活水平。一个家庭能否有效地预防家庭成员的死亡或疾病、家庭财产的损坏或丧失、责任诉讼等风险给家庭生活带来的困扰，直接决定了此家庭的成员能否从身心紧张或恐慌中解脱出来。人们所承担的身体上和精神上的压力减少了，就可以在其他活动中更加投入。风险管理的基本流程如图8-1所示。

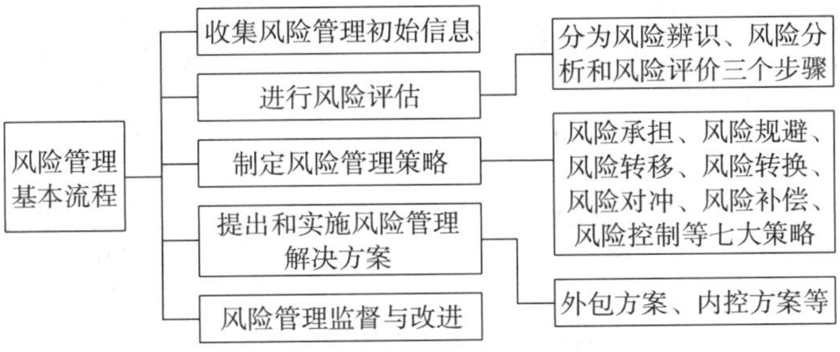

图8-1　风险管理的基本流程

8.1.2　个人面临的风险分析

个人面临的风险主要包括人身风险和财产风险两个方面。

1.个人面临的人身风险

概括地说，人的身体和生命所面临的风险无非是生、老、病、死、伤、残，这些风险都会给我们带来财务上的损失，因此我们在进行保险规划时必须根据不同情况作出适当的选择。从个人理财的角度，我们可以把人身风险按照以下3个方面划分：

（1）早逝风险——活得太短的风险。

劳动力早逝会使家人生活费用失去依靠。在人生中总有一些未知与不确定的因素，如果家庭中的主要劳动力遭遇意外致使生命过早结束，就会造成家庭突然失去经济支柱，这对于家庭的经济打击是十分巨大的。例如，孩子的抚养费用、老人的赡养费用、房子的还贷费用，等等，人们对于此类风险的后顾之忧是始终存在的。

（2）养老风险——活得太长的风险。

随着科学技术水平的不断提高，未来人的寿命也会不断延长。这个时候就要考虑是否准备好充足的养老金以保证安享晚年。如果我们本科和研究生毕业，则23～25岁工作、60岁退休。截至2021年3月，中国居民人均预期寿命为77.3岁。按活到80岁计算，60岁之前的35年左右我们有收入，60岁之后的20年是没有收入来源的。如果仅仅依靠之前的35年收入节余来维持退休后20年的生活，生活质量很难预料。

（3）健康风险——活得太惨的风险。

健康风险包括疾病风险和失能风险，因为疾病或者意外伤害造成身体的健康及健全程度遭受破坏，所导致的财务后果有两个方面：一是因为疾病需要大量医疗费，支出会大大增加；二是失能导致收入减少或中断。

对这些人生风险的规划，如图8-2所示。

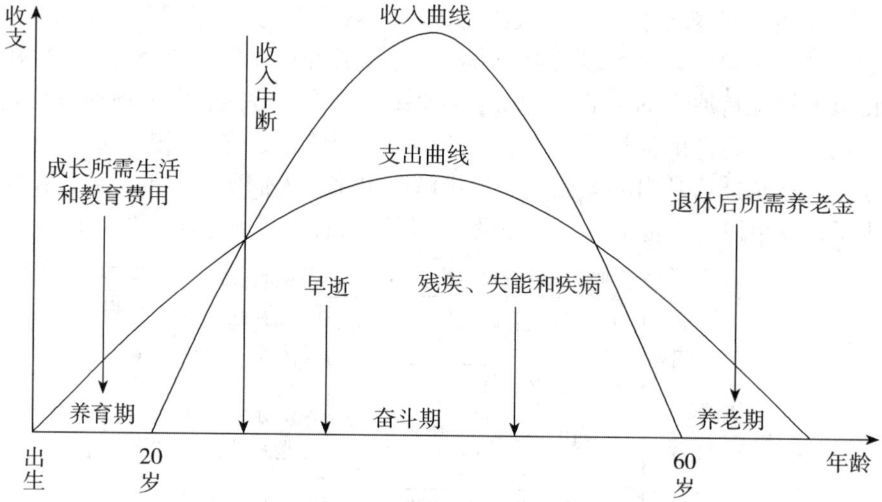

图8-2 人生风险规划图

2.个人面临的财产风险

从广义上看，财产不仅仅包括有形的物质财产，还包括由此产生的责任以及带来的利益，所以个人所面临的财产风险也可分为以下种类：

（1）财产损失风险。

财产损失风险是指可能导致财产发生损害、灭失和贬值的风险。例如，建筑物因火灾、地震、暴雨等风险事故的发生所遭到的损毁，家庭物品因他人盗窃而发生的丢失，机械设备由于折旧、更新等原因导致的贬值等。这些财产损失直接导致我们的资产减少和支出增加，给我们的财务活动带来负面的影响。

（2）责任风险。

责任风险指因侵权、违约、过失（有时甚至是无过失）等原因给他人造成了人身伤害或财产损失，按照法律、合同、道义应承担经济赔偿责任的风险。例如，汽车撞伤了行人，如果是驾驶员的过失，就应依法对受害人或其家属给予经济赔偿；产品因质量问题给消费者造成了人身伤害或财产损失，生产企业将承担相应的民事赔偿责任；医生、会计师、审计师等专业人员因工作疏忽给有关当事人带来了损失，也应依法承担经济赔偿责任。责任风险将导致个人的支出增加，导致财务状况恶化。

（3）信用风险。

信用风险是指在经济交往中，权利人与义务人之间由于一方违约而给对方造成经济损失的风险。例如，银行将贷款贷出后，就面临着借款人不还款或拖延还款的风险；卖方将商品发给买方而买方尚未付清货款时，卖方就面临买方违约而收不到货款的风险。信用风险导致个人资金管理活动不畅，扰乱预算收支安排。

表8-1列示了个人风险及风险管理情况。

表8-1 个人风险及风险管理

风险		降低财务影响的策略		
个人事件	财务影响	个人资源	私人部门	公共部门
无能力	丧失收入	储蓄、投资	无能力保险	无能力保险
	丧失服务		其他策略	
	增加开支	其他资源		
	其他开支			
疾病	丧失收入	增进健康	健康保险	健康关怀
	大额医疗支出		健康维护机构	
	其他损失			
死亡	丧失收入	遗产计划	人寿保险	社会保险
	丧失服务	风险降低	其他策略	
	葬礼支出	其他资源		
	其他支出			
退休	收入减少	储蓄	退休金	社会保险
	其他支出	投资习惯、技巧	其他	养老保险
财产损失	火灾	修理和维护	汽车保险	
	暴风	安全计划	住房保险	
	盗窃		盗窃保险	
		其他资源	其他财产保险	
责任	申报和处置费用	小心仔细		
	法庭和法律费用	维护财产		
	个人财产和收入损失	其他资源		
	其他支出			

8.1.3　个人理财风险处理方法

1.预防

预防是指在理财之前事先做好准备，防患于未然。具体的手段包括：①制订符合实际的个人收支预算计划；②注意捕捉日常生活中的理财信息；③审时度势，谨慎出击。

2.回避

回避是指不去进行某项理财活动，从而避免其后果。具体的手段包括：①避重就轻，不参与风险较大的投资理财；②扬长避短和趋利避害；③注意资产结构短期化和流动性。

3.分散

分散是指实现个人资产的优化组合，降低风险。具体的手段包括：①分散投资额；②资产多元化。

4.转移

转移是指将风险的后果转给别人承受。具体的手段包括：①参加保险；②获取第三方担保；③保管合同。

5.补偿

补偿是指建立风险损失后的补偿机制。具体的手段包括：①参与保险；②索赔追偿。

8.1.4　保险的概念和原理

保险是指投保人根据合同约定，向保险人支付保险费，保险人对于合同约定的可能发生的事故因其发生所造成的财产损失承担赔偿保险金责任，或者当被保险人死亡、伤残、疾病或者达到合同约定的年龄、期限时承担给付保险金责任的商业保险行为。

保险是一种以经济保障为基础的金融制度安排，它通过对不确定事件发生的数理预测和收取保险费的方法，建立保险基金，以合同安排的形式，由大多数人来分担少数人的损失，实现保险购买者风险转移和理财计划的目标。

专栏8-1

保险的基本思想

在某个烹饪教室里，由于不慎，王学员把大盘子掉到地上摔碎了。王学员赔偿了100元。讲师说，每年都会有10个左右大盘子被摔碎。王学员想：将来不久，就有人可能再把大盘子摔碎。如果每年大约有10个100元的大盘子被摔碎的话，总共需要赔偿1 000元。那么，如果烹调教室的100个学员能将这笔费用分担下来，1年每个人负担10元就可以了，大家是能够接受这点费用的。

于是，王学员去找学员们商量。最后大家都赞成，因为每个人都有摔碎大盘子赔偿损失的可能性，所以每个人拿出了10元钱。有的学员开玩笑说："以后不用害怕把大盘子摔碎了。"大家拿出来的这10元钱就是保险费，摔碎盘子的赔偿金就相当于保险公司给付的保险金。

王学员的想法就相当于保险的基本思想。

保险的原理如图8-3所示，保险公司根据预测的损失概率，将预计发生的损失分摊给众多参加保险的个人，实际发生的少数人的损失由大多数人进行分摊，成功地将损失造成的财务风险降至最低。

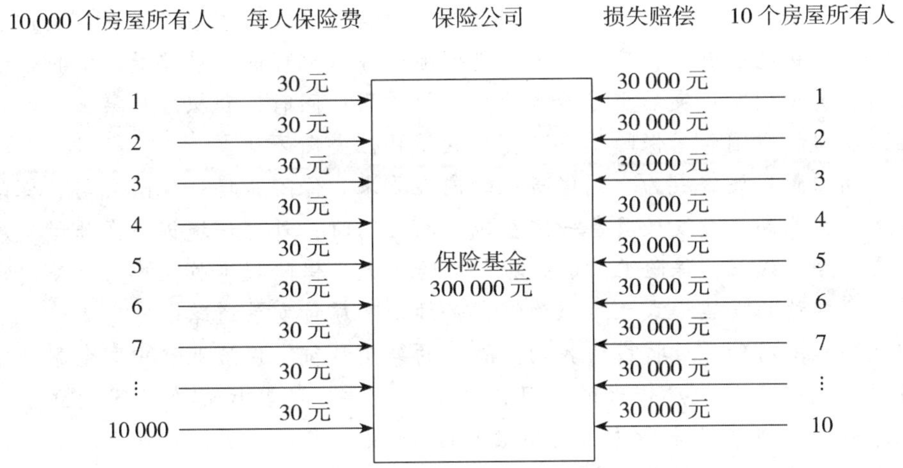

图8-3 保险原理示意图

有几个保险的基本概念必须要了解：

① 保险人：指提供保险保障服务的保险公司，它收取保险费，在事先约定的保险事故发生给被保险人造成损失时，承担赔付保险金的责任。

② 投保人：指购买保险的人，他向保险公司提出购买要求，并负责交纳保险费。

③ 被保险人：指受保险公司保障的人，保险公司赔付的保险金由其申领。

④ 受益人：人身保险中特有的一种身份，由被保险人或者投保人指定（投保人指定须经被保险人同意），在被保险人因死亡不能申领保险金时，受益人则享有申领的权利，类似于遗产继承人的角色。

⑤ 保险费：购买保险产品和服务需要支付的价格，由投保人交纳，保险人收取。

⑥ 保险金：又叫保险赔款，在保险事故发生时由保险人依约赔付给被保险人。

专栏8-2

我国保险业六大发展趋势

2020年10月31日，银保监会副主席梁涛在公开场合演讲时表示，“十三五”时期，我国全面建成小康社会取得了决定性成就。这五年，保险业回归本源稳健发展，深化改革重点突破，大幅提升了服务实体经济的能力，并在改善民生保障方面取得了显著成效。顺应中华民族伟大复兴的战略全局，“十四五”时期我国保险业的发展将呈现以下六方面趋势：

一是我国将成为全球最大的保险增量市场。我国保险市场仍将处于中高速发展阶段。一方面我国经济发展长期向好、居民收入稳步增长，激发了保险需求持续扩大。另一方面，保险业供给侧结构性改革不断深化，供给与需求的匹配度提高，将不断激发新的发展动力。

二是保险业将在服务双循环新发展格局中发挥更大作用。保险业要着眼于发挥经济“减震器”和社会“稳定器”的作用，在助力构筑重大灾害事故救助安全网、社会民生安全网、畅通经济循环安全网方面更好地服务双循环的发展格局。发挥保险业在灾前防治、灾中救助、灾后重建等方面的积极作用；同时，积极发展第三支柱商业养老保险，以缓解我国养老保障体系三支柱的结构性失衡矛盾。

三是高质量发展将成为我国保险业的内在要求。保险市场、保险公司、保险监管逐步成熟，行业高质量发展具备一定基础，与此同时，外部环境促使高质量发展成为迫切需要。今年以来，保险业“利差损”风险加大，保险投资收益率有所下滑。在这种背景下，粗放的发展模式已难以为继，必须走高质量发展道路。

四是高水平对外开放将成为我国保险业的鲜明特征。保险业在中国金融业中是对外开放时间较早，且力度较大的。目前，全球主要保险集团都在我国设立了经营机构。2019年末，外资险企所占市场份额超过了7%。实践证明，对外开放有力促进了中国保险市场竞争，推动了国内保险机构改革创新。

五是保险将逐步成为生产、生活的必需品。我国保险业与老百姓生产、生活的联系日益紧密。比如，商业车险的第三者责任险投保率已经超过88%；过去几年健康保险保费收入年均复合增长率超过30%。随着消费群体迭代和风险管理意识增强，保险将成为人民群众最基本也是最重要的市场化风险管理工具，深度融入生产、生活的更多领域。

六是保险业的数字化转型将加速推进。当前数字经济深入发展，金融服务业的数字化转型将是大势所趋。目前，我国开展区块链应用的保险机构已有30家。保险业数字化转型的空间巨大、任务紧迫。今后几年，保险业将进入全面推进数字化转型的新时期，逐步实现保险定价精准化、服务供给定制化、营销渠道场景化、风险管理智能化，切实提升保险机构的服务能力。

资料来源：谭乐之．梁涛：“十四五”时期保险业发展有六大趋势［N］．中国银行保险报，2020-11-03．

8.2 保险产品介绍

针对人们期望规避风险的要求，保险公司开发出了许多保险产品提供给投保客户。这些产品分别针对人们的不同需求，主要分为财产保险和人身保险两大类。另外，随着人们对于保险产品功能多样化的要求，又附加了分红、投资等功能，使得保险产品的种类日益丰富。我们在进行保险规划时，首先就要了解保险产品，按照自己的需求购买。保险的种类如图8-4所示。

- 保险产品
  - 按标的分类
    - 人身保险
    - 财产保险
  - 按功能分类
    - 保障型保险（消费型产品）
    - 储蓄型寿险（还本型产品）
    - 投资型保险（收益型产品）
  - 按性质分类
    - 补偿型保险
    - 给付型保险

图8-4　保险的种类

8.2.1　人身保险

人身保险是以人的生命、身体或劳动能力为标的的保险。保险人对被保险人因意外伤害、疾病、衰老等原因导致死亡、伤残、丧失劳动能力等，给付约定的保险金。最初的人身保险仅承保被保险人的死亡，后来逐渐扩展到生存、养老、残疾、医疗、生育等方面，见表8-2。人身保险包括人寿保险、健康保险和意外伤害保险。人寿保险是以人的生存和死亡为给付保险金条件的保险。健康保险是指对被保险人因疾病或意外而发生医疗费用等损失予以补偿的保险。意外伤害保险是以被保险人遭受意外伤害为给付保险金条件的保险。

表8-2　**人身保险产品分类**

第一层次	第二层次	第三层次	第四层次
人身保险	人寿保险	生存保险	普通生存保险
			年金保险
		死亡保险	定期死亡保险
			终身死亡保险
		生死两全保险	
		创新型人寿保险	分红保险
			投资连结保险
			万能寿险
			变额寿险
			变额万能寿险
	意外伤害保险		
	健康保险	医疗保险	
		收入损失保险	

1. 人寿保险

人寿保险亦称“生命保险”，是以人的生命为保险对象的保险。投保人或被保险人向保险人缴纳约定的保险费后，当被保险人于保险期内死亡或生存至一定年龄时，保险人履行给付保险金义务。人寿保险可分为死亡保险、生存保险和生死两全保险三种。

（1）死亡保险。

死亡保险是指在保险有效期内被保险人死亡，保险公司给付保险金的保险。根据保险的期限分为定期死亡保险和终身死亡保险。

定期死亡保险又叫定期寿险，指被保险人在保险期内死亡才可以得到保险金。若保险期满后被保险人仍然生存，保险公司不承担给付责任，也即投保人得不到赔款。定期死亡保险只有保险功能，没有储蓄功能，其保费是人寿保险中最便宜的。这种保险适合收入较低而急需较高保险金额的人购买，通常作为终生寿险或生死两全保险的补充，可以用作贷款的担保手段。

终生死亡保险也叫终身寿险。保险期限从保单生效之日起，一直到被保险人死亡为止，也就是以被保险人终身为保险期限，所以被保险人的死亡不论发生在何时，保险公司都要负责给付。

（2）生存保险。

生存保险是以被保险人在规定的期限内生存作为给付保险金的条件，即仅在被保险人生存到一定期限时，给付保险金。若在此期间被保险人死亡，则保险人不负给付保险金的责任。因此，生存保险的给付是以被保险人的生存为条件。生存保险的需要建立在储蓄的基础上。

生存保险主要有普通生存保险和年金保险两类。

普通生存保险是指在被保险人生存期间，保险人按照合同约定的金额、方式，在约定的期限内，有规则地、定期地向被保险人给付保险金的保险。

年金保险，同样是以被保险人的生存为给付条件的人寿保险，但生存保险金的给付通常采取的是按年度周期给付一定金额的方式，因此称为年金保险。年金保险具有生存保险的特点，只要被保险人生存，被保险人通过年金保险都能在一定时期内定期领取一笔保险金，获得因长寿所致的收入损失保障，达到年金保险养老的目的。因此，年金保险又称为养老金保险。年金保险的保费有多种缴费方式，但在被保险人领取年金以前，投保人必须缴清所有的保费。年金的含义是广义的，其保险金给付周期有1年、半年、1季或1月等。年金保险较好地解决了老年人的生活问题，因此，各国对年金保险都十分重视。

由于很少有人愿意冒在保险期满之前损失所有保险费的风险，所以，生存保险一般不会单独出售，它往往与死亡保险组合在一起，更大限度地满足大众的保险需求。

（3）生死两全保险。

生死两全保险又称为生死合险，也就是无论被保险人在保险期内死亡或保险期满时仍然生存，都由保险公司依保险合同给付约定的保险金。生死合险在某种程度上很好地满足了投保者保障和投资的愿望。

保险公司通过对死亡保险费和生存保险费的合理计算而设置的一些保险条款，也比较受投保者欢迎。比如“保险金额逐步递增”的利益，“生存金”每隔几年支付给投保者的利益，缴费期满时给付保险金额作为满期金的利益，以及死亡时给付递增保险金额的利益，60岁前死亡除给付保险金外，还要返还保险费的利益等等。从目前市场情况看，越是能满足大众保障和投资两方面需求的险种，就越是受到欢迎。

（4）创新型人寿保险。

传统险种没有充分考虑通货膨胀的影响，特别是对长期寿险而言，由通货膨胀引起的购买力下降会导致保险的保障作用明显减弱。在这种情况下，保险公司开发了具有投资功能的创新型险种，同时改变了传统寿险一成不变的做法，使得保险费、保险金额等都可以随市场利率、保险公司的投资收益等进行相应调整。这些创新型人寿保险产品主要包括分红保险、投资连结保险、万能寿险、变额寿险等，下面就一一进行介绍。

①分红保险。

分红保险是指保险公司将其实际经营成果优于定价假设的盈余，按一定比例向保单持有人进行分配的人寿保险新产品。

分红保险的主要特点在于：投保人除了可以得到传统保单规定的保险责任外，还可以享受保险公司的经营成果，即参加保险公司投资和经营管理活动所得盈余的分配。分红保险能够让客户参与保险公司的经营收益，同时大多数都设定了最低的分红承诺，所以对于投资者而言是一种安全性高的投资选择。

分红保险的红利来源于死差益、利差益和费差益所产生的可分配盈余。第一，死差益，是指保险公司实际的风险发生率低于预计的风险发生率，即实际死亡人数比预定死亡人数少时所产生的盈余；第二，利差益，是指保险公司实际的投资收益高于预计的投资收益时所产生的盈余；第三，费差益，是指保险公司实际的营运管理费用低于预计的营运管理费用时所产生的盈余。

由于保险公司在厘定费率时要考虑三个因素：预定死亡率、预定投资回报率和预定营运管理费用，而费率一经厘定，不能随意改动。但寿险保单的保障期限往往长达几十年，在这样漫长的时间内，实际发生的情况可能同预期的情况有所差别。一旦实际情况好于预期情况，就会出现以上差益，保险公司将这部分差益产生的盈余按一定的比例分配给客户，这就是红利的来源。

②投资连结保险。

投资连结保险是一个融保险与投资于一身的险种，早在20世纪70年代的英国即已产生，现已成为欧美国家人寿保险的主流险种之一。传统寿险都有一个固定的预定利率，保险合同一旦生效，无论保险公司经营状况如何，都将按预定利率赔付给客户。投资连结保险则不存在固定利率，保险公司将客户交付的保险费分成“保障”和“投资”两个部分。其中，“投资”部分的回报率是不固定的。如果保险公司投资收益比较好，客户的资金将获得较高回报；反之，如果保险公司投资不理想，客户也将承担一定的风险。

投资连结保险可汇集客户的投资资金，通过专业投资人才的投资运作，获取规模效益和较高的回报，最后使客户受益。其可变保费的缴付方式可满足客户在不同经济状况下的不同需求。但我们也应看到，现阶段中国的投资渠道尚比较狭窄，使得保险公司乃至个人难以获得理想的投资回报。

投资连结保险除了同传统寿险一样给予保户生命保障外，还可以让客户直接参与由保险公司管理的投资活动，将保单的价值与保险公司的投资业绩联系起来。大部分缴费用来购买由保险公司设立的投资账户单位，由投资专家负责账户内资金的调动和投资决策，将保户的资金投到各种投资工具上。“投资账户”中的资产价值将随着保险公司实际投资收益情况发生变动，所以客户在享受专家理财好处的同时，一般也将面临一定的投资风险。

③万能寿险。

万能寿险指的是可以任意支付保险费以及任意调整死亡保险金给付金额的人寿保险。也就是说，除了支付某个最低金额的第一期保险费以后，投保人可以在任何时间支付任何金额的保险费，并且任意提高或者降低死亡保险金给付金额，只要保单积存的现金价值足够支付以后各期的成本和费用就可以了。而且，万能寿险现金价值的计算有一个最低的保证利率，保证了最低的收益率。

万能寿险除了同传统寿险一样给予保户生命保障外，还可以让客户直接参与由保险公司为投保人建立的投资账户内资金的投资活动，将保单的价值与保险公司独立运作的投保人投资账户资金的业绩联系起来。万能寿险大部分保费，用来购买由保险公司设立的投资账户单位，由投资专家负责账户内资金的调动和投资决策，将保户的资金投到各种投资工具上。万能寿险是对投资账户中的资产价值进行核算，并确保投保人在享有账户余额的本金和一定利息保障的前提下，借助专家理财进行投资运作的一种理财方式。

万能寿险具有较低的保证利率，这点与分红保险大致相同。保险合同规定交纳保费及变更保险金额均比较灵活，有较大的弹性，可充分满足客户不同时期的保障需求。既享有保证的最低利率，又享有高利率带来高回报的可能性，对理财客户具有较大的吸引力。万能寿险提供了一个人一生仅用一张寿险保单解决保障问题的可能性。弹性的保费缴纳和可调整的保障，使它十分适合进行人生终身保障的规划。

④变额寿险。

变额寿险是一种保险金额随其保费分离账户的投资收益的变化而变化的终身寿险。它可以有效抵消通货膨胀给寿险带来的不利影响。变额寿险可以是分红型的，也可以是非分红型的（目前国内大多属分红型的）。若分红，会承诺一个收益底限，分红资金或用来增加保单的现金价值，或直接用来减额缴清保费。变额寿险的缴费是固定的，在该保单的死亡保险金给付中，一部分是保单约定的、由准备金账户承担的固定最低死亡保险金给付额，一部分是其投资账户的投资收益额。根据每一年资金收益的情况，保单现金价值会相应地变化，因此死亡保险金给付额，即保障程度是不断调整变化的。

⑤变额万能寿险。

变额万能寿险是一个融合了保费缴纳灵活的万能寿险与投资灵活的变额寿险后而形成的新的险种。变额万能寿险遵循万能寿险的保费缴纳方式，而且保单持有人可以根据自己的意愿将保额降至保单规定的最低水平，也可以在具备可保性时，将保额提高。与万能寿险不同，变额万能寿险的资产保存在一个或几个分离账户中，这一特点与变额寿险相同。

2. 人身意外伤害保险

人身意外伤害保险是指在约定的保险期内，因发生意外事故而导致被保险人死亡或残疾，支出医疗费用或暂时丧失劳动能力，保险公司按照双方的约定，向被保险人或受益人支付一定量的保险金的一种保险。所谓意外伤害，是指非本意的、外来的、不可预料的原因造成被保险人的身体遭到严重创伤的客观事件。例如，人们在游泳时，不幸溺水身亡属于意外事故；而在水里突发心脏病导致死亡，就不属于意外伤害，因为它是身体内部本已存在的疾病引起的。其特点一般是交费少，保障高。其保障项目有4项：

（1）死亡给付。被保险人遭受意外伤害造成死亡时，保险人给付死亡保险金。

（2）残疾给付。被保险人因遭受意外伤害造成残疾时，保险人给付残疾保险金。

（3）医疗给付。被保险人因遭受意外伤害支出医疗费时，保险人给付医疗保险金。意外伤害医疗保险一般不单独承保，而是作为意外伤害死亡、残疾的附加险承保。

（4）停工给付。被保险人因遭受意外伤害暂时丧失劳动能力，不能工作时，保险人给付停工保险金。

在人身意外伤害保险中，人身伤害必须是意外事故造成的。在这里，“意外事故”应该具备3个要素：

（1）非本意的，即被保险人未预料到的和非故意的事故，如飞机坠毁、行道树倒下等情况。有些意外事故是被保险人应该预料到，但由于疏忽而引致的，如在停电时未切断电源修理线路，因恢复供电而触电身亡。另有一些事故虽是被保险人可以预见到的，但在客观上无法抗拒或在技术上不能采取措施避免，如楼房失火，火封住门和走道，被保险人迫不得已从窗口跳下，摔成重伤；或者虽在技术上可以采取措施避免，但受限于法律和职责上的规定；或者履行应尽义务，不去躲避，如银行职工为保护国家财产在与抢劫银行的歹徒搏斗中受伤。以上这些均属于意外事故。凡是被保险人的故意行为使自己遭受伤害，如自杀、自伤，均不属于意外事故。

（2）外来原因造成的，指被保险人身体外部原因造成的事故，如食物中毒、失足落水。注意：疾病所致伤害不属于意外事故，因为它是人体内部生理故障或新陈代谢的结果。

（3）突然发生的，即意外伤害在极短时间内发生，来不及预防，如行人被汽车突然撞倒。铅中毒、矽肺等职业病虽然是外来致害物质对人体的侵害，但由于伤害是逐步造成的，而且是可以预见和预防的，不属于意外事故。

意外伤害保险与人寿保险的区别在于，意外伤害保险针对的是意外事故造成的伤害或因伤害引起的残疾或死亡，人寿保险则不承保残疾，而对于造成死亡的原因也不限于意外事故。

意外伤害保险与健康保险的区别在于，意外伤害保险更重视外部原因导致的身体伤害，健康保险则侧重于被保险人内在原因而导致的疾病，即身体健康的变化。

3.健康保险

健康保险是以人的身体为标的，当被保险人因意外事故或疾病造成残疾、死亡、医疗费用支出以及丧失工作能力而使收入损失时，由保险人给付保险金的一种人身保险。一般来说，健康保险的保险责任包括两大类：一是被保险人因意外事故或疾病所致的医疗费用损失，即人们习惯上所称的医疗保险或医疗费用保险；二是被保险人因意外事故或疾病所致的收入损失，这类健康保险被称为残疾收入补偿保险。

构成健康保险所承保的疾病风险必须符合3个条件：（1）必须是由于明显的非外来原因造成的；（2）必须是由于非先天性的原因造成的；（3）必须是由于非长存的原因造成的。

健康保险的基本类型包括两类：

（1）医疗保险。医疗保险是指提供医疗费用保障的保险。医疗费用包括医生的医疗费、手术费、住院费、护理费等。常见的医疗保险包括普通医疗保险、住院保险、手术保险、特种疾病保险、住院津贴保险、综合医疗保险等。医疗保险经常和意外伤害保险合并成意外医疗保险出售，这样的保险产品保障比较充分。

（2）残疾收入补偿保险。残疾收入补偿保险是指提供被保险人在残疾、疾病或意外受伤后不能继续工作所造成的收入损失的补偿保险。残疾收入补偿保险的给付方式一般有3种：一是按月或按周给付；二是按给付期限给付；三是按推迟期给付。

8.2.2 财产保险

财产保险，是指以各类物质财产及其相关利益或责任、信用作为保险标的的一种保险。财产保险的范围，最初仅限于有客观实体的“物”，所以叫做“对物的保险”或“损害保险”。后来，随着社会经济生活的发展，财产保险的范围又扩大到了无形的财产，即与财产有关的利益、费用、责任等。

习惯上将保险标的分为有形财产、相关经济利益和损害赔偿责任3个大类，见表8-3。因此，财产保险通常也被划分为财产损失保险、责任保险和信用保证保险。

表8-3 财产保险产品分类

第一层次	第二层次	第三层次	第四层次
财产保险	财产损失保险	火灾保险	企业财产保险、家庭财产保险
		运输工具保险	机动车辆保险、船舶保险、飞机保险
		货物运输保险	
		工程保险	
		农业保险	
	责任保险	公众责任保险	
		产品责任保险	
		职业责任保险	
		雇主责任保险	
		第三者责任保险	
	信用保证保险	信用保险	
		保证保险	

1.财产损失保险

财产损失保险是指狭义的财产保险，是以有形财产为保险标的的保险，如企业财产保险、家庭财产保险、机动车辆保险、船舶保险、货物运输保险、工程保险、特殊风险保险、农业保险等。

对于个人理财而言，主要的财产保险产品包括家庭财产保险、房屋保险、机动车辆保险、盗窃保险等，在进行保险规划时要特别注意。

2.责任保险

责任保险是以被保险人依法应负的民事损害赔偿责任或经过特别约定的合同责任作为保险标的的保险。以责任保险承保的风险性状为标准，可以分为公众责任保险、产品责任保险、雇主责任保险、职业责任保险、第三者责任保险等。

3.信用保证保险

信用保证保险是以信用风险为保险标的保险，它实际上是由保险人（保证人）为信用关系中的义务人（被保证人）提供信用担保的一类保险业务。保险人以保证人的身份对义务人未守信用导致权利人的经济损失负责赔偿。在业务习惯上，因投保人在信用关系中的身份不同，而将其分为信用保险和保证保险两类。信用保险指权利人投保义务人信用的保险业务。例如，货物出口方担心进口方拖欠货款而要求保险人为其提供保险，保证其在遇到上述情况遭受经济损失时，由保险人赔偿。保证保险指义务人投保自己信用的保险业务。例如，某工程承包合同规定，承包人应在签订合同后一年半内交工，业主（权利人）为能按时接收工程，要求承包人购买履约保证保险，假如在约定条件下承包人不能按时交付工程项目，给权利人造成经济损失，由保险人负责赔偿。信用保证保险包括合同保证保险、忠实保证保险、产品保证保险、商业信用保证保险、出口信用保险、投资（政治风险）保险。对于个人理财规划而言，常见的是申请贷款时，如购买汽车向银行申请贷款，可以向保险公司购买汽车消费贷款保证保险作为担保。

8.3 保险规划

8.3.1 保险规划在个人理财中的作用

在我们的生活中，风险无处不在，而且将伴随我们一生，例如，自然灾害、疾病、意外伤害、战争、财产损失等。特别是随着人们生活水平的提高，人们平均寿命的不断延长，进一步促成了我们对更多人生保障的需求。因此，不断寻求保障、规避风险是人的本能。风险发生在未来，风险的发生是不确定的，但一旦发生就必然会带来损失。那么，如何来化解风险呢？方法有3种：一是独立解决（自助）；二是依靠救济（他助）；三是集合多数人的力量互助解决（互助）。保险属于第三种化解风险的方式，也是所有办法中转移和化解风险最有效、最简便易行的方法。

总而言之，风险的客观存在是保险产生和存在的自然前提，风险的发展是保险发展的客观依据。保险就是以小钱防范风险，以确定的支出防范不确定的风险，从而更稳定地规划和管理个人和家庭财务，如图8-5所示。

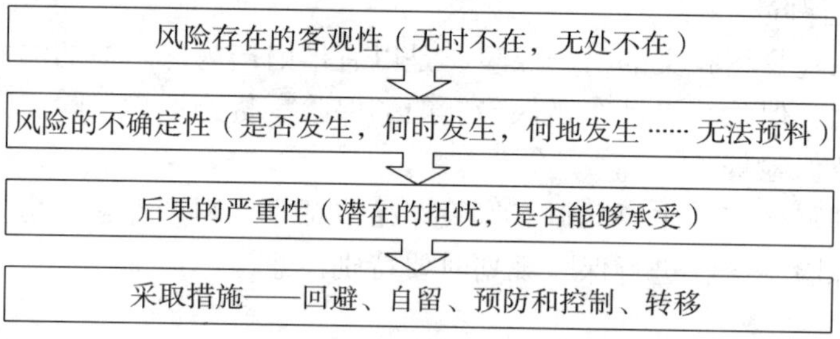

图8-5 人们购买保险的原因

所以，与其大家提心吊胆地过日子，不如集合起来将这些集中的、不确定的巨额经济损失变为经常性的、小额的保费支出，由集体成员共同分摊（化大为小，化集中为分散，化不确定为确定）。此时，少数遭受损失的人的损失就由未遭受损失的人来分摊。

保险规划是个人理财的一个部分，它就是针对人生中的风险，主要包括死亡风险、残疾风险、医疗风险、养老风险以及财产风险等，定量分析保险需求额度，并作出最适当的财务安排，避免风险发生时给生活带来的冲击，达到财务自由的境界，从而拥有高品质的生活。保险规划的目的就在于通过对个人经济状况和保险需求的深入分析，帮助自己选择合适的保险产品并确定合理的期限和金额，免除财务上的后顾之忧。具体而言，保险规划有两层意思：

第一就是利用保险产品的保障功能来管理理财过程中的人身风险，保证理财规划的进行。这一点不仅必需，而且非常有效。比如有一些人不认同保险，他们中的很多都持有大笔存款，因为要“以防万一”，这笔钱既然不敢花，其实就像是自己给自己做的保险。如果他们到保险公司投保，其实远用不了那么多钱，就可以得到同样的保障。多出来的流动资金，可以投入到其他金融产品上，创造更多收益，这样在总体上更有效率。

第二就是保险本身附带的理财功能。近年来，保险公司设计出很多新产品，可以在保障功能的基础上，实现保险资金的增值。相对于其他金融产品，因为其风险很低，所以收益总体来说比不上基金、股票，但是非常稳定。也正因为如此，它特别适合那些对金融市场并不熟悉或者工作繁忙、没时间打理自己的投资的人。

8.3.2 保险规划的原则

个人参加保险的目的就是为了个人和家庭生活的安全稳定。从这个目的出发，我们在投保时应主要掌握以下原则：

1.按需购买

投保是为了转移风险，在发生保险事故时可以获得经济补偿。从这个原则出发，必须首先分析个人和家庭的主要风险是什么，怎样合理地把这些风险转嫁给保险公司，根据需要保障的范围来考虑购买的险种。

2.量力而行

保险是一种契约行为，属于经济活动范畴，投保人必须支付一定的费用，即以保险费来获得保险保障。投保的险种越多，保障范围越大，保险金额越高，保险期限越长，需支付的保险费也就越多。因此，投保时要根据自己的经济实力量力而行，既要使经济能长时期负担得起，又能得到应有的保障。

3.足额投保

保险计划中，投保金额是个设计重点，它代表了所获得的保险保障的数量，是保险人赔付保险金的最高限额，只有足额投保才能在事故发生时获得完全的经济补偿。

4.先满足保障需求，后考虑投资需求

许多消费者选择险种的过程中，往往对投资型险种情有独钟，常常选择“高收益，高回报”的险种，而忽视保险最原始的保障功能。其实，意外、疾病才是人生中最难预知和管控的风险，保险的保障意义很大程度就体现在这两类保险上。所以在经济状况一般的情况下，宜先满足此类保障需求。

5.重视高额损失

买保险的主要目的是预防那些重大的、自己无法承受的损失，所以投保时应优先投保那些可能会带来高额损失的险种。

6.综合投保

如果你准备购买多项保险，应尽量以综合方式投保，合理搭配。综合投保可避免各单独保单间可能出现的重复，从而节省保费，得到较大的费率优惠。

8.3.3 保险需求分析

保险规划就是从个人的实际情况出发，通过分析个人经济状况，根据实际的风险保障需要来制订保险计划。因此，了解自己的保险需求就成为保险规划的前提条件，人生不同阶段的保险需求是不一样的，见表8-4。

表8-4　**人生不同阶段的保险需求分析**

人生阶段	特点	保险需求分析
单身期：一般为2~5年，从参加工作至结婚的时期	经济收入比较低且花销大。这个时期是未来家庭资金积累期。年纪轻，主要集中在20~28岁，健康状况良好，无家庭负担，收入低，但稳定增长，保险意识较弱	保险需求不高，主要可以考虑意外风险保障和必要的医疗保障，以减少因意外或疾病导致的直接或间接经济损失。保费低、保障高。若父母需要赡养，需要考虑购买定期寿险，以最低的保费获得最高的保障，确保一旦有不测时，用保险金支持父母的生活
家庭形成期：从结婚到新生儿诞生时期，一般为1~5年	这一时期是家庭的主要消费期。经济收入增加而且生活稳定，家庭已经有一定的财力和基本生活用品。为提高生活质量往往需要较大的家庭建设支出，如购买一些较高档的用品，贷款买房的家庭还须一笔大开支——月供款。夫妇双方年纪较轻，健康状况良好，家庭负担较轻，收入迅速增长，保险意识和需求有所增强	为保障一家之主在万一遭受意外后房屋供款不会中断，可以选择交费少的定期险、意外保险、健康保险等，但保险金额最好大于购房金额以及足够家庭成员5~8年的生活开支。处于家庭和事业新起点，有强烈的事业心和赚钱的愿望，渴望迅速积累资产，投资倾向易偏于激进。可购买投资型保险产品，规避风险的同时，又是资金增值的好方法
家庭成长期：从小孩出生到小孩参加工作以前的这段时间，一般为18~22年	家庭成员不再增加，整个家庭成员的年龄都在增长。这一时期，家庭的最大开支是保健医疗费、学前教育、智力开发费用。理财的重点适合安排上述费用。同时，随着子女的自理能力增强，年轻的父母精力充沛，时间相对充裕，又积累了一定的社会经验，工作能力大大增强。在投资方面，可考虑以创业为目的，如进行风险投资等。夫妇双方健康状况良好，家庭成员增加，家庭和子女教育的负担加重，收入稳定增长，保险意识增强	在未来几年里面临小孩接受教育的经济压力。通过保险可以为子女提供经济保证，使子女在任何情况下都能接受良好的教育。偏重于教育基金、父母自身保障。购车买房对财产险、车险有需求
家庭成熟期：指子女参加工作到家长退休为止这段时期，一般为15年左右	这一阶段里自身的工作能力、工作经验、经济状况都达到高峰状态，子女已完全自立，债务已逐渐减轻，理财的重点是扩大投资。夫妇双方年纪较大，健康状况有所下降，家庭成员不再增加，家庭负担较轻，收入稳定在较高水平，保险意识和需求增强	人到中年，身体的机能明显下降，在保险需求上，对养老、健康、重大疾病的需求较大。同时应为将来的老年生活做好安排。进入人生后期，万一风险投资失败，会葬送一生积累的财富，所以不宜过多选择风险投资的方式。此外，还要存储一笔养老金，且这笔养老金应是雷打不动的。保险作为强制性储蓄，累积养老金和资产保全，也是最好的选择。财产险、车险的需求必不可少
退休期	这段时期主要应以安度晚年为目的，理财原则是身体、精神第一，财富第二。不富裕的家庭应合理安排晚年医疗、保健、娱乐、锻炼、旅游等开支，投资和花费有必要更为保守，可以带来固定收入的资产应优先考虑，保本尤为重要，最好不要进行新的投资，尤其不能再进行风险投资。夫妇双方年纪较大，健康状况较差，家庭负担较轻，收入较低，家庭财产逐渐减少，保险意识强	在65岁之前，通过合理规划，检视自己已经拥有的人寿保险，进行适当的调整

在制订保险计划时，首先要回答的问题是我需要保险吗，我需要什么样的保险产品，我需要多少保险保障。保险是每一个人都需要的，在回答我是否需要保险这个问题时，要先从实际问题的分析上入手。在制订保险计划时要先有资金，个人的资金要先满足一些必需的用途后才能考虑到保险的需求，同时，由于实际情况不同，保险的需求也会不同。例如，在干燥季节会比在潮湿季节更需要火灾保险；在江边的人会比在高山上的人更需要洪水保险；在恶劣条件下生活的人会比在优越条件下生活的人更需要医疗保险。当我们综合考虑了自己的情况后，我们就知道自己是否需要保险了。

在知道了自己是否需要保险后就要确定自己需要什么样的保险。前面分析了不同阶段保险需求的不同，保险种类的不同还依赖于自己的财产种类和财产状况，没有汽车的人当然是不需要汽车保险的。同时，同一项财产由于面临的风险不同也会带来对保险产品需求的不同。例如，汽车面临着意外损坏或被盗的风险，这时，投保人就要考虑是选择车辆损失保险还是全车盗窃保险，或者两种保险都选择。投保人要准确判断自己准备投保的保险标的的具体情况，如风险的种类、风险发生的概率、风险发生时造成的损失的大小，来综合判断分析，根据自己的实际情况来选择合适的保险产品。

需要多少保险对于财产保险来说比较容易计算。依据损失补偿原则，保险金额等于保险标的的价值就可以很好地对损失进行补偿了。投保人也可以根据自己的需要选择保险金额，而不一定要全额保险。所以，在财产保险上，个人的选择比较自由，只要保险金额不超过保险标的的实际价值，投保人可以任意选择自己需要的保险金额。

8.3.4 保险规划的主要步骤

保险规划的具体步骤可以分为5步，如图8–6所示。

图8–6 保险规划的步骤

1.确定保险需求

首先要确认和分析自己面临的潜在风险。前面已经说过，保险是风险处理技术的一种方法，只有在对潜在的风险成功识别的前提下，才能够有的放矢地去确定自己的保险需求。

其次是确认自己的保险需求，包括3个方面的内容：一是确认自己可利用的保障方式，即对于面临的潜在风险，要分析其相应的处理方法有无多种选择；二是确认自己要投保的风险，即在前述分析后，决定将要通过保险方式来处理的风险；三是要估算可用来投保的资金，应当考虑好维持现时生活与获得风险保障这二者之间取得适当的平衡。

最后是确定投保的对象。在这一步中，有两个最关键的地方要搞清楚，即确定保险标的和保险利益。保险标的是指作为保险对象的财产及其相关利益，或者人的身体和生命，比如汽车保险的保险标的就是汽车，人寿保险的保险标的就是人的生命。投保人可以以本人、与本人有密切关系的人、所拥有的财产以及相关利益等作为保险标的。只有确定了保险标的，才能有针对性地选择相应的保险产品进行投保。保险利益是指投保人或被保险人对投保标的所具有的法律上承认的利益。法律一般都规定，投保人对保险标的应当具有保险利益。投保人对保险标的不具有保险利益的，保险合同无效。保险标的与保险利益互为表里、互相依存，保险标的是保险利益的有形载体，保险利益是保险标的的经济内涵，也是投保人转嫁风险的经济额度，同时也是保险人确定其承担最高责任限额的重要依据。

专栏8-3

常见的五大保险误区

【误区一】只给孩子保不给大人保

典型事例：刚为人父不久的小王昨天兴冲冲地为儿子办了两份保险，一份是健康医疗险，一份是教育储蓄险，一年共需交保费4 000多元。小王在事业单位上班，一个月收入不到4 000元，妻子在一家私企上班，怀孕后不久就把工作辞了，因此这笔保费对夫妻二人来说是个不小的数目。小王说，我挣得不多，我和妻子都没办保险，但不能委屈了孩子。

专家点评："孩子当然重要，但小王的做法并不科学，这实际上是个误区。"中国人寿保险公司沈阳分公司讲师姜颖说，很多家庭怕委屈了孩子，所以孩子刚一出生，就急着给孩子办这个保险那个保险。给孩子办保险当然是好事，但据了解，因为经济条件或观念原因，很多家长自己都没有保险，这就走进误区了。我们知道，每个家庭的支柱是大人、是父母，一旦他们因意外、疾病等丧失工作能力或失去收入的时候，家庭就将陷入困境。因此，家庭保险有个原则就是：先大人后孩子，先经济支柱后其他成员。家长平安健康才能给家庭一份平安，至于选什么样的保险可根据经济能力和需要选择。

【误区二】进行保险不如积极储蓄

典型事例："我的原则就是年轻时拼命赚钱存钱，到老那就是我的'保险'。"吴先生是某外贸公司的业务经理，年薪20多万元，还房贷、养车、养孩子……月支出近万元。他的妻子是学音乐的，目前没有正式工作，偶尔在外边业余培训中心给人上点课。据吴先生说，他现在有点存款，都用来投资了，他、妻子、孩子都没办保险。"我主要是觉得保险没有太大的实际意义，纯消费型的，出事的概率毕竟很少，养老的、教育的，觉得就类似储蓄，没多大意思。"

专家点评："这是一个很典型的错误认识。"姜颖讲师说："其实，保险最重要的作用是保障功能，对于经济不很宽裕的人来说，保险解决万一发生不幸，收入突然中断时的经济来源问题，而对于有钱的人，保险的作用主要是保全其已拥有的财产。假如一次重病花掉您10万元，就算您的财力没有问题，但是，如果您投保了重疾险，可能只需花费几千元就可以解决这个问题了，那你不就省下9万多元嘛。还有家财险，一年投入两三百元钱，就能在家庭财产遭受意外损失（保险责任范围内的）时，得到一份补偿。"

姜颖讲师还介绍说，现在的一些险种，都设有保费豁免条款，也就是说，当投保人因意外伤害事故身故或全残时，可以不再继续交纳保费，仍可享受保障，如各保险公司的少儿教育保险等。“记住一点，相对储蓄而言，保险能以较小的费用换取较大的保障，一旦保险事故发生时，保险可提供的保障，是远超过你的保费投入的。”

【误区三】买保险不为保障为投资

典型事例：“我买了一份保险，可划算了，交20年，一年交8 040元，每三年就返款9 000元……”吴女士很喜欢向朋友们介绍自己的理财经验，这回她在向朋友推荐自己刚买的保险。吴女士说，她以前也没买过什么保险，但现在条件好了，手里有余钱了，就也想买点保险，就当投资了。

专家点评：“不评价这个保险产品的好坏，吴女士的这种观念是不对的。虽然，目前很多保险产品具有储蓄和保障双重功能，但更重要的还是保障功能。百姓投保也应更重视保障。”天安保险股份有限公司业务管理部史利滨经理说，注重保险的投资功能必然偏重于人寿险的投资，而忽略人身意外险、健康险、财险等的投资，这是保险市场不成熟的表现。

一般来讲，人寿险的保费相对较高，有了灾难保障作用却相当有限。但很多人都像吴女士一样，不愿意投保消费型的纯保障类保险，更愿意投保一些返还型的产品。其实消费型保险一般保费都不高，但保障作用却很强，当然由于保险事故只是可能发生而不是肯定发生，因此让许多人认为是白搭，不愿意投保。但要知道，保险预防的就是意外，一旦发生保险事故，保险才真正发挥保障、救急和弥补损失的作用。“希望越来越多的人了解保险，让人们都过上有保障的生活。”史利滨经理最后表示。

【误区四】买得多就一定会赔得多

典型事例：刘太太的女儿、女婿出国了，把房子交给她代为照看。刘太太经常过去看看，但还是不放心，于是她为女儿投保了家财险。室内装修、家用电器都保了，盗抢的、火灾的，还有自来水破裂的……“能保的我几乎都保了，万一出事时就能得到更多的赔偿，我不但保得全，保额也高，这下可安心了。”为女儿办完保险，刘太太满心高兴。

专家点评：“家财险保额并非越高越好，因为真正理赔时，保险公司是按财产的实际价值和损失程度确定赔偿金额。所以，在投保时，如果超过财产实际价值确定保险金额，只是浪费保费。”史利滨经理如此表示。

另外，史利滨经理还介绍说，除了家财险外，像寿险中的住院医疗，车险中的车损险、盗抢险等都属于多买不多赔的险种。投保这些险种时，不宜把保额估得过高，免得浪费保费；也不宜过低，免得一旦发生保险事故时得不到全额赔付。

【误区五】不细看条款只信代理人

典型事例：“明明说是从15岁到21岁返钱，咋变成了18岁到21岁？”在某广告公司工作的李女士，上个月为女儿投保了一款少儿两全保险，由于保险代理人是她的邻居，因此，李女士当时也就没太细看条款，可事后她无意中一看，立即产生了一个大大的疑问，她马上找到了代理人询问。原来，该保险产品有三种返款方式供选择，其中一种是从15岁到21岁每年都返，一种是15岁到17岁，再有一种就是18岁到21岁，经过计算和衡量，代理人为李女士选择了18岁到21岁返款。因为返款数是按已交保费总额的一定比例确定的，因此，选择18岁到21岁返款并不比15岁到21岁吃亏。经过代理人的解释，李女士虽然安心了，但还有点后悔，觉得当时自己就应该把保险合同条款都细看一遍。

专家点评："所有投保人都应该记住的一条就是，要细看合同条款，而且不明白的一定要问个明白。"史利滨经理说，现在很多投保人都或多或少地依赖代理人，不愿细看保险合同，其实这是有风险的。因为，从目前来看，保险代理人队伍的素质还是参差不齐的，有时可能会出现误解合同条款或故意误导投保人的情况，因此投保人在签合同前一定要看清每一个条款，特别是要看清保险责任范围和责任免除条款，全部认可后再签合同付款。千万不能只听代理人的介绍和解释，就稀里糊涂地签了合同，以免利益受损。

资料来源：佚名．常见的五大保险误区提醒　别过于相信你的代理人［EB/OL］．［2019-03-27］．https：//lvshi.sogou.com/article/detail/8FTR41VYAT52.html？gf=102.

2.选择保险产品

人们在生活中面临的风险主要可以归纳为人身风险、财产风险和责任风险。而同一个保险标的，会面临多种风险。所以，在确定保险需求和保险标的之后，要从众多保险产品中选择在功能和价格上都满足需要的保险产品，前面已经对市场上的保险产品进行了详细介绍。比如，对人身保险的被保险人而言，他既面临意外伤害风险，又面临疾病风险，还有死亡风险等。所以，投保人可以相应地选择意外伤害保险、健康保险或人寿保险等。而对于财产保险而言，同一项家庭财产也会面临不同方面的风险。比如汽车，面临着意外损毁或者是失窃的风险，这时投保人可以相应地选择车辆损失保险、全车盗抢保险，或者是二者的组合。

投保客户只有在专业人员的帮助下，准确判断自己准备投保的保险标的的具体情况（比如，保险标的所面临的风险的种类，各类风险发生的概率，风险发生后可能造成损失的大小，以及自身的经济承受能力），进行综合判断与分析，才能选择对自己合适的保险产品，较好地回避各种风险。

在确定购买保险产品时，还应该注意合理搭配险种。投保人身保险可以在保险项目上进行组合，如购买一两个主险附加意外伤害、重大疾病保险，使人得到全面保障。但是，在全面考虑所有需要投保的项目时，还需要进行综合安排，应避免重复投保，使用于投保的资金得到最有效的运用。这就是说，如果投保人准备购买多项保险，那么就应当尽量以综合的方式投保，因为这样可以避免各个单独保单之间可能出现的重复，从而节省保险费，得到较大的费率优惠。

3.确定保险额度

保险额度是当保险标的的保险事故发生时，保险公司所赔付的最高金额。保险额度的作用体现在两个方面：一方面，保险额度用于限定保险人赔付责任的数量范围，也就是通常所说的能获得多大的保险保障；另一方面，保险金额实际上是保险商品的数量，决定了保险费的多少。我们知道，商品的总价公式为“总价=单价×数量”，在保险交易中则表示为“保险费=保险费率×保险金额”，显而易见在保险费率固定的情况下保险金额与保险费成正相关的关系。

一般说来，保险额度的确定应该以财产的实际价值和人身的评估价值为依据。

财产的价值比较容易计算。对于一般财产，如家用电器、自行车等财产保险的保险额度由投保人根据可保财产的实际价值自行确定，也可以按照重置价值即重新购买同样财产所需的价值确定。对于特殊财产，如古董、珍藏品等，则要请专家评估。购买财产保险时可以选择足额投保，也可以选择不足额投保，由于保险公司的赔偿是按实际损失程度进行赔偿的，所以一般不会出现超额投保或者重复投保。一般说来，投保人会选择足额投保，因为只有这样，当万一发生意外灾难时，才能获得足额的赔偿。如果是不足额投保，一旦发生损失，保险公司只会按照比例赔偿损失。比如，价值20万元的财产只投保了10万元，那么如果发生了财产损失，保险公司只会赔偿实际损失的50%。也就是说，如果实际财产损失是10万元，投保人所获得的最高赔偿额只能是5万元，这样会使自己得不到充分的补偿，从而不能从购买保险产品中得到足够的保障。

理论上，人的价值是无法估量的，因为人是一种社会性生物，其精神的内涵超过了其物质的内涵。但是，仅从保险的角度，可以根据诸如性别、年龄、配偶的年龄、月收入、月消费、需抚养子女的年龄、需赡养父母的年龄、银行存款或其他投资项目、银行的年利率、通胀率、贷款等，计算虚拟的“人的价值”。在保险行业，对“人的价值”存在着一些常用的评估方法，如生命价值法、财务需求法、资产保存法等。需要注意的是，这些方法都需要每年重新计算一次，以便调整保额。因为人的年龄每年在增大，如果其他因素不变，那么他的生命价值和家庭的财务需求每年都在变小，其保险就会从足额投保变成超额投保。如果个人的收入和消费逐年增长，那么其价值就会逐渐增大，原有保险就会变成不足额投保。

4.确定保险期限

可以根据自己的实际情况来选择适合的保险时间跨度和交纳保费的期限。根据保险合同，保险公司在约定的时间内对约定的保险事故负保险责任，这一约定时间就成为保险期限。

首先是选择合适的保险期限。财产保险期限通常为1年，期满可以续订；人身保险期限分为短期、长期、终身无定期等。保险期限以日历年月日计算，其开始时间与合同成立时间相同，但经当事人的特别约定也可以在合同成立之前开始，称为追溯保险，或在合同成立之后开始，即附期限、附条件的保险。保险期限通常以约定起保日的零时开始，到约定期满日的24时为止。保险期限也可以按事项的始末存续期间计算，如运输险按航程计算，建筑安装工程险从工程施工之日始至预约验收之日止。投保人应根据需求来选择，如财产保险的保险期限一般是1年，但如家用电器距使用报废时间仅有半年，则可选择投保6个月的保险期限。

其次是选择合适的缴费时间。目前购买保险时，保费的缴付方式较为灵活，可以采取一次性缴清（即趸缴），也可以用逐年分期的形式来缴清（年缴、限期年缴）。当限期年缴时，各家保险公司一般提供有5年、10年和20年等多种缴费期限。至于具体购买时，选用哪种缴费方式，主要是根据投保人的经济收支状况、承受能力，以及投保人所追求的付出与保障的需求比而定。

5.选择保险公司

在这一步，应该权衡各家公司和产品的优劣，作出一个满意的决定，最终确定一个综合最优的保险方案。需要指出的是，保险并非即时消费的商品，真正能发挥作用是在未来发生保险事故造成损失的时候，所以认真阅读保险条款是非常重要的，最关键的是保险公司的售后服务以及理赔声誉，因为这是及时获得保险赔偿的基础。

随着我国金融业的发展，各种保险公司如雨后春笋般现身市场，其中既有国有保险公司，又有股份制保险公司和外资保险公司，使得投保人有了很大的选择余地，但同时也面临着更多的困惑，应该怎样选择保险公司呢？可以从以下几方面来衡量：

（1）资产结构好。在保险业，能否上市或者能否整体上市是评价一家保险公司整体资产是否优良的标志之一。所谓“整体上市”，是指以公司的全部资产为基础上市，如果某家保险公司实现了整体上市，就证明该公司整体结构良好。目前，国内不少保险公司已经上市或者具备了上市条件。

（2）偿付能力强。保险公司的偿付能力对保险消费者来说至关重要。我国保险监管部门对保险公司的偿付能力额度作出了明确的规定，保险公司应当在每季度结束后30日内，在公司官方网站首页发布偿付能力季度报告摘要，根据银保监会的规定，对偿付能力额度进行披露。

（3）信用等级优。国际上有不少专门对银行、保险公司等金融机构信用等级进行评估的机构，如美国的穆迪公司、标准普尔公司等，它们对保险公司的评级可以作为评价保险公司信用等级的一个参考。

（4）管理效率高。保险公司管理效率的高低，决定着该公司的兴衰存亡。管理效率可从公司产品创新能力、市场竞争能力、市场号召能力、公司盈利能力、公司决策能力、公司应变能力、公司凝聚能力等方面衡量。

（5）服务质量好。保险与其他商品不同，不是一次性消费，保险合同生效的几十年间，保户经常就多方面的事情需要保险公司提供服务，如缴费、生存金领取、地址变更、理赔等。保户能否成为保险公司的“上帝”，享受“上帝”待遇，开开心心接受保险的关怀，保险公司的服务质量是关键。

专栏8-4

王先生买保险的故事

首先，让我们来一起认识一下我们故事的主人公王先生。

王先生，男，30岁，已经成家，儿子1岁。

25岁时的王先生生活得很自由，爬山、旅游、蹦极，享受青春。后来王先生认识了女朋友，结婚了，一个人的生活变成了两人世界，一个人的健康平安也同时成为对另一个人的责任，王先生不抽烟了，也不从事危险活动了，两个人一起为小家庭的未来打拼。再后来，儿子出生了，王先生从两人世界又变成了三口之家，更深地体会到对家庭的责任。

王先生的事业蒸蒸日上，他现在已经是外资企业的销售主管。销售工作非常繁忙，王先生经常加班、出差，天天在外奔波劳累。刚做爸爸的王先生，作为家庭支柱深深地体会到家庭平安的重要性，也体会到为孩子创造一个更好的未来的责任。这些都使王先生更加认识到购买保险的意义……所以，王先生要买保险了！

其实，在我们的身边，有千千万万个王先生、李先生、王女士、李女士，我们每一个人都和王先生一样，心怀着对家庭深深的爱和责任，努力打造一个美好的未来。我想，王先生购买保险的经历一定会对大家都有所启发。

第一步：确定保险需求。

在决定要购买保险之后，王先生问的第一个问题就是："我最需要买什么保险?"

初步了解之后，王先生知道，人的保险需求基本可以分为六大类：健康、意外、子女教育、养老、投资、保障。但和大部分消费者一样，王先生也并不清楚自己此时此刻最需要买什么保险。

很多业务员在见了王先生一面、问了一两句家里的情况之后，就会告诉他：你最需要养老，或者你最需要投资，然后就开始为王先生介绍产品，这些都无法让王先生信服。他觉得，只有对他的家庭全面情况有一个科学、系统的了解和分析，才能更准确地帮他判断他此时最需要的保险是什么。

王先生的这种想法是非常正确的。专家告诉王先生：其实六大保险需求人人都有，但是，由于不同的个人和家庭在不同阶段所面临的风险不同，我们对各类保险的需求程度也是不同的。确定保险需求的意义，就在于把我们的钱有效地投入到保障目前我们最大、最重要的风险上。

专家还告诉王先生，有很多因素都会影响对王先生家庭风险状况的评估和需求优先程度的分析，例如，年龄、家庭状况、工作状况、身体状况、生活方式、收支情况、目前拥有的保险情况等。通过专业、系统的需求分析方法的支持，王先生才能真正找到目前最需要购买的一个或几个保险需求。

第二步：选择保险公司。

在确定自己最需要购买的保险之后，王先生的第二个问题是："这么多保险公司，哪家最好？怎么着手进行挑选呢?"

市场上现有的保险公司，王先生随便掰着手指头一数，就数出来几十家：中国人寿、平安、友邦、太平洋、信诚、中英、瑞泰……有中资的、外资的，有历史悠久的，有刚进入中国的……到底哪家是最适合我的保险公司？比较保险公司的时候，应该比较哪些因素呢？王先生又开始挠头了，他决定再去请教专家。

专家告诉王先生：在购买不同保险时，应该考虑和侧重的保险公司因素也不同。比如说，如果购买保障险，理赔可能是几十年以后的事，这时候消费者更应该看重的是保险公司的财务稳健和实力；而如果购买医疗险，经常需要报销医药费，消费者应该更看重保险公司的服务水平，是否能够为我们提供及时、高效的优质服务。

专家还告诉王先生：在确定了自己更看重保险公司的哪些因素之后，消费者还需要了解，各家保险公司在这些因素上的表现如何。例如，哪家保险公司的服务最好？在这方面，仅靠自己的力量进行了解和比较，对王先生来说是很困难的。他需要获得专业并且中立的分析机构的支持，从而在各家保险公司之间进行综合比较和排序，作出最明智的选择。

第三步：选择保险产品。

王先生知道，保险产品的选择是五部曲里最复杂的一步。以购买保障产品为例，王先生稍作问询，就从各家保险公司的业务员那里得到了十几个不同保障产品的保险计划。从哪里入手进行比较呢？到底哪家保险公司的保障产品才是最适合王先生的呢？

王先生觉得，保险产品和其他产品一样，都应该从功能和价格两方面进行比较。他希望选择满足自己保障功能需求，并且性价比最优的保险产品。王先生以前也听说过身边的朋友买保险的遭遇，买的时候说得都很好，理赔的时候才发现，其实条款里写了不赔，但业务员没讲，客户自己也没看出来。所以，王先生决定要认真仔细地比较和挑选一款最适合自己的产品。但是，一比较，王先生就头大了，保险产品的条款很复杂，很难看懂，功能不一样，价格也不一样，怎么比呢？

专家告诉王先生：保险产品保障功能繁杂，并且相互之间存在差异，不能简单对比。另外，保险产品是复杂金融产品，费率由产品保障功能和精算假设确定，也不能直接对比。

有的业务员会说：你看我的产品功能更全面，所以我的好。这种说法不成立，因为客户可能会为多出来的功能多付费，而多出来的功能不见得是客户最需要的。有的业务员则会说：你看同样都是1万元的保额，我的产品只用交1 000元，其他产品需要1 500元，所以我的好。这种说法也不成立，因为同样的保额不代表同样的保障利益。

因此，保险产品的比较，需要首先明确客户的保障功能需求，才能进行性价比的比较。而通过专业分析方法的辅助和支持，王先生是完全可以自己衡量并且选择自己的具体保障需求的，比如保障期间，是否需要到期返还，是否需要高残责任，是否需要分红等。

在性价比的比较方面，王先生非常认同专家说的一句话：保险产品没有绝对最优，只有相对最优。不同产品对不同年龄客户而言，性价比也不同。保险产品的分析和排序需要依靠专业的计算和比较方法，而非业务员的一面之词。

第四步：综合确定保险方案。

完成保险公司和产品的选择和分析之后，王先生需要综合考虑两方面的分析结果，选择综合最优的保险方案。在这一步，王先生需要回答：在公司和产品之间，我更看重哪方面？就像去餐馆吃饭一样，我是更看重餐馆的就餐环境和服务，还是菜品的口味和质量？

第五步：确定保险购买额度。

确定了保险方案之后，王先生的最后一个任务就是确定自己要购买多少保险。

一般情况下，业务员都会建议王先生，要不你先买5万元？或者要不你买10万元？但王先生觉得，买多少其实最关键的在于我需要多少。也就是说，如果发生了风险，我需要多少钱才能化解风险、保证家人正常生活质量？

专家非常赞同王先生的想法，并且告诉他：购买额度也是从需求出发的，而需求是可以被测算的。针对13类保险产品类别，有13套购买额度测算公式，通过这些专业测算方法的支持，王先生可以清楚地测算自己究竟需要多少保障。

另外，王先生还应该考虑自己的实际购买力，也就是说通过合理安排自己的家庭收支情况，确定自己有多少资金可以用来投资购买保险产品。

通过对保险购买额度需求和实际购买力的合理的权衡和兼顾，王先生就可以确定自己目前需要的实际保险购买额度了。

以上就是王先生买保险的故事。通过对五部曲中每一步的思考、分析和专家的帮助，王先生意识到，他最需要获得的是一种完全中立的、专业的、代表客户利益的保险咨询服务，帮助他就保险购买的每一步中的问题进行专业的分析，从而挑选最能满足他需要并且性价比最优的保险方案。

资料来源：骆祖金. 我家理财网友专场讲座：如何选择适合我的保险？[EB/OL]. [2005-08-11]. http: //money.business.sohu.com/20050811/n240246960.shtml.此处有改编.

你真的需要那么多保险吗?

【思政课堂】

各地“惠民保”总参保人数超7 000万

【教学提示】惠民政策。

随着我们国家人民生活水平的提高，还有老龄化程度的加深，大家对保险的需求日益旺盛，对保险的关注度也日益提高。

近年来，地方政府相关部门指导、保险机构商业运作、与基本医保衔接的城市定制型商业医疗保险在各地迅速发展，多地称之为“惠民保”。

叶燕斐表示，这实际上相当于对基本医疗保险的一个补充保险，但是是以商业化、市场化方式来运作的。这类产品拓展了现有我们医疗保障体系的广度和深度，降低了因病致贫、因病返贫的风险，在减轻政府负担的同时，也为保险行业发挥专业优势提供了机遇，提供了平台，是商业健康保险服务民生保障的一种新的探索。为构建以基本医保和城乡居民大病保险为主体、商业保险为补充、医疗救助为托底的多层次医疗保险体系增添了新的内容。

目前，已经有58家保险机构在27个省参与了超过100个的城市定制型医疗保险项目，项目总参保人数超过7 000万。各地区的情况不同，受多种因素影响，项目的投保率差别较大，有的达到了50%以上。像海南的特药险是全部覆盖的，海南居民都可以投保，但各地情况不太一样。

叶燕斐指出，整体而言，目前大多数城市定制型医疗保险项目还是处于启动阶段，还未经历完整的保险期间。这个业务赔付率受项目赔付条件设置、当地基本医保政策和参保率影响较大，目前赔付风险暴露尚不充分，不排除部分地区将来可能还出现亏损，这是探索的一个过程。

2021年5月，银保监会发文，对城市定制型医疗保险业务予以规范，对这类业务的保障方案制定、经营风险、业务和服务可持续性以及市场秩序等方面提出明确要求。

下一步，银保监会将继续支持商业保险机构通过多样化的产品服务满足人民群众多层次、个性化的健康保障需求，严格督促保险机构科学制定保障方案，科学测定费率水平，加强业务的回溯，发挥自身业务和专业的优势，确保惠民、可持续。同时也持续关注各地项目和经营情况，强化科学审慎、依法合规，加强监管，对盲目抢占市场、扰乱市场秩序、损害消费者权益的行为采取坚决的监管措施。

资料来源：李致鸿. 银保监会正研究推动养老储蓄业务试点　各地“惠民保”总参保人数超7 000万［EB/OL］.［2021-10-21］. http://www.21jingji.com/article/20211021/herald/ebecf4f47ff2284f22d48d65b8b06a3e.html.

本章小结

1.风险的客观存在是保险产生和存在的自然前提，风险的发展是保险发展的客观依据。保险就是以小钱防范风险，以确定的支出防范不确定的风险，从而更稳定地规划和管理家庭财务。

2.保险规划是个人理财的一个部分，它就是针对人生中的风险，主要包括死亡风险、残疾风险、医疗风险、养老风险以及财产风险等，定量分析保险需求额度，并作出最适当的财务安排，避免风险发生时给生活带来的冲击，达到财务自由的境界，从而拥有高品质的生活。保险规划的目的在于：通过对个人经济状况和保险需求的深入分析，帮助自己选择合适的保险产品并确定合理的期限和金额，免除财务上的后顾之忧。

3.个人面临的风险主要包括人身和财产两个方面，而其中保险人愿意并能够承保的风险称为可保风险。

4.保险是一种以经济保障为基础的金融制度安排，它通过对不确定事件发生的数理预测和收取保险费的方法，建立保险基金。以合同安排的形式，由大多数人来分担少数人的损失，实现保险购买者风险转移和理财计划的目标。

5.针对人们期望规避风险的要求，保险公司开发出了许多保险产品，提供给投保客户。这些产品分别针对人们的不同需求，主要分为财产保险和人身保险两大类。另外，随着人们对于保险产品功能多样化的要求，又附加了分红、投资等功能，使得保险产品的种类日益丰富。我们在进行保险规划时，首先就要了解保险产品，按照自己的需求购买。

6.保险规划中应遵循按需购买、量力而行、足额投保、重视高额损失、先保障后投资和综合投保的原则。

7.保险规划就是从个人的实际情况出发，通过分析个人经济状况，根据实际的风险保障需要来制订保险计划。因此，了解自己的保险需求就成为保险规划的前提条件。

8.保险规划的步骤可以分为五步：确定保险需求；选择保险产品；确定保险额度；确定保险期限；选择保险公司。

综合训练

8.1 单项选择题

1.（　　）是指针对人生中的风险，定量分析风险保障需求额度，为免除风险发生时财务上的后顾之忧，而作出最适当的财务安排。

A.保险规划　B.投资规划　C.储蓄规划　D.遗产规划

2.经济单位当事人通过对风险进行识别和度量，采用合理的经济和技术手段，主动地、有目的地、有计划地对风险加以处理，以尽量小的成本去争取最大的安全保障和经济利益的行为称为（　　）。

A.风险衡量　B.经营管理　C.风险管理　D.风险识别

3.不去进行某项理财活动，从而避免其后果的风险处理方式是（　　）。

A.预防　B.回避　C.转移　D.分散

4.人们应对风险的方式有多种，其中保险属于一种（　　）方式。

A.风险回避　B.风险预防　C.风险转移　D.损失控制

5.黄先生35岁，是某研究院研究员，每月税前收入为7 000元；董女士31岁，是银行职员，每月税前收入为5 000元。夫妻俩的小孩1周岁。目前夫妻两人与董女士的父母住在一起，两位老人每月有2 000元的收入。每月家庭生活开支为4 500元。夫妻两人均有单位社保，两位老人也有社会医疗保险，全家人都没有购买商业保险。为黄先生夫妇家庭设计风险管理与保险规划，下列说法不正确的是（　　）。

A.要注重用最小的成本使全家获得最大的保障

B.侧重点在于使家庭资产大幅急剧增值

C.不能只依靠社会保险，还需要补充商业保险来完善风险管理与保险规划

D.商业保险可以考虑重大疾病险、意外险和定期寿险

8.2 多项选择题

1.个人面临的主要人身风险包括（　　）。

A.早逝风险　B.养老风险　C.责任风险　D.健康风险

2.人身保险包括（　　）。

A.人寿保险　B.责任保险　C.意外伤害保险　D.健康保险

3. 以下属于理财型保险品种的是（　　）。

A. 意外伤害保险　B. 分红保险　C. 万能寿险　D. 投资连结保险

4. 财产保险是指以各种物质财产及有关利益为保险标的，以补偿投保人或被保险人的经济损失为基本目的的一种经济补偿制度。广义财产保险包括（　　）。

A. 财产损失保险　B. 责任保险　C. 意外伤害保险　D. 信用保险

5. 保险规划的原则包括（　　）。

A. 按需购买，量力而行

B. 足额投保

C. 先满足保障需求，后考虑投资需求

D. 重视高额损失，综合投保

8.3　简答题

1. 为什么要购买保险？

2. 保险规划对于个人理财有什么作用？

3. 保险的基本原理是什么？

4. 如何确定保险需求？

5. 对于市场上的各类保险产品你有多少了解？

6. 制定保险规划应该遵循的原则是什么？

7. 保险规划的步骤是什么？

8.4　案例分析题

王医生，男，55岁，在某国企职工医院工作，业余时间自办诊所，单位缴“五险一金”等保险。妻子53岁，无业，自费缴养老保险，年缴费2 000元左右，无其他保险，两个女儿已大学毕业，都还没有找到满意的工作。诊所平均月收入10 000元，月均日常开支4 000元，月结余6 000元，全部存入银行，银行存款50万元。持有股票市值2万元，无其他投资。王医生想60岁时退休安度晚年，不再开诊所；还要为女儿准备婚嫁金。王医生同时对自己和妻子的养老及健康保障表示担忧。请你为王医生一家人做一份详细的保险规划。

第9章　纳税规划

学习目标

纳税，尤其是个人所得税，与普通大众的利益直接相关。通过本章的学习，学生应了解个人所得税的基本内容，能够进行个人所得税的计算，并了解基本的纳税规划方法。

引例

每年年底的专项附加扣除确认

2018年修订的个税法律实施后，每到12月份，税务部门和各类企事业单位就提醒纳税人去个税APP上及时确认、修改专项附加扣除信息。例如，按照规定，在2021年12月31日前，需要纳税人对2022年的专项附加扣除进行确认，以便享受优惠政策。具体操作就是，进入“个人所得税”APP首页后，点击热点专题“下一年度专项附加扣除开始确认啦”，然后选择扣除年度“2022”，就可以开始确认各种信息了。2019年12月和2020年12月，这样的操作也实施过。

在2021年12月，对普通纳税人来说，如果2022年的专项附加扣除信息无变动，那么只需在2021年基础上点击“一键确认”即可。如果需要修改申报方式、扣除比例等相关信息，要在2021年度信息基础上，点击“待确认”之后进入相关修改页面进行修改。

对于需要作废2021年已填写的专项附加扣除项目，比如2022年不再申请继续教育专项附加扣除，点击“待确认”状态的继续教育信息后，点击“删除”，再点击“一键确认”即可。

对于需要新增专项附加扣除项目，比如2022年新增子女教育扣除，需要申报，可在进入热点专题“下一年度专项附加扣除开始确认啦”后，选择扣除年度“2022”，再点击“子女教育”进行申报。

税务部门提醒，若未能及时关注、修改，可能会对明年继续享受政策带来一定影响。比如，若任职受雇单位发生变化而未更新，新的任职受雇单位将无法获取相关信息并据以办理扣除；若享受专项附加扣除政策的条件发生变化而不修改、仍按原条件在明年继续享受，还可能影响纳税信用。

资料来源：作者整理、撰写。

9.1 纳税的基本知识

9.1.1 税收的概念

税收是国家为实现其职能，凭借其政治权力，依法强制、无偿地取得财政收入的一种形式。

我国现行的税种共18个，分别是：增值税、消费税、企业所得税、个人所得税、资源税、城市维护建设税、房产税、印花税、城镇土地使用税、土地增值税、车船税、船舶吨税、车辆购置税、关税、耕地占用税、契税、烟叶税、环境保护税。其中，企业所得税、个人所得税、车船税、环境保护税、烟叶税、船舶吨税、耕地占用税、车辆购置税、资源税、契税、城市维护建设税、印花税12个税种由全国人大立法通过，其他税种则是以条例的形式来规定的。在可预见的未来，其余几个税种也将由全国人大机关立法。

在个人理财范畴，涉及的税种包括个人所得税、车辆购置税、车船税、契税、印花税等；如果开办企业、开餐馆、搞运输或从事其他生产经营活动，根据具体经营内容和场所情况，还应该分别缴纳增值税、消费税、资源税、城市维护建设税、房产税、城镇土地使用税、印花税等。其中，最主要的就是针对个人收入征收的个人所得税，本章即针对个人所得税这一常用税种进行介绍。

另外需要说明的是，对于合法合理地节减纳税，税务理论和实践中比较常见的称谓有“纳税筹划”和“税收筹划”等多种。本书基于理财规划的视角，将其称为“纳税规划”，其核心主旨与其他称谓是相同的。

9.1.2 个人所得税

1.概况

个人所得税是对个人（自然人）取得的各项应税所得征收的一种税。个人所得税的纳税人具体包括中国公民（自然人）、个体工商户、在中国境内有所得的外籍人员（包括无国籍人员），以及我国香港、澳门、台湾同胞。上述纳税人依据住所和居住时间两个标准，可分为居民纳税人和非居民纳税人，他们分别承担不同的纳税义务。

个人所得税的特点主要是：实行分类征收；累进税率与比例税率并用；费用扣除额较宽；计算简便；采用源泉扣缴和自行申报两种征收方法。

1980年9月，第五届全国人民代表大会第三次会议通过并公布了《中华人民共和国个人所得税法》（以下简称《个人所得税法》），至今先后经过七次修订。2018年8月，《个人所得税法》的修订经第十三届全国人大常委会第五次会议审议通过。这次修订使个人所得税迎来一次根本性变革：首次增加子女教育支出、继续教育支出、大病医疗支出、住房贷款利息和住房租金等专项附加扣除，同时，调整了税率结构，扩大了较低档税率级距。工资薪金、劳务报酬、稿酬和特许权使用费等四项劳动性所得实行综合征税；个税起征点由每月3 500元提高至每月5 000元（每年6万元）；基本减除费用标准确定为每年6万元，即每月5 000元，3%到45%的税率级距不变。

党的二十大报告在个人所得税方面的指引是："完善个人所得税制度，规范收入分配秩序，规范财富积累机制，保护合法收入，调节过高收入，取缔非法收入。"

2.个人所得税征税对象

个人所得税的征税对象是个人取得的应税所得。我国个人所得税以前实行分类征收制，现在对劳动性所得实行综合征税制度。根据不同的应税所得项目，分别确定应纳税所得额。2019年开始实施的《个人所得税法》规定，下列各项个人所得，应当缴纳个人所得税：（1）工资、薪金所得；（2）劳务报酬所得；（3）稿酬所得；（4）特许权使用费所得；（5）经营所得；（6）利息、股息、红利所得；（7）财产租赁所得；（8）财产转让所得；（9）偶然所得。居民个人取得的第一项至第四项所得称为综合所得，按纳税年度合并计算个人所得税；非居民个人取得第一项至第四项所得，按月或者按次分项计算个人所得税。纳税人取得第五项至第九项所得，依照规定分别计算个人所得税。

（1）工资、薪金所得。

工资、薪金所得，是指个人因任职或者受雇而取得的工资、薪金、奖金、年终加薪、劳动分红、津贴、补贴以及与任职或者受雇有关的其他所得。

一般来说，工资、薪金所得属于非独立个人劳动所得。非独立个人劳动是指个人所从事的是由他人指定、安排并接受管理的劳动，工作或服务于公司、工厂、行政、事业单位的人员（私营企业主除外）均为非独立劳动者。他们从上述单位取得的劳动报酬，是以工资、薪金的形式体现的。在这类报酬中，工资和薪金的收入主体略有差异。通常情况下，我们把直接从事生产、经营或服务的劳动者（工人）的收入称为工资，即所谓"蓝领阶层"所得；将从事社会公职或管理活动的劳动者（公职人员）的收入称为薪金，即所谓"白领阶层"所得。但在实际立法过程中，各国都从简便易行的角度考虑，将工资、薪金合并为一个项目计征个人所得税。

除工资、薪金以外，奖金、年终加薪、劳动分红、津贴、补贴等也被确定为工资、薪金范畴。其中，年终加薪、劳动分红不分种类和取得情况，一律按工资、薪金所得课税。津贴、补贴等则有例外。我国根据目前个人收入的构成情况，规定对于一些不属于工资、薪金性质的补贴、津贴，或者不属于纳税人本人工资、薪金所得项目的收入，不予征税。这些项目包括：

① 执行公务员工资制度未纳入基本工资总额的补贴、津贴差额和家属成员的副食品补贴。

② 托儿补助费。

③ 差旅费津贴、误餐补助。其中，按规定不征税的误餐补助，是指按财政部门规定，个人因公在城区、郊区工作，不能在工作单位或返回就餐，确实需要在外就餐的，根据实际误餐顿数，按规定的标准领取的误餐费。除上述情形外，单位以误餐补助名义发给职工的补贴、津贴，属于工资薪金，应当并入当月工资、薪金所得计征个人所得税。

奖金是指所有具有工资性质的奖金，免税奖金的范围在税法中另有规定。

关于企业减员增效和行政事业单位、社会团体在机构改革过程中实行内部退养办法人员取得收入如何征税的问题，现行规定如下：

① 实行内部退养的个人在其办理内部退养手续后至法定离退休年龄之间从原任职单位取得的工资、薪金，不属于离退休工资，应按“工资、薪金所得”项目计征个人所得税。

② 个人在办理内部退养手续后从原任职单位取得的一次性收入，应按办理内部退养手续后至法定离退休年龄之间的所属月份进行平均，并与领取当月的“工资、薪金所得”合并后减除当月费用扣除标准，以余额为基数确定适用税率，再将当月工资、薪金加上取得的一次性收入，减去费用扣除标准，按适用税率计征个人所得税。

③ 个人在办理内部退养手续后至法定离退休年龄之间重新就业取得的“工资、薪金所得”，应与其从原任职单位取得的同一月份的“工资、薪金”所得合并，并依法自行向主管税务机关申报缴纳个人所得税。

对企业职工取得的用于购买企业国有股权的劳动分红，按“工资、薪金所得”项目计征个人所得税。

对出租汽车经营单位对出租车驾驶员采取单车承包或承租方式运营，出租车驾驶员从事客货营运取得的收入，按“工资、薪金所得”征收个人所得税。

（2）劳务报酬所得。

劳务报酬所得，是指个人独立从事各种非雇佣关系下的劳务取得的所得。

自2004年1月20日起，对商品营销活动中，企业和单位对其营销业绩突出的非雇员以培训班、研讨会、工作考察等名义组织旅游活动，通过免收差旅费、旅游费对个人实行的营销业绩奖励（包括实物、有价证券等），应根据所发生费用的全额作为该营销人员当期的劳务收入，按照“劳务报酬所得”项目征收个人所得税，并由提供上述费用的企业和单位代扣代缴。

在实际操作过程中，还可能出现难以判定一项所得是工资、薪金所得，还是劳务报酬所得的情况。这两者的区别在于：工资、薪金所得是指个人在机关、团体、学校、部队、企业、事业单位及其他组织中任职、受雇而得到的报酬；劳务报酬所得则是个人独立从事各种技艺、提供各项劳务而取得的报酬。

（3）稿酬所得。

稿酬所得，是指个人因其作品以图书、报刊形式出版、发表而取得的所得。将稿酬所得独立划为一个征税项目，而对不以图书、报刊形式出版、发表的翻译、审稿、书画所得归为劳务报酬所得，主要是考虑了出版、发表作品的特殊性。第一，它是一种依靠较高智力创作的精神产品；第二，它具有普遍性；第三，它与社会主义精神文明和物质文明密切相关；第四，它的报酬相对偏低。因此，稿酬所得应当与一般劳务报酬相区别，并给予适当优惠照顾。

专栏9-1

劳务报酬所得的种类

1.设计，是指按照客户的要求，代为制定工程、工艺等各类设计业务。

2.装潢，是指接受委托，对物体进行装饰、修饰，使之美观或具有特定用途的作业。

3. 安装，是指按照客户要求，对各种机器、设备的装配、安置，以及与机器、设备相连的附属设施的装设和被安装机器设备的绝缘、防腐、保温、油漆等工程作业。

4. 制图，是指受托按实物或设想物体的形象，依体积、面积、距离等，用一定比例绘制成平面图、立体图、透视图等的业务。

5. 化验，是指受托用物理或化学的方法，检验物质的成分和性质等业务。

6. 测试，是指利用仪器仪表或其他手段代客对物品的性能和质量进行检测试验的业务。

7. 医疗，是指从事各种病情诊断、治疗等医护业务。

8. 法律，是指受托担任辩护律师、法律顾问，撰写辩护词、起诉书等法律文书的业务。

9. 会计，是指受托从事会计核算的业务。

10. 咨询，是指对客户提出的政治、经济、科技、法律、会计、文化等方面的问题进行解答、说明的业务。

11. 讲学，是指应邀（聘）进行讲课、做报告、介绍情况等业务。

12. 新闻，是指提供新闻信息、编写新闻消息的业务。

13. 广播，是指从事播音等劳务。

14. 翻译，是指受托从事中、外语言或文字的翻译（包括笔译和口译）的业务。

15. 审稿，是指对文字作品或图形作品进行审查、核对的业务。

16. 书画，是指按客户要求，或自行从事书法、绘画、题词等业务。

17. 雕刻，是指代客镌刻图章、牌匾、碑、玉器、雕塑等业务。

18. 影视，是指应邀或应聘在电影、电视节目中出任演员，或担任导演、音响、化妆、道具、制作、摄影等与拍摄影视节目有关的业务。

19. 录音，是指用录音器械代客录制各种音响带的业务，或者应邀演讲、演唱、采访而被录音的服务。

20. 录像，是指用录像器械代客录制各种图像、节目的业务，或者应邀表演、采访被录像的业务。

21. 演出，是指参加戏剧、音乐、舞蹈、曲艺等文艺演出活动的业务。

22. 表演，是指从事杂技、体育、武术、健美、时装、气功以及其他技巧性表演活动的业务。

23. 广告，是指利用图书、报纸、杂志、广播、电视、电影、招贴、路牌、橱窗、霓虹灯、灯箱、墙面及其他载体，为介绍商品、经营服务项目、文体节目或通告、声明等事项，所做的宣传和提供相关服务的业务。

24. 展览，是指举办或参加书画展、影展、盆景展、邮展、个人收藏品展、花鸟虫鱼展等各种展示活动的业务。

25. 技术服务，是指利用一技之长而进行技术指导、提供技术帮助的业务。

26. 介绍服务，是指介绍供求双方商谈，或者介绍产品、经营服务项目等服务的业务。

27.经纪服务，是指经纪人通过居间介绍，促成各种交易和提供劳务等服务的业务。

28.代办服务，是指代委托人办理受托范围内的各项事宜的业务。

29.其他劳务，是指上述28项劳务项目之外的各种劳务。

（4）特许权使用费所得。

特许权使用费所得，是指个人提供专利权、商标权、著作权、非专利技术以及其他特许权的使用权取得的所得。提供著作权的使用权取得的所得，不包括稿酬所得。

专利权，是指由国家专利主管机关依法授予专利申请人或其权利继承人在一定期间实施其发明创造的专有权。对于专利权，许多国家只将提供他人使用取得的所得列入特许权使用费，而将转让专利权所得列为资本利得税的征税对象。我国没有开征资本利得税，故将个人提供和转让专利权取得的所得都列入特许权使用费所得，征收个人所得税。

商标权，是指商标注册人享有的商标专用权。

著作权，即版权，是指作者依法对文学、艺术和科学作品享有的专有权。

个人提供或转让商标权、著作权、专有技术或技术秘密、技术诀窍取得的所得，应当依法缴纳个人所得税。

（5）经营所得。

2019年开始实施的《个人所得税法》将“个体工商户的生产、经营所得”调整为“经营所得”，不再保留“对企事业单位的承包经营、承租经营所得”，该项所得根据具体情况并入综合所得或者经营所得。对经营所得，利息、股息、红利所得，财产租赁所得，财产转让所得，偶然所得以及其他所得，仍采用分类征税方式，按照规定分别计算个人所得税。

经营所得是指：

① 从事工业、手工业、建筑业、交通运输业、商业、饮食业、服务业、修理业及其他行业取得的所得。

② 经政府有关部门批准，取得执照，从事办学、医疗、咨询以及其他有偿服务活动取得的所得。

③ 上述与生产、经营有关的各项应纳税所得。

④ 其他个人从事生产、经营取得的所得。

上述生产、经营所得实际上可以分为两类：一类是纯生产、经营所得，如第1~3项所得，即个人直接从事工商业生产、经营活动而取得的生产性、经营性所得以及有关的其他所得。另一类是独立劳动所得，如第4项所得。所谓独立劳动，是指由自己自由提供的，不受他人指定、安排和具体管理的劳动。

从事个体出租车运营的出租车驾驶员取得的收入，按个体工商户的生产、经营所得项目缴纳个人所得税。

出租车属个人所有，但挂靠出租汽车经营单位或企事业单位，驾驶员向挂靠单位缴纳管理费的，或出租汽车经营单位将出租车所有权转移给驾驶员的，出租车驾驶员从事客货运营取得的收入，比照个体工商户的生产、经营所得项目征税。

从事生产、经营的个人，取得与生产、经营活动无关的其他各项应税所得，应分别按照其他应税项目的有关规定，计算征收个人所得税。例如，取得银行存款的利息所得、对外投资取得的股息所得，应按“利息、股息、红利”税目的规定单独计征个人所得税。

个人独资企业、合伙企业的个人投资者以企业资金为本人、家庭成员及其相关人员支付与企业生产经营无关的消费性支出及购买汽车、住房等财产性支出，视为企业对个人投资者的利润分配，并入投资者个人的生产、经营所得，依照“个体工商户的生产、经营所得”项目计征个人所得税。

企事业单位的承包经营、承租经营所得，是指个人承包经营或承租经营以及转包、转租取得的所得。承包项目可分为多种，如生产经营、采购、销售、建筑安装等。转包包括全部转包和部分转包，并入经营所得中。

（6）利息、股息、红利所得。

利息、股息、红利所得，是指个人拥有债权、股权而取得的利息、股息、红利所得。利息，是指个人拥有债权而取得的利息，包括存款利息、贷款利息和各种债券的利息。按税法规定，个人取得的利息所得，除国债和国家发行的金融债券利息外，都应当依法缴纳个人所得税。股息、红利，是指个人拥有股权取得的股息、红利。按照一定的比率对每股股金发给的息金叫股息；公司、企业应分配的利润按股份分配的叫红利。股息、红利所得，除另有规定外，都应当缴纳个人所得税。

除个人独资企业、合伙企业以外的其他企业的个人投资者，以企业资金为本人、家庭成员及相关人员支付与企业生产经营无关的消费性支出及购买汽车、住房等财产性支出，都视为企业对个人投资者的红利分配，应依照“利息、股息、红利所得”项目计征个人所得税。企业的上述支出不允许在所得税前扣除。

纳税年度内，个人投资者从其投资企业（个人独资企业、合伙企业除外）借款，在该纳税年度终了后既不归还又未用于企业生产经营的，其未归还的借款可视为企业对个人投资者的红利分配，依照“利息、股息、红利所得”项目计征个人所得税。

个人在个人银行结算账户的存款自2003年9月1日起产生的利息，应按“利息、股息、红利所得”项目计征个人所得税，税款由办理个人银行结算账户业务的储蓄机构在结付利息时代扣代缴。

（7）财产租赁所得。

财产租赁所得，是指个人出租建筑物、土地使用权、机器设备、车船以及其他财产取得的所得。

个人取得的财产转租收入属于“财产租赁所得”的征税范围，由财产转租人缴纳个人所得税。在确认纳税义务人时，应以产权凭证为依据；无产权凭证的，由主管税务机关根据实际情况确定。产权所有人死亡，在未办理产权继承手续期间，该财产出租而有租金收入的，以领取租金的个人为纳税义务人。

（8）财产转让所得。

财产转让所得，是指个人转让有价证券、股权、建筑物、土地使用权、机器设备、车船以及其他财产取得的所得。

在现实生活中，个人进行的财产转让主要是个人财产所有权的转让。财产转让实际上是一种买卖行为，当事人双方通过签订、履行财产转让合同，形成财产买卖的法律关系，使出让财产的个人从对方取得价款（收入）或其他经济利益。财产转让所得因其性质的特殊性，需要单独列举项目征税。对个人取得的各项财产转让所得，除股票转让所得外，都要征收个人所得税。具体规定为：

①股票转让所得。

《中华人民共和国个人所得税法实施条例》（以下简称《个人所得税法实施条例》）规定，对股票所得征收个人所得税的办法，由财政部另行制定，报国务院批准施行。鉴于我国证券市场发育还不成熟，股份制还处于试点阶段，对股票转让所得的计算、征税办法和纳税期限的确认等都需要做深入的调查研究后，结合国际通行的做法，作出符合我国实际的规定，因此国务院决定，对股票转让所得暂不征收个人所得税。

②量化资产股份转让。

集体所有制企业在改制为股份制企业时，对职工个人以股份形式取得的拥有所有权的企业量化资产，暂缓征收个人所得税；待个人将股份转让时，就其转让收入额，减除个人取得该股份时实际支付的费用支出和合理转让费用后的余额，按“财产转让所得”项目计征个人所得税。

③个人出售自有住房。

根据《个人所得税法》的规定，个人出售自有住房取得的所得应按照“财产转让所得”项目征收个人所得税。个人出售自有住房的应纳税所得额，按下列原则确定：

第一，个人出售除已购公有住房以外的其他自有住房，其应纳税所得额按照《个人所得税法》的有关规定确定。

第二，个人出售已购公有住房，其应纳税所得额为个人出售已购公有住房的销售价减除住房面积标准的经济适用房价款、原支付超过住房面积标准的房价款、向财政或原产权单位缴纳的所得收益以及税法规定的合理费用后的余额。

第三，职工以成本价（或标准价）出资的集资合作建房、安居工程住房、经济适用住房以及拆迁安置住房，比照已购公有住房确定应纳税所得额。

对个人转让自用5年以上并且是家庭唯一生活用房取得的所得，免征个人所得税。

为了确保有关住房转让的个人所得税政策得到全面、正确的实施，各级房产交易管理部门应与税务机关加强协作、配合，主管税务机关需要有关本地区房产交易情况的，房产交易管理部门应及时提供。

个人现自有住房房产证登记的产权人为1人，在出售后1年内又以产权人配偶名义或产权人夫妻双方名义按市场价重新购房的，产权人出售住房所得应缴纳的个人所得税，可以全部或部分予以免税；以其他人名义按市场价重新购房的，产权人出售住房所得应缴纳的个人所得税，不予免税。

（9）偶然所得。

偶然所得，是指个人得奖、中奖、中彩以及其他偶然性质的所得。得奖是指参加各种有奖竞赛活动，取得名次得到的奖金；中奖、中彩是指参加各种有奖活动，如有奖销售、有奖消费，或者购买彩票中奖而取得的奖金。偶然所得应缴纳的个人所得税税款，一律由发奖单位或机构代扣代缴。

值得指出的是，个税法修订前，应纳税所得的最后一项所得是扩展项“经国务院财政部门确定征税的其他所得”，具体表述为“除上述列举的各项个人应税所得外，其他确有必要征税的个人所得，由国务院财政部门确定。个人取得的所得，难以界定应纳税所得项目的，由主管税务机关确定”。审议2018年的修订时，有人大代表提出，此项规定有违立法法的精神，而且有关列举已经比较全面，因此，新个税法删除了这项规定。应该说，这是立法实践的一大进步。

3.个人所得税税率

2019年开始实施的《个人所得税法》规定，工资薪金所得、劳务报酬所得、稿酬所得、特许权使用费所得合并称为综合所得。

（1）综合所得。

2019年开始实施的《个人所得税法》规定，综合所得适用7级超额累进税率，税率为3%～45%，见表9-1。

表9-1 个人所得税税率表（综合所得适用）

级数	全年应纳税所得额	税率（%）	速算扣除数
1	不超过36 000元的	3	0
2	超过36 000元至144 000元的部分	10	2 520
3	超过144 000元至300 000元的部分	20	16 920
4	超过300 000元至420 000元的部分	25	31 920
5	超过420 000元至660 000元的部分	30	52 920
6	超过660 000元至960 000元的部分	35	85 920
7	超过960 000元的部分	45	181 920

表9-1所称全年应纳税所得额是指依照《个人所得税法》第六条的规定，居民个人取得综合所得以每一纳税年度收入额减除费用6万元以及专项扣除、专项附加扣除和依法确定的其他扣除后的余额。

非居民个人取得工资薪金所得、劳务报酬所得、稿酬所得和特许权使用费所得，依照表9-1按月换算后计算应纳税额。

（2）经营所得。

2019年开始实施的《个人所得税法》规定，经营所得适用5级超额累进税率，税率为5%～35%，见表9-2。

表9-2 个人所得税税率表（经营所得适用）

级数	全年应纳税所得额	税率（%）	速算扣除数
1	不超过30 000元的	5	0
2	超过30 000元至90 000元的部分	10	1 500
3	超过90 000元至300 000元的部分	20	10 500
4	超过300 000元至500 000元的部分	30	40 500
5	超过500 000元的部分	35	65 500

注：本表所称全年应纳税所得额是指依照《个人所得税法》第六条的规定，以每一纳税年度的收入总额减除成本、费用以及损失后的所得额。

个人独资企业和合伙企业投资者的所得，比照个体工商户的经营所得适用上述5级超额累进税率。

对企事业单位实行承包经营、承租经营的征税问题，按下列规定执行：

①企业实行个人承包、承租经营后，如果工商登记仍为企业的，不管其分配方式如何，均应先按照《企业所得税法》的有关规定缴纳企业所得税；承包经营、承租经营者按照承包、承租经营合同（协议）规定取得的所得，依照《个人所得税法》的有关规定缴纳个人所得税。

第一，承包、承租人对企业经营成果不拥有所有权，仅是按合同（协议）规定取得一定所得的，其所得按“工资、薪金所得”项目征税，适用3%～45%的7级超额累进税率。

第二，承包、承租人按合同（协议）的规定只向发包、出租方交纳一定费用后，企业经营成果归其所有的，承包、承租人取得的所得，按“经营所得”项目征税，适用5%～35%的5级超额累进税率。

②企业实行个人承包、承租经营后，如工商登记改变为个体工商户的，应依照“个体工商户的生产、经营所得”项目计征个人所得税，不再征收企业所得税。

（3）财产性所得。

利息、股息、红利所得，财产租赁所得，财产转让所得和偶然所得，适用比例税率，税率为20%。其中，储蓄存款在2008年10月9日后（含10月9日）产生的利息所得，暂免征收个人所得税。

（4）其他方面涉及的税率。

①对于居民个人取得的劳务报酬，预扣预缴的预扣率见表9-3。

表9-3 居民个人劳务报酬所得个人所得税预扣率

级数	应纳税所得额	预扣率（%）	速算扣除数
1	不超过20 000元	20	0
2	超过20 000元至50 000元的部分	30	2 000
3	超过50 000元的部分	40	7 000

②非居民个人工资薪金所得、劳务报酬所得、稿酬所得、特许权使用费所得，预扣预缴的预扣率见表9-4。

表9-4 非居民个人有关所得的预扣率

级数	应纳税所得额	税率（%）	速算扣除数
1	不超过3 000元	3	0
2	超过3 000元至12 000元的部分	10	210
3	超过12 000元至25 000元的部分	20	1 410
4	超过25 000元至35 000元的部分	25	2 660
5	超过35 000元至55 000元的部分	30	4 410
6	超过55 000元至80 000元的部分	35	7 160
7	超过80 000元的部分	45	15 160

专栏9-2

个人所得税APP

2018年12月27日，国家税务总局开发的“个人所得税”APP软件上线，纳税人可以在主流APP应用市场或在税务部门官方网站扫二维码下载，手机端目前支持实名注册功能，专项附加扣除信息填报功能在2018年12月31日正式投入使用。

用户使用个人所得税APP前先需要注册，注册分为两种方式，一是人脸识别认证注册模式，即通过输入居民身份证号码和姓名，然后与公安系统动态人脸识别，验证通过后再填写账号和手机号码，短信验证通过后完成注册。二是大厅注册码注册模式，即纳税人到任一办税服务大厅，经办税服务大厅人员验证人证一致后，登记个人证件信息并派发注册码。纳税人再选择此模式，输入注册码、证件类型、证件号码和姓名等信息，验证通过后再填写账号和手机号码，短信验证通过后完成注册。

完成注册后，用户还需要完善个人信息，包括基本信息和可享受优惠信息两部分。国家税务总局总审计师刘丽坚介绍，“个人所得税”APP目前仅支持实名注册功能，同时国家税务总局也导入了一部分纳税人的信息，以此进行校验和压力测试。其中专项附加扣除信息填报功能在12月31日正式投入使用。

纳税人比较关心的问题有赡养老人、房租和贷款等专项附加扣除政策，以及扣除的具体操作方法。国家税务总局局长王军表示，个税改革涉及千家万户的利益，是一场惠及百姓民生的重大改革，税务人员要想方设法帮助纳税人准确填报专项附加扣除信息，方便扣缴单位办理扣除。

根据国家税务总局此前发布的《个人所得税专项附加扣除操作办法（试行）》，纳税人次年需要由扣缴义务人继续办理专项附加扣除的，应当于每年12月份对次年享受专项附加扣除的内容进行确认，并报送至扣缴义务人。如相关情况发生变化而未进行修改，有可能或影响纳税信用。

资料来源：作者整理、撰写。

9.2 个人所得税的计算

9.2.1 个人取得工资、薪金所得应预扣预缴个人所得税的计算

根据《国家税务总局关于发布〈个人所得税扣缴申报管理办法（试行）〉的公告》（国家税务总局公告2018年第61号）第六条的规定，扣缴义务人向居民个人支付工资、薪金所得时，应当按照累计预扣法计算预扣税款，并按月办理扣缴申报。

累计预扣法，是指扣缴义务人在一个纳税年度内预扣预缴税款时，以纳税人在本单位截至当前月份工资、薪金所得累计收入减除累计免税收入、累计减除费用、累计专项扣除、累计专项附加扣除和累计依法确定的其他扣除后的余额为累计预扣预缴应纳税所得额，适用个人所得税预扣率计算累计应预扣预缴税额，再减除累计减免税额和累计已预扣预缴税额，其余额为本期应预扣预缴税额。余额为负值时，暂不退税。纳税年度终了后余额仍为负值时，由纳税人通过办理综合所得年度汇算清缴，税款多退少补。

具体计算公式如下：

本期应预扣预缴税额=（累计预扣预缴应纳税所得额×预扣率−速算扣除数）−累计减免税额−累计已预扣预缴税额

累计预扣预缴应纳税所得额=累计收入−累计免税收入−累计减除费用−累计专项扣除−累计专项附加扣除−累计依法确定的其他扣除

其中：累计减除费用，按照5 000元/月乘以纳税人当年截至本月在本单位的任职受雇月份数计算。

【例9-1】中国公民李先生为某企业员工，2021年11月份取得的工资收入为5 500元（已扣除“四险一金”等免税项目金额），请问李先生当月应预扣预缴的个人所得税税额是多少？

应纳税所得额=5 500−5 000=500（元）

应预扣预缴个人所得税税额=500×3%=15（元）

个人取得工资、薪金所得应缴纳的个人所得税，统一由支付人负责代扣代缴，支付人是税法规定的扣缴义务人。

9.2.2 个人取得全年一次性奖金或年终加薪应纳个人所得税的计算

新个税法2019年开始实施后，年终奖还能享受之前的个税优惠，但这属于过渡时期的安排。根据2018年12月财政部、国家税务总局下发的通知，自2022年1月1

日起，居民个人取得全年一次性奖金，应并入当年综合所得计算缴纳个人所得税。

2021年12月29日，国务院常务会议召开，为减轻个人所得税负担，缓解中低收入群体压力，会议决定：一是将全年一次性奖金不并入当月工资薪金所得、实施按月单独计税的政策延至2023年底。二是继续对年收入不超过12万元且需补税或年度汇算补税额不超过400元的免予补税，政策延续至2023年底。三是将上市公司股权激励单独计税的政策，延续至2022年底。上述三项政策，预计一年可减税1 100亿元。

9.2.3　个人取得劳务报酬所得应预扣预缴个人所得税的计算

在新个税法下，劳务报酬所得以收入减除20%的费用后的余额为收入额。居民个人取得的劳务报酬所得，减除20%后，将和工资薪金所得、稿酬所得和特许权使用费所得合并为综合所得，然后，以每一纳税年度的收入额减除费用6万元以及专项扣除、专项附加扣除和依法确定的其他扣除后的余额，为应纳税所得额。

劳务报酬所得应预扣预缴个人所得税税额的计算公式为：

应预扣预缴个人所得税税额=应纳税所得额×20%

【例9-2】陈某一次取得劳务报酬收入40 000元，请问陈某应预扣预缴的个人所得税税额是多少？

应纳税所得额=40 000−40 000×20%=32 000（元）

应预扣预缴的个人所得税税额=32 000×20%+（32 000−20 000）×20%×50%

=6 400+1 200

=7 600（元）

9.2.4　个人获得稿酬所得应预扣预缴个人所得税的计算

个人获得的稿酬所得，每次收入不超过4 000元的，可减去费用800元；每次收入在4 000元以上的，可减去20%的费用，其余额为应纳税所得额。稿酬所得适用20%的税率，税法还规定免纳30%的税额。稿酬所得应预扣预缴个人所得税税额的计算公式为：

应预扣预缴个人所得税税额=应纳税所得额×适用税率×（1−30%）

【例9-3】谷某在某杂志上发表了一篇文章，3月份收到稿酬3 000元，请问谷某应预扣预缴的个人所得税税额是多少？

应预扣预缴的个人所得税税额=（3 000−800）×20%×（1−30%）=308（元）

9.2.5　个人取得特许权使用费所得应预扣预缴个人所得税的计算

个人取得特许权使用费所得每次收入不超过4 000元的，可以扣除费用800元；每次收入在4 000元以上的，可以扣除20%的费用，其余额为应纳税所得额。特许权使用费所得应预扣预缴个人所得税税额的计算公式为：

应预扣预缴个人所得税税额=应纳税所得额×20%

【例9-4】李教授发明了一项专利技术，2019年3月授予甲企业使用权，使用费1.5万元，甲企业4月支付使用费6 000元，5月支付使用费9 000元；5月，李教授又将该专利使用权授予乙企业，使用费8 000元。请问李教授应预扣预缴个人所得税税额是多少？

李教授此项专利技术授予了两次，应分两次计算个人所得税。

授予甲企业收入应预扣预缴个人所得税税额=（6 000+9 000）×（1−20%）×20%=2 400（元）

授予乙企业收入应预扣预缴个人所得税税额=8 000×（1−20%）×20%=1 280（元）

李教授授予使用此项专利技术共须预扣预缴个人所得税税额=2 400+1 280=3 680（元）

9.2.6 个人取得利息、股息、红利所得应预扣预缴个人所得税的计算

利息、股息、红利所得应预扣预缴个人所得税的计算方法是：以每次利息、股息、红利所得为应纳税所得额，适用20%的税率。利息、股息、红利所得应预扣预缴个人所得税税额的计算公式为：

应预扣预缴个人所得税税额=应纳税所得额×20%

根据个人所得税法律法规和相关文件的规定，个人所得税的减免税政策主要有：

（1）个人的储蓄存款利息，2008年10月9日开始暂免征收利息税。

（2）个人持有财政部发行的债券和经国务院批准发行的金融债券的利息，免征个人所得税。

（3）国务院《对储蓄存款利息所得征收个人所得税的实施办法》第五条规定："对个人取得的教育储蓄存款利息所得以及国务院财政部门确定的其他专项储蓄存款或者储蓄性专项基金存款的利息所得，免征个人所得税。"

（4）财税字〔1999〕267号文件规定，按照国家或省级地方政府规定的比例缴付的住房公积金、医疗保险金、基本养老保险金、失业保险基金存入银行个人账户所取得的利息收入，免征个人所得税。

（5）国税发〔1999〕180号文件规定，在中国工商银行开设教育存款专户，享受利率优惠的存款，其所取得的利息免征个人所得税。

【例9-5】赵某年初投入1万元，参加单位集资，年底取得集资款的利息收入1 000元，请问赵某应预扣预缴个人所得税税额是多少？

赵某应预扣预缴个人所得税税额=1 000×20%=200（元）

9.2.7 个人取得财产租赁所得应预扣预缴个人所得税的计算

财产租赁所得应预扣预缴个人所得税税额的计算公式为：

（1）每次（月）收入不足4 000元的：

应预扣预缴个人所得税税额=［每次（月）收入额−准予扣除项目−修缮费用（以800元为限）−800元］×20%

（2）每次（月）收入在4 000元以上的：

应预扣预缴个人所得税税额=［每次（月）收入额−准予扣除项目−修缮费用（以800元为限）］×（1−20%）×20%

根据财税〔2008〕24号文件，对个人出租住房取得的所得暂减按10%的税率征收个人所得税。

【例9-6】李明按市场价格出租住房，2019年2月取得租金收入6 000元，当月发生的准予扣除项目金额合计为400元，修缮费用为500元，均取得合法票据。请问李明应预扣预缴个人所得税税额是多少？

应预扣预缴个人所得税税额=（6 000-400-500）×（1-20%）×10%=408（元）

需要注意的是：

（1）纳税人在出租财产过程中缴纳的税金、教育费附加，可凭完税凭证从财产租赁收入中扣除。

（2）由纳税人负担的该出租财产实际开支的修缮费用，必须是实际发生并能够提供有效准确凭证的支出，以每次扣除800元为限，一次扣除不完的，可以继续扣除，直至扣完为止。

9.2.8　个人财产转让所得应预扣预缴个人所得税的计算

个人财产转让所得应预扣预缴个人所得税的计算方法是：以一次转让财产收入额（不管分多少次支付，均应合并为一次转让财产收入）减去财产原值和合理费用后的余额为应纳税所得额。财产转让所得适用20%的税率。财产转让所得应预扣预缴个人所得税税额的计算公式为：

应预扣预缴个人所得税税额=应纳税所得额×20%

应纳税所得额=每次转让财产收入额-财产原值-合理费用

确定财产原值，有以下几种情况：

一是有价证券，即买入价以及买入时按照规定缴纳的有关费用。

二是建筑物，即建造费或者购进价格以及其他有关费用。

三是土地使用权，即取得土地使用权所支付的金额、开发土地的费用以及其他有关费用。

四是机器设备、车船，即购进价格、运输费、安装费以及其他有关费用。

五是其他财产原值，参照以上4种办法确定。

上述财产原值的确定中，个人必须提供有关的合法凭证。对未能提供完整、准确的财产原值合法凭证而不能正确计算财产原值的，税务部门可根据当地实际情况核定其财产原值或实行核定征收。比如房产转让，如果纳税人不能准确提供房产原值和有关税费凭证，导致无法确定房产原值时，税务机关可以综合考虑该项房产的坐落地、建造时间、当地房价、面积等因素，按房产转让收入额的一定比例核定征收个人所得税。

合理费用是指个人在卖出财产时按有关规定支付的费用，如增值税及其附加、中介服务费、资产评估费等。

【例9-7】孙某将2年前以200万元购入的一台生产设备出售，售价为450万元，支付各种合理税费合计5万元（均取得合法票据）。请问孙某应预扣预缴的个人所得税税额是多少？

应预扣预缴的个人所得税税额=（450-200-5）×20%=49（万元）

9.2.9　个人取得中奖、中彩等偶然所得应预扣预缴个人所得税的计算

偶然所得以每次收入额为应纳税所得额，适用20%的税率。偶然所得应预扣预缴个人所得税税额的计算公式为：

应预扣预缴个人所得税税额=应纳税所得额×20%

【例9–8】周某参加电视台举办的有奖竞猜活动中奖，获得一台价值8 000元的电脑，请问周某应预扣预缴的个人所得税税额是多少？

应预扣预缴的个人所得税税额=8 000×20%=1 600（元）

9.2.10 演职人员取得报酬应预扣预缴个人所得税的计算

演职人员是指参加演出（包括舞台演出、录音、录像、拍摄影视节目等）而取得报酬的个人。

演职人员参加任职单位组织的演出取得的报酬为工资、薪金所得，按月缴纳个人所得税。演职人员参加非任职单位组织的演出取得的报酬为劳务报酬所得，按次缴纳个人所得税。

演职人员取得报酬后按规定上交给单位和文化行政部门的管理费以及收入分成，经主管税务机关确认后在计算应纳税所得额时扣除。

演职人员取得报酬为不含税收入（指税后收入）的，分以下两种情况：

（1）作为工资、薪金所得的，计算公式为：

应纳税所得额=（不含税收入–费用扣除标准–速算扣除数）÷（1–税率）

应预扣预缴个人所得税税额=应纳税所得额×适用税率–速算扣除数

（2）作为劳务报酬所得的，计算公式为：

不含税收入额低于3 360元的：

应预扣预缴税所得额=（不含税收入–800）÷（1–税率）

不含税收入额高于3 360元的：

应纳所得额=［（不含税收入–速算扣除数）×（1–20%）］÷［1–税率×（1–20%）］

应纳个人所得税税额=应纳税所得额×适用税率–速算扣除数

向演职人员支付报酬的单位或个人，应该按照税法规定代扣代缴演职人员的个人所得税。

9.2.11 居民个人的生产、经营所得应预扣预缴个人所得税的计算

居民个人的生产、经营所得应预扣预缴个人所得税税额的计算公式为：

应预扣预缴个人所得税税额=应纳税所得额×适用税率–速算扣除数

应纳税所得额=每一纳税年度的收入总额–成本、费用及损失

其中，收入总额是指个体工商户从事生产、经营以及与生产、经营有关的活动所取得的各项收入，包括商品（产品）销售收入、营运收入、劳务服务收入、工程价款收入、财产出租或转让收入、利息收入、其他业务收入和营业外收入等。各项收入应当按权责发生制原则确定。

成本、费用是指个体工商户从事生产经营所发生的各项直接支出和分配计入成本的间接费用，以及销售费用、管理费用、财务费用。

损失是指个体工商户在生产经营过程中发生的各项营业外支出。

上述计税办法适用于查账征收的个体工商户，不适用于核定征收的个体工商户。

个人投资两个或两个以上独资、合伙企业的，投资者个人应分别向企业实际经营管理所在地税务部门预缴个人所得税，年度终了后办理汇算清缴，主要有以下两种

情况：

（1）投资者兴办的企业全部是个人独资企业的，应分别向各企业实际经营管理所在地税务部门办理年度纳税申报，并依其投资的全部个人独资企业的经营所得确定适用税率，以本企业实际生产经营所得为基础，计算应缴税款，办理汇算清缴。其计算公式为：

应预扣预缴个人所得税税额=应纳税所得额×适用税率−速算扣除数

应纳税所得额=各个独资企业应纳税所得额的合计数

本企业投资者应预扣预缴个人所得税税额=应预扣预缴个人所得税税额×本企业应纳税所得额÷各个独资企业应纳税所得额的合计数

本企业投资者应补缴的个人所得税税额=本企业投资者应预扣预缴个人所得税税额−本企业投资者预缴个人所得税税额

（2）投资者兴办的企业中有合伙企业的，将投资者在合伙企业中应分配的应纳税所得额与其投资于独资企业的应纳税所得额合并，确定应预扣预缴个人所得税税额。投资者应向经常居住地税务部门申报纳税，办理汇算清缴；对于经常居住地与企业的经营管理所在地不一致的，应选定其参与兴办的某一合伙企业经营管理所在地办理汇算清缴，并且在5年内不得变更。

专栏9-3

关于个人所得税综合所得汇算清缴的解读

为维护纳税人合法权益，帮助纳税人顺利完成2020年度个人所得税综合所得汇算清缴（以下简称“年度汇算”），国家税务总局在全面总结2019年度汇算工作的基础上，充分听取纳税人、扣缴义务人、专家学者和社会公众的意见建议并吸收完善后，制发了《国家税务总局关于办理2020年度个人所得税综合所得汇算清缴事项的公告》（以下简称《公告》）。《公告》总体上延续了2019年度公告的基本框架和主要内容，并推出了进一步简便优化办税的新举措。现解读如下：

一、什么是年度汇算？

年度汇算指的是年度终了后，纳税人汇总工资薪金、劳务报酬、稿酬、特许权使用费等四项综合所得的全年收入额，减去全年的费用和扣除，得出应纳税所得额并按照综合所得年度税率表，计算全年应纳个人所得税，再减去年度内已经预缴的税款，向税务机关办理年度纳税申报并结清应退或应补税款的过程。简言之，就是在平时已预缴税款的基础上“查遗补漏，汇总收支，按年算账，多退少补”，这是2019年以后我国建立综合与分类相结合的个人所得税制的内在要求，也是国际通行做法。

《公告》第一条规定了年度汇算概念和内容。需要说明的是：

第一，年度汇算的主体，仅指依据个人所得税法规定的居民个人。非居民个人，无须办理年度汇算。

第二，年度汇算的范围和内容，仅指纳入综合所得范围的工资薪金、劳务报酬、稿酬、特许权使用费等四项所得。经营所得、利息股息红利所得、财产租赁所得等分类所得均不纳入年度汇算。同时，按照有关文件规定，纳税人取得的可以不并入综合所得计算纳税的收入，也不在年度汇算范围内，如选择单独计税的全年一次性奖金等。当然，如果纳税人在2020年取得全年一次性奖金时是单独计算纳税的，年度汇算时也可选择并入综合所得计算纳税。

二、为什么要办理年度汇算？

一是通过年度汇算可以更好保障纳税人的合法权益。比如，一些扣除项目，像专项附加扣除中的大病医疗支出，只有年度结束，才能确切地知道全年支出金额，需要在年度汇算来补充享受扣除。为此，《公告》第四条分三类情形列出了年度汇算期间可以享受的税前扣除项目，提醒纳税人查遗补漏，充分享受改革红利。

二是通过年度汇算可以更加准确计算纳税人综合所得全年应纳的个人所得税。纳税人平时取得综合所得的情形十分复杂，无论采取怎样的预扣预缴方法，都不可能使所有纳税人平时已预缴税额与年度应纳税额完全一致，此时两者之间就会产生“差额”，就需要通过年度汇算进行调整。在首次年度汇算后，税务机关于2020年7月和12月分两次简便优化了预扣预缴方法，不仅进一步减轻了中低收入纳税人的办税负担，也使预扣预缴税额更为精准、更加接近年度应纳税额，但仍然无法完全避免“差额”的产生。比如，2020年纳税人为抗击新冠肺炎疫情发生了符合条件的捐赠支出，没能及时在预扣预缴阶段申报扣除，可以通过年度汇算申报享受扣除，也会涉及应纳税额的调整以消除“差额”。

三、哪些人不需要办理年度汇算？

一般来讲，只要纳税人平时已预缴税额与年度应纳税额不一致，都需要办理年度汇算。为切实减轻纳税人负担，持续释放改革红利，国务院专门明确对部分需补税的中低收入纳税人免除年度汇算义务，财政部、国家税务总局据此制发了《关于个人所得税综合所得汇算清缴涉及有关政策问题的公告》(2019年第94号)。《公告》第二条根据94号财税公告规定，列明了无须办理2020年度汇算的纳税人类型：

第一类是对部分本来应当办理年度汇算补税的纳税人，免除其汇算义务。包括：《公告》第二条第一项、第二项所列的，纳税人综合所得年收入不超过12万元或者补税金额不超过400元，均不需办理年度汇算。需要说明的是，依据94号财税公告，纳税人取得综合所得时存在扣缴义务人未依法预扣预缴税款的情形，不包括在免于汇算的情形内。

第二类是《公告》第二条第三项规定的已预缴税额与年度应纳税额一致或者不申请年度汇算退税的纳税人。在这两种情况下，纳税人无须退补税，或者自愿放弃退税，也就不必再办理年度汇算。

四、哪些人需要办理年度汇算？

依据个人所得税法和国务院常务会议精神，《公告》第三条明确了需要办理2020年度汇算的情形，分为退税、补税两类。

一类是预缴税额高于应纳税额，需要申请退税的纳税人。依法申请退税是纳税人的权利。只要纳税人多预缴了税款，都可以依法申请退税。实践中有一些比较典型的情形，将产生或者可能产生退税，主要如下：

1.2020年度综合所得年收入额不足6万元，但平时预缴过个人所得税的；

2.2020年度有符合享受条件的专项附加扣除，但预缴税款时没有申报扣除的；

3.因年中就业、退职或者部分月份没有收入等原因，减除费用6万元、“三险一金”等专项扣除、子女教育等专项附加扣除、企业（职业）年金以及商业健康保险、税收递延型养老保险等扣除不充分的；

4.没有任职受雇单位，仅取得劳务报酬、稿酬、特许权使用费所得，需要通过年度汇算办理各种税前扣除的；

5.纳税人取得劳务报酬、稿酬、特许权使用费所得，年度中间适用的预扣预缴率高于全年综合所得年适用税率的；

6.预缴税款时，未申报享受或者未足额享受综合所得税收优惠的，如残疾人减征个人所得税优惠等；

7.有符合条件的公益慈善事业捐赠支出，但预缴税款时未办理扣除的，等等。

另一类是预缴税额小于应纳税额，应当补税的纳税人。依法补税是纳税人的义务。综合所得年收入超过12万元且年度汇算补税金额超过400元的纳税人，需要依法办理年度汇算并及时补税。实践中有一些常见情形，将导致年度汇算时需要或可能需要补税，主要如下：

1.在两个以上单位任职受雇并领取工资薪金，预缴税款时重复扣除了减除费用（5 000元/月）；

2.除工资薪金外，纳税人还有劳务报酬、稿酬、特许权使用费所得，各项综合所得的收入加总后，导致适用综合所得年税率高于预扣预缴率；等等。

五、有哪些途径可以帮助纳税人做好年度汇算的准备工作？

如果纳税人不太清楚自己全年收入金额、已缴税额，或者无法确定自己应该补税还是退税，或者不知道自己是否符合免于办理的条件，可以通过以下途径解决：

一是可以要求扣缴单位提供，按照税法规定，单位有责任将已发放的收入和已预缴税款等情况告诉纳税人；

二是可以登录网上税务局（包括手机个人所得税APP，下同），查询本人2020年度的收入和纳税申报记录；

三是年度汇算开始后，税务机关将通过网上税务局，根据一定规则为纳税人提供申报表预填服务，如果纳税人对预填的收入、已预缴税款等结果没有异议，系统就会自动计算出应补或应退税款，纳税人就可以知道自己是否需要办理年度汇算了。

六、纳税人应在什么时间办理年度汇算？

年度汇算时间是2021年3月1日至6月30日。其中，在中国境内无住所的纳税人如果在2021年3月1日前离境，可以在离境前办理年度汇算。需要说明的是，为帮助纳税人高效便捷、合理有序地完成年度汇算，税务机关将通过一定方式分批分期通知提醒纳税人在确定的时间段内错峰办理，建议纳税人尽量在约定的时间内办理，以免产生办税拥堵，影响办税体验。

七、纳税人可自主选择哪些办理方式？

《公告》第六条明确了办理年度汇算的三种方式：自己办、单位办、请人办。

一是自己办，即纳税人自行办理。纳税人可以自行办理年度汇算，税务机关将持续加强年度汇算的政策解读和操作辅导力度，通过多种渠道提供涉税咨询服务，完善网上税务局提示提醒功能，帮助纳税人顺利完成年度汇算。对于独立完成年度汇算存在困难的年长、行动不便等特殊人群，由纳税人提出申请，税务机关还可以提供个性化年度汇算服务。

二是单位办，即请任职受雇单位办理。考虑到任职受雇单位对纳税人的涉税信息掌握得比较全面、准确，与纳税人联系也比较紧密，有利于更好地帮助纳税人办理年度汇算，《公告》规定纳税人可以通过任职受雇单位代办年度汇算。任职受雇单位除支付工资薪金的单位外，还包括按累计预扣法预扣预缴劳务报酬所得个人所得税的单位，主要是保险营销员、证券经纪人或正在接受全日制学历教育的实习生等情形。如纳税人向单位提出代办要求，单位应当办理，或者培训、辅导纳税人通过网上税务局自行完成年度汇算申报和退（补）税。税务机关将为单位提供申报软件，方便其为本单位人员集中办理年度汇算申报。

需要注意的是，纳税人选择由单位代办年度汇算的，需在2021年4月30日前与单位进行确认。与2019年度汇算相比，2020年度汇算确认扩充了电子方式，纳税人可通过电子邮件、短信、微信等进行确认，与书面方式有同等法律效力。为维护纳税人合法权益，《公告》还规定在纳税人确认前，单位不得为纳税人代办年度汇算。完成确认后，纳税人需要将除本单位以外的2020年度全部综合所得收入、扣除、享受税收优惠等信息资料如实提供给单位，并对信息的真实性、准确性、完整性负责。

三是请人办，即委托涉税专业服务机构或其他单位及个人办理。纳税人可根据自己的情况和条件，自主委托涉税专业服务机构或其他单位、个人（以下称“受托人”）办理年度汇算。选择这种方式，受托人需与纳税人签订委托授权书，明确双方的权利、责任和义务。

需要提醒的是，单位或者受托人代为办理年度汇算后，应当及时将办理情况告知纳税人。纳税人如果发现申报信息存在错误，可以要求其代办或自行办理更正申报。

八、纳税人可通过什么渠道办理年度汇算？

《公告》第七条明确了办理年度汇算的三个渠道：网络办、邮寄办、大厅办。

一是网络办。税务机关提供了高效、快捷的网络办税渠道，建议纳税人优先选择通过网上税务局办理年度汇算，特别是手机个人所得税APP掌上办税。在网上税务局，税务机关已把符合条件纳税人的四项综合所得的预缴申报数据，全部直接预填到了申报表，纳税人办理年度汇算更加方便快捷。此外，为进一步提升纳税人境外所得申报的便利性，2020年度汇算还将开放网上税务局（网页端）境外所得申报功能。

二是邮寄办。如果纳税人不方便使用网络，也可以邮寄申报表办理年度汇算。各省（区、市）税务局将指定专门受理邮寄申报的税务机关并向社会公告。纳税人需将申报表寄送至《公告》第九条规定的主管税务机关所在省（区、市）税务局公告的地址。邮寄申报需要清晰、真实、准确填写本人的相关信息，尤其是姓名、纳税人识别号、有效联系方式等关键信息，建议使用电脑填报并打印、签字。

三是大厅办。如果纳税人不方便使用网络或邮寄，也可以到《公告》第九条确定的主管税务机关办税服务厅办理。

九、纳税人办理年度汇算需要提交什么资料，保存多久？

税务机关根据《公告》相应微调了纳税申报表，以便纳税人更加准确填写申报信息。年度汇算时，纳税人只需报送年度汇算申报表，如果纳税人修改本人相关基础信息、新增享受扣除或者税收优惠，才需一并报送相关信息。纳税人需仔细核对填报的信息，确保真实、准确、完整。

为便于后续服务和管理，纳税人及为其代办年度汇算的单位需各自将办理年度汇算的相关资料，自年度汇算期结束之日起留存5年（自2021年7月1日至2026年6月30日）。

十、纳税人向哪个税务机关申报办理年度汇算？

按照方便就近的原则，《公告》第九条明确了接受年度汇算申报的税务机关。需要说明的是，这里的税务机关，是指接受纳税人提交的年度汇算申报并负责处理年度汇算相关事宜的税务机关，并不等同于办理年度汇算的“物理地点”，纳税人在通过网络办理申报时可不受物理空间限制，实行全国通办。当然，在网络办理不方便的情况下，纳税人也可以前往《公告》第九条规定的税务机关（办税服务厅）办理，此时，《公告》第九条规定的税务机关就是纳税人办理年度汇算的“物理地点”了。

负责接受纳税人年度汇算申报的税务机关，主要分为两种情形：

一是纳税人自行办理或受托人为纳税人代办年度汇算。

1.有任职受雇单位的，向其任职受雇单位所在地主管税务机关申报；有两处及以上任职受雇单位的，选择向其中一处申报。按照累计预扣法为纳税人预扣预缴劳务报酬所得个人所得税的单位视同纳税人的任职受雇单位，这部分纳税人需向单位所在地的主管税务机关办理年度汇算。

例：纳税人李先生2020年上半年在北京市海淀区某公司任职，下半年到深圳市宝安区某单位从事保险营销员工作，该单位按累计预扣法为其预扣预缴劳务报酬所得个人所得税，上述两个单位均视为李先生的任职受雇单位，其可以在北京市海淀区税务局或者深圳市宝安区税务局之间选择办理年度汇算。

2.没有任职受雇单位的，向其户籍所在地、经常居住地或者主要收入来源地主管税务机关申报。纳税人已在中国境内申领居住证的，以居住证登载的居住地住址为经常居住地；没有申领居住证的，以当前实际居住地址为经常居住地。与2019年度汇算相比，2020年度汇算对没有任职受雇单位的纳税人，新增了主要收入来源地主管税务机关为受理申报机关，这是指纳税人纳税年度内取得的劳务报酬、稿酬及特许权使用费三项所得累计收入最大的扣缴义务人所在地。例：纳税人张先生户籍所在地为济南市槐荫区，经常居住地为天津市和平区，没有任职受雇单位。2020年从北京市海淀区某单位、上海市浦东新区某单位分别取得劳务报酬10万元和5万元，全年没有其他综合所得，那么其主要收入来源地主管税务机关是北京市海淀区税务局。张先生可以在济南市槐荫区税务局、天津市和平区税务局或者北京市海淀区税务局之间，选择一处申报办理年度汇算。

二是若由任职受雇单位在年度汇算期内为纳税人代办年度汇算，则向单位的主管税务机关申报。

十一、纳税人如何办理年度汇算退税、补税？

《公告》第十条明确了纳税人获取退税、办理补税的方式和渠道。

一是办理退税。如果年度汇算后有应退税额，纳税人可以申请退税。纳税人在申报表的相应栏次勾选“申请退税”并提交给主管税务机关后，即完成了申请程序。税务机关和国库按规定履行必要的审核程序后即可办理退税，退税款直达纳税人银行账户。申请退税的纳税人需要准确填写身份信息资料和在中国境内开设的符合条件的银行账户。

其中，对2020年度综合所得年收入额不足6万元，但年度中间被预扣预缴过个人所得税的纳税人，税务机关将推送服务提示、预填简易申报表，纳税人只需确认已预缴税额、填写本人银行账户信息，即可通过网络实现快捷申请退税。建议这部分纳税人在3月1日至5月31日期间，通过简易方式办理退税。

二是办理补税。纳税人办理年度汇算补税的，税务机关提供了多种便捷渠道，纳税人可以通过网上银行、办税服务厅POS机刷卡、银行柜台、非银行支付机构（即第三方支付）等缴纳应补税款。邮寄申报并补税的纳税人，需要通过网上税务局或者主管税务机关（办税服务厅）及时关注申报进度并缴纳税款。

十二、2020年度汇算有哪些帮助纳税人规范办理年度汇算的措施？

税务部门从健全制度和优化功能两个方面着手，维护纳税人合法权益，帮助纳税人依法履行纳税义务。

一是健全制度方面。首先，建立“首违不罚”制度。为贯彻落实国务院关于在税务执法领域推广“首违不罚”清单制度的要求，《公告》第十条规定，纳税人在办理年度汇算时，如果因为非主观故意的原因，提交的申报信息填写错误造成年度汇算多退或少缴税款，纳税人主动或经税务机关提醒后及时改正的，税务机关可以按照“首违不罚”原则免予处罚。

其次，对纳税人2019年度汇算补税和2020年度汇算退税进行关联。申请2020年度汇算退税的纳税人，如存在应当办理2019年度汇算补税但未办理，或者经税务机关通知2019年度汇算申报存在疑点但拒不更正或说明情况的，需在办理2019年度汇算申报补税、更正申报或者说明有关情况后，再依法申请办理2020年度汇算退税。通过关联纳税人2019年度的申报记录，提醒纳税人依法诚信申报办税、依法履行公民义务，可以更好地保障纳税人合法权益，维护纳税人的涉税信用记录。

二是优化功能方面。在全面梳理纳税人申报易错易漏点的基础上，我们有针对性地增加和优化了申报过程中的提示提醒，引导纳税人准确填报。比如，对于在经营所得和综合所得中重复扣除6万元减除费用的纳税人，我们将提醒其更正经营所得申报，在综合所得中依法准确享受扣除。再如，为防止纳税人误操作删除已有的年度扣缴记录造成申报错误，我们在手机个人所得税APP中关闭了“删除”功能，如果纳税人对已申报记录存在疑问，可以通过异议申诉的方式解决。又如，为防止个别纳税人通过随意填报信息再撤销退税申请的方式干扰汇算正常秩序，我们在手机个人所得税APP中设定了可撤销次数的上限，如果纳税人撤销退税申请的次数超过一定数量，系统将自动取消纳税人网络撤销权限，纳税人需要到办税服务厅办理后续事宜。

十三、纳税人可以从哪里获取办理年度汇算的帮助？

税务机关将一如既往地做好纳税服务工作，持续推出办税指引，通俗解释有关政策口径、专业术语和操作流程，制作内容丰富、形式生动的宣传产品，并通过广播、电视、报刊、网络、公益广告等渠道，不断加大年度汇算的政策解读和操作辅导力度。纳税人可关注国家税务总局、各地税务局官方网站和微信公众号获取最新的办税信息。同时，我们还将利用网上税务局、12366纳税服务热线等渠道，为纳税人及时答疑解惑，积极回应关切。

资料来源：国家税务总局办公厅. 关于《国家税务总局关于办理2020年度个人所得税综合所得汇算清缴事项的公告》的解读［EB/OL］.［2021-02-09］. http://www.chinatax.gov.cn/ chinatax/n810341/n810760/c5161494/content.html.

9.3　个人所得税的专项附加扣除

个人所得税专项附加扣除是指《个人所得税法》规定的子女教育、继续教育、大病医疗、住房贷款利息、住房租金和赡养老人等六项专项附加扣除。这是2018年个人所得税改革的重要内容。

9.3.1　子女教育

纳税人的子女接受全日制学历教育的相关支出，按照每个子女每月1 000元的标准定额扣除。学历教育包括义务教育（小学、初中教育）、高中阶段教育（普通高中、中等职业、技工教育）、高等教育（大学专科、大学本科、硕士研究生、博士研究生教育）。

年满3岁至小学入学前处于学前教育阶段的子女，按1 000元的标准执行。

父母可以选择由其中一方按扣除标准的100%扣除，也可以选择由双方分别按扣除标准的50%扣除，具体扣除方式在一个纳税年度内不能变更。需要注意的是，扣除比例要么是100%，要么是50%，不能是80%和20%、60%和40%这样的比例组合。

纳税人子女在中国境外接受教育的，纳税人应当留存境外学校录取通知书、留学签证等相关教育的证明资料备查。

对于有多个子女的家庭，只要子女符合扣除条件，每个子女均可享受扣除。比如，某个家庭有3个小孩：一个在幼儿园、一个在读小学一年级、一个在读小学四年级，则该家庭总计每月可扣除3 000元。对于这3 000元在父母双方的分摊，可以为2 000与1 000、1 500与1 500这样的组合。

9.3.2 继续教育

纳税人在中国境内接受学历（学位）继续教育的支出，在学历（学位）教育期间按照每月400元定额扣除。同一学历（学位）继续教育的扣除期限不能超过48个月。这主要是指纳税人参加工作后不脱产接受的学历（学位）继续教育，比如在职读硕士、博士，在职读MBA、MPA等专业硕士等，这几项教育的共同特点都是以取得毕业证、学位证为结果。

纳税人接受技能人员职业资格继续教育、专业技术人员职业资格继续教育的支出，在取得相关证书的当年，按照3600元定额扣除。这主要是指部分专业性强的岗位，按国家有关规定，必须接受继续教育方可从业，比如会计、编辑等。同时，此项扣除也是为了鼓励在职人员提高专业技能。

个人接受本科及以下学历（学位）继续教育，符合规定扣除条件的，可以选择由其父母扣除，也可以选择由本人扣除。

需要注意的是，纳税人接受技能人员职业资格继续教育、专业技术人员职业资格继续教育的，应当留存相关证书等资料备查。

9.3.3 大病医疗

在一个纳税年度内，纳税人发生的与基本医保相关的医药费用支出，扣除医保报销后个人负担（指医保目录范围内的自付部分）累计超过15 000元的部分，由纳税人在办理年度汇算清缴时，在80 000元限额内据实扣除。

纳税人发生的医药费用支出可以选择由本人或者其配偶扣除；未成年子女发生的医药费用支出可以选择由其父母一方扣除。

纳税人及其配偶、未成年子女发生的医药费用支出，按规定分别计算扣除额。

需要注意的是，纳税人应当留存医药服务收费及医保报销相关票据原件（或者复印件）等资料备查。医疗保障部门应当向患者提供在医疗保障信息系统记录的本人年度医药费用信息查询服务。

9.3.4 住房贷款利息

纳税人本人或者配偶单独或者共同使用商业银行或者住房公积金个人住房贷款为本人或者其配偶购买中国境内住房，发生的首套住房贷款利息支出，在实际发生贷款利息的年度，按照每月1 000元的标准定额扣除，扣除期限最长不超过240个月。纳税人只能享受一次首套住房贷款的利息扣除。

所称首套住房贷款，是指购买住房享受首套住房贷款利率的住房贷款。

经夫妻双方约定，可以选择由其中一方扣除，具体扣除方式在一个纳税年度内不能变更。

夫妻双方婚前分别购买住房发生的首套住房贷款，其贷款利息支出，婚后可以选择其中一套购买的住房，由购买方按扣除标准的100%扣除，也可以由夫妻双方对各自购买的住房分别按扣除标准的50%扣除，具体扣除方式在一个纳税年度内不能变更。

纳税人应当留存住房贷款合同、贷款还款支出凭证备查。

9.3.5 住房租金

纳税人在主要工作城市没有自有住房而发生的住房租金支出，可以按照以下标准定额扣除：

（1）直辖市、省会（首府）城市、计划单列市以及国务院确定的其他城市，扣除标准为每月1 500元。

（2）除第一项所列城市以外，市辖区户籍人口超过100万的城市，扣除标准为每月1 100元；市辖区户籍人口不超过100万的城市，扣除标准为每月800元。

纳税人的配偶在纳税人的主要工作城市有自有住房的，视同纳税人在主要工作城市有自有住房。

市辖区户籍人口，以国家统计局公布的数据为准。

所称主要工作城市，是指纳税人任职受雇的直辖市、计划单列市、副省级城市、地级市（地区、州、盟）全部行政区域范围；纳税人无任职受雇单位的，为受理其综合所得汇算清缴的税务机关所在城市。

夫妻双方主要工作城市相同的，只能由一方扣除住房租金支出。

住房租金支出由签订租赁住房合同的承租人扣除。

纳税人及其配偶在一个纳税年度内不能同时分别享受住房贷款利息和住房租金专项附加扣除。

纳税人应当留存住房租赁合同、协议等有关资料备查。

9.3.6 赡养老人

纳税人赡养一位及以上被赡养人的赡养支出，统一按照以下标准定额扣除：

（1）纳税人为独生子女的，按照每月2 000元的标准定额扣除。

（2）纳税人为非独生子女的，由其与兄弟姐妹分摊每月2 000元的扣除额度，每人分摊的额度不能超过每月1 000元。可以由赡养人均摊或者约定分摊，也可以由被赡养人指定分摊。约定或者指定分摊的须签订书面分摊协议，指定分摊优先于约定分摊。具体分摊方式和额度在一个纳税年度内不能变更。

所称被赡养人是指年满60岁的父母，以及子女均已去世的年满60岁的祖父母、外祖父母。

对于赡养老人专项附加扣除的指定分摊和平均分摊，主要含义为：

（1）无论兄弟姐妹多少人，其兄弟姐妹分摊赡养老人专项附加扣除总额为每年24 000元（每月2 000元）。

（2）兄弟姐妹中，一个人的分摊最高限额为每年12 000元（每月1 000元）。

（3）采取指定分摊或约定分摊方式的，应签订书面分摊协议。

（4）指定分摊与约定分摊不一致的，以指定分摊为准。

（5）纳税人赡养2个及以上老人的，不按老人人数加倍扣除，即无论有几个老人，每年都只能扣除总额24 000元（每月2 000元）。

（6）赡养岳父岳母或公婆的费用，不可以享受扣除。

（7）年满60岁的祖父母、外祖父母，如其子女均已去世，则其孙子女、外孙子女，可以享受扣除，扣除方式、比例参照关于父母的规定。

（8）具体分摊方式一经确定，在一个纳税年度内不得变更。

2023年8月31日，国务院发布《关于提高个人所得税有关专项附加扣除标准的通知》，自2023年1月1日起，提高3岁以下婴幼儿照护、子女教育、赡养老人专项附加扣除（以下简称“一老一小”扣除）标准，各项分别提高1 000元。

9.3.7 案例

综合各专项附加扣除情况，下面以一个案例进行说明。

【例9-9】纳税人李先生，自然情况为：独生子女，有一个孩子在上小学，父母已年满60岁，工作地点在大连，自己名下有唯一一套住房，正在还贷中，自己正在读在职研究生。

李先生每个月到手税后工资为10 500元，其中税前工资为15 000元/月，“三险一金”为4 500元/月。李先生的专项附加扣除见表9-5：

表9-5 李先生的专项附加扣除 单位：元

项目	数额
子女教育	1 000
继续教育	400
住房贷款利息	1 000
赡养老人	2 000
合计	4 400

应纳税所得额=工资-“三险一金”-专项附加扣除-免征额

=15 000-4 500-4 400-5 000

=1 100（元）

根据“应纳税所得额”，对应税率表得知，李先生适用3%的税率：

应纳个人所得税=1 100×3%-0（速算扣除数）=33（元）

【例9-10】纳税人张先生和李女士是夫妻，有两个女儿：大女儿已工作三年，2019年在读在职MBA，同时当年取得注册会计师证书；小女儿在读大学本科三年级。

学历教育、在职教育和子女教育方面的专项附加扣除情况为：

（1）大女儿已参加工作，其读的在职MBA属于继续教育中的学历教育，取得的注册会计师证书，属于继续教育的职业资格教育，因此，2019年，大女儿全年可以享受4 800元（400元×12个月）的学历教育扣除和3 600元的职业资格教育扣除。

（2）小女儿还没有参加工作，可以由张先生和李女士在子女教育项目中扣除，扣除方式可由夫妻双方中的一方按1 000元/月扣除，也可以双方各按500元/月扣除。

【例9-11】纳税人赵先生已婚，有两个妹妹，父母在老家生活。赵先生的父母日常由两个妹妹负责照料，赵先生每月给老人汇1 500元生活费。

赡养老人方面的专项附加扣除情况为：

（1）赵先生可以跟其妹妹们商议，每人每月均摊扣除标准的2 000元。

（2）赵先生因为每月汇给父母1 500元生活费，想实际扣除1 500元，两个妹妹一共扣除500元，这样可以吗？答案是不行的，每人分摊额度不能超过每月1 000元，也就是说，非独生子女无论孝敬父母多少钱，可以申报专项附加扣除的赡养老人支出上限是1 000元。

（3）老人也可以指定赵先生的负担数额，但需签订书面协议备查，赵先生按书面协议上的负担数额申报扣除，但是这个数额不能超过1 000元。

【例9–12】纳税人陈先生和张女士是夫妻。陈先生在婚前购买商品房一套，贷款期限10年；张女士在婚前购买商品房一套，贷款期限25年。两人婚前购买的住房均符合首套贷款利率要求。

住房贷款方面的专项附加扣除情况为：

（1）婚后双方选择一套住房，约定由某一方扣除还是各自扣除，具体扣除方式一个纳税年度内不得更改。

（2）住房贷款方面的专项附加扣除是240个月，也就是20年，虽然张女士的商品房贷款期限是25年，但按税法规定只能扣除20年，也就是说，有5年虽然有贷款但不能够享受扣除。

【例9–13】纳税人陈先生2019年每月应发工资均为30 000元，每月减除费用5 000元，“三险一金”等专项扣除为4 500元，享受子女教育、赡养老人两项专项附加扣除共计2 000元，没有减免收入及减免税额等情况，以2019年前3个月为例，应当按照以下方法计算各月应预扣预缴税额：

1月份的累计应纳税所得额=30 000－5 000−4 500−2 000=18 500（元）

1月份应预扣预缴税额=（30 000－5 000−4 500−2 000）×3% = 555（元）

2月份的累计应纳税所得额=30 000×2−5 000×2−4 500×2−2 000×2=37 000（元）

2月份应预扣预缴税额=（30 000×2−5 000×2−4 500×2−2 000×2）×10% −2 520 −555 =625（元）

3月份的累计应纳税所得额=30 000×3−5 000×3−4 500×3−2 000×3=55 500（元）

3月份应预扣预缴税额=（30 000×3−5 000×3−4 500×3−2 000×3）×10% −2 520 −555−625
=1 850（元）

上述计算结果表明，由于2月份累计预扣预缴应纳税所得额为37 000元，已适用10%的税率，因此2月份和3月份应预扣预缴税额有所增高。

专栏9–4

个税专项附加扣除疑问解答

1.赡养老人扣除要满足什么条件？

纳税人赡养一位及以上年满60岁的父母，以及子女均已去世的年满60岁的祖父母、外祖父母的赡养支出，可以税前扣除。

2.专项附加扣除信息采集的方法有哪些？

根据《国家税务总局关于发布<个人所得税专项附加扣除操作办法（试行）>的公告》（国家税务总局公告2018年第60号）：

第十九条　纳税人可以通过远程办税端、电子或者纸质报表等方式，向扣缴义务人或者主管税务机关报送个人专项附加扣除信息。

第二十条　纳税人选择纳税年度内由扣缴义务人办理专项附加扣除的，按下列规定办理：

（一）纳税人通过远程办税端选择扣缴义务人并报送专项附加扣除信息的，扣缴义务人根据接收的扣除信息办理扣除。

（二）纳税人通过填写电子或者纸质“扣除信息表”直接报送扣缴义务人的，扣缴义务人将相关信息导入或者录入扣缴端软件，并在次月办理扣缴申报时提交给主管税务机关。“扣除信息表”应当一式两份，纳税人和扣缴义务人签字（章）后分别留存备查。

第二十一条　纳税人选择年度终了后办理汇算清缴申报时享受专项附加扣除的，既可以通过远程办税端报送专项附加扣除信息，也可以将电子或者纸质“扣除信息表”（一式两份）报送给汇缴地主管税务机关。

报送电子“扣除信息表”的，主管税务机关受理打印，交由纳税人签字后，一份由纳税人留存备查，一份由税务机关留存；报送纸质“扣除信息表”的，纳税人签字确认、主管税务机关受理签章后，一份退还纳税人留存备查，一份由税务机关留存。

3.住房贷款利息专项附加扣除的标准是怎样规定的？

在实际发生贷款利息的年度，按照每月1 000元的标准定额扣除，扣除期限最长不超过240个月。

4.2018年第四季度的全年一次性奖金个人所得税如何计算缴纳？

在2018年第四季度取得的全年一次性奖金，可以按照《国家税务总局关于调整个人取得全年一次性奖金等计算征收个人所得税方法问题的通知》（国税发〔2005〕9号）的有关规定和计税方法缴纳税款，但全年一次性奖金计税方法，纳税人在一个纳税年度内只能享受一次。具体计算方法如下：将全年一次性奖金除以12个月后的商数，按照财税〔2018〕98号文件中所附的新月度税率表查找适用税率和速算扣除数。对于在取得年终一次性奖金的当月，个人工资收入低于5 000元的，可以先从全年一次性奖金中减去“当月工资收入低于5 000元的差额”，就其余额按上述办法查找适用税率和速算扣除数计算税款。

5.租房租金怎么扣除？

纳税人在主要工作城市没有自有住房而发生的住房租金支出，可以按照以下标准定额扣除：

（一）直辖市、省会（首府）城市、计划单列市以及国务院确定的其他城市，扣除标准为每月1 500元；

（二）除第一项所列城市以外，市辖区户籍人口超过100万的城市，扣除标准为每月1 100元；市辖区户籍人口不超过100万的城市，扣除标准为每月800元。市辖区户籍人口，以国家统计局公布的数据为准。

6.纳税人通过电子模板方式报送给扣缴义务人相关专项附加扣除信息，是否需要打印下来让员工签字？

是的。根据《国家税务总局关于发布<个人所得税专项附加扣除操作办法（试行）>的公告》（国家税务总局公告2018年第60号）第四章相关规定，纳税人通过填写电子模板直接报送扣缴义务人的，“个人所得税专项附加扣除信息表”一式两份，纳税人和扣缴义务人应签字（章）后分别留存备查。

7.子女教育费怎么扣除？

按照每个子女每月1 000元的标准定额扣除。

8.个人专项附加扣除是否需要填报相关扣除信息？

纳税人享受专项附加扣除，应当按照享受的专项附加扣除项目，填报“个人所得税专项附加扣除信息表”相应栏次内容。

9.个税APP现在可以填报了吗？

个人所得税APP从2018年12月31日正式对外开放，广大纳税人通过实名认证后，可以填报专项附加扣除信息。

10.住房租金专项附加扣除如何扣除？需要提供什么材料？

根据《国家税务总局关于发布<个人所得税专项附加扣除操作办法（试行）>的公告》（国家税务总局公告2018年第60号）的相关规定，纳税人享受住房租金专项附加扣除，应当通过远程办税端或电子模板填报“个人所得税专项附加扣除信息表”，在月度预扣预缴时报送给扣缴义务人或者年度终了后报送给主管税务机关，完整录入主要工作城市、租赁住房坐落地址、出租人姓名及身份证件类型和号码或者出租方单位名称及纳税人识别号（社会统一信用代码）、租赁起止时间等信息（纳税人有配偶的，填写配偶姓名、身份证件类型及号码等信息），即可享受住房租金专项附加扣除。注意留存扣缴义务人签章的“个人所得税专项附加扣除信息表”纸质件，同时将住房租赁合同或协议等资料留存备查。

11.住房贷款利息和住房租金扣除可以同时享受吗？

不可以。纳税人及其配偶在一个纳税年度内不能同时分别享受住房贷款利息和住房租金专项附加扣除。

12.劳务报酬所得如何计算个人所得税？

2018年12月31日之前取得的劳务报酬仍按照修改前的税法规定执行。2019年1月1日起，根据新个税法规定，居民个人的综合所得，以每一纳税年度的收入额减除费用6万元以及专项扣除、专项附加扣除和依法确定的其他扣除后的余额，为应纳税所得额。劳务报酬所得以收入减除20%的费用后的余额为收入额。

13.专项附加扣除项目没有变化，是否也需要确认？

专项附加扣除项目没有变化，也需要在“个人所得税APP”上确认，时间是每年12月中旬开始，截至年底前需完成办理。

14.2019年1月1日以后取得的工资、薪金每月如何计算预扣预缴税额？计算公式是什么？

根据《国家税务总局关于发布〈个人所得税扣缴申报管理办法（试行）〉的公

告》（国家税务总局公告2018年第61号）第六条的规定，扣缴义务人向居民个人支付工资、薪金所得时，应当按照累计预扣法计算预扣税款，并按月办理扣缴申报。

累计预扣法，是指扣缴义务人在一个纳税年度内预扣预缴税款时，以纳税人在本单位截至当前月份工资、薪金所得累计收入减除累计免税收入、累计减除费用、累计专项扣除、累计专项附加扣除和累计依法确定的其他扣除后的余额为累计预扣预缴应纳税所得额，适用个人所得税预扣率表一（详见61号公告附件），计算累计应预扣预缴税额，再减除累计减免税额和累计已预扣预缴税额，其余额为本期应预扣预缴税额。余额为负值时，暂不退税。纳税年度终了后余额仍为负值时，由纳税人通过办理综合所得年度汇算清缴，税款多退少补。

具体计算公式如下：

$$\text{本期应预扣预缴税额}=(\text{累计预扣预缴应纳税所得额}\times\text{预扣率}-\text{速算扣除数})-\text{累计减免税额}-\text{累计已预扣预缴税额}$$

$$\text{累计预扣预缴应纳税所得额}=\text{累计收入}-\text{累计免税收入}-\text{累计减除费用}-\text{累计专项扣除}-\text{累计专项附加扣除}-\text{累计依法确定的其他扣除}$$

其中：累计减除费用，按照5 000元/月乘以纳税人当年截至本月在本单位的任职受雇月份数计算。

15.专项附加扣除项目具体有哪些？

个人所得税专项附加扣除包括子女教育、继续教育、大病医疗、住房贷款利息或者住房租金、赡养老人等6项。

16.个税住房贷款利息可以专项附加扣除，怎么确定是首套住房贷款？

住房贷款利息专项附加扣除办法中所称的首套住房贷款是指购买住房享受首套住房贷款利率的住房贷款。纳税人只能享受一次首套住房贷款的利息扣除。实际操作中，纳税人可咨询所贷款的银行。

17.新个人所得税法规定的专项附加扣除，是否在2018年10月1日后就可以依照规定申报扣除？

不是。2018年，个人所得税法完成第七次修法，采取“一次修法，两步实施”的方式落实税改红利，2018年10月1日起先行执行每月5 000元的减除费用标准并适用新税率表，2019年1月1日起为综合与分类相结合的新税制全面实施阶段。2018年12月22日，国务院正式发布《个人所得税专项附加扣除暂行办法》，国家税务总局发布《个人所得税专项附加扣除操作办法（试行）》，文件规定，6项专项附加扣除政策自2019年1月1日起正式施行，纳税人自2019年1月起就可以享受专项附加扣除政策的改革红利。

18.住房贷款利息怎么扣除？

纳税人本人或者配偶单独或者共同使用商业银行或者住房公积金个人住房贷款为本人或者其配偶购买中国境内住房，发生的首套住房贷款利息支出，在实际发生贷款利息的年度，按照每月1 000元的标准定额扣除，扣除期限最长不超过240个月。纳税人只能享受一次首套住房贷款的利息扣除。

19.专项附加扣除中，扣缴义务人如何为纳税人办理扣缴申报？

根据《国家税务总局关于发布<个人所得税专项附加扣除操作办法（试行）>的公告》（国家税务总局公告2018年第60号）：

第五条　扣缴义务人办理工资、薪金所得预扣预缴税款时，应当根据纳税人报送的“个人所得税专项附加扣除信息表”为纳税人办理专项附加扣除。

纳税人年度中间更换工作单位的，在原单位任职、受雇期间已享受的专项附加扣除金额，不得在新任职、受雇单位扣除。原扣缴义务人应当自纳税人离职不再发放工资薪金所得的当月起，停止为其办理专项附加扣除。

第九条　纳税人次年需要由扣缴义务人继续办理专项附加扣除的，应当于每年12月份对次年享受专项附加扣除的内容进行确认，并报送至扣缴义务人。纳税人未及时确认的，扣缴义务人于次年1月起暂停扣除，待纳税人确认后再行办理专项附加扣除。

扣缴义务人应当将纳税人报送的专项附加扣除信息，在次月办理扣缴申报时一并报送至主管税务机关。

20.个税专扣电子模板哪里下载？

可以从各地税务机关的门户网站下载，或者登录自然人税收管理系统扣缴客户端，进入专项附加扣除信息采集菜单，选择其中的任意一项专项附加扣除入口，点击导入按钮，选择模板下载，即可下载最新的电子模板。

21.个体工商户生产经营所得如何计税？

个体工商户的生产经营所得，以每一纳税年度的收入总额减除成本、费用以及损失后的余额，为应纳税所得额，依法缴纳个人所得税。

22.个人出租住房如何缴纳个人所得税？

根据《财政部、国家税务总局关于营改增后契税、房产税、土地增值税、个人所得税计税依据问题的通知》（财税〔2016〕43号）第四条规定，个人出租房屋的个人所得税应税收入不含增值税，计算房屋出租所得可扣除的税费不包括本次出租缴纳的增值税。个人转租房屋的，其向房屋出租方支付的租金及增值税额，在计算转租所得时予以扣除。

第五条规定，免征增值税的，确定计税依据时，成交价格、租金收入、转让房产取得的收入不扣减增值税额。

第六条规定，在计征上述税种时，税务机关核定的计税价格或收入不含增值税。

根据《财政部、国家税务总局关于调整住房租赁市场税收政策的通知》（财税〔2000〕125号）规定：“三、对个人出租房屋取得的所得暂减按10%的税率征收个人所得税。”

23.如果夫妻双方婚前分别购买住房发生首套住房贷款，那么夫妻双方如何分摊扣除？

夫妻双方婚前分别购买住房发生的首套住房贷款，其贷款利息支出，婚后可以选择其中一套购买的住房，由购买方按扣除标准的100%扣除，也可以由夫妻双方对各自购买的住房分别按扣除标准的50%，具体扣除方式在一个年度内不得变更。

24.请问个人工资不达5 000元起征点，专项附加扣除还要不要采集?

新修改的《中华人民共和国个人所得税法》规定，居民个人取得综合所得，按年计算个人所得税。居民个人的综合所得（包含工资、薪金所得，劳务报酬所得，稿酬所得，特许权使用费所得等四项），以每一纳税年度的收入额减除费用6万元以及专项扣除、专项附加扣除和依法确定的其他扣除后的余额，为应纳税所得额，适用超额累进税率计算个人所得税应纳税额。

因此，即使月度工资薪金不到5 000元，但如果纳税人判断自己全年四项综合所得的合计收入额减除相关扣除后为正值，那么就应积极采集专项附加扣除；为负值的，可不采集专项附加扣除。

25.专项附加扣除文件什么时候颁布和执行?

《个人所得税专项附加扣除暂行办法》于2018年12月22日颁布，该办法自2019年1月1日起施行。

26.如果为非独生子女，赡养老人项目与兄弟姐妹应如何分摊扣除?

纳税人为非独生子女的，由其与兄弟姐妹分摊每月2 000元的扣除额度，每人分摊的额度不能超过每月1 000元。可以由赡养人均摊或者约定分摊，也可以由被赡养人指定分摊。约定或者指定分摊的须签订书面分摊协议，指定分摊优先于约定分摊。具体分摊方式和额度在一个纳税年度内不能变更。

27.自然人申报管理系统申报密码在哪里获取?忘记申报密码如何处理?

扣缴客户端的申报密码在企业第一次申报时可自行设置，也可从大厅获取密码，如忘记密码，需到大厅进行重置密码。

手机APP和网页WEB端的纳税人忘记密码时，可点击登录页面“找回密码”功能，通过身份证号码和预留手机号进行重置。若遇特殊情况无法找回密码的，请携带有效身份证件至就近办税服务厅进行密码重置。

28.外籍个人在中国境内工作超过183天，是否要缴纳个人所得税?

外籍个人在中国境内工作超过183天，属于居民个人，按照税法相关规定，缴纳个人所得税。

29.如何下载新版自然人税收管理系统扣缴客户端?

在各地电子税务局网站可以下载新版扣缴客户端，原扣缴客户端用户，可以通过本地直接下载升级。

30.新的个人所得税专项附加扣除中子女教育扣除的标准是多少?夫妻双方如何分摊扣除?

子女教育扣除的标准为：每个子女按每月1 000元的标准定额扣除。父母可以选择由其中一方按扣除标准的100%扣除，也可以选择由双方分别按扣除标准的50%扣除[6]。

31.个税APP进不去怎么办?

一般来说，个税APP进不去是因为网络连接异常或所连接的服务正在停机维护。

请先验证手机是否能正常上网。如果能正常访问其他网上信息，那很可能是个税APP服务器正在停机维护。近期由于各省税务局正在开展国地税并库工作，个人所得税APP系统需要相应配合停机进行数据投放工作。2018年12月22日—26日，浙江、宁波将全程停机；后续其他省市也将根据国地税并库工作需要进行必要的停机数据投放，具体信息详见各省市税务机关网站通知。个税APP登录页面上也会显示正在停机以及可恢复使用的时间，请在此时间后重新登录。

32.个税APP系统如何下载？如何进行注册等操作？

（1）关于个税APP如何下载？

为便于广大纳税人下载个人所得税APP，项目组提供以下下载渠道：

①苹果APP Store：苹果APP Store上架应用名为“个人所得税”。可在APP Store中搜索“个人所得税”，点“获取”进行下载。

②安卓终端应用：第一，各省级电子税务局扫码下载渠道。广大纳税人可通过各省电子税务局入口，跳转到自然人办税服务网站后，进行手机APP扫码下载。第二，各大手机应用市场。目前已经在华为、小米、VIVO、OPPO等应用市场上架，应用名为“个人所得税”，后续会在更多应用市场上架。广大纳税人可以在上述应用商店搜索“个人所得税”下载安装，如应用市场下载出现问题，则建议使用上述二维码扫码下载方式进行安装。

（2）关于个税APP如何注册？

当前，个税APP支持以下两种注册模式：

①人脸识别认证注册模式（此模式只支持中国大陆居民），即通过输入居民身份证号码和姓名，然后与公安系统动态人脸识别，验证通过后再填写账号和手机号码，短信验证通过后完成注册。

②大厅注册码注册模式，即纳税人到任一办税服务大厅，经办税服务厅人员验证人证一致后，登记个人证件信息并派发注册码。纳税人再选择此模式，输入注册码、证件类型、证件号码和姓名等信息，验证通过后再填写账号和手机号码，短信验证通过后完成注册。

33.如果个人所得税年度预扣预缴税款与年度应纳税额不一致，如何处理？

根据《国家税务总局关于个人所得税自行纳税申报有关问题的公告》（国家税务总局公告2018年第62号）第一条第（三）、（四）项，符合“（三）纳税年度内预缴税额低于应纳税额；（四）纳税人申请退税”的情形，纳税人需要办理汇算清缴。纳税人应当在取得所得的次年3月1日至6月30日内，向任职、受雇单位所在地主管税务机关办理汇算清缴纳税申报，并报送“个人所得税年度自行纳税申报表”，税款多退少补。

34.赡养老人的子女如何对费用进行分摊？

赡养老人专项附加扣除的分摊方式包括由赡养人均摊或约定分摊，也可以由被赡养人指定分摊。采取指定分摊或者约定分摊方式的，每一纳税人分摊的扣除额最高不得超过每月1 000元，并签订书面分摊协议，指定分摊与约定分摊不一致的，以指定分摊为准。

35.如果扣缴义务人不接受纳税人提交的专项附加扣除资料怎么办？

根据《国家税务总局关于发布〈个人所得税专项附加扣除操作办法（试行）〉的公告》第二十四条：纳税人向扣缴义务人提供专项附加扣除信息的，扣缴义务人应当按照规定予以扣除，不得拒绝。

36.赡养老人的分摊扣除，是否需要向税务机关报送协议？

根据《国家税务总局关于发布〈个人所得税专项附加扣除操作办法（试行）〉的公告》第十六条：纳税人约定或指定分摊的书面分摊协议等资料需要留存备查。

37.子女教育费、住房贷款利息等专项扣除从什么时候开始实施，1月1日后取得的工资可以扣吗？

专项附加扣除自2019年1月1日起施行，2019年1月1日后取得的工资、薪金所得，符合条件的可以依法享受专项附加扣除。

38.赡养岳父岳母或公婆的费用是否可以享受个人所得税附加扣除？

不可以。被赡养人是指年满60岁的父母，以及子女均已去世的年满60岁的祖父母、外祖父母。

39.首套住房贷款的定义是什么？

首套住房贷款是指购买住房享受首套住房贷款利率的住房贷款。

40.住房贷款利息专项附加扣除中，扣除范围是什么？

纳税人本人或者配偶单独或者共同使用商业银行或者住房公积金个人住房贷款为本人或者其配偶购买中国境内住房，发生的首套住房贷款利息支出。

41.稿酬、特许权使用费如何计算个人所得税？

2019年1月1日起，居民个人的综合所得，以每一纳税年度的收入额减除费用6万元以及专项扣除、专项附加扣除和依法确定的其他扣除后的余额，为应纳税所得额。稿酬所得、特许权使用费所得以收入减除20%的费用后的余额为应纳税所得额。稿酬所得的应纳税所得额减按70%计算。

42.请问企业是否要留存员工个人所得税专项扣除的资料？

根据《国家税务总局关于发布<个人所得税专项附加扣除操作办法（试行）>的公告》第二十条第二款：纳税人通过填写电子或者纸质“扣除信息表”直接报送扣缴义务人的，扣缴义务人将相关信息导入或者录入扣缴端软件，并在次月办理扣缴申报时提交给主管税务机关。“扣除信息表”应当一式两份，纳税人和扣缴义务人签字（章）后分别留存备查。

纳税人办理专项附加扣除的其他有关资料，由纳税人留存备查。

43.住房租金专项附加扣除中，享受扣除需要保存哪些资料？

根据《国家税务总局关于发布〈个人所得税专项附加扣除操作办法（试行）〉的公告》第十五条：纳税人享受住房租金专项附加扣除，需要留存备查资料包括：住房租赁合同或协议等资料。

44.个人所得税改革后，住房租金是否可以扣除？

个人所得税改革后，纳税人在主要工作城市没有自有住房而发生的住房租金支出，可以按照1500元、1100元、800元三档标准定额扣除。

45.专项附加扣除中，享受扣除应当如何操作？

第二十条　纳税人选择纳税年度内由扣缴义务人办理专项附加扣除的，按下列规定办理：

（一）纳税人通过远程办税端选择扣缴义务人并报送专项附加扣除信息的，扣缴义务人根据接收的扣除信息办理扣除。

（二）纳税人通过填写电子或者纸质“扣除信息表”直接报送扣缴义务人的，扣缴义务人将相关信息导入或者录入扣缴端软件，并在次月办理扣缴申报时提交给主管税务机关。“扣除信息表”应当一式两份，纳税人和扣缴义务人签字（章）后分别留存备查。

第二十一条　纳税人选择年度终了后办理汇算清缴申报时享受专项附加扣除的，既可以通过远程办税端报送专项附加扣除信息，也可以将电子或者纸质“扣除信息表”（一式两份）报送给汇缴地主管税务机关。

报送电子“扣除信息表”的，主管税务机关受理打印，交由纳税人签字后，一份由纳税人留存备查，一份由税务机关留存；报送纸质“扣除信息表”的，纳税人签字确认、主管税务机关受理签章后，一份退还纳税人留存备查，一份由税务机关留存。

46.个人的工作城市与实际租赁房产地不一致，是否符合条件扣除住房租赁支出？

纳税人在主要工作城市没有自有住房而发生的住房租金支出，可以按照规定标准定额扣除住房租金专项附加扣除。

47.住房贷款利息专项附加扣除的标准是怎样规定的？

纳税人本人或者配偶单独或者共同使用商业银行或者住房公积金个人住房贷款为本人或者其配偶购买中国境内住房，发生的首套住房贷款利息支出，在实际发生贷款利息的年度，按照每月1000元的标准定额扣除，扣除期限最长不超过240个月。纳税人只能享受一次首套住房贷款的利息扣除。

48.个人所得税汇算清缴不需要去税务局申报吧？

根据《国家税务总局关于个人所得税自行纳税申报有关问题的公告》（2018年第62号）第一条：需要办理汇算清缴的纳税人，应当在取得所得的次年3月1日至6月30日内，向任职、受雇单位所在地主管税务机关办理纳税申报，并报送“个人所得税年度自行纳税申报表”。

49.夫妻同时有大病医疗支出，想全部都在男方扣除，扣除限额是否按16万元？

夫妻两人同时有符合条件的大病医疗支出，可以选择都在男方扣除，每人最高扣除限额为8万元。

50.子女教育扣除支出是否需要留存资料？

根据《国家税务总局关于发布<个人所得税专项附加扣除操作办法（试行）〉的公告》（国家税务总局公告2018年第60号）第十二条，享受子女教育附加扣除的，纳税人应当填报配偶及子女的姓名、身份证件类型及号码、子女当前受教育阶段及起止

时间、子女就读学校以及本人与配偶之间扣除分配比例等信息。在境内就读的，税务机关可以获取教育部门的学籍信息，纳税人不需留存资料备查。子女在境外接受教育的，纳税人应当留存境外学校录取通知书、留学签证等境外教育佐证资料。

51.两人合租住房，住房租金支出扣除应如何操作？

根据《个人所得税专项附加扣除暂行办法》第十九条，住房租金支出由签订租赁合同的承租人扣除。因此，合租租房的个人，若都与出租方签署了规范的租房合同，可根据租金定额标准各自扣除。

52.什么时候开始进行员工个税专项扣除信息采集？

2018年12月22日，国务院正式发布《个人所得税专项附加扣除暂行办法》，国家税务总局随即发布《个人所得税专项附加扣除操作办法（试行）》（国家税务总局公告2018年第60号）。相关政策发布后，纳税人可根据自身情形判断享受专项附加扣除的条件和范围，通过填报纸质或电子“个人所得税专项附加扣除信息表”向扣缴义务人报送专项附加扣除信息，或使用后续税务机关上线的远程客户端，通过手机APP、WEB网页、电子税务局等方式便捷办理。

53.员工提供的信息，企业怎么核实是否真实？

根据《国家税务总局关于发布〈个人所得税专项附加扣除操作办法（试行）〉的公告》（国家税务总局公告2018年第60号）第二十四条和第二十五条，纳税人向扣缴义务人提供专项附加扣除信息的，扣缴义务人应当按照规定予以扣除，不得拒绝，也不得擅自更改纳税人提供的相关信息。

但扣缴义务人根据其所掌握信息，发现纳税人提供的信息与实际情况不符，可以要求纳税人修改。纳税人拒绝修改的，扣缴义务人应当向主管税务机关报告，税务机关应当及时处理。

54.住房租金专项附加扣除方是按照每月1 500元定额扣除吗？

纳税人在主要工作城市没有自有住房而发生的住房租金支出，可以按照以下标准定额扣除：

（一）直辖市、省会（首府）城市、计划单列市以及国务院确定的其他城市，扣除标准为每月1 500元；

（二）除第一项所列城市以外，市辖区户籍人口超过100万的城市，扣除标准为每月1 100元；市辖区户籍人口不超过100万的城市，扣除标准为每月800元。

纳税人的配偶在纳税人的主要工作城市有自有住房的，视同纳税人在主要工作城市有自有住房。

市辖区户籍人口，以国家统计局公布的数据为准。

55.硕士研究生、博士研究生教育属于子女教育还是继续教育，由谁扣除？

属于全日制学历教育的硕士研究生、博士研究生，由其父母按照子女教育进行扣除；属于非全日制的学历（学位）继续教育，由纳税人本人按照继续教育扣除。

56.住房租金要求留存备查的合同，有模板格式要求吗？

根据《国家税务总局关于发布〈个人所得税专项附加扣除操作办法（试行）〉的

公告》(国家税务总局公告2018年第60号)第十五条的规定，纳税人享受住房租金专项附加扣除，应当填报主要工作城市、租赁住房坐落地址、出租人姓名及身份证件类型和号码或者出租方单位名称及纳税人识别号(社会统一信用代码)、租赁起止时间等信息。

留存备查的住房租赁合同或协议，并无统一的模板要求，纳税人应参照以上规定，签订真实的租赁合同或协议，完整披露以上信息。

57.纳税人怎么提供专项附加扣除信息数据？网站还是现场提交？

根据《国家税务总局关于发布〈个人所得税专项附加扣除操作办法(试行)〉的公告》(国家税务总局公告2018年第60号)第十九条，纳税人可以通过远程办税端(手机APP、WEB网页、电子税务局)、电子或者纸质报表向扣缴义务人或者主管税务机关报送个人专项附加扣除信息。

扣缴义务人和税务机关鼓励并引导纳税人采用远程办税端报送信息。

58.纳税人可以不提供专项附加扣除资料给企业，到时自行申报扣除吗？

根据《国家税务总局关于发布〈个人所得税专项附加扣除操作办法(试行)〉的公告》(国家税务总局公告2018年第60号)第十九条，纳税人可以通过远程办税端、电子或者纸质报表等方式向扣缴义务人或者主管税务机关报送个人专项附加扣除信息。纳税人既可以选择纳税年度内由扣缴义务人办理专项附加扣除，也可以选择年度终了后向税务机关办理汇算清缴申报时享受专项附加扣除。

59.夫妻婚前购买的首套住房，婚后由丈夫还贷，首套住房利息是否只能由丈夫扣除？妻子是否可以扣除？

经夫妻双方约定，可以选择由其中一方扣除，具体扣除方式在一个纳税年度内不能变更。

夫妻双方婚前分别购买住房发生的首套住房贷款，其贷款利息支出，婚后可以选择其中一套购买的住房，由购买方按扣除标准的100%扣除，也可以由夫妻双方对各自购买的住房分别按扣除标准的50%扣除，具体扣除方式在一个纳税年度内不能变更。

60.个人所得税是否可以延期缴纳税款？

纳税人确有延期缴税需要的，根据《中华人民共和国税收征收管理法》规定办理。

资料来源：百度百科。

9.4 纳税规划的内容

9.4.1 纳税规划概述

1.纳税规划原理

纳税规划最重要的原理是节税原理。节税原理又可细分为绝对节税原理、相对节税原理；直接节税原理、间接节税原理；横向节税原理、纵向节税原理；风险节税原理、组合节税原理和模糊节税原理等多种。

（1）绝对节税原理。

绝对节税是指直接使纳税绝对总额减少。绝对节税原理很简单：在各种可供选择的纳税方案中，选择缴纳税款最少的方案。

绝对节税包括横向绝对节税和纵向绝对节税。横向绝对节税是指直接减少某一个纳税人的当期纳税总额；纵向绝对节税是指直接减少某一个纳税人在一定时期的纳税总额，如5年的纳税总额。

绝对节税又有直接节税与间接节税之分。直接节税是指直接减少某一个纳税人的税收绝对额；间接节税是指某一个纳税人的税收绝对额没有减少，但这个纳税人的税收客体所负担的税收绝对额减少，即间接减少了另一个或一些纳税人的税收绝对额。

（2）相对节税原理。

相对节税是指纳税总额并没有减少，但因各个纳税期内纳税总额的变化而增加了收益，从而相当于减少了税负。相对节税原理主要利用的是货币的时间价值。

2.纳税规划的步骤

进行纳税规划大致有以下几个基本步骤：

第一步，熟知税法，归纳相关规定。要进行纳税规划，必须熟知税法及相关法律，全面掌握税法的若干规定，尤其是各项税收优惠、税收鼓励政策。这些法律法规往往散见于各项文件之中，有的是全国人大常委会、国务院颁发的，有的是财政部、国家税务总局联合颁发的，有的是国家税务总局颁发的，还有的是省（市）级税务部门颁发的，都要收集齐全，并进行归类。

第二步，确立节税目标，建立备选方案。根据纳税规划的内容，确立纳税规划的目标，建立多个备选方案，每个方案都应包含一些特定的法律安排。

第三步，建立数学模型，进行模拟决策（测算）。根据相关法律的规定和纳税人的预计收入情况（中、长期预算等），建立数学模型并进行演算，模拟决策，定量分析，修改备选方案。

第四步，根据税后净回报排列选择方案。分析每个备选方案，所有备选方案的比较都要在成本最低化和利润最大化的分析框架内进行，并以此为标准确立能够产生最大税后净回报的方案。另外，还要考虑财务风险、税收风险、政治风险等因素。

第五步，选择最佳方案。最佳方案是在特定环境下选择的，这个环境能有多长时间的稳定期，事先也应有所考虑，尤其是在进行跨地区纳税规划时，更应考虑这个问题。

第六步，付诸实践，反馈核对。付诸实践后，再运用信息反馈制度，验证实际纳税规划结果是否如当初估算，从而为今后的纳税规划提供参考依据。

纳税规划的基本特点之一是合法性，因此，纳税规划必须在法律法规允许的范围内进行，要严格区分纳税规划与偷税、欠税、抗税和骗税的区别。

专栏9-5

偷税、欠税、抗税和骗税

偷税是指纳税人采取伪造、变造、隐匿、擅自销毁账簿、记账凭证，或者在账簿上多列支出，或者在账簿上不列、少列收入，或者进行虚假的纳税申报等手段，不缴或者少缴税款的行为。偷税的特征是非法性和欺诈性，是严重的违法行为。其法律责任包括处以追缴偷税款、滞纳金、罚金、有期徒刑或拘役等。

欠税是指纳税人超过税务机关核定的纳税期限而发生的拖欠税款的行为。这里的欠税行为是故意的行为，带有主观性，而遗忘或者因故不能按期纳税的行为不属此列。其造成的法律责任包括处以罚款、不能获得减税或免税待遇、停止领购增值税专用发票、有期徒刑或拘役。

抗税是指纳税人以暴力或威胁的方法拒不缴纳税款的行为。

骗税是指纳税人采取弄虚作假和欺骗手段，骗取出口退（免）税或减免税款的行为。

资料来源：作者整理、撰写。

3.个人纳税规划的含义

随着经济的发展、我国居民收入水平的不断提高，越来越多的人成为个人所得税的纳税人。对个人所得税进行纳税规划，合法、合理地避税、节税，已成为个人和家庭关心的重要理财话题。

个人纳税规划是个人或企业进行的旨在减轻税负的谋划与对策。纳税规划的实质是节税，但其存在的前提是不仅不违反税法条文、会计准则等的规定，而且应符合立法意图。国家在制定税法及有关制度时，往往对节税行为有所预期，并希望通过节税行为引导全社会资源的有效配置与收入的合理分配。因此，纳税规划是在税收法律许可的范围内，以税收政策为导向，通过财务活动的合理安排，为达到税后收益最大化的目标而采取的行为。纳税规划着眼于总体的决策和长期利益，谋求的利益是合法的、正当的。正确的纳税规划不仅可以避免缴纳不应该缴纳的税款，而且有助于合理安排支出。

9.4.2 个人纳税规划的基本方法

顺利开展纳税规划的关键是运用各种不同的节税技术。节税技术是指合法、合理地使纳税人缴纳尽量少的税负的技术手段与运作技巧。个人纳税规划的基本方法主要有：利用免减税、利用税前扣除、利用税率差异、推迟纳税时间。需要注意的是，如果同时采用两种或两种以上节税方法，必须注意各种节税技术之间的相互影响和相关关系，以免顾此失彼、得不偿失。

1.利用免减税

免税是国家对特定地区、行业、企业、项目或情况给予纳税人完全免征税收优惠或者奖励、扶持、照顾的一种措施。免税一般分为法定免税、特定免税和临时免税3种。例如，国家发行的国债利息收入是免收个人所得税的。税收减征是指按照税收法律、法规减除纳税人一部分应纳税款，这是减轻税收负担的一种特殊规定。由于我国正处于经济转型期，因此税法中存在大量的特定免税条款、临时免税条款和减征政策。个人在进行纳税规划时，应该充分知晓相关的免减税政策，并合理利用。

在利用免减税时，需要注意两点：①尽量使免税期、减税期最长化。在合理合法的情况下，尽量使免税期、减税期最长化，免税期越长，节减的税款就越多。②尽量争取更多的免减税项目。在合法、合理的情况下，尽量争取更多的免减税项目，免减税项目越多，节减的税款越多。

2.利用税前扣除

税前扣除是指在计算缴纳税款时，对于构成计税依据的某些项目，准予从计税依据中扣除。税前扣除是各国税收制度的重要组成部分，各国税法中都有一些允许纳税人税前扣除的条款，纳税人应当充分利用这些规定，多扣除一些费用，以缩小税基，减轻税负。尤其是当纳税人的所得适用超额累进税率时，如果纳税人可以多扣除一些费用，缩小了税基，其所得适用的最高边际税率和实际税负就会下降。

在利用税前扣除时，需要注意3点：（1）扣除金额最大化。在税法允许的情况下，尽量使各项扣除的项目按上限扣除，用足用活扣除政策。（2）扣除项目最多化。个人应尽量将税法中允许的扣除项目列出，凡是符合扣除的项目都要依法进行扣除。（3）扣除最早化。在税法允许的范围内，尽可能使各种允许扣除的项目尽早得到扣除，因为扣除越早，缴纳的税金就越少，相对节减的税款就越多。

3.利用税率差异

利用税率差异是指在合法、合理的情况下，利用税率的差异直接节减税款的技术。例如，甲地区的税率为25%，乙地区的税率为20%，丙地区的税率为15%，那么，在其他条件相似或基本相同的条件下，投资者到丙地进行投资，就会比到甲、乙地区投资节减不少的税款。

在利用税率差异时，需要注意两点：一是尽可能地寻找税率最低的地区、产业，而且税率的差异越大，个人的获利能力越高。二是尽量寻求税率差异的稳定性和长期性。税率差异并不是一成不变的，随着时间的推移，税法制度会发生变化，如政策的变化和享受优惠政策时间到期，税率也就会发生变化，因此应尽量寻求税率差异的稳定性和长期性。

4.推迟纳税时间

资金具有时间价值，推迟纳税时间，即对纳税人应纳税款的部分或者全部的缴纳期限适当延长，从而使个人在不减少纳税总量的情况下获得货币的时间价值。推迟纳税时间的好处包括：（1）有利于资金周转。（2）由于通货膨胀的影响，延迟缴纳的税款币值会下降，从而降低了实际纳税额。因为按照贴现原理，延迟缴纳的税款现值一定小于当期缴纳的等额税款。税款越晚缴纳，经济成本就越低。

9.4.3 个人所得税的税收优惠

税收优惠是国家税收制度的一个组成部分，是政府为了达到一定的政治、社会和经济目的，而对纳税人实行的税收鼓励。个人可以通过合理设计，充分利用起征点、免征额、递延纳税时间、缩小计税依据等，享受税收优惠带来的节税好处。

1.个人所得税的免税规定

个人所得税的免税规定包括：

① 省级人民政府、国务院部委和中国人民解放军军以上单位，以及外国组织、国际组织颁发的科学、教育、技术、文化、卫生、体育、环境保护等方面奖金，免征个人所得税。

② 乡、镇以上（含乡、镇）人民政府或经县以上（含县）人民政府主管部门批准成立的有机构、有章程的见义勇为基金会或类似组织，奖励见义勇为者的奖金或者奖品，经主管税务机关批准，免征个人所得税。

③ 财政部发行的债券和经国务院批准发行的金融债券的利息，免征个人所得税。

④ 按照国务院规定发给的政府特殊津贴（即国家对为社会各项事业的发展作出突出贡献的人员颁发的一项特定津贴，并非泛指国务院批准发放的其他各项补贴、津贴）和国务院规定免税的补贴、津贴（比如中国科学院和工程院院士津贴、资深院士津贴），免征个人所得税。

⑤ 福利费，即由于某些特定事件或原因而给职工或其家庭的正常生活造成一定困难，企业、事业单位、国家机关、社会团体从其根据国家有关规定提留的福利费或者工会经费中支付给职工的临时性生活困难补助，免征个人所得税。下列收入不属于免税的福利费范围，应当并入工资、薪金收入计征个人所得税：从超出国家规定的比例或基数计提的福利费、工会经费中支付给个人的各种补贴、补助；从福利费和工会经费中支付给单位职工的人人有份的补贴、津贴；单位为个人购买汽车、住房、电子计算机等不属于临时性生活困难补助性质的支出。

⑥ 抚恤金、救济金（即民政部门支付给个人的生活困难补助），免征个人所得税。

⑦ 保险公司支付的保险赔款，免征个人所得税。

⑧ 军人的转业费、复员费，免征个人所得税。

⑨ 按照国家统一规定发给干部、职工的安家费、退职费（即个人符合《国务院关于工人退休、退职的暂行办法》规定的退职条件并按该办法规定的标准领取的退职费）、退休费、离休工资、离休生活补助费，免征个人所得税。

⑩ 我国政府参加的国际公约、签订的协议中规定免税的所得，免征个人所得税。

⑪ 企业和个人按照国家或地方政府规定的比例提取并向指定金融机构实际缴纳的住房公积金、医疗保险费、基本养老保险金，不计入个人当期的工资、薪金收入，免征个人所得税。超过国家或地方政府规定的比例缴付的住房公积金、医疗保险费、基本养老保险金，其超过规定的部分应当并入个人当期工资、薪金收入，计征个人所得税。个人领取原提存的住房公积金、医疗保险费、基本养老保险金时，免征个人所得税。

⑫ 达到离休、退休年龄，但确因工作需要，适当延长离休、退休年龄的高级专家（即享受国家发放的政府特殊津贴的专家、学者），其在延长离休、退休期间的工资、薪金所得，视同离休工资、退休工资，免征个人所得税。

⑬ 经国务院批准，财政部门规定免税的所得。

⑭ 根据《中华人民共和国国家赔偿法》的规定，国家机关及其工作人员违法行使职权，侵犯公民的合法权益，造成损害的，对受害人依法取得的赔偿金，不予征收个人所得税。

2. 暂免征收个人所得税项目

按照规定，下列所得暂免征收个人所得税：

① 个人举报、协查各种违法、犯罪行为而得到的奖金。

② 个人办理代扣代缴税款手续，按规定取得的扣缴手续费。

③ 个人转让自用达5年以上，并且是唯一的家庭生活用房取得的所得。

3. 减征项目

下列项目经批准可以减征个人所得税，减征的幅度和期限由各省、自治区、直辖市人民政府决定：

① 残疾、孤寡人员和烈属的所得。

② 因自然灾害遭受重大损失的。

③ 其他经国务院财政部门批准减免的。

④ 稿酬所得可以按照应纳税额减征30%。

⑤ 对个人从基层供销社、农村信用社取得的利息或者股息、红利收入是否征收个人所得税，由省、自治区、直辖市税务局报请政府确定，并报财政部、国家税务总局备案。

4. 从海外汇入的外汇收入

按照规定，下列从海外汇入的外汇收入免征个人所得税：

① 华侨从海外汇入我国境内赡养其家属的侨汇。

② 继承国外遗产从海外汇入的外汇。

③ 取回解冻在美资金汇入的外汇。

5. 境外人员所得免征项目

按照现行税法的规定，境外人员的下列所得免征个人所得税：

① 按照我国有关法律规定应当免税的各国驻华使馆、领事馆的外交代表、领事官员和其他人员的所得。

② 在中国境内无住所，但是在一个纳税年度中在中国境内连续或者累计居住不超过90天的个人，其来源于中国境内的所得，由境外雇主支付并且不由该雇主在中国境内的机构、场所负担的部分，免予缴纳个人所得税。

6. 境外人员所得暂免征收项目

按照现行税法规定，境外人员的下列所得暂免征收个人所得税：

外籍个人以非现金形式或者实报实销形式取得的合理的住房补贴、伙食补贴、搬迁费、洗衣费，暂免征收个人所得税。对于住房补贴、伙食补贴、洗衣费，应由纳税人在首次取得上述补贴或上述补贴数额、支付方式发生变化的月份的次月进行工资、薪金所得税申报时，向主管税务机关提供上述补贴的有效凭证，由主管税务机关核准确认免税。对于搬迁费，应由纳税人提供有效凭证，由主管税务机关审核认定，就其合理的部分免税。

外籍个人按合理标准取得的境内、境外出差补贴，暂免征收个人所得税。对于此类补贴，应由纳税人提供出差的交通费、住宿费凭证（复印件）或企业安排出差的有关计划，由主管税务机关确认免税。

外籍个人取得的探亲费、语言训练费、子女教育费等，经当地税务机关审核批准为合理的部分，暂免征收个人所得税。对于探亲费，应由纳税人提供探亲的交通支出凭证（复印件），由主管税务机关审核，对其实际用于本人探亲，且每年探亲的次数和支付的标准合理的部分给予免税。对于语言训练费和子女教育费，应由纳税人提供在中国境内接受上述教育的支出凭证和期限证明材料，由主管税务机关审核，对其在中国境内接受语言培训以及子女在中国境内接受教育取得的语言培训费和子女教育费补贴，且在合理数额内的部分给予免税。

外籍个人从外商投资企业取得的股息、红利所得，暂免征收个人所得税。

符合国家规定的外籍专家的工资、薪金所得，暂免征收个人所得税。其具体是指：根据世界银行专项贷款协议，由世界银行直接派往我国工作的外国专家的工资、薪金所得，暂免征收个人所得税。所谓"直接派往"，是指世界银行与该专家签订提供技术服务协议或与该专家的雇主签订技术服务协议，并指定该专家为有关项目提供技术服务，由世界银行支付该外国专家工资、薪金。

联合国组织是指联合国的有关组织，包括联合国开发计划署、联合国人口活动基金、联合国儿童基金会、联合国技术合作部、联合国工业发展组织、联合国粮食组织、世界粮食计划署、世界卫生组织、世界气象组织、联合国教科文组织等。外国专家在办理免税手续时，应当提供其与联合国组织签订的有关合同和其工资、薪金所得由联合国组织支付、负担的证明；为联合国援助项目来华工作的专家的工资、薪金所得，暂免征收个人所得税；援助国派往我国专为该国无偿援助项目工作的专家的工资、薪金所得，暂免征收个人所得税；根据两国政府签订的文化交流项目来华两年以内的文教专家，其工资、薪金所得由该国负担的，对其工资、薪金所得，暂免征收个人所得税；根据我国大专院校国际交流项目来华工作的专家，其工资、薪金所得由该国负担的，对其工资、薪金所得，暂免征收个人所得税；通过民间科研协定来华工作的专家，其工资、薪金所得由该国政府负担的，对其工资、薪金所得，暂免征收个人所得税。

按照规定，对持有B股或海外股（包括H股）的外籍个人，从发行该B股或海外股的中国境内企业所取得的股息（红利）所得，暂免征收个人所得税。

9.4.4 个人纳税规划实务

1.利用纳税人身份认定进行纳税规划

个人所得税的纳税义务人，包括居民纳税义务人和非居民纳税义务人两种。居民纳税义务人就其来源于中国境内或境外的全部所得缴纳个人所得税；非居民纳税义务人仅就其来源于中国境内的所得，向中国缴纳个人所得税。很明显，非居民纳税义务人会承担较轻的税负。

居住在中国境内的外国人、海外侨胞和我国香港、澳门、台湾同胞，如果在一个纳税年度里，一次离境超过30日或多次离境累计超过90日的，将不视为全年在中国境内居住。牢牢把握住这个尺度就会避免成为个人所得税的居民纳税义务人，而仅就其来源于中国境内的所得缴纳个人所得税，这称为“90天规则”。

【例9-14】一位英国IT工程师被派到中国境内的分公司工作。2018年度，该英国IT工程师曾离境60天回国向其总公司述职，又离境50天回国休假。这两次离境时间相加超过90天。因此，该英国IT工程师为非居民纳税义务人。他从英国总公司取得的86 400元薪金，不是来源于中国境内的所得，不缴纳个人所得税。这就是说，该英国IT工程师避免了成为居民纳税义务人。如果没有利用此项纳税规划，则该英国IT工程师应缴纳的个人所得税税额为：

应纳个人所得税税额=12×［（86 400÷12−5 000）×3%］=792（元）

这位英国IT工程师合法地利用“非居民纳税义务人”身份，节约个人所得税792元。

最后需要澄清的是，利用纳税人身份认定进行纳税规划，并不是说要改变纳税人的身份，而是说在纳税时对应纳税所得以什么身份纳税进行规划，比如上述例子中，该英国IT工程师在安排自己的年假时，综合考虑利用“90天规则”便是利用纳税人身份进行的合法纳税规划。

2.选择不同的所得形式进行纳税规划

我国现行《个人所得税法》实行分类课征制度，工资薪金、劳务报酬、稿酬和特许权使用费等四项劳动性所得实行综合征税，当同样一笔收入被归属于不同的所得时，其税收负担是不同的，这就为纳税人进行纳税规划提供了可能。在此方面，工资、薪金所得与劳务报酬所得的规划空间最大。

工资、薪金所得适用3%～45%的7级超额累进税率，劳务报酬所得适用的是20%、30%、40%的3级超额累进税率。显然，相同数额的工资、薪金所得与劳务报酬所得的税收负担是不相同的。这样，在一定条件下，将工资、薪金所得与劳务报酬所得分开、合并或转化，就可以实现节税。

【例9-15】李老师就职于某高校，月工资收入为8 400元。因为专业知识精湛，李老师经常被邀请讲学。某月，李老师被学院派到一个企业讲课，获得劳务报酬4 000元。

如果李老师将这两项所得合并为工资、薪金所得共同纳税，则李老师该月份应纳个人所得税税额为：

（8 400+4 000−5 000）×10%−210=530（元）

如果李老师将这两项所得分别纳税，则李老师该月份应纳个人所得税税额为：

工资、薪金所得应纳税额=（8 400−5 000）×10%−105=235（元）

劳务报酬所得应纳税额=（4 000−800）×20%=640（元）

两项所得应纳税额合计=235＋640=875（元）

合并纳税节税额=875−530=345（元）

显然，对于李老师而言，将两项所得分开合并纳税更合算，在预扣预缴个人所得税时可节税345元。

一般来说，在应纳税所得额较低时，工资、薪金所得适用税率比劳务报酬所得的适用税率要低，这时在可能的情况下将劳务报酬所得转化为工资、薪金所得，可以达到节税目的；在应纳税所得额较高时，如能将工资、薪金所得转化为劳务报酬所得，就可以达到减轻税收负担的目的。

3.利用分次申报纳税进行纳税规划

工资、薪金所得多，显然会适用较高的税率，纳税较多，这时如果采用分摊规划法，将每月工资、薪金所得控制在低税率档次，就会降低纳税额，实现节税。

【例9−16】孙会计月总收入为5 200元，年终公司准备发4 000元年终奖金。

如果孙会计在12月份一次性领取4 000元奖金，那么其应纳个人所得税税额为：

12月份应纳个人所得税税额=（总收入−扣除费用）×适用税率−速算扣除数

=（5 200＋4 000−5 000）×10％−105

=315（元）

第二年1月份应纳个人所得税税额=（总收入−扣除费用）×适用税率−速算扣除数

=（5 200−5 000）×3％−0

=6（元）

两月合计纳税=315＋6=321（元）

现在进行纳税规划，孙会计将4 000元奖金分别在12月份和次年1月份各领一半，则其应纳个人所得税税额为：

12月份应纳个人所得税税额=（5 200＋2 000−5 000）×3％−0=66（元）

第二年1月份应纳个人所得税税额=（5 200＋2 000−5 000）×3％−0=66（元）

两月合计纳税=66＋66=132（元）

由此可见，分摊收入可以降低税率档次，实现节税189元（321−132），这在更高税率级次上的效果更为明显。

个人所得税对纳税义务人取得的劳务报酬所得，稿酬所得，特许权使用费所得，利息、股息、红利所得，财产租赁所得，偶然所得，都是按次计算征税的。对于只有一次性收入的劳务报酬，以取得该项收入为一次。由于扣除费用依据每次应纳税所得额的大小，分别规定了定额和定率两种标准，因此从维护纳税义务人的合法利益的角度看，准确划分“次”就变得十分重要。

例如，接受客户委托从事装潢设计，完成后取得的收入为一次。属于同一事项连续取得劳务报酬的，以一个月内取得的收入为一次。同一作品再版取得的所得，应视为另一次稿酬所得计征个人所得税。同一作品先在报刊上连载，然后出版，或者先出版，然后在报刊上连载的，都应视为两次稿酬所得缴税，即连载作为一次，出版作为另一次。财产租赁所得，以一个月内取得的收入为一次。

【例9−17】陈律师在一段时期内为一个公司提供相同的法律咨询服务，一般一季、半年或一年，一次性领取报酬。

如果该公司年底一次性付给陈律师一年的咨询费6万元，则其应纳税所得额如下：

应纳税所得额=60 000−60 000×20％=48 000（元）

这属于劳务报酬一次收入畸高，应按应纳税额加征五成，其应纳个人所得税税额如下：

应纳个人所得税税额=48 000×20％+（48 000−20 000）×20％×50％=12 400（元）

如果陈律师和公司协商，将咨询费每个月分别发放，即每个月平均收入5 000元，则其每月应纳税额和全年应纳税额如下：

每月应纳个人所得税税额=（5 000−5 000×20％）×20％=800（元）

全年应纳税额=800×12=9 600（元）

两者相差=12 400−9 600=2 800（元）

这样，陈律师在预扣预缴个人所得税时可节税2 800元。

4.利用非货币支付方式进行纳税规划

对于非货币支付方式，日常较为常见的就是租房、配车。企业为员工租房以及为高管配车，根据现行有关税法的规定，企业的这部分支出如果是作为个人的消费性支出，即产权人为员工本人，在计算企业所得税时不得在税前扣除，而且房屋或者车辆的拥有者也应按“利息、股息、红利所得”缴纳个人所得税。但是，如果企业能在现有的条件下，在租房或配车上进行规划，则这部分资产形成的折旧就可以在税前扣除，汽车的日耗也可以在税前扣除，这样既可以少纳企业所得税，也可以少纳个人所得税，还可进行一定的增值税进项抵扣。

《财政部　国家税务总局关于规范个人投资者个人所得税征收管理的通知》（财税〔2003〕158号）规定：除个人独资企业及合伙企业以外的其他企业的个人投资者，以企业资金为本人、家庭成员及其相关人员支付与企业生产经营无关的消费性支出及购买汽车、住房等财产性支出，视为企业对个人投资者的红利分配，依照“利息、股息、红利所得”项目计征个人所得税。

《国家税务总局关于企业为股东个人购买汽车征收个人所得税的批复》（国税函〔2005〕364号）规定：企业购买车辆并将车辆所有权办到股东个人名下，其实质是为股东进行了红利性质的实物分配，应按照“利息、股息、红利所得”项目征收个人所得税；考虑到该股东个人名下的车辆同时也为企业经营使用的实际情况，允许合理减除部分所得，减除的具体数额由主管税务机关根据车辆的实际使用情况合理确定。上述企业为股东购买的车辆，不属于企业的财产，不得在企业所得税前扣除折旧。在实际中，各地一般都减除50%的应纳税额。

【例9-18】2021年11月，某外贸公司的销售经理冯某因业绩突出，而且经常外出洽谈业务，所以公司决定购置一辆价值10万元的汽车，作为奖励发放给冯经理使用。该汽车预计使用10年，残值按原价的2.5%估计，按直线法计算折旧，公司适用的所得税税率为25%。

该公司为冯经理购买的车辆不属于企业的财产，不得在企业所得税前扣除，当然，汽车的日常使用费用也不能在税前扣除。

根据税法的规定，公司对冯经理进行了红利性质的实物分配，应按“利息、股息、红利所得”代扣代缴个人所得税。相关纳税计算如下：

冯经理对分得的汽车应纳的个人所得税税额=10×20%×50%=1（万元）

此外，10年中冯某每年还要支付日常费用约1.16万元。

现在进行纳税规划，公司将购买的车辆作为办公用车，但指定归冯经理单独使用。这样，公司支付购买小汽车的费用10万元，此时小汽车的折旧及日常费用可以在税前扣除，油耗及修理费的增值税也可作为进项税额抵扣。小汽车每年的日常费用1.16万元取得了增值税专用发票。因此，相关纳税计算如下所示：

冯经理对汽车应纳的个人所得税税额=0

小汽车的年折旧额=（10−10×2.5%）÷10=0.975（万元）

小汽车的年日常使用费用抵税额=1.16÷1.16=1（万元）

抵减的增值税进项税额=1.16÷1.16×16%=0.16（万元）

税后收益=（1＋0.975）×25%＋0.16×75%=0.61375（万元）

通过上述对比计算可以看出，通过纳税规划，虽然冯经理不拥有小汽车的所有权，但拥有事实上的单独使用权，冯经理可少缴个人所得税1万元，10年中企业每年还可实现税后收益0.61375万元。

这一案例给我们的启示是，企业对员工、高管人员的住房、用车等高价值固定资产的购买，均可以采用上述方法进行纳税规划，从而实现企业和个人在纳税上的双赢。同样，企业还可为职工提供旅游机会、培训机会等非货币化的利益。

从国际经验看我国个人所得税征管发展趋势

【思政课堂】

个人所得税发展历程

【教学提示】政策历程。

我们简单回顾一下我们国家的个人所得税制度。我们的个税从什么时候开始的？从中华人民共和国的历史来看，个税的历史还算比较长的，第一次出现在1980年。我给大家梳理了几个方面的改革，前三个阶段是大约十年一次。因为比较久远，最近的两次大家可能还有点印像，所以我重点讲。

一、20世纪80年代的个税建立

1980年，个税建立。原来没有，从20世纪80年代开始有了个税，当时有三个税种。一种叫做个人所得税，名字和我们现在的是一样的。这个税种严格来讲是

1981年开始实施的，1980年全国人大通过法律；应该说是我们国家现在税制体系当中最早的税法之一，因为1980年人大同时公布了两部税法，一部是个人所得税法，还有一部是中外合资经营企业所得税法，同一天两部所得税法颁布。这两部税法为什么在改革开放初期就能够通过人大立法呢？我理解主要是因为对外开放、对内改革。对外开放以后，外国人要到中国来，到中国来投资也好，工作也好，来了以后就会碰到一个税的问题，因为在国外基本上都是缴个人所得税的，而我们国家在1980年以前没有个人所得税。这就涉及一个问题：对这些人要不要征税，如果征税怎么征？如果不征税，就意味着我们放弃了国家在税收领域的主权，所以这个问题就变成一个政治问题，不一定是经济问题——那时候税收收入也很少，不指望这个税取得多少收入，主要还是从维护国家税收权益的角度、从国际交往角度出发考虑的，当然也为未来税制改革奠定基础。所以1980年9月10日——我记得很清楚，因为1985年以后，9月10日正好是教师节，所以我记得非常清楚——全国人大立法确立了这个税种，1981年正式实施。这部税法虽然名字上叫做“个人所得税法”，实际上它的征收起点是非常高的，当时月工资800元以上才纳入征税范围。800元月工资，在当时的年代，国内非常少——不能说没有，一些顶级的科学家、一些著名的艺术家，有可能收入高一点——所以99.9%的人都不会在个人所得税的征税范围之内。也就是说，这部税法主要针对的是外国人，当然也包括华侨、港澳台人士这些人。

6年以后，1986年，有两部条例，是国务院制定的。国务院根据1984年和1985年全国人大的授权，制定了税收条例，一个叫《个人收入调节税暂行条例》，一个叫《城乡个体工商业户所得税暂行条例》；“城乡个体工商业户”因为以个人名义注册的，所以他们的所得税其实也是个人所得税，只不过是专门从事工业、商业的个体户个人所得税。所以，在20世纪80年代，创立了我国个人所得税制度，形成了三税鼎立的格局，有不同的对象和适用范围。其中的年份对我来讲，在个人生活经历当中都有痕迹。1980年我高中毕业，1986年我大学毕业，所以这两个时间我记得非常清晰。

二、20世纪90年代的个税改革

然后我们再来看20世纪90年代的改革，这一时期的改革是比较大的改革。我们一般讲“1994年税改”，主要的改革方案是在1993年正式发布的，1994年正式实施。1993年税制改革，在个人所得税方面就是把前述三个税合并在一起，叫做个税合并大改革、“三税合一”，合成一个统一的个人所得税，而且以“法”的形式公布。“个调税”（“个人收入调节税”的简称）这个名字现在大家已经不说了；在20世纪90年代，2000年以前，大家还说个调税，慢慢就不说了，现在已经没有人说个调税了。

1999年还有一个小的改革，就是针对储蓄存款利息，原来是免税的，当时说要征税。不过后面变来变去的，现在我们储蓄存款利息是免税的；那个时候是征税的，后来又减又免的，来来回回。所以，20世纪90年代的税制改革次数不多，1993年这次是大的改革，1999年是一次小的改革。

三、21世纪初的个税改革

21世纪第一个10年的改革，在两个年份进行，其实是非常小范围的。这10年当中的改革没什么大变化，2005年有一次工薪费用扣除额从800元到1 600元的调整——现在俗称“起征点”，其实这个说法不是很准确，准确来讲应该是“工薪所得的费用扣除额”；其性质属于生计费用，就是一个人维持基本的生计所要花费的金额。不同年代这个金额是不一样的，到了2005年的时候，大家觉得800元钱太低了，要提高，也是人大常委会立法的，所以修改法律以后改成1 600元。2007年储蓄存款利息所得税改革。这个改革，先是减税，减了以后又免税，折腾了一下，现在又免掉了。2007年又把工薪费用——其实离上一次调整没多少时间，两年——紧接着提高到2 000元，因为这几年经济发展非常快，生活成本也很高，所以只过两年就又提高到2 000元了。

四、2011年的个税改革

过了一段时间以后，进入到2011年。2011年的改革应该说是一个中改革，不是非常大，但是也不小。我相信上一点年纪的人应该知道，工薪费用扣除额从2 000元提高到3 500元，这在当时争论得蛮激烈的；因为当时国家准备的方案是提高到3 000元，这个费用扣除标准大家意见很大、觉得过低，最后据说是温总理拍板，那就提高到3 500元吧，大家就同意了。这个3 500元后来到2018年又提高到5 000元。这是工薪费用的扣除额标准的进一步提高。

第二个方面是关于税率结构的调整。这个税率结构主要是针对工薪所得，因为其他所得的税率是没有变化的。这里主要有两个内容。一个是，原来是九级超额累进税改成了七级超额累进税，取消了两个中间档的税率——把15%的税率和40%的税率取消掉了，这样的话九级变成了七级，级次减少了。另一个是，为了照顾低收入的人，把原来最低税率5%调低为3%，这个税率保留到现在，这样就形成了新的累进税率结构，主要是针对工资、薪金所得的。工薪费用扣除标准提高到3 500元以后，有两种经营所得，一种是承包承租，还有一种是个体户生产经营所得，这两种都是经营性质所得，费用扣除标准也相应提高；是和工薪同步的，工薪是按月征的，这两项经营所得是按年征的。这就是2011年的个税改革。

五、2018年的个税改革

我们来看2018年的个税改革，内容比较多，这次改革是个人所得税制度历史上最大的一次改革。我们来看看改革内容。

第一个改革是把纳税人的标准进行了调整。个人所得税纳税人有两种，一种叫居民个人，一种叫非居民个人。什么叫居民和非居民呢？居民个人是指拥有中国身份的或者说是中国籍的人，简单来讲是有居民身份证的人；同时还有一种人是外国人，在中国居住的时间超过一定标准了，这种也是居民个人。不符合这两个条件的就是非居民个人。为什么要分居民和非居民呢？主要考虑到这些人会变来变去，一个人的收入可能会涉及不同国家，而这些国家都有征税权。区分居民和非居民，是对征税权的划分。如果属于居民个人，这个国家就可以对这个人来自全世界的所得都征税，这是国家权力的问题。如果这个人是非居民的话，我们国家只能对这个人来自我国的收入征税，来自其他国家的收入我们是无权征税的，这是国际上个人所得税制度里通行的关于税收管辖权的划分标准。原来我们居民和非居民的区分标准是一年，也就是365天或366天。也就是说，对于一个没有中国国籍的外国人，其是不是中国居民，就取决于其在这一年度当中，比如2019年，有没有在中国住满365天。如果住满365天，这个人这一年当中就属于中国的居民个人；既然属于中国的居民个人，中国政府就应该对其来自全世界的所得征税。这一年当中，如果在中国居住不到一年，就是非居民了；非居民的话，只需要对其来自中国的收入征税，其来自国外的所得可以不向中国交税。这次改革把365天（或366天）改为183天，大家一看就知道，是365除以2，四舍五入，就是半年的意思。也就是说，本来这些外国人要待满一年，我们才把其判定为居民个人；现在只要待满半年，我们就认为是居民了。这意味着什么？意味着我们收紧了关于居民个人的标准，其实是扩大了征税范围。我们国家的征税范围扩大了，这个地方是加税了，因为一个外国人原来是居住一年才能满足居民个人标准，现在居住半年就行了，这对其来说是加税了。

第二个改革是合并和撤销了一些税目。合并主要是针对两种所得，一个是承包承租经营所得，原来是单列的；还有一个是个体工商户生产经营所得，原来也是单列的。这两种所得的主体在性质上都是经营者，而且都是按年征收的，所以这次改革就把它们合并起来了，名称统一为“经营所得”，我觉得这个改革蛮好的，原来是分得过细了。

另外，我们原来还有一个所得的名字叫“其他所得”，这个东西是一个兜底条款。所谓的“其他所得”是什么呢？法律上也没有定义。“国务院税务主管部门确定”的其他所得，这实际上赋予了财政部、国家税务总局很大的权力，它们认为某种所得是其他所得，就要对其征税了。这是有些四不象的征税。举个例子，比如有一个人以他的财产或者以他的名望替人做了担保，是有偿担保，别人给了他一笔钱；这笔钱在个人所得税法里没办法归到哪一类所得里，既不是经营所得，也不是劳务报酬，也不是工资，反正都不是个税法里规定的明确类别，要不要对其征税呢？有了“其他所得”就可以兜底了；这就属于“其他所得”，就征税。这次改革把“其他所得”这个类型取消了，我觉得这是法治化程度的提高，减少了征税方面一定程度的随意性。这是第二方面的改革。

第三个是改革征收方式，这是很大的改革。劳动所得实行按年综合征收。什么叫劳动所得呢？现在叫做“综合所得”；劳动所得不是一个法律用语，它其实是合并了四种所得，原来是分开的，比如说工资薪金、劳务报酬、稿费所得，还有一个是特许权使用费所得——就是知识产权方面的，其实也是脑力劳动所得。所以，我认为这些都属于劳动性所得，不是资本所得。这四类所得现在叫综合所得。原来这些所得要么是按次征，要么按月征，没有按年的。这次改革，一方面把它们合并起来，是一个综合；另一方面由原来的按月、按次改为按年征收，又是一个综合。所以，我认为这是两重综合，既是类型的综合，又是时间的综合，是两个方面的综合。综合还有第三条道路，一会儿再讲。这是比较大的变革。其他所得中，除了经营所得仍然按年征收以外，其他各类所得都是按次或者按月征收。

第四个方面的改革是改变税基扣除，大家对此印象很深。原来的扣除就是费用扣除，3 500元、5 000元等的一个标准扣除；现在有专项扣除，原来也有，只不过没有这个名称，比如“五险一金”（养老保险、医疗保险、住房公积金等）这些都可以扣，这叫专项扣除；后来增加了六项专项附加扣除，实际上是附加扣除，包括教育费用、赡养老人、房租等，有很多，大家申报的时候都会填的；当然还有其他扣除。这个也是比较大的改革。现在大家讲的减税，都是从这个角度进行的。

第五个方面的改革是调整了税率级距。什么叫做级距呢？累进税率，某一个税率有一个范围，比如年收入多少到多少用什么税率，这个多少到多少本身是一个距离，收入或者所得的范围；也就是说，相应税率所对应的所得的幅度范围就叫级距。级次就是几级；级距就是距离，是所得的范围。对它做了调整，我概括一下。第一，扩低。把低税率对应的所得范围拉长了，也就是说，让更多低收入的人能够享受低税率——原来有些人可能是按照中档税率征税的，现在扩大了低税率适用范围之后，使得原来按中档税率的人就可以按低档税率征税了，这就是减税了。第二，是缩中。中间档的税率的适用范围减小了、压缩了，也就是相应提高了中产那一部分人的税负。第三，对于收入中特别高的那部分，税率是留，就是不动，最高的边际税率还是45%，没有动，保留了。这就是通过调整不同税率对应的所得级距来实现收入的再分配。对这个改革，一般人可能不太留意，大家留意的可能就是税基扣多少，其实税率这个改革也是幅度蛮大的。当然我没有这方面的数据，没有办法证明这个改革到底实际效果怎么样。

第六，还有一个变化是增加了反避税条款，其实就是赋予了税务机关在一定范围内的纳税调整权。原来税务局没有办法对一些很难确定的收入准确征税。一些人的收入到底是多少？在实务当中，有时候有些模棱两可的情况，或者说信息缺失了，或者说模糊了、不清楚了，导致税基确定不了。原来税务局没有这方面确定税基的权力。现在的个税法赋予了税务机关可以按照合理的方法——当然税务机关不能随便搞，必须要有一个合理的程序——来进行纳税调整的权力，同时法律会对这种税务调整给予一定的限制。

我们简单来看一下中国个人所得税制度，应该说有40年的改革，一点一点改革，有大的改革，有中的改革，有小的改革。这40年的改革也不容易，因为直接涉及个人。现在这次改革刚刚从2019年开始施行，新税制运行了两年，现在我们来谈进一步的改革，还不一定到时机。不管怎么说，我们还是可以做一些思考。

资料来源：朱为群．我国个人所得税制度的发展［EB/OL］．［2020-04-12］．https：//www.yicai.com/news/101017970.html.此处有删减．

本章小结

1.个人所得税是对个人（自然人）取得的各项应税所得征收的一种税，它是个人纳税规划的主要对象。我国现行《个人所得税法》规定的应税所得项目有9项：工资、薪金所得；经营所得；劳务报酬所得；稿酬所得；特许权使用费所得；利息、股息、红利所得；财产租赁所得；财产转让所得；偶然所得。

2.个人所得税税率方面，综合所得适用7级超额累进税率，税率为3%～45%。经营所得适用5级超额累进税率，税率为5%～35%。个人独资企业和合伙企业投资者的所得，比照经营所得，适用上述5级超额累进税率。

3.个人所得税的专项扣除包括子女教育、继续教育、大病医疗、住房贷款利息、住房租金、赡养老人六个方面。

4.个人纳税规划是个人或企业进行的旨在减轻税负的谋划与对策。纳税规划的实质是节税。纳税规划是在税收法律许可的范围内，以税收政策为导向，通过财务活动的合理安排，为达到税后收益最大化的目标而采取的行为。纳税规划最重要的原理是节税原理。

5.纳税规划的基本特点之一是合法性，因此纳税规划必须在法律法规允许的范围内进行，要严格区分纳税规划与偷税、欠税、抗税和骗税的区别。

6.进行纳税规划的基本步骤包括：熟知税法；确立节税目标，建立备选方案；建立数学模型，进行模拟决策；根据税后净回报排列选择方案；选择最佳方案；付诸实践，反馈核对。

7.个人纳税规划的基本方法主要有：利用免减税、利用税前扣除、利用税率差异、推迟纳税时间。

8.在个人纳税规划实务中，可用的方法有：利用纳税人身份认定进行纳税规划、选择不同的所得形式进行纳税规划、利用分次申报纳税进行纳税规划、利用非货币支付方式进行纳税规划。

综合训练

9.1 单项选择题

1.根据我国个人所得税法律制度的规定，工资、薪金所得采用的税率形式是（　　）。

A.超额累进税率　　B.全额累进税率

C.超率累进税率　　D.超倍累进税率

2.下列各项中，属于工资、薪金所得项目的是（　　）。

A.稿费　　B.年终加薪　　C.差旅费　　D.托儿补助费

3.按照我国现行税法规定，中得一笔彩票头奖为500万元，应缴纳的个人所得税税额为（　　）万元。

A.0　　B.10　　C.100　　D.200

4.下列个人所得中，应缴纳个人所得税的是（ ）。

A.国债利息 B.退休工资 C.保险赔款 D.出租房屋所得

5.屠呦呦获得了2015年诺贝尔生理学或医学奖，这笔奖金的纳税情况是（ ）。

A.扣除800元后纳税 B.扣除20%后纳税

C.按20%的税率纳税 D.免税

9.2 多项选择题

1.就个人而言，非经营性的个人生活中可能涉及的税种包括个人所得税、（ ）。

A.车辆购置税 B.车船税 C.契税 D.印花税

2.下列收入中，属于财产转让所得的是：（ ）。

A.出售股票所得 B.出售企业股权所得

C.出售住房所得 D.出售家用汽车所得

3.下列各项中，以取得的收入为应纳税所得额直接计征个人所得税的有（ ）。

A.稿酬所得 B.偶然所得 C.股息所得 D.特许权使用费所得

4.下列个人所得中，免征个人所得税的有（ ）。

A.军人领取的转业费 B.教师工资所得

C.作家拍卖手稿所得 D.工人取得的保险赔款

5.个人纳税规划的基本方法包括（ ）以及利用税收优惠政策。

A.利用免减税 B.利用税前扣除

C.推迟纳税时间 D.转移收入所得

9.3 简答题

1.什么是个人所得税？其特点是什么？

2.个人所得应纳税的项目有哪些？

3.个人所得税应如何计算？

4.我国个人所得税的主要免税项目有哪些？

5.专项扣除包括哪些内容？

6.为什么要进行纳税规划？

7.纳税规划的原则是什么？

8.纳税规划包括哪些步骤？

9.纳税规划有哪些基本方法？

10.如何通过所得的均衡分摊或分解进行纳税规划？

第10章　子女教育金规划

学习目标

通过本章的学习，学生应了解什么是子女教育金和子女教育金规划，掌握子女教育金规划的步骤和方法，掌握子女教育金规划工具的特征，能够根据客户的状况提出合理的子女教育金规划建议，能够为具体的规划匹配合适的子女教育金规划工具。

> 引例
>
> **李先生家庭子女教育规划案例**
>
> 李先生今年33岁，是一家企业的员工，目前工作稳定，月收入在8 000元左右。他的妻子赵女士今年30岁，是事业编制员工，月收入在5 000元左右。两人“四险一金”均齐全，但是李先生的缴存比率基本都是最低档，而陈女士的缴存比例则较高。李先生夫妇有一套房产，无车。小孩今年两周岁。他们该如何为孩子今后的教育金做规划，如何才能较好地在不影响生活的前提下做好这个规划呢？
>
> 综合来看，李先生家庭的财务稳定性较好，但是他们现有的资产缺乏增值能力。由于小孩已经两周岁，再过一年就将上幼儿园，家庭支出会大幅增长。李先生家庭所要关注的理财目标主要有合理配置流动资产、准备教育金、提升资产增值力、实现购车计划、完善风险保障等方面。
>
> 在子女教育金规划方面，建议李先生家庭每月拿出3 000元用于教育资金的积累，投资品种可以选择风格比较稳健的配置型基金，年复合收益率预计为8%左右。坚持20年，积累的资金总额为176.7万元左右，预计可以满足孩子接受高等教育资金需求。
>
> 资料来源：作者整理、撰写。

10.1　子女教育金规划的基本知识

从广义上讲，教育金规划包括本人教育金规划和子女教育金规划两种。自我完善和教育子女都是人生重要的内容，本章主要讨论的是子女教育金规划，即为子女将来的教育费用进行规划和投资。毋庸讳言，子女教育支出是当前大众生活中几大重大支出项目之一。党的二十大报告明确提出要“降低生育、养育、教育成本”。

10.1.1　子女教育金

1. 子女教育金概况

孩子是父母生命的延续，孩子的教育是家庭重中之重。在中国传统的家庭观念中，历来非常重视对子女的教育。国际上，子女教育在各种文化背景下，都是一项重要的内容。人们总是有意或无意地进行着针对子女的教育支出规划。

子女教育金又可以分为基础教育金和高等教育金。基础教育中主要是义务教育，义务教育与高等教育的资金需求差别明显。

2. 子女教育金的内涵

（1）子女教育金的概念。

子女教育金是指家庭为了子女的教育所能并愿意支出的资金，狭义的子女教育金是指传统的学历教育上的学杂费资金支出，广义的子女教育金还包括各种素质与技能培训资金支出，即所谓的“兴趣班”学费。

（2）子女教育金的特征。

① 无时间弹性。子女到了一定年龄就需要上学接受教育，需要进行各种符合时间特征的教育。

② 无费用弹性。通常情况下，对于子女必须接受的教育，其费用是相对固定的，不会因人而异。

③ 部分项目费用的不确定性。子女资质无法事先控制、不同项目费用高低相差悬殊，如果进行素质和技能训练，产生的费用差别就会很大。

④ 支出总金额较大，持续时间长，费用呈现逐年、逐级增加的趋势。

⑤ 强制储蓄账户需自行准备，这与退休规划有个人养老金账户、购房规划有住房公积金账户有较大不同。

⑥ 动态性。子女教育金在一定程度上，还有动态变化的特征。例如，特长的发现和培养，具有不确定性；学历的高度具有不确定性；出国留学与否和目的国的选择具有不确定性。

10.1.2　子女教育费用

1. 基本教育费用

基本教育费用包括从接受正式教育开始到学历教育结束，从幼儿园直到博士研究生，各教育阶段的学杂费。表10-1列出了各教育阶段的基本费用估算情况。

2. 基本教育阶段的额外费用

在基本教育阶段，除了学校收取的固定费用外，在实际生活中，过去曾较为普遍地产生择校费和补课费。

择校费是指学生因跨学区入学而需要向学校交纳的费用，补课费是指初高中学生为提高学习成绩而在校外补课学习而产生的费用。这两项费用曾经是广大家庭的沉重负担，现在国家已经明令禁止。但是，学生要想提高成绩而聘请家教等的额外费用，在事实中仍在一定程度上存在。这种额外费用因地区和科目多少、家教师资水平而差

表10-1 中国各教育阶段的基本费用 单位：元/年

教育阶段	公立学校
幼儿园	5 000 ~ 10 000
小学	1 000 ~ 2 000
初中	1 200 ~ 3 200
高中	3 000 ~ 5 000
中专	3 000 ~ 5 000
大学	6 000 ~ 8 000
硕士研究生	15 000 ~ 20 000
博士研究生	10 000 ~ 15 000

异较大，以曾经非常普遍的补课费为例，在中等经济水平地区，一般一科的辅导费用每年在4 000元左右，英、数、理、化如要辅导两科，则直接花费每年就需要近10 000元。现在，如果请大学生做家教，每小时需要50元左右，每科每个月按1 000元计，补两科一年就要24 000元。

3. 兴趣教育费用

兴趣教育包括体音美、英语、计算机等教育。以每周参加一个兴趣班、每次50元计算，每年需要花费约2 400元，参加两个兴趣班，每年就需要近5 000元。有些兴趣班，如武术、芭蕾舞等，学费更高。此外，这样的费用水平还不包括学习音乐配备的乐器和学习体育配备的装备等，这也是一笔不菲的费用。一般来说，大众家庭在兴趣教育上的费用支出在10 000元左右。

10.1.3 子女教育金规划

1. 概述

子女教育金规划是指为了实现预期教育目标所需要的费用而进行的一系列资金管理活动。

教育是一种生产性投资，用于教育的支出并不是消费支出，而是一种投资，即教育投资。它将增进子女的知识和技能，使子女未来能获得较大的职业适应性、较多的就业机会、较高的收入水平等。

在子女教育上，学费的增长率通常高于通货膨胀率，而且教育金无时间弹性与费用弹性，不能等，一般也不能选择价格便宜的“产品”。另外，教育期间的费用属于阶段性高支出。因此，如果不事先准备充足子女教育金，到需要的时候就可能因财力不足影响子女教育。从投入产出的角度讲，通常受教育程度越高，得到的回报越高，因而教育支出是值得的。

2. 子女教育金规划的内涵

经济学的基本假设是资源的稀缺性，普通家庭的财富是有限的，能用于子女教育的支出也是有限的，教育子女的花费却是越多越好，因此，如何规划子女教育金，是一个既要考虑子女教育情况又受到家庭可支配收入条件的问题。

进行子女教育金规划，就是要基于特定的家庭收入或家庭预期收入，针对子女的教育需求和教育回报作出的教育投资选择和教育资金分配。

子女成长的每一个阶段都需要规划。无论在子女成长的哪个阶段，我们都有相应的教育目标要去实现，而这些目标的实现，都不可避免地要涉及各种费用和支出。同时，这些阶段的目标之间都有着延续关系，如果因为资金不到位导致其中某个阶段的教育目标未能实现，就可能影响下一阶段的目标。

10.2　子女教育金规划的具体内容

10.2.1　确定目标

子女教育是一项长期而复杂的工程，时间跨度大，影响因素多，不确定性也大，因此需要充分地规划。子女教育金规划，实际上就是对子女教育所需资金的规划，进行子女教育金规划，首先要根据子女的实际情况，确定适合子女发展的目标然后按照这个目标进行财务规划，具体如图10-1[①]所示：

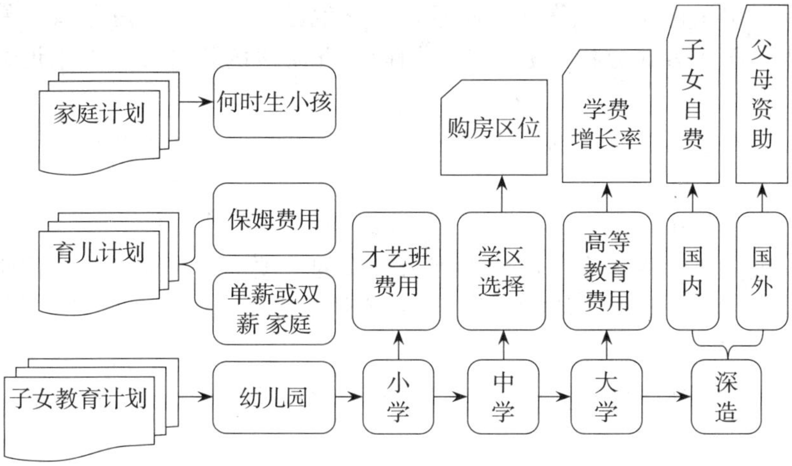

图10-1　子女教育金规划流程图

具体来说，按照子女年龄，按不同时期的特点分阶段制定目标。

1. 婴儿时期

这一时期，一般指小孩出生到上幼儿园之前。这一时期，更多的是考虑小孩的成长和健康。随着生活水平的提高，早教教育被越来越多的人所重视，虽然其效果不明显、从业人员水平不一，但是早教的意义还是被很多人所接受。这一时期，教育资金突出特点是：需求不是那么刚性，投入可多可少。

2. 幼儿园时期

当今，幼儿园时期教育金最突出的特点就是费用高，小孩上幼儿园时期的费用比

① 张颖．个人理财基础［M］．北京：对外经济贸易大学出版社，2005：198.

上小学、初中的费用高得多。幼儿园时期对小孩成年后的影响巨大，同时，幼儿园有一定可选择性，家长普遍重视子女幼儿园时期的教育，这进一步提高了费用高企的可能性。

3.义务教育阶段

在小孩接受义务教育的阶段，刚性的费用一般不高，支出主要集中在兴趣教育、特长教育上。这方面的费用可高可低，一是取决于家长的意志，二是取决于小孩兴趣项目的特性。

4.高中教育阶段

在此阶段，提高学习成绩是重中之重，曾经补课占据了绝大部分的支出。事实上，义务教育的初中阶段，这方面的支出已经开始凸显。在国家推行“双减”和取消非法补课以来，补课费用受到很大影响，但是，提高成绩的需求和支出依然很大。

5.大学教育阶段

子女上大学后，家长一般都是抱着松了一口气的态度，在精力付出上是如此，在费用支出上，也是如此。大学教育支出具有一定的确定性，大学学费是能预期到的，大学时期的基本生活费也是可以控制的。另外，子女考上大学，如果学费确实有困难，可以申请国家助学贷款，而且，大学生已经成年，家庭教育良好的子女能够通过勤工俭学等方式分担家庭负担。因此，此阶段的教育金相对来说，心理负担最轻。

此外，子女读研、读博的费用与之前的大学教育费用水平相似，子女分担能力更强。

6.出国读书费用

现在，很多家庭将子女出国读书列为家庭的一项选择，而且出国留学的年龄不等，一般来说，有出国读书兴趣的家庭，资产情况优厚，教育金规划不是问题。

10.2.2 具体步骤

子女教育金规划的步骤包括设定投资目标、制订投资组合计划和执行与定期检查。

1.设定投资目标

子女教育金规划的目标设定主要包括3个方面的内容：

① 计算子女教育资金水平。通过调查、了解，我们就可以计算出子女教育资金的大概水平，对比现有资产及达成教育目标所需要的资金，就可以发现是否有资金缺口。

② 设定投资期间（准备累积期间）。这取决于两个因素：一是开始进行教育投资的时间；二是未来需要支付教育费用的时间。这两个时点之间的时间，即为投资期间。

③ 设定期望报酬率。按照计算出来的资金缺口，以及可以利用的投资期间，我们可以计算出应该达到的期望报酬率。如果不能达到期望报酬率，就不能积累到足够的教育资金，教育目标也就难以实现。

有人估算，现在一个小孩在国内读到大学毕业，不包括生活费，学费在15万元左右；如果出国留学，仅留学费用就在30万～60万元不等。然而这些仅仅是现在的数字，假设学费以每年3%的速度增长，那么10年后，在国内读到大学毕业的费用将在20万元左右，如果出国留学，总费用届时应在60万～90万元，不少人会被这样的数字吓倒。我们换个角度举例：如果规划期限为20年，年回报率为4%左右，到时需90万元。不考虑中间取用因素，每月投资额需要2 500元。如果规划期限为25年，每月投资额仅需1 700元。因此，我们应该设定投资期间及期望报酬率。只要计算出必需的子女教育投资支出及最大的子女教育投资支出，然后求得它们与家庭实际教育费用支出的差额，就可以推算出教育储备金的数额，再配合相应的期望报酬率，就能做好子女教育金规划。

2.制订投资组合计划

为了获得期望的报酬，我们应该制订相应的投资计划，根据自己的风险承受能力设定投资组合，在追求收益的同时关注安全性。

其实，在子女不同的年龄段，家长应选择不同的投资产品。子女年龄较小或尚未出生时，其教育费用的支出还不多，这时家长可以考虑较积极的投资方案，如以股票和股票型基金配合一定的储蓄型保险产品；随着子女不断长大，家长可以考虑逐步减少股票的投资比重，加入平衡型基金和稳健型银行类理财产品，以提高资金的安全性和流动性，避免盲目追求收益率；对于一次性大额支付，如大学学费或出国留学费用，家长应考虑投资期限的合理配合。

3.执行与定期检查

一份好的理财规划需要不停地评估和修改。对于子女教育费用的筹备，最好每年做一次评估，计算当年的投资总额和投资收益，将结果和预期进行比较，以达到预期目标为准。如果未达到预期目标，就应适当提高来年的投资额或者提高相应的收益率，以保证目标如期实现。

10.2.3　子女教育金规划的原则

1.尽早准备原则

子女的成长是持续的，应该有效利用货币时间价值提高教育金质量。另外，子女高等教育金的支付期与退休金的准备期高度重叠，如果不提早规划子女教育金，可能会因为供子女上大学而牺牲退休生活质量。

2.尽多准备原则

子女的成长过程是不确定的，为了应付子女未来不同的教育选择，应该尽量多地准备教育金。另外，子女高等教育的学费成长率也无法预估，所以需要从多规划。

3.量力而行原则

任何投资都要量力而行，子女教育金本质上也属于一种投资，也要量力而行，要根据家庭特定的经济条件和子女的学习情况进行规划，不必做出超出自身实力太多和无谓的投资，更不可对子女进行拔苗助长式的教育投资。

10.2.4 重点问题和注意事项

基于前问所述的特点，子女教育金规划的重点问题和注意事项主要包括：

① 及早规划。因为时间复利的效果，越早开始规划越好。

② 保守为主。因为子女教育金的刚性，其理财工具的选择需以保守为主要宗旨。任何投资都是有风险的，因此我们需要理智地进行子女教育金规划，不能孤注一掷、不计后果地进行投资。

③ 做好预算。需要根据自身的目标和所在地区的教育消费水平，计算子女教育所需的资金数额。

专栏10-1

子女教育金规划案例一：经济型家庭的子女教育金规划

吴女士40岁，离异，女儿17岁，再过1年就要上大学。家庭资产状况是：一套价值100万元的自住房产；储蓄10万元；股票投资2万元。目前的收支状况是：吴女士本人月收入8 000元，孩子的父亲每月支付抚养费1 000元；吴女士及女儿每月生活费为4 000元，每月给吴女士父母赡养费500元。

一、家庭资产分析

吴女士每月收支状况见表10-2。

表10-2 **吴女士每月收支状况** 单位：万元

收入		支出	
本人工资	0.8	生活费	0.4
子女抚养费	0.1	赡养父母	0.05
收入合计	0.9	支出合计	0.45
每月节余 0.45			

吴女士资产负债状况见表10-3。

表10-3 **吴女士资产负债状况** 单位：万元

资产		负债	
房产	100		
储蓄	10		
股票	2		
资产合计	112	负债合计	0
净资产 112			

二、子女教育金规划

吴女士的总资产为112万元，但主要是房产，且生活负担较重，日常收支节余少，女儿很快就要上大学。因此，对吴女士来说，近几年的主要理财目标是子女教育和家庭的财务安全，理财的主要原则是资产保值并保持较好的流动性，以满足日常开支、突发事件及女儿1年后大学教育的资金需要。

假设女儿大学4年费用共计8万元，具体规划安排如下：

（1）教育储蓄：用户口本以吴女士女儿的名字开设教育储蓄账户，从现在开始为孩子进行为期3年的教育储蓄。从储蓄账户中每月自动转存1 111元到教育储蓄账户，3年共存4万元，到大学三年级开始时取出。教育储蓄作为零存整取储蓄将享受整存整取利息，利率优惠幅度在25%以上。

（2）教育助学贷款：在大学一年级入学时，可凭学校入学证明，用100万元的住房抵押，向银行申请2万元教育助学贷款，用来支付大学一、二年级的学费、生活费，此项贷款每季度扣息，毕业后6年内归还本金。

10.3　子女教育金规划工具

子女教育金规划的重点在于拥有足够的学费，因此资产配置是关键。目前，子女教育金规划工具主要包括储蓄存款、债券/债券基金、蓝筹股票、房产及保险等。理想的资产组合与配置也因人而异。子女教育金规划工具可以分为传统教育投资工具和其他教育投资工具。

10.3.1　传统的教育金规划工具

传统教育金规划工具主要是储蓄存款，其最大特点是风险相对较低和有稳定的收益。事实上，储蓄也是绝大多数家庭的选择。

定期储蓄一定的资金，当子女在每个阶段开学时，就能有一笔资金支付其费用。为教育金而进行储蓄，需注意的是，要注意储蓄到期时间与费用支出时间相匹配。

随着人们生活水平的提高，财富增加，以及金融工具的丰富，有的家庭还将国债、基金、股票（主要是蓝筹股）、债券等作为教育金的储备。但是，这需要一定金融专业能力和抗波动能力。国债一般由中央政府发行，它的收益率比储蓄高且安全情况良好，因此是子女教育金规划的重要投资工具。对于股票，一般而言，子女教育金规划并不鼓励客户采用风险太高的投资工具。但如果子女教育金规划期较长，这些工具则可以采用，它们较高的回报率可以帮助客户较早地完成子女教育金规划，储备充足的教育资金。债券的情况与股票类似，不再赘述。

10.3.2　短期的教育金规划工具

如果出现非预期的情况，在短期内就需要一笔资金来支付子女的教育费用，这时可考虑通过贷款来实现目标。采用贷款这种方式很容易占用家庭基本准备，所以在做决定之前应该慎重考虑，并确保不会影响家庭基本生活。

10.3.3　教育储蓄存款

教育储蓄存款是金融部门专门设立的以教育为目的的储蓄存款项目。

其开办目的在于鼓励城乡居民以储蓄存款方式，为其子女接受非义务教育积蓄资金，促进教育事业发展。

一般的教育储蓄存款的适用对象为在校小学四年级（含四年级）以上学生。

教育储蓄存款是一种零存整取定期储蓄存款。一般存期分为1年、3年和6年。最低起存金额为50元，本金合计最高限额为2万元。开户时，储户应与金融机构约定每月固定存入的金额，分月存入。

教育储蓄实行利率优惠。1年期、3年期教育储蓄按开户日同期同档次整存整取定期储蓄存款利率计息；6年期按开户日5年期整存整取定期储蓄存款利率计息。教育储蓄在存期内遇利率调整，仍按开户日利率计息。

10.3.4 教育金保险

教育金保险是一种为孩子准备教育基金为目的的保险产品，它不仅仅是为孩子提供教育金，还为孩子提供一些人身保障，而它的保障功能是教育金保险独有的一个优势，这个优势银行储蓄是不存在的。很多购买教育金保险的父母正是看到了教育金保险的这一优势，所以才放弃银行储蓄，选择了教育金保险来为孩子准备教育金。

另外，教育金保险还具有强制储蓄的功能，如果家庭选择按年支付保险费，为了能够在将来让孩子享受到所有的权益，就必须每年按照一定的期限支付一定金额的保险费。它的强制性功能，能够有效地保证教育金保险合同的完成，所以教育金保险已成为多数人常用的子女教育金规划工具。

除此之外，教育金保险还有豁免保费功能，如果被保险人的父母出现一些情况导致身故或者全残，而没有能够完成这份保险合同，保险公司将会豁免剩下的保险费用，同时被保险人同样能够享受到应有的权益。教育金保险不仅能够保障子女的教育金的需求得到满足，还能帮助父母解除后顾之忧，保障孩子正常的生活所需，这也是银行储蓄做不到的地方。

当然，如果家长为孩子购买的是分红型教育金保险，它不仅仅具有保障功能，还有分红功能，让投保者在得到教育金的同时，还可以额外得到保险公司的分红，分红的多少与保险公司的经营状况挂钩，经营状况好得到的分红多，经营状况差一点的时候，得到的分红会相对减少，不过保险公司都会最大限度地保证投保者的利益，让投保者得到更多的收益，这些收益也能够增加家庭的经济收入。

购买教育金保险作为孩子教育金规划工具，不用家长的收入有多高，但是却要求家长的收入够稳定，因为教育金保险购买之后，就需要每年按照约定缴纳保费，有稳定的收入才能保证每年都能及时缴纳保费。

10.3.5 国家帮扶性贷款

当前，由国家提供的帮扶性的助学贷款主要包括国家助学贷款和生源地信用助学贷款两种形式，家庭经济困难、需要贷款的学生只能选择其中一种。

国家助学贷款是由政府主导、财政贴息，银行、教育行政部门与高校共同操作的专门帮助高校贫困家庭学生的银行贷款，如图10-2所示。可发放给经济困难的普通本专科学生（含高职生）、研究生等，借款学生不需要办理贷款担保或抵押，但需要承诺按期还款，并承担相关法律责任。借款学生通过学校向银行申请贷款，用于弥补在校学习期间学费、住宿费和生活费的不足，毕业后分期偿还。国家助学贷款期限最长不超过10年。

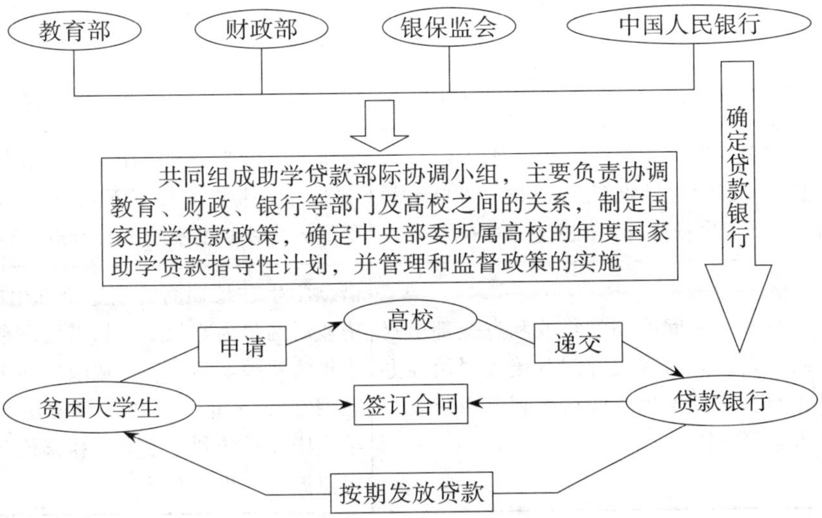

图10-2　国家助学贷款关系图

生源地信用助学贷款是指国家开发银行等金融机构向符合条件的家庭经济困难的普通高校新生和在校生（以下简称学生）发放的，学生和家长（或其他法定监护人）向学生入学户籍所在县（市区）的学生资助管理中心或金融机构申请办理的，帮助家庭经济困难学生支付在校学习期间所需的学费、住宿费的助学贷款。生源地信用助学贷款为信用贷款，不需要担保和抵押，学生和家长（或其他法定监护人）为共同借款人，共同承担还款责任。凡是已被根据国家有关规定批准设立、实施高等学历教育的全日制普通本科高校、高等职业学校和高等专科学校正式录取，并取得真实、合法、有效录取通知书的家庭经济困难新生或在读学生，均可申请生源地信用助学贷款。

国家助学贷款与生源地信用助学贷款的比较见表10-4。

表10-4　国家助学贷款与生源地信用助学贷款的比较

项目	国家助学贷款	生源地信用助学贷款
申请对象	家庭经济困难的全日制普通本科高校、高等职业学校和高等专科学校的本专科学生、研究生和第二学位学生	家庭经济困难的全日制普通本科高校、高等职业学校和高等专科学校的本专科学生、研究生和第二学位学生
申请流程	学生须在新学年开学后（具体时间各校有明确规定）通过学校向银行提出贷款申请，银行不直接受理学生个人的贷款申请。经办银行原则上每年集中受理一次国家助学贷款申请	按年度申请、审批和发放。学生在新学期开始前，向家庭所在县（市、区）的学生资助管理中心提出贷款申请。县级学生资助管理中心负责对学生提交的申请进行资格审查。银行负责最终审批并发放贷款
贷款人数	不超过在校学生人数的20%	人数不限

续表

项目	国家助学贷款	生源地信用助学贷款
贷款年限	最高10年	最高14年
贷款方式	可一次申请，一次签订数年贷款合同	需一年一申请，一年签订一次贷款合同
贷款额度	原则上，助学贷款仅用于学费和住宿费，且本专科学生贷款额度不超过8 000元/学年，研究生贷款额度不超过12 000元/学年	原则上，助学贷款仅用于学费和住宿费，且本专科学生贷款额度不超过8 000元/学年，研究生贷款额度不超过12 000元/学年
付息方式	在校学习期间的助学贷款利息全部由财政补贴，并由有关部门直接支付给经办银行，贷款学生毕业后的利息由贷款本人全额支付	借款学生在校期间的利息全部由财政补贴；毕业后两年为宽限期，只需偿还利息。毕业当年为宽限期第一年，宽限期到毕业第二年12月20日为止，以后每年偿还本息。贷款学生毕业后的利息由学生和家长（或其他法定监护人）共同负担

理性看待教育金，尽量不要购买，因为……

【思政课堂】

国家助学贷款发展历程

【教学提示】国家政策。

1999年，国家助学贷款试点工作正式在北京、上海、天津、重庆、武汉、沈阳、西安、南京8个城市启动。

2000年，国家对该政策进行了两次调整，将贷款范围扩大到全国高校，承办银行扩大到工、农、中、建4家国有商业银行，贷款对象扩大到研究生和攻读双学位的全日制学生，并将担保贷款改为信用贷款。

2003年下半年，国家助学贷款出现了下滑现象，面临停顿的危险。教育部、财政部、中国人民银行、银监会4部门对国家助学贷款政策和机制进行了重大改革，建立了以风险补偿机制为核心的新政策、新机制。

2004年6月28日，新机制颁布实施后，贷款学生在校期间贷款利息全部由财政补贴，还款年限延长至毕业后6年。

2006年9月，初步启动国家助学贷款代偿机制，为完善以国家助学贷款为主体的高校经济困难学生资助体系奠定了良好基础。

2014年7月25日，财政部、教育部、中国人民银行和银监会联合发通知，规定全日制普通本专科学生（含第二学士学位、高职学生，下同）每人每年申请贷款额度不超过8 000元，全日制研究生每人每年申请贷款额度不超过12 000元。全日制普通本专科学生在同一学年内不得重复申请获得校园地国家助学贷款和生源地信用助学贷款，只能选择申请办理其中一种贷款。

资料来源：作者撰写。

本章小结

1. 子女教育金是指家庭为子女的教育所能并愿意支出的资金，狭义的子女教育金是指学历教育上的学杂费资金支出，广义的子女教育金还包括各种素质与技能培训资金支出。

2. 子女教育教育费用包括基本教育费用、基本教育阶段的额外费用、兴趣教育费用等。

3. 子女教育金规划是指为了实现预期教育目标所需要的费用而进行的一系列资金管理活动。教育支出是一种生产性投资，并不是消费支出，而是一种投资，即教育投资。子女成长的每一个阶段都需要规划。每个阶段教育目标的实现，都需要各种费用和支出。同时，这些阶段的目标之间都有着延续关系。

4. 进行子女教育金规划，首先就要按学龄确定各个学习阶段的目标。

5. 子女教育金规划的步骤包括：确定并预期子女接受基本教育的程度；确定并预期子女的特长及程度；确定并预期子女未来出国接受教育的可能性；估算各种预期教育的费用；估算投资及资产配置。

6. 子女教育金规划的原则包括：尽早准备原则、尽多准备原则、量力而行原则。

7. 子女教育金规划的重点问题和注意事项主要包括：及早规划、保守为主、做好预算。

8. 子女教育金规划工具主要包括：传统的教育金规划工具（如个人储蓄存款）、短期的教育金规划工具，一般为临时贷款、教育储蓄存款、教育金保险、国家贷款。其中，当前，由国家提供的帮扶性的助学贷款主要包括国家助学贷款和生源地信用助学贷款两种形式，家庭经济困难、需要贷款的学生只能选择其中一种。

综合训练

10.1　单项选择题

1. 下列不属于子女教育金特征的是（　　）。

A. 无时间弹性　　　　B. 无费用弹性

C. 支出总金额小　　　　D. 无强制储蓄账户

2. 下列属于基本教育费用的是（　　）。

A. 学习钢琴费用　　　　B. 漂亮衣服

C. 高中学费　　D. 留学费用

3. 下列属于必须规划的教育费用的是（　　）。

A. 择校费　　B. 小学教育学费

C. 私立初中教育学费　　D. 大专教育学费

4. 下列说法错误的是（　　）。

A. 不考虑货币时间价值时，子女教育投资回报的测算需计算学费成本

B. 不考虑货币时间价值时，子女教育投资回报的测算需要用IRR方法

C. 考虑货币时间价值时，子女教育投资报酬率的计算需要考虑机会成本

D. 考虑货币时间价值时，子女教育投资报酬率的计算要用到工作年数

5. 下列各项中，投资报酬率明显提升的是（　　）。

A. 初中升高中　　B. 高中升大专

C. 高中升本科　　D. 本科升研究生

10.2 多项选择题

1. 子女教育金的特点包括（　　）。

A. 无时间弹性　　B. 无费用弹性

C. 子女资质无法事先控制　　D. 有强制储蓄账户

2. 子女教育金规划的原则包括（　　）。

A. 尽早准备原则　　B. 尽多准备原则

C. 稳健投资原则　　D. 越多越好原则

3. 子女教育金规划应该（　　）。

A. 和其他人看齐　　B. 量力而行

C. 时间要合适　　D. 等需要的时候规划

4. 下列属于必需的教育支出的是（　　）。

A. 幼儿园费用　　B. 学习武术费用

C. 大学学费　　D. 博士学费

5. 下列属于子女教育金规划工具的是（　　）。

A. 教育金补助　　B. 国家助学贷款

C. 教育年金保险　　D. 教育金信托

10.3 简答题

1. 子女教育金的特征有哪些？

2. 子女教育金规划的重要性体现在哪些方面？

3. 子女教育金规划的原则是什么？

4. 义务教育阶段的额外费用有哪些？

5. 国家助学贷款与生源地助学贷款的区别有哪些？

第11章 退休规划和遗产规划

学习目标

从时间维度讲，退休规划和遗产规划是最后一步理财。学习本章，要掌握退休规划的重要性，以及了解遗产规划的重要意义。

引例

两位名流的身后事

2008年10月，备受各界尊敬的企业家、台塑集团创办人王永庆去世，留下价值逾600亿元新台币的遗产，台湾税务部门核定其继承人须缴遗产税119亿元新台币，创下台湾最高遗产税纪录。由于税额巨大，王家12名继承人各自以“质押股票”或“借款”等方式筹措税款。由于王永庆未立遗嘱，其遗产应如何处理，须由其继承人协调达成共识，遗产分配争端最后还诉至法院，殊为憾事。

王永庆名下遗产以股票为主，约占八成，金额约500亿元新台币；加上土地、高尔夫球证等财产，税务部门核定的遗产总额逾600亿元新台币。王家人向税务部门申请“夫妻剩余财产差额分配请求权”，有一半约300亿元新台币无须缴税；而另一半遗产，扣除捐赠、免税、扣除额等，遗产净额238亿元新台币。2009年1月23日，台湾修改相关规定，将遗产税税率降至10%。但由于王永庆身故于2008年，因此适用旧制遗产税，税率为50%。

在稍早之前的2008年2月，香港艺人肥肥（沈殿霞）去世时也留下大笔遗产，除了在中国香港、加拿大等地的房产，还有银行存款、投资资产和首饰等，香港媒体保守估计资产净值达1亿港币。鉴于当时其女郑欣宜才满20岁，没有经验处理多种不同类型的资产项目，沈殿霞在去世前已订立信托，将名下资产以信托基金方式运作。

信托中规定，一旦沈殿霞去世，郑欣宜面对任何资产的运用和工作等大事，最后决定都需要信托人负责审批、协助，这样就可以避免涉世未深的女儿因资产运用明显不当或被骗而遭受损失。首选信托人就是沈殿霞的前夫、郑欣宜的生父郑少秋，其他信托人包括陈淑芬、沈殿霞大姐和沈殿霞好友张彻女士。

另外，沈殿霞的遗产信托指定了资金用途的大方向。例如，等到郑欣宜结婚时可以领走一定比例的资金，或是一笔固定金额，如1 000万港币等。这样就可以避免郑欣宜一下子把遗产花光。而且，将钱与不动产信托在受托者名下，动用时必须经过所有监察人同意，这样可以避免别有用心的人觊觎郑欣宜继承的巨额财产。

资料来源：作者整理、撰写。

11.1 退休规划

11.1.1 退休规划的基本含义

1. 概念

理财意义上的退休规划是指，为保证财务相对自由的退休生活所做的财务方案，这个方案一般在退休前多年就要制订。人们退休后，每月收入比工作时大幅减少，同时，用于健康、医疗方面的支出可能大幅增加，因此，退休后的经济状况就变得紧张。对于绝大多数普通大众而言，退休人员虽然有退休金，但通货膨胀的侵蚀很可能使其变得不足以应对生活需求，如果不幸罹患疾病，又没有足够的保险保障，就会对子女造成极大的财务压力，对整个家庭造成冲击，大部分人的生活质量都面临下降。

为了保证退休生活质量，就需要进行退休规划。退休规划主要包括退休后的消费、其他需求及如何在不工作的情况下满足这些需求。单纯靠退休金，只能满足基本的生活。要想使退休后的生活有质量，一方面可以在有工作能力时积累一笔退休基金作为补充，另一方面也可在退休后选择适当的兼职性工作为自己谋得补贴性收入。

现代社会，人们的寿命越来越长、通货膨胀常态存在，更需要做好筹划，以使退休生活有保障。

当前，我国退休规划最主要的问题是，个人退休规划意识还很淡薄。多数人没有建立起应有的退休准备。造成这种局面的原因除了长期以来依靠政府的心理外，还受到中国传统观念的影响，如“养儿防老”仍然是许多国人的基本想法。另外，许多经济基础较好的人也因为退休规划意识淡薄而未能意识到其重要性，许多人将本应用于退休计划的资金投向一些高风险的投资领域，一旦投资失败，退休生活也就没了保障。

专栏11-1

打造退休后黄金岁月的六大误区

IARFC国际认证财务顾问师协会运行长认为：富足的退休生活，看政府有无能力及民众有无准备，不论哪个国家的政府，随着国民平均寿命延长及社会福利支出扩大，几乎都面临财政日见吃紧的现象，可预见的是政府能提供的退休金会相当有限，所以民众必须自求多福。

有关研究显示，民众面对退休规划时常存有许多误区，接下来针对这些误区逐一进行分析。

误区一：起步太晚。

大部分人在青壮年时都会将收入用来支付房贷、车贷、子女教育经费及日常生活费用，就算有了节余，也有不少比重是花在玩乐享受上，待年近中年后才想到退休规划，殊不知可能为时已晚，除了距退休年龄已近有较大的准备压力外，还失去了时间复利的效果，所以退休规划应趁早，在尽可能掌控的范围内选择适当的工具作布局，才能收获较好的财富累积效果。

误区二：准备太少。

许多人进行退休规划时，都忽略平均寿命延长的问题，以至于退休准备不足。根据统计，当前，男性平均寿命是73岁左右，女性平均寿命是79岁左右。依笔者拙见，随着生化科技不断进步，20年后人类的平均寿命不排除会达到100岁。以平均寿命80岁为例，假设今年60岁退休的人，在工作30余年后，养自己20年应该还够；可是20年后才退休的人，万一活到100岁，在工作30余年后，养自己40年就不知道够不够了。所以说，退休金若准备太少，必定无法应付平均寿命延长的问题。

误区三：低估物价上涨率。

稳定物价是任何政府最重要的政策，可是物价常受到经济周期、气候、供需、战争、投机等多种因素影响而波动，谁也不能排除物价逐年上涨的可能性。假设每年物价上涨2%，现在10元一杯的咖啡20年后大约要价15元，价格整整涨了50%，退休准备金若未随着调高，到时可能不敷使用。

误区四：投资错误。

每个人都希望能通过各种投资致富，当然也包含退休规划在内，然而却经常被各种投资风险弄得血本无归，最后落得一场空。投资风险有许多，例如投资时机的风险、财务杠杆的风险、转投资的风险、汇率的风险、利率的风险、通货膨胀的风险、被骗的风险等，都是运用投资工具进行退休规划时要注意的事项。

误区五：忽略风险变数。

进行退休规划的误区中，这种情况最严重，风险变数应考量到失业、失能、重大伤病、巨大灾害、侵权行为等，因为任何风险都可能破坏原本进行的退休规划，倘若不事先做好防范，到头来甚至侈谈退休，反而“休退”！

误区六：退休早期花费过多。

有些人刚从职场退休时领到一笔退职金，因当时手头宽裕，很容易花钱无节制，若未适当控制，很快就会将退职金花费殆尽，届时又不知如何是好，退休后的生活品质当然会大幅下降。

2.退休规划需要考虑的因素

（1）预期寿命。

预期寿命的长短意味着个人退休后要生活的时间，总的来说，越长的预期寿命将会花费越多的养老费用，这会直接影响退休规划的目标与策略。从健康医学角度看，根据家族平均寿命、疾病情况以及个人自身健康情况，可以对自身预期寿命作以预测。

（2）退休前的职场安排。

退休前，个人的职场安排情况不仅影响退休前的收入，还对退休后的收入产生影响，而且，所从事工作的稳定性等会影响退休计划能否按预期实现。

（3）家庭成员。

家庭成员中，伴侣的收入及健康情况、兄弟姐妹的数量、子女的数量及学历和工作情况等，都会对退休后的生活产生影响。

（4）经济运行周期。

大的经济周期对普通人日常生活的影响不明显，但在进行退休规划时显然是必须考虑的。工作期和退休期是处于经济增长期还是经济衰退期，人们的生活质量和收入能力都是不一样的。当前，普遍的共识是，中国经济结束了高速增长期，开始进入中速甚至低速增长期，外部条件的改变将影响人们的工作生活和退休生活。而且，不同经济时期，利率及通货膨胀的走势不同，也将影响人们的财富情况。

（5）其他因素。

其他因素包括政治经济格局的变化、科技的发展、医疗保险制度的变化以及不可预测的各种突发事件等。

3.世界各国的养老保险制度介绍

当今世界各国养老保险制度一般可概括为4类：

（1）福利型。

福利型是以英国的庇古、凯恩斯和贝弗里奇的经济理论为基础构建的一种以国家为主的全民保障模式。其特点是强调全民性和公平性原则，以及统一缴费、统一给付，资金主要由国家承担。西欧和北欧的一些国家实行这一模式的社会保障制度。

（2）社会共济型。

该模式由德国政府首创，美国、日本、荷兰等国也实行此模式。社会共济型模式强调“选择性”和“个人责任”原则，主张支付标准与个人收入、缴费相联系，费用由国家、企业、个人三方负担或其中两方负担。

（3）国家保障型。

该模式的理论根据是马克思在《哥达纲领批判》中关于“必要劳动”和“剩余劳动”的划分以及列宁提出的“最好的工人保险形式是国家保险”，即国家责任主体说。其突出特点是社会保障资金完全由国家承担，个人不缴纳任何费用。苏联和东欧社会主义国家，以及中国传统的社会保障制度都实行这一模式。由于苏联的解体、东欧国家政治经济体制的变化，以及中国等社会主义国家市场经济体制的改革，该模式正处在剧烈的变革之中。

（4）个人储蓄型。

以新加坡为代表的一些东南亚国家实行该模式，其特点是国家立法强制性地规定雇主和雇员交费，以职工个人名义进行储蓄。

上述各种养老保险模式的运作都面临着新的问题和挑战：人口结构的变化及人口老龄化的加快；经济发展速度减慢和通货膨胀加剧；国民需求提高及政府开支增大，国家财政负担过重；福利国家的高福利和高税收政策削弱了市场对劳动力供求关系的调节，等等。世界各国都在积极探索21世纪养老保险制度的新模式。

11.1.2 如何进行退休规划

1.退休规划的原则

退休规划的总原则是：本金安全，适度收益，抵御生活费增长和跑赢通货膨胀，具体而言包括以下几个方面：

（1）尽早开始计划。

许多人发现很难为退休打算。房贷、生活开销、孩子的教育占据了极大比重的支出，结果，直到40岁左右或更晚，他们才意识到养老安排需要提上议程，可惜为时已晚。越早开始为退休进行规划，实现退休生活目标的可能性越大。

（2）投资讲究安全。

相对于年轻时候而言，退休之后已经没有时间接受失败重新开始了，所以针对退休所做的投资应该倾向于安全性，在此基础上尽量追求收益性。如果规划时间长，可选收益和风险相对较高的产品，时间会摊平风险；如果规划时间短，则可选储蓄和短期债券，确保本金安全。

（3）满足不同的养老需求，有一定弹性。

因为通货膨胀以及其他不确定的因素的影响，在进行退休规划时，不要对未来收入和支出的估计太过乐观，很多人往往高估了退休之后的收入而低估了退休之后的开支，在退休规划上过于吝啬，不愿意动用太多的财务资源。所以，应该制定一个比期望略高的退休理财目标，多做财务上的准备，以应付意料之外的退休费用增长，宁多勿少。

2.退休收入基本来源分析

个人退休收入的来源可以概括为4个方面：一是退休金；二是商业保险，主要是个人从商业性保险公司购买的保险，一般是年金保险；三是个人所做的准备金，如储蓄、房产等；四是子女孝敬给父母的养老金。

这里的退休金是指社会保障范畴下的养老保险和医疗保险。这是个人最基本的退休收入和保障。

社会保障是指当劳动者因年老、患病、生育、伤残、死亡等原因暂时、永久丧失劳动能力或者失业时从国家或社会获得物质帮助的社会制度。社会保障体系包括社会保险、社会救助、社会优抚和社会福利四大部分。社会保障体系（图11-1）中最重要的是社会保险，对于个人退休规划而言，要关注的是其中的养老保险和医疗保险。

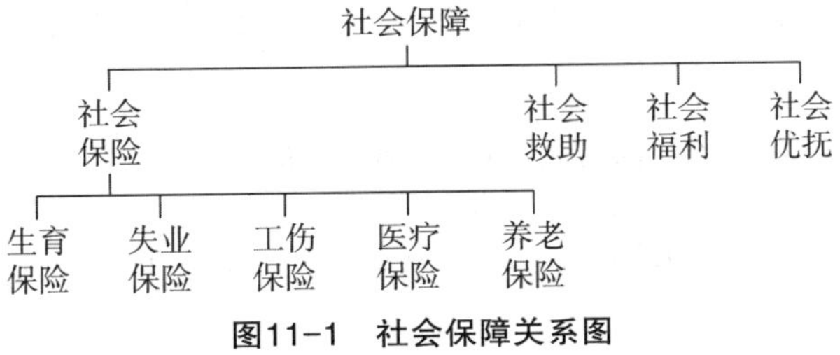

图11-1 社会保障关系图

养老保险是国家通过立法对劳动者因达到规定的年龄界限而解除劳动义务，由国家提供一定物质帮助以维持其基本生活的一种社会保险。

我国的养老保险制度包括3部分内容：（1）享受条件，包括年龄条件、工龄条件，以及是否完全丧失劳动能力、身体健康条件等；（2）离休、退休、退职待遇标准，不同的离退休条件下享有不同的保障水平；（3）退休养老金的筹措、基金管理办法以及监督检查等制度。

专栏11-2

社会基本养老金有多少

社会基本养老保险金由社会统筹基金支付的基础养老金和个人账户养老金组成。按2006年1月1日调整后的社会保险政策，职工达到法定退休年龄且个人缴费满15年的，基础养老金月标准为退休时社会上年度平均工资的20%；个人账户养老金由个人账户资金支付，月发放标准根据本人账户储存额除以120，个人账户储存额按本人缴费工资8%的数额建立。

如上，我们可以简单算一下一个职工退休后的社会基本养老金有多少（不计利息和通货膨胀因素）。

一个25岁的职员，现在开始参加社会基本养老保险，60岁退休，社保年度35年（忽略中断）。假设他月均缴费工资为2 500元，退休时社会上年度平均工资5 000元，则其领取的社会基本养老保险金额度为：基础养老金1 000元（5 000×20%）+个人账户养老金700元（个人账户储存额（2 500×8%×12×35）÷120）=1 700（元）。

每月1 700元的养老金在35年后是微不足道的，仅靠社会基本养老保险解决养老问题远远不够。

此外，个人为退休准备的资金还包括运用积蓄进行投资获得的收益，以及现在到退休前的剩余工作生涯中的储蓄累积。

3.建立退休规划

一个完整的退休规划，包括工作生涯设计、退休后生活设计及自筹退休金的储蓄投资设计。由退休后生活设计推算出退休后到底需要花费多少钱，由工作生涯设计估算出可领多少退休金（企业年金或团体年金），最后，退休后需要花费的资金和可受领的资金之间的差距，就是应该自筹的退休资金。因此，退休规划的一般步骤包括5个环节，如图11-2所示。

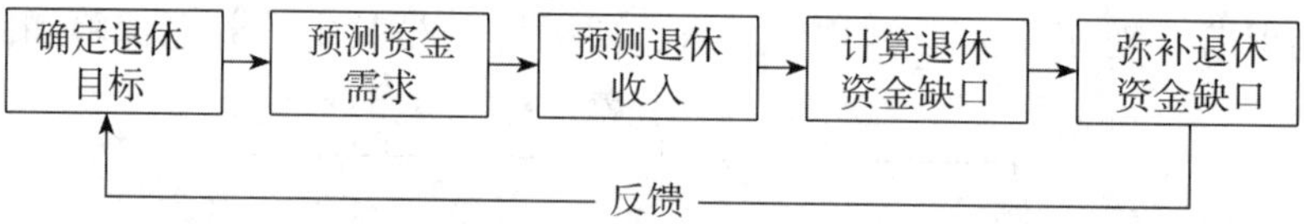

图11-2 制定退休规划的步骤

（1）确定退休目标。

退休目标也正是个人退休规划所要实现的目标，它包括人们期望的退休年龄和退休后的生活状态。

①退休年龄。

期望的退休年龄是个人退休规划的起点，在个人预期寿命不变的情况下，积累退休收入的时间（退休前）与退休后生活时间此消彼长。对于希望提早退休的个人而言，较短的积累期和较长的消耗期需要较高的积累比例来维持，见表11-1，这就意味着要大幅缩减当前消费，甚至降低当前消费质量，同时个人的紧急备用金储备也将缩减；反之，在积累期的生活就比较从容。

表11-1 **退休本金积累表** 单位：元

积累期（65岁退休）	每年积累20 000元				每年积累50 000元			
	收益率				收益率			
	4%	6%	8%	10%	4%	6%	8%	10%
10年（55）	24 010	26 360	28 970	31 870	60 030	65 900	72 440	79 690
20年（45）	59 560	73 570	91 520	114 560	148 890	183 930	228 810	286 370
30年（35）	112 170	158 110	226 560	328 980	280 420	395 290	566 410	822 460
40年（25）	190 050	309 502	518 100	885 160	475 120	773 790	1 295 260	2 212 900

②退休后的生活状态。

虽然退休规划的目标是保障甚至提高个人退休后的生活质量，但个人期望的生活方式和生活质量不能脱离现实，仍然应当建立在对收入和支出进行合理规划的基础上，因为毕竟退休规划所能实现的额外收益是有限的。

应当注意，以上两个目标并非孤立存在的，它们之间互相关联，有时甚至此消彼长。例如，在其他条件不变的前提下，为了享受高质量的退休生活，个人必须推迟退休年龄，延长积累时间；反之，为了更早地享受退休生活，有时不得不降低退休后生活状态的预期。

（2）预测资金需求。

不同的退休目标对应着不同的资金需求，因此我们在确定自己的退休目标后，接着要考虑的就是将退休目标财务化。有个简单的方法可以实现这个工作，就是以当前的支出为基础，仔细分析退休前后支出结构的变化，然后按差额进行调整即可得到退休后的支出额，见表11-2。

表11-2 **退休后支出变化表**

退休后增加的开支	退休后减少的开支
水电及杂费	衣服、化妆、首饰
家居保养	交通费
旅游及娱乐	按揭贷款
医疗费用	税费
⋮	⋮

一般来说，退休之后我们日常的消费会相应减少，基本维持退休生活的月费用占

到退休前月支出的70%～75%。这样也就可以算出退休后的年支出。

计算退休养老费用，我们要综合考虑以下几个方面：

① 预期退休后第一年的月或年生活支出费用；

② 通货膨胀率，更精确地说是各项费用增长率；

③ 投资回报率；

④ 目前到退休时的年限；

⑤ 退休后的预期余寿。

具体计算方法如下：

① 按目前的物价估计退休后第一年的月费用（A）；

② 根据费用成长率（C）以及目前到退休所经历的年限（n）计算出按退休时物价水平第一年所需的生活费用（E）；

③ 根据第一年所需的生活费用（E）、费用成长率（C）、投资回报率（R）和退休后的预期余寿（N）计算出退休时所需准备的养老总费用（T）。

下面给出具体计算公式：

$E=A\times12\times(1+C)^{n}$

退休第一年所需的生活费用：

$E=A\times12\times(1+C)^{1}$

退休时所需准备的养老总费用：

$$T=E\frac{1-(\frac{1+C}{1+R})^{N}}{R-C}$$

以一般中等城市为例，按目前的生活水准，可将个人生活需求水平分以下几个等级：

① 基本水平需求：每月2 000元；

② 平均水平需求：每月3 000元；

③ 舒适水平需求：每月5 000元；

④ 满意水平需求：每月8 000元。

【例11-1】小刘今年36岁，预计60岁时退休，预期寿命80岁。他想在退休后拥有相当于现在的每月2 000元的生活水平，即每年24 000元。根据目前的物价增长水平及投资回报情况，我们假设年费用成长率（C）为5%，年投资回报率（R）为6%，根据公式计算：

退休后第一年生活费用为：

$E=A\times12\times(1+C)^{n}=2\,000\times12\times(1+5\%)^{60-36}=77\,402$（元）

退休后养老总费用需求为：

$$T=E\frac{1-(\frac{1+C}{1+R})^{N}}{R-C}=77\,402\times\frac{1-(\frac{1+5\%}{1+6\%})^{80-60}}{6\%-5\%}=1\,336\,649(\text{元})$$

仔细算一下，养老费用数额的确是非常庞大的，所以及早准备是十分必要的。如果能选择较好的投资回报工具，养老费用准备起来并不是十分困难。每个人都拥有安度晚年的权利，但不是每个人都能在年轻时给自己创造出这个条件的。

（3）预测退休收入。

实现我们的退休目标的基础是有一定的收入来源，前文已经介绍了构成退休收入主要来源的社会保障体系、年金保险和个人自筹资金。所以，我们预测的退休收入主要是由社会保障收入、雇主退休金、补贴、儿女孝敬、投资回报和其他收入组成的，同样，最简单的方法还是通过比较退休后收入的变化来估算，见表11-3。

表11-3 **退休后收入变化表**

退休后收入增加项	退休后收入减少项
公积金	工薪收入
存款利息	交通补贴
投资收入	奖金
房租收入	在职福利
⋮	⋮

（4）计算退休资金缺口。

对比预测的退休后收支差额，就可以知道退休资金缺口，即个人需要弥补的部分。如果收支差额为正，意味着收入足以满足实现退休目标，那么注意资金的安全是首要的；如果收支差额为负，则要制订出相应的计划赚取收入来弥补。需要提醒的是，要考虑利率变动和通货膨胀的影响。

专栏11-3

退休时需要多少养老金来弥补缺口

如果计划55岁就退休，早早地享受生活，目前月收入3 000元，按照3%的通胀率计算，则在55岁那年要维持原有的生活水平大概一年需要54 000元。而在退休的20年中，这笔消费支出每年都在以3%的通胀率增长，如图11-3所示，20年的总和大约是160万元。

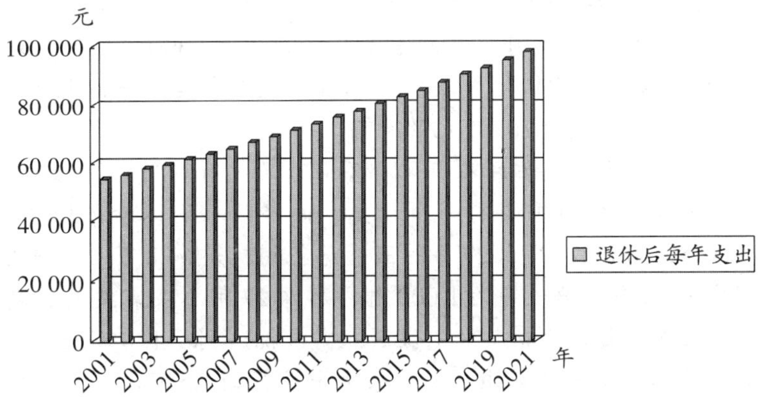

图11-3 退休后每年支出

如果退休的第一年将从社会保障中得到养老金19 632元，55岁退休时的缺口约为35 000元（54 000−19 632=34 368），在退休后的20年中，假设年通胀率为3%，这个缺口将会以每年3%的速度继续增大，20年后总计大概是100万元。

（5）制订计划弥补资金缺口。

如何为估算的退休资金缺口寻找资金来源是退休规划的最后步骤，需要制订一个相应的计划来实现。这个计划可以包括寻找额外收入、参加具有更高收益的保障计划、提高投资额等，如果计划不成功，可能就不得不降低退休生活目标了。

专栏11-4

养老规划案例分析

43岁的王先生和同龄的王太太收入丰厚，年薪加起来约26万元，年终还有总计50万元的奖金。女儿今年念初中，准备6年后出国深造。家庭每月开支在8300元左右，夫妻俩分别投有寿险和意外险，女儿也投有一份综合险，加上家庭财产险等，每年的保费总支出为7万元。除去其他各种不确定费用7万元左右，每年能有约44万元的现金流入。

王先生家有一套现值为350万元的房产，用于自己居住。夫妻俩没有炒过股，也没有买过基金或债券，余钱基本上都存进了银行，现有活期存款5万元，定期存款40万元。夫妻俩对养老生活要求较高，希望至少不低于现在的生活质量，并且由于两人身体都不好，他们希望10年后能够提前退休。

一、养老规划分析

进入40岁后，家庭一般处于成长期，工作和生活已经步入正轨。对于此前已经通过投资积累了相当多财富、净资产比较丰厚的家庭来说，不断增长的子女培养费用不会成为生活的负担，一般性的家庭开支和风险也完全有能力应付。因此，可以抽出较多的余钱来发展大的投资，因此，这部分人应该是投资的积极分子，努力通过多种投资组合使现有资产尽可能地增值，以不断充实自己的养老金账户。但是，养老规划总的来说应该以稳健为主，稳步前进。针对这一年龄阶段的特点，专家指出，应该分三步制订未来的养老计划。

第一步：估算需要储备的养老金。

日常开支：王先生家庭目前每月的基本生活开支为8300元。假定通胀率保持年均3%的增长幅度，按年金终值计算法，退休后王先生家庭要保持现在的购买力不降低的话，老两口总共需要支付167万元的费用。

医疗开支：由于王先生夫妇两人身体都不好，又没有购买任何商业保险，因此医疗方面的开支将是老两口最重要的一项开支。假定两人退休后平均每人每年生病4次，每次平均花费3 000元，那么27年的医疗总花销就是64.8万元。每月的护理更是少不了的，假定每人每月护理费为1 000元，那么27年总共需要的护理费是64.8万元。如此一来，王先生夫妇的养老金中仅医疗需求就达到了130万元。

旅游开支：假如平均一年旅游2次，每次平均花销1.5万元，总共需要的旅游费用为81万元。

因此，王先生家庭需要的养老费用大约是378万元。

第二步：估算未来能积累的养老金。

我们来看看王先生和王太太从现在到80岁总共能拥有多少资金用作养老资产。

王先生夫妇的收入来源比较简单，主要来源于以下两个方面：

工资收入：王先生和王太太目前离退休还有10年，10年中能积累的工资收入为“22 000元×12月×10年”，即264万元，加上10年的年终奖金“50万元×10年”，即500万元，总共是764万元。

存款收入：假定年平均利率为3%，按照复利计算，王先生的定活期存款45万元，存37年后本息总计为134万元。

王先生夫妇的收入虽然比较高，但是，支出也较大，还有女儿留学等大笔费用需要支付，因此，我们假定上述共计898万元的总收入当中有30%可以留存下来用做养老，那么，夫妇两人能够为自己积累的养老金也就270万元。

另外，王先生夫妇目前住的房子虽然市值高达350万元，但因为该套房仅用做自住，并非是投资性房产，所以，不计入养老费中。

第三步：估算养老金的缺口。

需要储备的养老金减去能够积累的养老金，得出的结果是相差108万元。

二、养老建议

1. 王先生家所有的结余基本上都沉睡在银行里。如此丰厚的收入却不让钱为自己打工实在是可惜。假如从现在起到退休前每年从结余中提取10万元投资，收益率为7%，10年以后便能拥有138万元的金融资产。如果在以后的年月里继续追加投资，王先生家的资产将会达到天文数字。

2. 如果王先生对金融产品不感兴趣，建议王先生做一些房产投资，从长期来看，房产投资比较稳健，收益率也较好，退休后以房养老也是一个很不错的选择。

所谓“量入为出”，有什么样的收入水平就有什么样的支出水平。从上述的案例中可以看出：王先生一家虽然资产雄厚，但要高质量养老，仍有不小的资金缺口。这就提醒我们，无论您目前的家庭财务状况多么好，花钱不愁，但如果不能做一些提前规划的话，仍有可能达不到真正的“财务自由”的境界。

退休工资
计算法

11.2　遗产规划

人总不免一死，怎样才能使财产最大限度地留给后人呢？当重病的时候，又怎样来保证后续的治疗费用呢？又有谁来安排好配偶和子女的未来呢？遗产规划可以起到很好的帮助作用，为一生的财产规划画上一个圆满的句号。

11.2.1 遗产规划的基本含义

1.遗产的概念

遗产是被继承人死亡时遗留的个人所有财产和法律规定可以被继承的其他财产权益，包括积极遗产和消极遗产。积极遗产指死者生前个人享有的财物和可以继承的其他合法权益，包括所有的现金、证券、公司股权、不动产和收藏品等。消极遗产指死者生前所欠的个人债务，包括贷款、应付医疗费用和税收支出等。遗产具有如下法律特征：

（1）遗产是公民死亡时遗留的财产。公民在世时，其财产不是遗产。

（2）遗产是公民个人的财产。公民个人财产包括公民个人单独所有的财产，也包括公民与他人共有财产中应属该公民所有的份额。

（3）遗产是公民的合法财产。非法侵占的国家的、集体的或者其他公民的财产，以及依照法律规定不允许公民所有的财产，不能成为遗产。

2.遗产规划的概念

遗产规划是将个人财产从自己转移给他人，主要是家庭成员，从而实现个人为其家庭所确定的目标而进行的一种合理财产安排。遗产可能给配偶、子女、孙辈等，也可能给长辈，还可以给没有血缘关系的人，这在理论上、法律上都是成立的。遗产规划的主要目标是帮助人高效率地管理遗产，并将遗产顺利地转移到继承人手中。

3.遗产规划的作用

概括而言，遗产规划起码有两个作用：一是通过规划尽可能顺利地将遗产传递给所希望的继承人，避免纠纷。如果事先有周密的遗产计划和善后安排，就能尽可能多地将财产遗留给自己愿意分配的对象。二是通过规划以尽可能少的成本将遗产传承下去，避免耗损。合理的遗产规划可以减少遗产转移过程中的费用。首先是遗产税，在国外也叫“死亡税”。目前，全世界大约有2/3的国家和地区征收或征收过这种税，很多国家对遗产制定了很高的税率。其次，有的国家虽然没有开征遗产税，但是在进行遗产处理的时候仍然需要缴纳公证、判决等费用。

遗产规划是个人理财规划中不可缺少的部分，又是一个家庭的财产得以世代相传的切实保障。西方国家对公民的遗产传承有着严格的管理和税收规定，所以其国民对于遗产规划有着很高的需求和认识。我国虽然还未正式开征遗产税，但在不久的将来有可能提上议事日程，所以学习遗产规划的知识对于我们来说是非常必要的。

专栏11-5

世界各国（地区）遗产税概况

目前，世界上开征遗产税的国家和地区有100多个。大多数的经济发达国家和新兴工业化国家都征收遗产税和赠与税。

目前世界上的遗产税制度可以分为总遗产税制（对遗产总数征税）、分遗产税制

(在遗产分割后按继承人继承财产分别征税)和混合遗产税制(在遗产分割前征税并对分割后继承财产征收继承税),以前两者居多。

• **美国**

遗产税制属于总遗产税制,遗产税和赠与税合并采用统一的累进税率,最低税率为18%,最高税率为50%,后者适用于遗产额达到2 500万美元以上的纳税人,当中包括其个人在世界各地的所有资产。另外,遗产额在60万美元以下者免征遗产税,而对于非居民,只须对在美国本土内的资产支付遗产税,最低税率为6%,最高税率为30%。2010年,遗产税被取消,但2011年恢复,且税率高达55%!

• **日本**

日本采取继承税制,即根据各个继承人继承遗产数额的多少课税,是典型的分遗产税制。对居民而言,不论其继承的遗产是在境内还是在境外,都要对其遗产征税;对非居民,仅就其在日本继承的遗产承担纳税义务。日本继承税税率共分13个档次,从10%到70%。

• **意大利**

意大利是实行混合遗产税制的国家,其征税方法是先按遗产总额征收遗产税,然后再按不同亲属关系征收比例不一的继承税。纳税人分为两类:一类是遗嘱执行人和遗产管理人;另一类是继承人或受赠人。对第一类纳税人统一采用第一种累进税率,对第二类纳税人则根据其与死者的亲疏关系采用不同的累进税率。

• **英国**

英国居民在全世界各地的所有资产都需要支付遗产税,而非英国籍人士只有在英国国内拥有的资产才需要支付遗产税。目前的遗产税率是40%。

• **德国**

分遗产税制,实行7级超额累进税率,其税率从7%到50%不等。

• **中国香港**

中国香港立法会于2005年11月2日通过的《2005年收入(取消遗产税)条例》于2006年2月11日正式生效,遗产税被取消。2006年2月11日零时以后去世的香港居民,其遗产不再被征收遗产税。

11.2.2　如何进行遗产规划

1.遗产规划工具介绍

遗产规划的工具很多,如保险、亲人借贷、年金、信托等。有些很容易做,有些代价非常昂贵,但因为有些可以节省巨额遗产税,所以还是应该了解。如果遗产完全免税,这些节税工具都会失去效用,在实行遗产税的法律环境下,费用还是很大的。所以,在做遗产规划时,要把规划工具的成本和废除条款都列入考虑之中。

(1)遗嘱。

遗嘱是遗产规划中最重要的工具,但也常常被我们所忽视。许多人由于没有制定或及时更新遗嘱而无法实现其目标。当事人需要依照一定的程序订立遗嘱文件,明确如何分配自己的遗产，然后签字认可，遗嘱即可生效。一般来说，需要在遗嘱中指明各项遗产的受益人。

遗嘱给予了个人很大的遗产分配权力。如本章开头的引例所述，可惜王永庆先生没留下遗嘱，否则很多问题可能就不会发生。从形式上讲，遗嘱可以分为正式遗嘱、手写遗嘱和口述遗嘱三种。正式遗嘱最为常用，法律效力也最强。它一般由当事人的律师来办理，要经过起草、签字和见证等若干程序后，由个人签字认可，也可以由夫妇两人共同签署生效。手写遗嘱是指由当事人在没有律师的协助下手写完成，并签上本人姓名和日期的遗嘱。由于此类遗嘱容易被伪造，在相当一部分国家较难得到认可。口述遗嘱是指当事人在病危的情况下向他人口头表达的遗嘱，除非有两个以上的见证人在场，否则多数国家也不认可此类遗嘱的法律效力。为了确保遗嘱的有效性，一般建议采用正式遗嘱的形式，并及早拟定有关文件。

（2）遗产委任书。

遗产委任书是遗产规划的另一种工具，它授权当事人指定的一方在一定条件下代表当事人指定其遗嘱的订立人，或直接对当事人遗产进行分配。通过遗产委任书，可以授权他人代表自己安排和分配其财产，从而不必亲自办理有关的遗产手续。被授予权力代表当事人处理其遗产的一方称为代理人。在遗产委任书中，当事人一般要明确代理人的权力范围。后者只能在此范围内行使其权力。

遗产规划涉及的遗产委任书有两种：普通遗产委任书和永久遗产委任书。如果当事人本身去世或丧失了行为能力，普通遗产委任书就不再有效。所以，必要时，当事人可以拟定永久遗产委任书，以防范突发意外事件对遗产委任书有效性的影响。永久遗产委任书的代理人，在当事人去世或丧失行为能力后，仍有权处理当事人的有关遗产事宜。所以，永久遗产委任书的法律效力要高于普通遗产委任书。在许多国家，对永久遗产委任书有着严格的法律规定。

（3）遗嘱信托。

遗嘱信托（probate trust）是指通过遗嘱这种法律行为而设立的信托，也叫死后信托。当委托人以立遗嘱的方式，把财产交付信托时，就是所谓的遗嘱信托，也就是委托人预先以立遗嘱方式，将财产的规划内容，包括交付信托后遗产的管理、分配、运用及给付等，详订于遗嘱中。等到遗嘱生效时，再将信托财产转移给受托人，由受托人依据信托的内容，也就是委托人遗嘱所交办的事项，管理处分信托财产。与金钱、不动产或有价证券等个人信托业务比较，遗嘱信托最大的不同点在于，遗嘱信托是在委托人死亡后契约才生效。

遗嘱信托有时可以解决其他法律制度无法解决的问题，特别是在遗产处理方面更具有独特的作用。遗嘱信托规划在国外早已普及，但是由于我国比较忌讳谈及身后之事，加之原无信托制度，所以造成诸多的遗产纠纷，既损害亲情，又不利于社会的安定。2001年10月1日，《中华人民共和国信托法》生效，标志着我国信托制度的真正确立。

遗嘱信托架构如图11–4所示。

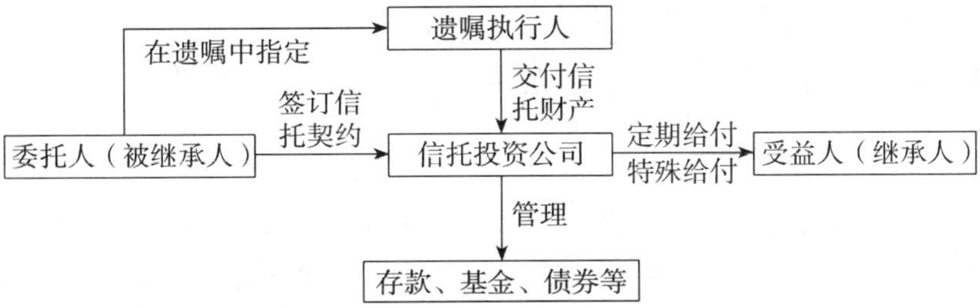

图11-4 遗嘱信托架构

遗嘱信托适合以下人群：一是欲立遗嘱，却不知如何规划的人；二是对遗产管理及配置有专业需求的人；三是欲避免家族争产，妥善照顾遗族的人。

遗嘱信托的特点是：①延伸个人意志，妥善规划财产；②以专业知识及技术规划遗产配置；③避免继承人争产、兴讼；④结合信托，避免传统继承事务处理的缺点。

通过遗嘱信托，由受托人依照遗嘱人的意愿分配遗产，并为特定人员做财产规划，不但能有效防止纷争，还因结合了信托的规划方式，而使该遗产及继承人更有保障。因此，遗嘱信托具有以下功能：

① 可以很好地解决财产传承，使家族财富延续。通过遗嘱信托，可以使财产顺利地传给后代，同时，也可以通过遗嘱执行人的理财能力弥补继承人无力理财的缺陷。

② 可以减少因遗产产生的纷争。因为遗嘱信托具有法律约束力，特别是中立的遗嘱继承人介入，使遗产的清算和分配更公平。

③ 可以避免巨额的遗产税。遗产税开征后，一旦发生继承，就会产生巨额的遗产税，但是如果设定遗嘱信托，因信托财产的独立性，就可以合法规避该税款。

遗嘱信托，由于设定灵活，不同情况有不同的信托安排，所以信托的执行也就不同。被继承人可以安排在其去世后由遗嘱执行人清算其财产，然后按照其在遗嘱中的安排分配给继承人。这种安排在遗产分配后信托关系终结。被继承人可以安排由遗嘱执行人经营管理财产，指定其继承人为受益人。这种安排一般是继承人年龄尚小或者因某种原因无理财能力。这种安排在特定条件成就或信托目的实现后终结。当然，被继承人在设定遗嘱信托时，可以根据继承人的状况以及财产状况，非常灵活地进行设定，以实现财产的传承以及其他特定的愿望。

总之，信托制度弥补了原有继承制度的不足。被继承人能够通过信托实现财富的传承，还可以通过信托设计实现自己各种未了的心愿。

（4）人寿保险。

人寿保险在遗产规划中也有很大作用，在遗产规划中的作用主要体现在以下两方面：一是可以用身故保险金支付个人企业和其他不动产的遗产税，防止因无钱支付遗产税而被迫廉价出售企业或不动产；二是在许多国家（包括我国），身故保险金属于免税资产，终身寿险具有规避遗产税的功能，能减少遗产转移的成本。

我们举一个简单例子来说明，人寿保险是怎样规避遗产税的。

【例11-2】郑先生，60岁，某企业所有人。现有的资产在进行遗产税可扣除项目计算之后，有缴税义务的资产约1 000万元。如果适用的税率是50%，一旦其本人身故，家人要缴纳高达财产数值40%的遗产税。

我们帮助他购买500万元的终身人寿保险，保费每年是7.76万元。假设在第10个年头，郑先生因意外身故。如果资产总值没有变化，仍然是1 000万元，那么缴税基数变为：1 000−7.76×10=922.4（万元）。此时如适用的税率变为40%，可以计算出应缴纳的遗产税：

922.4×40%=368.96（万元）

同时，获得保险公司500万元的赔付。

此时的家庭总资产为=1 000 +500−77.6−368.96 =1 053.44（万元）

通过规划，家庭总资产不但没有缩水，反而增加了53.44万元。

（5）赠与。

赠与是指当事人为了实现某种目标将某项财产作为礼物赠送给他人，而使该项财产不再出现在遗产中。采取这种方式一般是为了减少税收支出，因为很多国家对于赠与财产的征税要远低于对遗产的征税。这种方法的缺点在于，一旦财产赠与他人，则当事人就失去了对该财产的控制，可能无法将其收回。

2.遗产规划策略

通过各种遗产规划工具可以帮助我们减少遗产传承过程中的成本，在进行遗产规划的过程中我们还需要制定一些有效的策略。

（1）检查遗嘱和财产规划，以确定需要采取哪些调整，从而可以受益于遗产税、赠与税方面的变化，并避免代价高昂的潜在陷阱，尤其要考虑是否需要改变或取消现有的免税信托的安排。

（2）利用可以最大限度节省遗产税的资产所有权形式，如有限责任公司或有限合伙公司的股权。

（3）审查对合资企业所有权的利用情况。确保配偶中每一方的名下都有足够的资产放在免税信托或其他遗产避税工具中。

（4）不要浪费政策中规定的每年免税赠与（如美国2014年为每人14 000美元）。

（5）将预期能够增值的资产赠与子孙辈，因为他们的收入税率较低（如在美国，对于未成年人，这样的资产的长期增值部分他们只需按5%缴纳收入税，不过要小心儿童税法）。

（6）为受赠者直接向教育机构支付学费或直接向保健提供商支付保健费。如果合适的话，可以考虑多年学费赠与方式。

（7）将现有的寿险保单转换成寿险信托。购买任何寿险保单都通过寿险信托来进行。

（8）将迅速增值的资产放入让渡人持有的年金信托，或将这类资产出售给一个有意缺陷信托（intentionally defective trust）。

（9）重新考虑信托资产的组合情况，以利用较低的股利和资本收入税率。

（10）利用资产所有权的估值折价。

3.遗产规划的步骤

遗产规划的步骤包括计算和评估个人的遗产价值、确定遗产规划的目标、制订遗产计划及定期检查和修改4个方面，如图11-5所示。

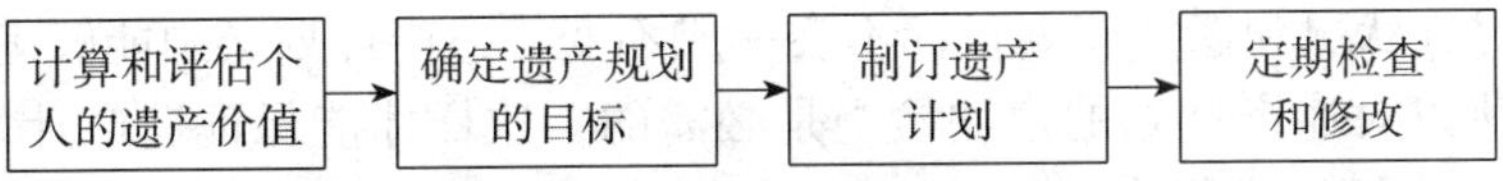

图11-5　制定遗产规划的步骤

（1）计算和评估个人的遗产价值。

进行遗产规划的首要工作就是计算和评估自己的遗产价值。通过计算和评估遗产价值，可以帮助其了解自己拥有资产的种类和价值，了解与遗产有关的税收规定，为制订遗产计划奠定基础。

（2）确定遗产规划的目标。

在了解了个人的遗产价值之后，就要根据个人的目标期望、价值取向、投资偏好等确定遗产目标了，以下因素会影响遗产规划目标的确定：

① 年龄；

② 家庭成员和其他受益人的年龄；

③ 受益人的需要；

④ 遗产的现值；

⑤ 受益人的其他资产；

⑥ 受益人自己处理财务的能力。

具体的遗产目标包括：

① 确定谁是遗产继承人，以及各自的遗产份额；

② 确定遗产转移的方式；

③ 在与遗产的其他目标不冲突的情况下，尽量降低遗产转移的成本；

④ 为遗产提供足够的流动性资产以偿还其债务；

⑤ 保持遗产规划的可变性；

⑥ 确定遗产清算人员的构成以及遗嘱执行人等；

⑦ 计划慈善赠与。

遗产规划目标的特别之处在于：这一目标只有在当事人去世之后才能实现，而且必须通过相应的遗产清算人员和遗嘱继承人的帮助才能完成。

（3）制订遗产计划。

制订遗产计划是遗产规划的关键步骤，一个合适的遗产计划既能确保未来的意愿得以实现，亦能继续满足目前的需要，让人安枕无忧。遗产计划的作用在于：

① 确保妥善分配资产；

② 尽量降低遗产税与其他开支；

③ 避免遗嘱认证以及监护权聆讯所导致的费用、资料公开及延误。

在制订遗产计划时，应该针对不同个人的不同类型，制定不同的遗产规划工具组合。一般来说，应该注意以下几个原则：首先要保证遗产计划的可变性；其次要确保遗产计划中的现金流动性；最后是尽量减少遗产纳税金额。

（4）定期检查和修改。

个人的财务状况和遗产规划目标不会一成不变，遗产计划必须能够满足其不同时期的需求，所以对遗产计划的定期检查是必需的，这样才能保证遗产计划的可变性。一般而言，应该每年或每半年对遗产计划进行重新修订，下面列出了一些常见的事件，当这些事件发生时，遗产计划常常需要进行调整：

① 遗产继承人死亡；

② 结婚或离异；

③ 本人或亲友身患重病；

④ 大额财富的意外获得或灭失；

⑤ 房产的出售；

⑥ 财产出现重大升值或贬值；

⑦ 有关税制和遗产法律变化，如遗产税或赠与税的开征、停征，遗产税率的调整等。

遗产税：是利？是弊？

【思政课堂】

延迟退休

【教学提示】政策趋势。

最近几年，延迟退休被媒体和大众广泛议论。所谓延迟退休，也称延迟退休年龄，是指国家综合考虑中国人口结构变化的情况、就业的情况而逐步提高退休年龄或延迟退休的制度。2013年6月，由于就业压力等多重原因，人力资源和社会保障部已经搁置延迟退休的思路，仅仅从研究着手，进行学术探讨。2013年11月12日，中国共产党第十八届中央委员会第三次全体会议通过的《中共中央关于全面深化改革若干重大问题的决定》指出：研究制定渐进式延迟退休年龄政策，明确了顶层设计。2015年10月14日，人社部部长尹蔚民表示，经中央批准后，人社部会向社会公开延迟退休改革方案。2015年11月，人社部新闻发言人李忠表示，将会以小步慢跑的方式让延迟退休政策落地，每年延迟几个月，最后到位。

拥护延迟退休的主要观点有：①随着生活水平的提高，人们的寿命不断提高，健康情况越来越好；②延迟退休有助于弥补养老金亏空。反对延迟退休的主要观点有：①增加年轻人的就业压力；②对中低收入劳动者不公平；③“有命交社保，没命拿社保”，2009年，中国人的平均寿命为73岁，因此，假若将退休年龄推迟到65岁，那么平均下来就只能拿8年的养老金，而养老金已经交了几十年，这让很多人觉得不合理。

2015年3月，中组部、人力资源和社会保障部发布通知，党政机关、人民团体和事业单位中的正、副处级女干部、具有高级职称的女性专业技术人员，实行年满60周岁退休，自2015年3月1日起执行。

2021年3月12日，《中华人民共和国国民经济和社会发展第十四个五年规划和2035年远景目标纲要》明确提出，按照“小步调整、弹性实施、分类推进、统筹兼顾”等原则，逐步延迟法定退休年龄。截至9月23日，北京、湖南、江西等21个省份已完成意见征求工作。

2022年10月，党的二十大报告中明确提出：“实施渐进式延迟法定退休年龄。”

资料来源：作者整理、撰写。

本章小结

1.理财意义上的退休规划是指，为保证财务相对自由的退休生活所做的财务方案，这个方案一般在退休前多年就要制订。为了保证退休生活的质量，就需要进行退休规划。

2.退休规划需要考虑的因素有：预期寿命、退休前的职场安排、家庭成员、经济运行周期以及其他因素。

3.当今世界各国养老保险制度一般可概括为4类：福利型、社会共济型、国家保障型、个人储蓄型。各种养老保险模式的运作都面临着问题和挑战，世界各国都在积极探索养老保险制度的新模式。

4.退休规划的总原则是：本金安全，适度收益，抵御生活费增长和通货膨胀。具体要点包括：尽早开始计划；投资讲究安全；满足不同的养老需求，有一定弹性。

5.个人退休收入的来源可以概括为4个方面：一是退休金，二是商业保险，三是个人所做的准备金，四是子女孝敬给父母的养老金。

6.制定退休规划的步骤为：确定退休目标、预测资金需求、预测退休收入、计算退休资金缺口、制订计划弥补资金缺口。

7.遗产是被继承人死亡时遗留的个人所有财产和法律规定可以被继承的其他财产权益。遗产规划是将个人财产从自己转移给他人，主要是家庭成员，从而实现个人为其家庭所确定的目标而进行的一种合理财产安排。

8.遗产规划起码有两个作用：一是通过规划尽可能顺利地将遗产传承给希望的继承人，避免纠纷。如果事先有周密的遗产计划和善后安排，就能尽可能多地将财产遗留给自己愿意分配的对象。二是通过规划以尽可能少的成本将遗产传承下去，避免耗损。

9.遗产规划的工具很多，常用的主要有：遗嘱、遗产委任书、遗嘱信托、人寿保险、赠与。

10.制定遗产规划的步骤包括：计算和评估个人的遗产价值、确定遗产规划目标、制订遗产计划、定期检查和修改。

综合训练

11.1 单项选择题

1.李某今年40岁，以下他的行为可归入退休规划范畴的是（　　）。

A.购买意外伤害保险

B.看到美联储加息，开立外汇账户准备买入美元

C.计算家庭成员社保情况

D.购买学区房

2.退休人员最稳定的收入是（　　）。

A.储蓄　　B.退休金　　C.房产　　D.医疗保险

3.德国政府首创，在美国、日本、荷兰等国也得到施行的养老保险制度类型是：（　　）。

A.福利型　　B.社会共济型　　C.国家保障型　　D.个人储蓄型

4.当前，因为政策因素而使退休规划中存在变数的是（　　）。

A.退休金　　B.退休年龄　　C.投资收入　　D.疾病

5.遗产规划是将个人财产从自己转移给（　　），从而实现个人为其家庭所确定的目标而进行的一种合理财产安排。

A.下一代　　B.配偶　　C.上一代　　D.所有其他人

11.2 多项选择题

1.退休规划需要考虑的因素包括：（　　）。

A.预期寿命　　B.退休前的职场安排

C.家庭成员　　D.经济运行周期

2.当今世界各国养老保险制度一般可概括为：（　　）。

A.福利型　　B.社会共济型　　C.国家保障型　　D.个人储蓄型

3.计算退休养老费用时，需要综合考虑的因素包括：预期退休后第一年的月或年生活支出费用、（　　）。

A.通货膨胀率，更精确地说是各项费用的增长率

B.投资回报率

C.目前到退休时的工作年限

D.退休后的预期余寿

4.主要的遗产规划工具有（　　）。

A.财产保险　　B.遗嘱　　C.遗产委任书　　D.遗嘱信托

5.发生（　　）事件时，遗产计划一般需要进行调整。

A.子女婚姻状况变化　　B.自己婚姻状况变化

C.个人所得税税率变化　　D.遗产、赠与方面税法变化

11.3　简答题

1.什么是退休规划？为什么要进行退休规划？

2.退休规划的原则是什么？

3.退休规划受到哪些因素的影响？

4.退休收入的来源有哪些？

5.你对我国的社会保障体系了解多少？

6.应如何进行退休规划？

7.为什么要进行遗产规划？

8.遗产规划的工具有哪些？

9.应如何进行遗产规划？

10.你考虑过自己的退休目标吗？你有什么计划？

11.4　案例分析题

陈女士31岁，在某事业单位工作，基本保险齐全，年薪总计12万元左右。其爱人是某金融企业的中层管理者，32岁，年薪25万元左右，基本保险齐全。女儿1岁。家有90平方米住宅一套，现价值300万元左右，另有一辆价值10万元的汽车。基金资产13万元，股票19万元，银行理财产品20万元。

请问，陈女士需要攒多少钱、用多少年才可以退休？目前是否可以退休？退休后，她该如何理财？

附录　互联网理财

A.1　网络借贷

1. 网络借贷的概念

网络借贷是指借款人和出借人在互联网平台上实现资金借贷，网络借贷以小额为主，最早起源于金融危机时期的欧美，网络借贷对缓解短期资金寻求、创业融资以及开辟个人投资渠道方面有一定效果。网络借贷其实并不难理解，一切认证、记账、清算和交割等流程均通过网络完成，借贷双方足不出户即可实现借贷目的，而且一般额度都不高，无抵押，纯属信用借贷。

网络借贷需要强大的系统支持。由于整个过程都要在网络平台上进行，所以，我们必须建设一个强大的信贷系统来支撑网贷，这个系统必须能接受贷款申请，进行对客户的综合分析，最终发放贷款。网络借贷随着规模的扩大，贷款成本比常规贷款具有极大的优势。

普通居民使用网络借贷时，所考量的最核心的因素应是年化利率，切不可被各种名目的手续费、月利率、分期等所迷惑。一般来说，网络借贷的年化利率在6%~8%被认为是合理的。

2. 网络借贷模式

网络借贷分为B2C和P2P模式。

（1）B2C模式。

B2C的B一般指银行，有些网站也提供贷款公司的产品。一般的网络B2C贷款都依托网络贷款平台完成贷前工作，根据规则不同，有些还需要申请人去银行线下办理。B2C模式受地域限制，因为其业务主体都是有地域限制的机构，覆盖面还有待拓展。

（2）P2P模式。

P2P被人看好的原因在于P2P大多生存与互联网，移动端，而移动互联网最直接的优点则是“便捷、高效、不受地域限制”等，由此看来这种不受地域限制的闪电借款模式更为大家看好和周知。

在中国，最早的P2P网贷平台成立于2006年。在其后的几年间，国内的网贷平台很少。到2010年，网贷平台才被许多创业人士看中，开始陆续出现一些试水者。2011年，网贷平台进入快速发展期，一批网贷平台踊跃上线。2012年，中国网贷平台进入了爆发期，网贷平台如雨后春笋般成立，达到2 000余家，比较活跃的有几百家。据不完全统计，仅2012年，国内含线下放贷的网贷平台全年交易额已超百亿元。进入2013年，网贷平台更是蓬勃发展，以每天1～2家上线的速度快速增长，平台数量大幅度增长所带来的资金供需失衡等现象开始逐步显现。2014年，P2P平台风险开始集中爆发，P2P门户网站“网贷之家”发布数据称，2014年12月问题平台高达92家，超过2013年全年总和。其数据显示，2014年全国网贷行业正常运营平台达1 575家，全年问题平台达275家，是2013年的3.6倍。2018年，6月发端、7月集中爆发的P2P触雷潮，加速了行业洗牌。

2020年11月27日，中国银保监会首席律师刘福寿对外表示，防范化解重大风险攻坚战取得实质性进展，“互联网金融风险大幅压降，全国实际运营的P2P网贷机构由高峰时期的约5 000家，我们逐渐压降到今年11月中旬完全归零”。

从国内第一家P2P公司拍拍贷2007年6月成立算起，P2P行业从无到有，进而遍地开花，再到“雷声滚滚”，最终清零落幕。这前后只不过短短13年。

与传统金融理财服务相比，P2P的借款人主体是个人，以信用借款为主，P2C借款主体则以企业为主，其借款人为更具有稳定的现金流及还款来源的企业。相比个人而言，企业信息容易核实，在借款来源一端被严格限制为有着良好实体经营、能提供固定资产抵押的有借款需求的中小微企业，还款来源更稳定。同时，相对于P2P平台的信用贷款形式而言，P2C模式则要求借款企业必须有担保、有抵押，安全性相对更好。

3.风险

（1）网络交易的虚拟性，导致无法认证借贷双方的资信状况，容易产生欺诈和欠款不还的违约纠纷。

（2）网络平台发布的大量放贷人信息中，有不少是以“贷款公司”“融资公司”等名义对外发放贷款。而事实上，必须是经国家批准的金融机构方可从事信贷融资等金融服务，擅自从事金融活动者往往会因为“非法集资”、“非法吸引公众存款”、扰乱金融管理秩序而被追究法律责任。

（3）如果贷款经由网络平台代为发放，那么在网络平台疏于自律，或内部控制程序失效，或被人利用等情况下，则可能出现捏造借款信息而非法集资的情形。

4.优点和缺点

（1）网贷的优点。

① 年复合收益高。普通银行的存款年利率一般为3%，银行理财产品一般在4%左右，与网贷产品10%左右的年利率是没法相比的。

② 操作简便。网贷的一切认证、记账、清算和交割等流程均通过网络完成，借贷双方足不出户即可实现借贷目的，而且一般额度都不高，无抵押。对借贷双方都是很便利的。

③ 开拓思维。网贷促进了实业和金融的互动，也改变了贷款公司的观察视野、思维脉络、信贷文化和发展战略，打破了原有的借贷局面，有利于借贷双方互联网思维的形成和强化。

（2）网贷的缺点。

① 无抵押、高利率、风险高。与传统贷款方式相比，网贷完全是无抵押贷款。并且，央行一再明确，年复合利率超过银行利率4倍不受法律保护，这也增加了网贷的高风险性。

② 信用风险。网贷平台固有资本较小，无法承担大额的担保，一旦出现大额贷款问题，很难得到解决。而且有些借款者也是出于行骗的目的进行贷款，而贷款平台创建者有些目的也并不单纯，携款潜逃的案例屡有发生。

③ 监管有待于进一步完善。由于网贷是一种新型的融资手段，央行和银保监会目前只有原则性的几个意见文件，监管尚待完善。在市场经济领域，没用监管的约束，市场必将野蛮生长，最终不利于行业的发展。

A.2 众筹

1.众筹的含义

在互联网意义下，众筹是指个人、公司或非营利性组织通过互联网、手机端上的众筹平台发布筹款项目并募集资金，以支持发起者的筹资行为。众筹一词翻译自“crowd funding”，即大众筹资或群众筹资，中国香港译作“群众集资”，中国台湾译作“群众募资”。众筹主要由发起人、跟投人、平台构成，具有低门槛、多样性、依靠大众力量、注重创意等特征。一般而言，众筹通过网络上的平台连接发起者和赞助者。众筹被用来支持各种活动，包含灾害重建、病困救助、竞选活动、创业募资、艺术创作、设计发明、科学研究等。市场调查公司Massolution的研究报告指出，2013年全球总募集资金已达51亿美元，其中90%集中在欧美市场。世界银行报告预测，到2025年众筹总金额将突破960亿美元，亚洲占比将大幅增长。

众筹必不可少的三个要素为：发起人（筹资人）、投资人（大众投资者）、众筹平台。其中，发起人是众筹项目的创建人，是资金的需求方；投资人是项目的支持者，是对筹资者的项目和回报感兴趣、能提供资金的人；众筹平台是连接众筹发起人和投资人的纽带。

此外，部分众筹平台为了保障募集资金的安全，避免形成资金池，往往会引入资金托管方（通常为商业银行）对资金进行保管并对资金的使用进行监管。

需明确的是，众筹不是非法集资。众筹模式从商业和资金流动的角度来看，其实是一种团购形式，属于购买行为，和非法集资有本质上的差别。非法集资以非法占有为目的来汇聚资金，所称的投资项目虚假，不能够以任何方式向参与人提供回报。众筹汇聚资金后，最终以股权、红利、实物、代做公益等方式回报给参与人。

2.众筹的种类

（1）债权众筹。

债权众筹，其实就是P2P借贷，投资者对项目或公司进行投资，获得其一定比例的债权，未来获取利息收益并收回本金。但由于P2P借贷内涵比较丰富，所以不包括在大众谈论的一般意义上的众筹之中。

（2）股权众筹。

股权众筹是指投资者向项目投资，项目向投资者分配股份或者分发红利。在股市上，投资者在新股IPO时申购股票其实就是股权众筹的一种表现方式。在互联网金融领域，股权众筹主要特指通过网络向不知名的、风险不易测量的项目或公司投资，是风险投资的一个补充。

股权众筹涉及的法律问题非常多，其运作模式中有些方式可能现行法律还没有具体规定。但是，专业人士认为，股权众筹是众筹模式中最具有魅力的一种模式，也代表着众筹的发展方向。

（3）回报众筹。

回报众筹一般指的是仍处于研发设计或生产阶段的产品或服务的预售，与团购（已经进入销售阶段的产品或服务的销售）有所不同，回报众筹面临着不能如期交货的风险。此外，回报众筹与团购的目的也不尽相同：回报众筹主要为了募集运营资金、测试需求，而团购主要是为了提高销售业绩。

（4）公益众筹。

对于公益众筹，很多人都会接触到，微信群里经常发布这样的项目。捐赠众筹实际就是做公益，通过众筹平台筹集善款帮助有困难的人，受助人一般来自同学、同事、同乡等有一定关系的群体，还有的受助人来自红十字会等公益组织。

3.众筹的特征

（1）低门槛：无论身份、地位、职业、年龄、性别，只要有想法有创造能力都可以发起项目。

（2）多样性：众筹的方向具有多样性，在国内的众筹网站上的项目类别包括设计、科技、音乐、影视、食品、漫画、出版、游戏以及公益等。

（3）依靠大众力量：支持者通常是普通大众，而非公司、企业或是风险投资人。

（4）注重创意：对于最终以实物为产出的众筹项目，发起人必须先使自己的创意（设计图、成品、策划等）达到可展示的程度，才能通过平台的审核，而不单单是一个概念或者一个点子，要有可操作性。

4.众筹的优点

（1）门槛低。

对于很多创业者与中小微企业而言，融资难、融资贵是一大痛点，而走传统融资道路一般比较简单，获得银行贷款实属不易，寻求天使投资、VC更是难上加难。而众多成功案例足以表明，众筹作为一种低门槛的投融资模式，不仅能帮助草根创业者顺利实现融资，还能让普通大众参与其中，真正做到了双向的大众参与。

（2）融资快。

融资，是项目方发起众筹的一个主要动机所在。而作为一种直接融资渠道，众筹能帮助创业者与中小微企业以一种高效便捷的方式实现快速融资。值得一提的是，作为一种新兴的融资模式，众筹以低门槛与低成本，不仅受到了广大创业者与小微企业的青睐，也成为社会公益项目进行募资的一个绝佳途径。

（3）有利于宣传推广。

对于参与众筹融资的项目而言，众筹平台本身就是一个不错的宣传推广平台。因为项目直接面对的就是潜在投资者或消费者，项目展示就能取得一定的广告效应，如果你的产品服务品质过硬的话，用户客源及市场渠道自然水到渠成。

众筹对项目的宣传推广作用主要体现在两个方面：第一，你的项目融资成功了，这相当于是对大众的一次广告。有些人看到你的项目但没有贡献资金，可能是因为他无法判断你这个产品是否一定能融得足够的资金量产出来。但看到别人一拥而上帮你把钱凑齐后，他们就会成为你未来的客户。第二，无论融资成功与否，你的项目都获得了展示。给潜在的投资人展示了有关项目。

（4）有利于市场调研。

除了融资，一些众筹融资项目往往还具有市场调研的性质与目的。其道理很简单，因为钱是直接来自消费者的，消费者对你这个产品的认可与评价就是一份市场调查，能在一定程度上反映出你的产品将来大范围投放市场后的结果。众筹模式的一个隐性的价值在于：先让消费者掏腰包，再去生产产品。如果项目融资成功，并且实际的研发与生产过程一切顺利，那么这相当于在很大程度上降低了创业成本与风险。

5. 众筹的缺点

（1）造成生产压力。

根据众筹平台的普遍规则，如果项目筹资成功，那么就必须在规定时间内完成产品的开发与制造，实现对支持者的承诺。所以众筹在筹到钱的同时也带来了订单压力。因为这些资金是来自消费者一端，相当于是直接订购。这种压力在实体产品项目上体现得更为明显。

（2）不能提供专业性意见。

与传统风险投资资本相比，众筹缺乏创业指导。传统的VC都是“过来人”，或是自身有创业经验，或是有宽广的行业人脉和观察积累。总之，众筹平台上的支持者是不可能提供专业性的建议的。一个好的风险投资资本不仅能提供资本，还能帮助创业者少走很多弯路，尤其是在产品的推广阶段。创业者可能善于研发，但不一定会包装、营销产品。

（3）投资人没有持久性。

众筹平台能帮助创业者快速筹到用于产品研发和生产的资金，但不能保证后续的再融资。传统的风险投资资本在提供了早期投资后，如果项目发展顺利，它还能帮助创业者联系后续的A、B、C轮融资。而在众筹平台上，那些支持者很可能早已把注意力转向了其他新奇的发明上。

6. 众筹的风险及防范

（1）众筹的风险。

对于投资人来说，违约风险是最常见的信用风险，违约的原因一般都是项目失败。对于初创期的企业或者项目来说，所面临的风险要比运作成熟的企业多得多。项目方基于募资成功的目标，难免对项目的描绘主观夸大。此外，项目发起人还有可能管理松懈等导致延迟交货、以次充好。

众筹平台也可能给投资人带来风险，主要体现为众筹平台对项目方或者融资项目疏于审核，或者众筹平台违反与投资人、项目方之间的其他约定，给投资人造成损失。

（2）众筹风险的防范。

作为投资人，除了加强自身对行业和企业运营能力的判断外，还可以借助众筹平台或第三方机构的专业意见来判断项目的可行性，以此来降低投资风险。

另外，监管当局设定了一系列法规，设置准入门槛，以避免可能的风险。

A.3　网络保险

1. 网络保险的基本内涵

网络保险是指保险公司或新型保险商通过互联网和移动终端等来进行保险销售与购买的经济行为。网络保险也称网上保险或者网销保险，是有别于传统的保险代理人营销的模式。

互联网已全面走进各行各业，网上购物这一消费方式已经普及，方便的网购让大家足不出户就能买到自己喜欢的商品，还能很方便地对比价格，挑选价格更有优势的商品。网络保险也不例外，网上买保险不仅方便快捷，而且价格相对保险公司要低很多。但由于网上销售保险仍存在一定的局限性，因此，消费者在网上投保时还需注意特定的风险。

网络保险主要有两种大模式：一种是保险公司自建渠道，或成立网上保险商城，或设立电商子公司，这种模式简单来说就是把网下销售的保险搬到了网上，相对于网下销售的保险，最大特点就是买保险时更具方便性。另一种则是借助互联网、移动平台的新型网上保险商，这种模式试图对传统的保险商发起挑战。

网络保险最突出的特点就是价格便宜，这是因为，保险的代理人提成非常高，这意味着，每卖出一张保单，保险公司都要分配给保险代理人一部分收入。但网上保险不一样，减少了保险代理人这一环节，所以，价格会比线下保险便宜。这也是网络带给人们实惠在保险领域的体现。

2. 网络保险的特点和优势

（1）客户自主选择保险产品。

相比传统保险推销的方式，网络保险让客户能自主选择产品。客户可以在线比较多家保险公司的产品，保费透明，保障权益也清晰明了，这种方式可让传统保险销售下的退保率大大降低。

（2）便利性高。

客户在网上挑选保险品种，在线进行咨询，电子保单发送到邮箱，通过网络进行支付，这使保险购买行为更为便利。

（3）理赔更方便。

网络保险让投保更简单，信息流通更快，也让客户理赔不像线下那样复杂。

（4）保险公司费用大幅降低。

据统计，保险公司通过网络向客户出售保单或提供服务要比传统方式节省58%至71%的费用，费用成本减少有利于提高保险公司的经营效益。

综上所述，网络保险和传统购买方式最大的不同就是其方便快捷的购险流程。消费者只要清楚自己想要的险种，按照网站上的流程操作就能轻松地买到保险。网络保险甩掉了中间环节，实现了商家直达客户，使买卖双方的成本都大大降低。

3.怎么买网络保险

（1）登录保险商网站或移动终端，选择自己的意向产品。不管是购买网络保险还是线下保险，一定要进行多方对比和分析，进行综合评价，选择最适合自己的产品。如有疑问，找客服咨询。登录网站或移动终端时，要注意从官网登录，以及从正规渠道下载APP，以防遇到钓鱼网站或虚假APP。完成登录后，预先填好个人身份信息和联系方式等备用。

（2）填写投保意向书。选好意向保险产品后，填写投保意向书，确定后提交。在此环节要注意，填写信息时不要输入错误和出现误操作情况。

（3）支付。通过网上银行或者各种移动支付工具支付保费。

（4）保单生效，合同订立。完成支付后，保单即正式生效。保单经核保后，保险公司同意承保，并向客户确认，则合同订立，完成投保。

（5）续保。保险一般都是按年交费，保单到期前，在网站或移动终端续费，即完成续保。

此外，消费者可以利用网上在线咨询等客服工具进行售前售后咨询，对产品信息、合同签订、保障情况、个人信息变更等进行查询和处理。

4.网络保险的理赔

购买保险是为了防范风险，一旦出险，理赔就成为头等大事。网络保险的理赔与网下保险比较接近。

（1）出险后，消费者应该在第一时间向保险商或网络保险购买平台报案，其中，网络保险购买平台将及时登记消费者的报案信息，并代替消费者向保险商报案，提醒保险商立案。

（2）消费者在保险报案后就应该准备好理赔的资料，包括：①保单号码；②被保险人姓名及身份证号码；③报案人姓名及联系电话；④保险事故基本情况，如发生意外事故的时间、地点、经过、伤势、处理结果、住院治疗的时间、诊断结果、所做的检查和手术，等等。

（3）保险公司在收到理赔资料后，经审核对于确属保险责任范围内的事故，理赔将由客户到保险公司当地机构办理。关于网上买保险理赔，自保险事故发生之日起两年内，若被保险人或其受益人没有提出赔偿申请，即视为自动放弃权益，保险公司不再赔偿保险金。

5. 网上购买保险的注意事项

在网上购买保险，因其特殊性，在实践中需要注意以下几点：

（1）要理性投保，选择大型保险机构。

现在社会上有很多保险公司和保险产品，建议大家在投保时无论是对保险公司，还是投保项目，都要事先有一个清晰的认识与计划，避免头脑一热的投保行为，以免不能实现最初的投保目的。

（2）充分了解保险公司。

现在保险公司众多，所以大家在选择保险公司时，一定要多方面、多渠道考查所选的保险公司的具体情况，千万不要只在保险公司的网站上浏览一番就轻易决定投保，一定要先了解清楚公司的基本情况、理赔情况、口碑等。另外，同样的保险产品可能在不同的保险公司会有不同的规定，比如费用、保险范围、保险赔偿等方面，都需要详细了解。

（3）充分了解保险产品。

挑选想要投保的保险时，不要盲目，先明确自己的投保意愿，自己的预算，缩小范围，再进行多方面对比。例如，究竟是需要意外伤害保险还是疾病医疗保险，缴费金额自己是否能够承受等；还要仔细研读保险的条款，如保险费用如何缴纳、保险责任是什么、在什么情况下保险公司要予以理赔、有无特殊约定，等等。如果有不懂的条款，一般保险公司的网站都会提供在线咨询服务或者电话服务，须直接向其进行咨询，并注意保存其所做的解释。

（4）不要被低廉的价格所蒙蔽。

一般在线购买保险都会比线下购买多一些优惠，例如积分积累、低廉价格。但是，消费者买保险时，千万别贪图便宜，只想买最便宜的保险产品。花钱最少的未必是最适合自己的，要考虑投保范围、保险责任、除外情况等多方面因素。

主要参考文献

［1］徐晟，江涛．投资学［M］．3版．大连：东北财经大学出版社，2020.

［2］陈善昂．金融市场学［M］．4版．大连：东北财经大学出版社，2019.

［3］张先治．财务分析［M］．9版．大连：东北财经大学出版社，2019.

［4］孙开焕，刘旸．金融学概论［M］．3版．大连：东北财经大学出版社，2019.

［5］魏丽，杨建垒．保险学［M］．3版．大连：东北财经大学出版社，2019.

［6］贺学会．证券投资学［M］．3版．大连：东北财经大学出版社，2018.

［7］谢平，陈超，陈晓文，等．中国P2P网络借贷：市场、机构与模式［M］．北京：中国金融出版社，2015.

［8］北京当代金融培训有限公司．金融理财原理［M］．北京：中信出版社，2014.

［9］北京当代金融培训有限公司．金融理财综合案例［M］．北京：中信出版社，2014.

［10］北京当代金融培训有限公司．个人税务与遗传规划［M］．北京：中信出版社，2014.

［11］中国银行业从业人员资格认证办公室．个人理财——银行业从业人员资格认证考试教材［M］．北京：中国金融出版社，2013.

［12］苏世伟．保险学原理与实务［M］．北京：科学出版社，2011.

［13］林奇．彼得·林奇教你理财［M］．宋三江，罗志芳，译．北京：机械工业出版社，2010.

［14］李善民，毛丹平．个人理财规划与实践［M］．北京：中国财政经济出版社，2009.